Kurt Sethe

Untersuchungen zur Geschichte und Altertumskunde Ägyptens

Kurt Sethe

Untersuchungen zur Geschichte und Altertumskunde Ägyptens

ISBN/EAN: 9783742859839

Hergestellt in Europa, USA, Kanada, Australien, Japan

Cover: Foto ©ninafisch / pixelio.de

Manufactured and distributed by brebook publishing software (www.brebook.com)

Kurt Sethe

Untersuchungen zur Geschichte und Altertumskunde Ägyptens

Untersuchungen
zur
Geschichte und Altertumskunde
Aegyptens

BEGRÜNDET VON KURT SETHE

HERAUSGEGEBEN VON

HERMANN KEES

FÜNFZEHNTER BAND

1964

Georg Olms Verlagsbuchhandlung
Hildesheim

MYTHE UND MYTHENBILDUNG IM ALTEN ÄGYPTEN

VON

SIEGFRIED SCHOTT

1964

Georg Olms Verlagsbuchhandlung
Hildesheim

Vorwort

Als vor bald zwanzig Jahren H. Schäfer eine Sammlung der in altägyptischen Texten verstreuten „mythischen Fragmente" anregte, stand ihm neben der allgemeinen Nützlichkeit einer solchen Sammlung wohl die Möglichkeit vor Augen, daß sie das ergäbe, was in der ägyptischen Literatur fehlt, eine mehr oder minder zusammenhängende Darstellung der verschiedenen Mythen. Diese Mythen erscheinen in dem reichen religiösen Textgut vornehmlich als eingestreute Bruchstücke, als Sätze, die in Gottesdienst und Zauber fromme und beschwörende Handlungen auf Vorgänge der Götterwelt beziehen und hierdurch heiligen. Götter gelten nicht nur als Weltschöpfer und Naturmächte. Als Könige der Urzeit sollen sie vor den Dynastien der Geschichte und Halbgöttern die Kronen Aegyptens getragen haben. Die Götter einzelner Künste und Einrichtungen dürften zugleich als deren Erfinder angesehen worden sein, Thoth, der Herr der „Götterschrift", Chnum mit seiner Töpferscheibe, auf der er alle Wesen formte, Sothis-Sirius, der leuchtende Stern, die Göttin, welche das in Aegypten sommerlich mit der Überschwemmung beginnende Jahr öffnet und die Zeitrechnung gebracht hat. Doch lassen sich derartige Anschauungen oft nur aus Anspielungen vermuten und bleiben selbst der ungeformte Hintergrund, den das mythische Fragment an einer Stelle beleuchtet, indem es ein Ereignis aus der Tiefe der Göttergeschichten heraufholt. Die Mythe vom Sonnenauge und Mondsagen sind zunächst aus solchen verstreuten Fragmenten erschlossen worden und neben die wenigen Beispiele zusammenhängender mythischer Erzählungen getreten, die wir mit dem „Denkmal Memphitischer Theologie", mit dem „Buch von der Himmelskuh," mit dem „Gerichtsstreit zwischen Horus und Seth", mit dem „Buche vom Siege über Seth", der Horusmythe von Edfu und der Mythe vom Sonnenauge eines demotischen Papyrus besitzen. Sie sind sämtlich mit Riten durchsetzt oder märchenhaft ausgestattet. Bei allen läßt sich streiten, ob hier reine Mythen vorliegen. In seinem Buch „Der Götterglaube im Alten Aegypten" benützt H. Kees das weit verstreute mythische Gut, wobei er einiges seiner reichen Beute wie die „Harpuniersage" unter „Horusmythus von Edfu", die „Jägersagen", das „Ersatzmotiv (Kultsagen)", die „Ferne (Sagen) vgl. Einwanderung" und anderes mehr im Stichwörterverzeichnis am Schluß des Bandes zusammengefaßt hat. In dieser Zusammenstellung fällt auf, daß Kees vielfach nicht von Mythen, sondern von Sagen spricht und damit der Form ihres Erscheinens Rechnung trägt, die hinter den vielen mythischen Erwähnungen der Texte nicht ein geschlossenes Mythenwerk, sondern bloß erzählte Sage vermuten läßt. In einem besonderen Abschnitt über die „Mythenbildung" (S. 183ff.) spricht Kees von „bestimmten Mythenrichtungen", welche die verschiedenen „Perioden" „bevorzugten" (S. 186), was ebenfalls den kaum faßbaren, verborgenen Zustand der altägyptischen Mythe beleuchtet, der den verschiedenen Kulten gestattete, die Bedeutung ihres Gottes zu betonen. Schon seine knappen Ausführungen, als deren Beleg große Teile des Götterglaubens heranzuziehen sind, lassen ahnen, daß in Aegypten die Mythenbildung noch im Fluß ist. Was H. Kees von einer „Sammlung und Erforschung der zahlreichen Mythenbruchstücke" (S. 186) erhofft, eben die Scheidung der verschiedenen Mythenrichtungen, erbringt eine „kritische Analyse" weniger der Mythen selbst als der Formen, in denen sie auftreten. Innerhalb der ägyptischen Kultur erweist sich die Mythenbildung als ein geschichtlicher Vorgang, der an Denkmälern abgelesen werden kann, und der sich, wenn man unter „Mythe" eine literarisch geformte Göttergeschichte versteht, nur in einigen wenigen Beispielen vollendet. Dies im Einzelnen zu verfolgen und hierbei die verschiedenen Vorgänge der Mythenbildung abzuheben, ist Ziel und Aufgabe der folgenden Untersuchung. Ein Material von beispiellosem Reichtum wirft auf die Entstehung von Mythen und die Wurzeln der Mythenbildung Licht, wie es kaum eine andere Kultur bietet, und hilft, Fragen der Mythenforschung in vorzüglicher Weise zu entscheiden. Stammt die Mythe aus dem Kult? Wie unterscheidet sie sich von Sage und Märchen? Ist sie wirklich, wie es einmal Max Müller vermutete, eine „Krankheit" der Sprache, die ihre Bildhaftigkeit zu wörtlich nimmt? Zugleich wird hier eine erste Geistesbewegung aufgedeckt, welche Welt und Geschichte in ihrer Weise verarbeitet und deutet. Das Ergebnis dürfte die Einschätzung von Mythen auch anderer Kulturen ermöglichen und so einen Beitrag darstellen, der über den engeren Rahmen unserer Fachwissenschaft hinausgeht, obwohl die erste Sichtung gerade Sonderheiten der altägyptischen Kultur und ihrer Geschichte berücksichtigen muß und im engeren Rahmen einer bestimmten Mythe erfolgt.

Unsere Wissenschaft ist reich an Versuchen, über den frühen Beginn der Geschichte hinaus in eine „Urgeschichte" zu gelangen. Zweifellos hat die ägyptische Religion besonders in örtlicher Kultüberlieferung ältestes Brauchtum erhalten. Sethe vergleicht in seiner Abhandlung „Urgeschichte und älteste Religion der Aegypter" die „aus verschiedenen Entwicklungsstufen stammenden Elemente der ägyptischen Religion" mit „geologischen" übereinanderliegenden „Schichren" (S. 2) und meint: „Wenn man sie vorsichtig abhebt oder herauslöst, läßt sich daraus ein mehr oder minder klares Bild von der Urgeschichte des ägyptischen Volkes, dem allmählichen Aufwachsen des ägyptischen Staates gewinnen". In den Rahmen des so entwickelten Bildes spannt Sethe auch die Mythe ein, die sich hierfür geradezu anbietet. Zwar trägt sie im Gegensatz zu geschichtlichen Nachrichten kein Datum ihres Ursprungs. Doch kann sie, wenn auch die Form, in der sie auftritt, erst im Laufe der Geschichte gefunden wird und sich zeitbedingt in ihr wandelt, mit dem, was sie erzählt, in die Vorgeschichte hinaufreichen und ihr Dunkel zu lichten helfen, wenn sie das, was man sich zur Zeit der beginnenden Mythenbildung über uralte Zeiten erzählte, als Göttergeschichte berichtet. Zwar taucht so die Mythe nicht selbst aus dem Strudel der Vorzeit, sondern das, woran man sich bei ihrer Formung erinnerte. Doch könnte auch dies unvergessene Machtverhältnisse bewahrt haben, die nun zu Göttergestalten verdichtet in die Mythe treten und so verhalten wie in der Vorzeit die um die Vormacht ringenden Teile Aegyptens. Die Mythe selbst sucht diesen Anschein zu vermitteln. Mit einer Bestimmtheit, die bald der Aussage geschichtlicher Nachrichten nicht nachsteht, berichtet sie über eine jenseits geschichtlicher Überlieferung liegende Zeit und entwickelt eine Geschichte, die mit der Entstehung der Welt beginnt. Eine Wissenschaft, die sich mit diesem literarischen Gut befaßt, kann ihre Daten nicht ablesen, sondern muß sie vorsichtig abschätzend gleichsam als historischen Kern aus mythischer Kunde herausschälen und versuchen, diesen Kern mit dem archaeologischen Befund der Vorgeschichte in Einklang zu bringen. Wenn dies gelingt, scheint die bisher stumme, auf Grund von Stilmerkmalen gestaffelte Reihe vorgeschichtlicher Funde eine Stimme zu gewinnen, die auch sie deutet und so die Vorgeschichte zwar nicht mit Daten versieht, ihre verschiedenen Kulturen aber doch richtungweisend mit den Ereignissen füllt, welche die Mythen berichten. Der literarischen Mythenbildung ginge die Geschichte dessen, was die Mythen erzählen, voraus. In die Zeit der Vorgeschichte fiele das, was sich später die Zeit der Geschichte in der Mythe als etwas Uraltes erzählt. Die altägyptische Kultur bietet für Versuche, mythische Kunde in die Vorgeschichte zu verfolgen, ein reiches Material. Nach den vielen vorgeschichtlichen Funden, die an Hand von Werkzeugen und Tonware eine Reihe von Kulturen abzugrenzen gestatten und mit Zeichnungen an Felswänden und auf Krügen durch die beiden letzten Kulturen bis in die Frühzeit führen, setzt die Geschichte um das Jahr 3000 mit beschrifteten Denkmälern ein, deren Reihe nicht mehr abreißt und durch Bruchstücke früher Annalen ergänzt und gesichert wird. Neben dieser Masse ausreichend datierter Denkmäler, die das schnelle Aufblühen der altägyptischen

Kultur verfolgen lassen, treten freilich erst gegen Ende des Alten Reiches größere Sammlungen religiöser Texte, die in den Pyramiden von Königen das bis dahin zusammengekommene und bewahrte Erbe des königlichen Totenkultes enthalten. Diese Sprüche sind reich an Zitaten aus Mythen, die auch über die Zeit, ehe Erde, Himmel und die beiden Wüsten entstanden, erzählen. Sie sprechen von unterägyptischen Königen und spielen auf Vorgänge bei der Reichseinigung an. So bietet sich eine Gelegenheit, die Überlieferung der Mythe zu erproben. Haben sich hier Spruchteile als heilige Worte, wenn schon nicht Sprüche und Spruchfolgen, wie es Sethe nachzuweisen suchte, aus mythischer Zeit erhalten? Versetzen sie unmittelbar, als Göttergeschichten verschlüsselt, in eine Urzeit? Kündet der „Streit" von Hermopolis, den Atum beendete, der Sturz des Osiris an einer Kultstätte bei Busiris Empörungen und Niederlagen, die der Kampf um die Vormachtstellung zwischen aufstrebenden Staaten mit sich brachte? Ist der „Waffenplatz" in der Nähe des heutigen Kairo, der Ort, an dem „sie" gekämpft haben, ein vorgeschichtliches Schlachtfeld neben einer alten umfangreichen Siedlung, die erst kürzlich ausgegraben wurde? Eine Untersuchung der Mythen auf ihren vorgeschichtlichen Kern hätte zur Aufgabe, das, was die Mythen erzählen, zu sichten und den Ablauf zu finden, der mit den Göttern mythische Ereignisse so ordnet, daß er sinnvoll dem archaeologischen Befund entspricht. In dieser Weise sind vielfach, zuletzt am folgerichtigsten und umfassendsten von K. Sethe die Mythen ausgewertet worden. Sie scheint sich zwanglos zu bieten, da das, was man von den Göttern erzählt, kaum gänzlich aus der Luft gegriffen ist, und darum eine Wahrheit, eben die „mythische" Kunde, erhalten haben kann.

Versucht man das, was die Mythe erzählt, in die Vorgeschichte hineinzusetzen, stellt sich heraus, daß sie schon da, wo sie sich am Befunde noch am leichtesten bewähren kann, an den ersten geschichtlichen Denkmälern versagt. Die Mythe läßt zwei Götter, Horus und Seth, um Aegypten streiten und gibt jedem von ihnen eines der beiden Länder, die mit der Reichsgründung geeinigt werden, in die Hand, und zwar Unterägypten an Horus und Oberägypten an Seth. Auf den ersten geschichtlichen Denkmälern liegen die Machtverhältnisse anders. Die Reichseinigung erfolgt von Oberägypten aus im Zeichen eines falkengestaltigen Gottes, nach dem sich die siegreichen Könige „Horus" nennen. Die Gottheit des zweiten feindlichen Landes ist weder Horus, noch Seth, sondern eine weitere Tiermacht, die erst später im Laufe der Geschichte der siegreichen Gottheit angeglichen und ihrerseits „Horus" genannt wird. Seth gehört zu den oberägyptischen Standarten, an denen auf dem Keulenkopf eines der letzten oberägyptischen Könige „Skorpion" „Kibitze" — anscheinend ein Symbol der Bewohner Unterägyptens — und Bogen erhängt sind. Nicht Horus und Seth streiten so als Herren Ober- und Unterägyptens, der beiden letzten großen Reiche, die zu Aegypten geeinigt werden, sondern Horus und ein anderer Gott. Sucht man den Kern der Kunde über die beiden mythischen Götterfeinde, verweisen so die ersten geschichtlichen Denkmäler nach Oberägypten. Hält man demgegenüber an der späteren Machtverteilung fest, zwingt dies zu einer Kette von Hilfskonstruktionen, die bei der Art des vorgeschichtlichen Befundes, der im Delta während der entscheidenden Entwicklung Vergleichsmaterial vermissen läßt und überhaupt nicht ausreichende Schlüsse über die in einem der beiden Ländern vorherrschende Gottheit gestattet, weder entschieden widerlegt, noch bestätigt werden können, sondern im Dunkel einer mythischen Möglichkeit schweben, die den ersten geschichtlichen Zeugnissen widerspricht. H. Junker hat kürzlich in einer Abhandlung über „Die politische Lehre von Memphis" versucht, die Einschätzung der Mythe als Streitfall zwischen Aegyptologen herauszustellen, von denen eine Gruppe „den wesentlichen Anteil des Nordens an der Bildung des ägyptischen Staates betont, während die andere dabei den Süden ganz in den Vordergrund stellt" (S. 56). Er setzt im wesentlichen das von Sethe in „Urgeschichte und älteste Religion der Aegypter" entwickelte Bild einer Rechtfertigung der Mythen einer anderen Meinung, alles, was die Mythen erzählen, „sei in das Reich des Mythos zu verweisen und stelle das Erzeugnis einer späteren Spekulation dar" (S. 57) gegenüber und unternimmt es im Folgenden, die Stellung der

Deltapartei durch weitere Argumente zu stützen. Demgegenüber kann vorläufig festgestellt werden, daß die von Junker geschiedenen Parteien auf zwei verschiedenen Ebenen stehen, von denen aus sich kaum streiten läßt. Wogegen H. Junker auf Grund von Auslegungen der Mythen argumentiert, ist nicht eine andere Auslegung dieser Mythen, sondern der bis an den Rand der Geschichte verfolgbare Befund, der anscheinend der Mythe widerspricht. Mit der Mythe als wesentliches Zeugnis läßt sich gegenüber Daten, welche geschichtliche Denkmäler liefern, kein Beweis führen. Die Eigenart mythischer Kunde bringt es mit sich, daß sie erst gedeutet werden muß und mit jedem ihr widersprechenden geschichtlichen Datum weiter in einen grenzenlosen Geltungsbereich hinausrückt. Ein geschichtliches Ereignis steht fest, während in Aegypten auch später das Kräftespiel der Mythe in immer anderen Ereignissen erkannt wird. Seth ist nach einander die Gottheit aller Feinde Aegyptens geworden. Kees stellt so in seinem Götterglauben „erlebte Geschichte" und die „in ihrer Gestaltung vielfachem Wandel unterworfenen" „Mythen" gegenüber (S. 216). Mit der Schrift, mit geschichtlichen Daten, den Wasserstandsmessungen, dem Steinbau und dem Schaltjahr wird auch die Form der Mythe erst in geschichtlicher Zeit gefunden. Hat nicht die Zeit ihrer Formung auch das, was sie von den Göttern erzählt, geprägt? Genügt ein Gefühl für das richtige oder gar lediglich für das mögliche, einen alten Kern, den sie vielleicht enthält, herauszufinden? Stellt sich aber heraus, daß nicht nur die Form, in der die Mythe erzählt wird, sondern auch das, was sie als Mythe erzählt, geschichtlicher Zeit entstammt und geschichtliche Verhältnisse spiegelt, kann sie die vorgeschichtlichen Machtverhältnisse nur dort deuten helfen, wo sie in lebendiger Tradition vom geschichtlichen Staat und seinen Kulten bewahrt werden. Auch die Mythe verlangt Kriterien, die gestatten, altes und neues voneinander zu trennen. Wird das, was sie in geschichtlicher Zeit erzählt, bedenkenlos als Vorgeschichte hingenommen, erfüllt es nicht nur die Vorgeschichte mit einem trügerischen Schein, sondern nimmt auch allen dem, was in geschichtlicher Zeit erst aufkommt, den Reiz der Neuheit.

Wenn wir uns vergegenwärtigen wollen, was an der ägyptischen Kultur und ihrer Geschichte in eigentümlicher Weise wertvoll oder auch nur, was in ihr auffallend ist, finden wir als erstes Merkmal das hohe Alter dieser Kultur, als zweites die lange, mehrtausendjährige Dauer und als drittes schließlich ihren scheinbar unveränderlichen Inhalt. Von fern gesehen scheint es, als stände hier etwa drei bis viertausend Jahre lang die Geschichte still, und als könnten selbst gewaltsame Eingriffe wie der Einfall der Hyksos und die Eroberung durch die Perser das kulturelle Leben nur vorübergehend einschränken, aber nicht ändern. Besonders auffällig sind in diesem Zusammenhang die beiden letzten Eroberungen vor der Einführung des Christentums. Die Ptolemäer und die römischen Kaiser erscheinen auf den Denkmälern die alten Riten ausübend in ägyptischer Tracht und machen den Göttern fromme Stiftungen wie vorher die großen einheimischen Könige. Sethe hat einmal diese Erscheinung dahin umrissen, daß der Aegypter nicht vergessen könne, und daß er sozusagen seine Eierschalen ewig mit sich herumtrage. Ganz zweifellos standen die Aegypter, solange ihre Kultur lebte, unter dem Gewicht ihrer Vergangenheit, das sie stolz und würdevoll trugen. Was wir mit derartigen Erwägungen erfassen, ist trotzdem ein Trugbild. Der Aegypter hat seine Überlieferung getragen, aber als Last über den lebendigen Kult und echtes Brauchtum hinaus erst in der Spätzeit, als er sich das Alte aus alten Schriften zusammensuchen mußte. Der ägyptische Kult hat sein Gut umständlich und liebevoll gepflegt, aber abgöttisch erst von dem Augenblick an, als das staatliche Leben zwar nicht zerschlagen, aber doch überfremdet war. So lange die ägyptische Kultur aus sich selbst heraus lebendig geblieben ist, sprudelt sie zu jedem Zeitpunkt ihrer Geschichte eine Fülle von Erscheinungen hervor, die einen Reichtum zeigen, wie er nur den echten Blütezeiten aller Kulturen gegeben ist. Hätten wir die ägyptische Kultur in ihren Anfängen kennen gelernt, wäre nie das Bild der fast ewigen Gleichförmigkeit aufgekommen. So verfälscht das Gerüst der Mythologie, mit dem die überreichen Bilder und Texte der Spätzeit Kult und Religiosität stützen, die frühe Geschichte, und zwar zunächst unspürbar deshalb, weil ja auch die Spätzeit genau wie wir selbst aus dem, was von früher her zugänglich war, geschöpft hat. Wir werden so der Künstlichkeit dieses Bildes nicht nur hinsichtlich seiner Darstellungsweise, sondern auch noch in der Vermengung dessen, was es zusammengebracht hat, erst gewahr, wenn wir die großen Blütezeiten eine nach der anderen auf ihre Eigenheit hin uns verlebendigt haben. Dann erkennen wir, daß es in der lebendigen Kulturentwicklung keine auffällige Stetigkeit und keine schematische Wiederholung gibt, und daß auch hier Überlieferungen nicht mehr gelten als überall in Kulturbewegungen von Völkern. Sie werden nicht mitgeschleppt, sondern solange getragen, als sie lebendig sind und sinnvoll scheinen. Auch älteres Gut wird allem Anschein nach mehr als einmal aufgegeben und sogar gründlich zerstört, noch ehe es überlebt zu sein scheint. Vielleicht lebt es dann noch in einigen Schriftzeichen und Symbolen, in Sprüchen alter Bücher, oder in verborgenen Kulten der Provinz weiter, so daß es die Spätzeit wie so vieles andere wieder hervorholen kann. Ein großer Teil, darunter vieles, was uns auf frühen Denkmälern überliefert ist, verschwindet wieder und wird nie mehr, auch nicht zu dem Scheinleben der Spätzeit erweckt. Es sind vor allem die Erscheinungen, die nicht mythologisch belangvoll sind, gerade das eigentümliche der verschiedenen Epochen, alles das, was die Innigkeit ihrer Religiosität, die Stärke ihrer Frömmigkeit und die Weise der Durchdringung des alltäglichen Lebens mit aufrichtig geübten Bräuchen zeigt. Denn was in den Blütezeiten von Herzen kam, gilt in der Spätzeit nur noch als Mittel zur Spekulation oder zur magischen Gewalt und muß so unfruchtbar bleiben. Auch die Mythenbildung kommt in Aegypten dadurch, daß die Geschichte in vormythischer Zeit einsetzt, plötzlich als etwas Neues in Gang und gewinnt die eigentümliche Form der Göttergeschichte erst in einer längeren Entwicklung. Das Feld, aus dem die Mythe mit ihren Erzählungen schöpfte, liegt jenseits wirklicher Kunde über die vergangene und die gegenwärtige, zeitgenössische Welt. Wie man den Himmel als Frau, die Erde als Mann und die Urelemente als die Götterpaare „Tiefe", „Unendlichkeit", „Finsternis" und „Unsichtbar" erklärte, ohne es wirklich begründen zu können, setzt man auch vor die Geschichte mythische Gestalten, die auf den späteren Zustand hinführen. Werden sie für Reste verschollener Wirklichkeit genommen, so entkleidet man sie ihres mythischen Charakters und verliert zugleich ein geschichtlich wertvolles Anzeichen dessen, was man zur Zeit der Mythenbildung glaubte. Auch die geschichtliche Überlieferung ist lückenhaft und will als Entwicklung erst verstanden und gedeutet werden. Doch entfällt in ihr gegenüber stichhaltigen Erklärungen der Streit der Meinungen bis weitere Funde neuerlich den Horizont weiten. Gerade der Umstand, daß in Aegypten die Mythenbildung in geschichtlicher Zeit erfolgt, gestattet, festen Boden zu gewinnen. Aus praktischen Gründen beschränkt sich die Untersuchung zunächst auf das Material des Alten Reiches. Eine erste, vorläufige Darstellung erschien als „Spuren der Mythenbildung" in Bd. 78 der Zeitschrift für Aegyptische Sprache und Altertumskunde (S. 1ff.), die sich jedoch mit dem letzten Kapitel gleichen Titels der vorliegenden Arbeit nicht deckt.

Inhaltsverzeichnis

Vorwort V
    Mythe und Mythenbildung im Alten Aegypten V
    Mythe und Urgeschichte VI
    Widersprüche zwischen Mythe und Frühgeschichte VII
    Tradition und Mythenbildung VIII

I. KAPITEL.
Quellen und Götterlehren 1

  1. Die Pyramidentexte 1
  2. Schrifterfindung und Frühzeit 2
      Eigenart der frühen Schrift 2
      Annalen und Denkmäler der Frühzeit 4
  3. Festspiele und Dramatische Texte 6
      Bilder zum Jubilaeumsfest 6
      Der Ramesseum-Papyrus 7
      Die Speisetafel der Pyramidentexte 8
      Das Butische Begräbnis 9
  4. Das Aufkommen des Sonnenkultes 10
      Wandbilder der 3. Dynastie 11
      Wandbilder in Tempeln der 5. und 6. Dynastie 12
      Rê-Atum 13
      Sonnenkult der 5. Dynastie 15
      Ältere Spuren eines Sonnenkultes 16
      Rê in den Pyramidentexten 17
      Rê in Hymnen und Litaneien 19
  5. Varianten und Redaktion der Pyramidentexte 20
  6. Die Neunheiten 21
      Das Göttersystem der Neunheit 21
      Die beiden Neunheiten 23
      Ersatz anderer Götterbezeichnungen durch gewählte Ausdrücke 24
  7. Heliopolis und Memphis 25
      Geb und der Kult von Memphis 25
      Die Rolle des Königtums 27

II. KAPITEL.
Entstehung der Mythe als Form 28

1. Zur Formung der Mythe 28
   Das Erscheinen der Mythe im Kult 28
   Ausbildung der Mythe im Totenglauben 29

2. Die Dramatischen Texte 30
   Mythe und Festspiel 31
   Gegenwärtigkeit der Mythe im Festspiel 32
   Entrückung der Mythe durch Dehnung der Verweise 33
   Jüngere Form der Dramatischen Pyramidentexte 35
   Führung der Mythe durch die Kulthandlung 36

3. Die Hymnen mit der Namensformel 37
   König und Gott als Gegenstand der Hymne 37
   Umsetzung Dramatischer Texte in Hymnen 38
   Die Namensformel 39
   Die Hymne als Übergang zur mythischen Form 40

4. Götterlehren und Litaneien 42
   Die mythische Form des Denkmals Memphitischer Theologie 42
   Ursprung der Formen des Denkmals 43
   Denkmal und Litaneien als Götterlehre 45

5. Die Verklärungen 46
   Verklärungen in Ichform und Anrede 46
   Die Aussage in Ichform als mythische Verwandlung 48
   Jenseitigkeit der Verklärung 49
   Formen mythischer Zitate 50
   Mythische Erzählungen am Spruchbeginn 51

6. Zusammenfassung 53

III. KAPITEL.
Dogma, Kult und Mythe 55

1. Heilige Orte 55
   Kultorte im Festspiel 55
   Orte in der Namensformel 56
   Mythische Orte der Verklärungen 57

2. Das Wortspiel 59
   Wortspiel zwischen Kult und Mythe 59
   Wortspiel zwischen Preis und Namen 60
   Wortspiel und Dogma in Verklärungen 62

3. Kult und Mythe 63

4. Ursprung der Mythe im Königtum 64
   Verlegung der königlichen Nekropole nach Memphis 64
   Der König als Horus und Seth 66
   Osiris und die Mythe von Memphis 67
   Horus und sein Feind 68
   Vorgeschichtliche Rollen des Königtums 70

5. Das Dogma der Mythe 71
   Das Horusauge... 71
   Das Horusauge als Götterrolle 73
   Das Horusauge als Krone und Dogma 74
   Wandel des Dogmas mit der Reichseinigung 75
6. Das Dogma der Götterlehren 77
   Das Dogma der Mythe von Memphis 77
   Der Sonnengott als königliches Dogma 78
   Das Horusauge im Wandel des Dogmas 79
   Der Sonnengott über dem Königtum 81

IV. KAPITEL.
Der mythische Gottesbegriff 83
1. Gottheit und Macht in Zaubertexten 83
   Der Gottesbegriff in den Zaubertexten 83
   Mächte und Kronen 84
   Verzauberung der Welt 85
2. Zaubersprache und Bilderschrift 87
3. Tiermächte der Frühzeit 88
   Die Schminktafeln von Hierakonpolis 88
   Erste Spuren der Vermenschlichung 89
   Die Narmerpalette 90
   Denkmäler einer Zeitwende 92
4. Die Vermenschlichung der Mächte 93
   Die Mittel der Vermenschlichung 93
   Der Vorgang der Vermenschlichung 94
   Nicht vermenschlichte Kultsymbole 96
5. Der mythische Gottesbegriff 97
   Aufkommen des Begriffes „Gott" 97
   Der ‚Gott', der ‚große Gott', die ‚Götter' 98
   Der ‚göttliche Falke' 100
   Vergottung der Menschengestalt durch Reste der Tierform 101
6. Vermenschlichung und Mythe 102
   Die alten Götter 102
   Vermenschlichung der Beziehung zwischen Gott und Mensch 104
   Aufkommen der Götterschicksale 105
   Vermenschlichung dessen, was man von den Göttern erzählt 106
7. Der ‚große Gott' der Mythe 108

V. KAPITEL.
Spuren der Mythenbildung 110
1. Ergebnisse der Untersuchung 110
2. Vorformen der Mythe 111
   Zaubertexte und Verklärungen 111
   Mythische Durchdringung des Grundbestandes 112
   Reste vormythischer Vorstellung 114

3. Die Mythe der Dramatischen Texte 115
   Aufkommen der Osirismythe 115
   König Djoser, seine Vorgänger und die Mythe 117
   Form und Inhalt der Mythe im Festspiel............................. 118
4. Die Mythe der Hymnen 119
   Vom Festspiel zur Hymne 119
   Von der Götterrolle zum mythischen Gott 120
   Inhalt der Mythe der Hymnen 122
5. Die Mythe der Litaneien und Götterlehren 123
   Form und Inhalt der Mythe in den Litaneien......................... 123
   Die Litaneien und das Dogma der Pyramidenzeit 124
   Die Auseinandersetzung der Götterlehren 126
6. Die Mythe der Verklärungen 128
   Die Verklärung am Grabe 128
   Die Deutung der Mythe 129
   Die Verklärung der königlichen Seele 131
   Die Form der Mythe in den Verklärungen 132
   Verklärung durch das mythische Ereignis 133
   Die mythische Welt 134
7. Schlußwort zur Mythenbildung 135

I. KAPITEL

Quellen und Götterlehren

1. Die Pyramidentexte

Die dem Auftreten nach ältesten Textsammlungen finden sich in Pyramiden von Königen der 5. und 6. Dynastie bei Sakkara. Sie „treten ganz unvermittelt, plötzlich, wie aus dem Nichts hervorschießend"[1] im Totenkult auf und betreffen ihn und das Schicksal der toten Könige. Daß dieser Kult auch die Speisetafel und Schlangenbeschwörungen umfaßt, gehört zu den Eigenarten des altägyptischen Totenglaubens. Der Tote soll davor bewahrt werden, zu hungern und zu dürsten, und sich mit den Beschwörungen gegen die im Gestein der Wüste lebenden Schlangen schützen können. Diese nach dem Ort ihres Auftretens „Pyramidentexte" genannten Sammlungen zeigen den Zustand, bis zu dem die Literatur des Totenglaubens gegen Ende des Alten Reiches gediehen ist. K. Sethe hat in seiner kritischen Ausgabe dieser Texte[2] Paralleltexte aus den verschiedenen Pyramiden untereinandergestellt. Wenn man einzelne Wörter durch die beiden Bände seiner Ausgabe verfolgt, zeigt es sich, daß trotz der Möglichkeiten, welche die Hieroglyphenschrift mit ihrer mannigfachen Zeichenverwertung bietet, die Paralleltexte häufig dieselben, oft seltsamen Schreibungen, ja sogar dieselben Fehler[3] aufweisen. Auch treten ganze Gruppen von Sprüchen in mehreren Pyramiden in der gleichen oder in einer nur wenig veränderten Reihenfolge auf. Dies und die Fälle auffälliger Deckung lassen auf gemeinsame Vorlagen schließen, deren Schreibweise und Spruchfolgen bei der Abschrift mehr oder minder genau übernommen wurden. Ehe die Texte in die Pyramiden gerieten, wurden sie in anderer Weise — nach einzelnen verständnislos abgemalten Zeichen zu urteilen[4] auf Papyri in hieratischer Schrift — überliefert. Daß Papyri im Kult als Bücher gebraucht wurden, zeigen Bilder der Beamtengräber, auf denen schon im Alten Reich Totenpriester „Verklärungen" von Papyrusrollen ablesen[5]. Diese den feierlichen Ablauf der Kulthandlungen leitenden „Träger der Festordnung (ḥrj-ḥb.t)"[6] genannten Vorlesepriester halten häufig eine Papyrusrolle als Zeichen ihrer Würde in der Hand. Daß die Pyramidentexte nicht für den König, in dessen Pyramide sie erscheinen, verfaßt worden sind, läßt ihr Um-

---

1 K. Sethe, Die Totenliteratur der alten Aegypter, die Geschichte einer Sitte (Sitzgsber. Pr. Ak. d. Wiss. Phil.-Hist. Kl. 1931, 18) S. 4.
2 K. Sethe, Die altägyptischen Pyramidentexte. Das Sethe's Ausgabe zugrundeliegende Material ist inzwischen durch neue Funde auch aus der Zeit des Alten Reiches wesentlich erweitert worden. Ausgrabungen der Pyramide des Königs Pepi II., der jüngsten dieser Pyramiden, erbrachten eine Fülle neuer Bruchstücke, die von G. Jéquier, Le Monument funéraire de Pepi II, Bd. 1 vorbildlich veröffentlicht wurden. Hinzu kommen die in den Pyramiden der Gemahlinnen dieses Königs und eines Königs der 8. Dynastie erhaltenen und von G. Jéquier, La Pyramide d'Oudjebten, Les Pyramides des Reines Neit et Apouit, La Pyramide d'Aba veröffentlichten Abschriften (vgl. auch Sethe, Die Totenliteratur der alten Aegypter S. 10, Anm. 2).
3 So die Wiederholung der Überweisung an „jene vier Jünglinge, die im Osten des Himmels sitzen" (Pyr. 1104/1105), das Fehlen von „Isis" (entsprechend Pyr. 1640b) in Pyr. 1640c.
4 S. Schott, Untersuchungen zur Schriftgeschichte der Pyramidentexte, S. 9.
5 Sethe, Die Totenliteratur der alten Aegypter S. 5.
6 Sethe hat ÄZ 70, 134 zwei in gespaltener Kolonne stehende Priestertitel, Ḥrj-ḥb (·t) Wtj.

fang und die Verschiedenheit der zusammengekommenen Teile vermuten. Zu einer Reihe von Sprüchen finden sich zudem Varianten, die eine längere Textgeschichte voraussetzen. Die Sichtung dieses umfangreichen Materials, das bis in die Spätzeit in Gräbern, an Särgen, auf Papyri und anderenorts immer wieder auftritt, ist noch nicht abgeschlossen. Den umfassendsten Gliederungsversuch hat K. Sethe im Anschluß an seine Ausgabe der Pyramidentexte und ihre Bearbeitung für Kommentar und Übersetzung[1] unternommen. Er nahm das Bild, welches sie über eine Urzeit Aegyptens boten, für den Niederschlag vorgeschichtlicher Entwicklung und versuchte, sie für ,,Urgeschichte und älteste Religion der Aegypter" auszuwerten. Aus der Überzeugung, daß die Mythe von Heliopolis selbst vorgeschichtlich ist, benützte er den heliopolitanischen Charakter eines Textes als Kriterium seines hohen Alters. Eine kritische Einstellung gegenüber derartigen Anzeichen fordert H. Kees, der in seinem Buche ,,Der Götterglaube im Alten Aegypten" erneut darauf hinweist, daß Mythen Kultpropaganda darstellen können und überall die Heimat der sie pflegenden Kulte als urzeitlich, ja als älteste Stätte erweisen (S. 183ff.). Sethe selbst hat in seinem Kommentar eine Reihe anderer auch sprachlicher und kulturgeschichtlicher Kriterien entwickelt, ist jedoch nicht mehr zu einer Zusammenfassung und Auswertung dieser Merkmale gekommen. Derartige Kriterien versprechen gegenüber dem mythischen Selbstzeugnis stichhaltiger zu sein. Schon die Schrift, in welcher die Texte niedergeschrieben sind, gestattet textkritische Feststellungen. An den Denkmälern ist die Entwicklung der Schrift seit frühgeschichtlicher Zeit an immer zahlreicheren Beispielen verfolgbar. Eine Reihe von Textgruppen zeigt in den Pyramiden Spuren einer Schriftform, welche weit über die Zeit ihres Erscheinens hinaufreicht[2]. Es sind Texte, die auch von Sethe festgestellte Altertümlichkeiten der Sprachform zeigen. Im wesentlichen umfassen sie die ,,Dramatischen Texte" der Speisetafel und Hymnen des Totenkultes mit der Formel ,,in Deinem Namen...", während die Masse der Verklärungen in zeitgenössischer Schrift niedergeschrieben ist. Von den beiden älteren Textgruppen erweist sich die eine als von der anderen abhängig. Die Hymnen des Totenkultes enthalten Sätze und Satzfolgen der Dramatischen Texte, bringen sie jedoch, wie dies zu erwarten ist, nicht als Aussprüche von Göttern, sondern als Rede des Preisenden und beziehen sie nur noch auf einen, den jeweils gepriesenen Gott. Das zeitliche Verhältnis dieser beiden Textgruppen zu den Verklärungen wird durch eine mittels Einschub des Wörtchens ,,jener" zu ,,in jenem Deinem Namen..." erweiterte Form der Namensformel, welche in den Verklärungen[3] erscheint, bestätigt. So ist hier an formalen Anzeichen eine rohe Gliederung des überlieferten Textgutes gewonnen, die sich im Einzelnen bewähren muß.

2. Schrifterfindung und Frühzeit

Ehe jedoch darangegangen werden kann, die derart gegliederten Texte auf die Rolle, die in ihnen die Mythe spielt, auszuwerten, muß versucht werden, Anhaltspunkte zu finden, welche die verschiedenen Textgruppen im Ablauf der Geschichte mit festen Daten verankern. Der Zeitpunkt der Schrifterfindung setzt der schriftlichen Überlieferung eine obere Grenze. Diese Errungenschaft, die gestattet, ein Bild durch Beischriften zum Denkmal zu machen, und geschichtliche Überlieferung erst ermöglicht, fällt in Aegypten in die Zeit der Reichseinigung. Die vielen vorgeschichtlichen Funde aus ägyptischem Boden zeigen während der beiden letzten, nach dem ersten Fundplatz Negade benannten Kulturen auf Tongefäßen zwar Bildschmuck, jedoch

---

[1] K. Sethe, Übersetzung und Kommentar zu den altägyptischen Pyramidentexten, nach dem Tode Sethes von C. E. Sander-Hansen herausgegeben.
[2] S. Schott, Das mythische Reich von Heliopolis (Bericht über den VI. Internationalen Kongreß für Archaeologie, Berlin 21.—26. August 1939, S. 266ff.).
[3] Vereinzelt findet sich die erweiterte Namensformel auch in Hymnen (Pyr. 614, 616, 767) und in Litaneien (Pyr. 1587, 1595, 1596, 1605).

nirgends Schriftzeichen. Das am westlichen Wüstenrand zwischen Dendera und Theben gelegene Negade ist das alte Ombos, die Stadt des mit anderen Göttern „Herr von Oberägypten" genannten Gottes Seth, der in der ägyptischen Religion eine wechselnde, oft unheilvolle Rolle spielt, obwohl er neben Horus als zweiter königlicher Gott gilt. Auch auf Felszeichnungen der Wüste, die sich in die am archaeologischen Befund erschlossene Staffelung eingliedern lassen, fehlt bis zum Auftauchen der ersten Königsnamen[1] überall die Schrift. Einzig in Schiffsstandarten der zweiten Negadekultur und in einzelnen Gerätformen und Amuletten lassen sich Vorformen von Göttersymbolen und Hieroglyphen finden, die jedoch nirgends als Schriftzeichen verwendet werden. Die Schrift selbst taucht plötzlich auf. Einige der im Tempelbezirk des Falkengottes von Hierakonpolis, der oberägyptischen Kronenstadt, gefundenen übergroßen Schminktafeln und Keulenköpfe aus der Reichseinigungszeit zeigen auch Schriftzeichen, welche Namen der Könige, Titel ihrer Beamten und Namen eroberter Städte und besiegter Länder überliefern. Auf der Narmerpalette wird ferner ein königlicher Palast und die Gelegenheit des dargestellten Triumphes, vermutlich ein Fest genannt. Die dargestellten Gottheiten, die wie Falke, Stier und Löwe und königliche Standarten in den Kampf eingreifen oder wie die Seelen von Hierakonpolis und die Himmelsgöttin als symbolhafter Schmuck verwandt werden, sind nicht beschriftet. Die Gräber der Könige der beiden ersten Dynastien in Abydos, Beamtengräber in Sakkara und verstreute Einzelfunde haben eine Fülle weiterer Beispiele früher Schriftverwertung ergeben. Dies Material gestattet heute, trotzdem viele Einzelheiten unverständlich geblieben sind, die Eigenarten dieser Hieroglyphenschrift zu erkennen und ihre Verwendungsmöglichkeiten abzuschätzen. Noch fehlen wesentliche Elemente, welche die entwickelte, früher bekannt gewordene Hieroglyphenschrift ausmachen. Zwar lassen sich ihre Grundzüge nicht restlos auf einen Nenner bringen, so daß sich auch hier — vereinzelte — Ausnahmen finden. Doch zeigt diese frühe Schrift im großen Ganzen ein viel einheitlicheres Gepräge als die spätere, gegenüber deren Möglichkeiten sie geradezu einseitig und künstlich anmutet und so den Charakter einer Erfindung noch an sich trägt. Das zugrundeliegende System, welches die Verwendung von Bildern als Hieroglyphen ermöglicht hat, ist einfach und beruht auf der Übereinkunft, die Bilder mit dem Lautwert dessen, was sie darstellen, auch phonetisch zu verwenden. Hierbei werden — wie in anderen Schriften — nur die Konsonanten als „Wortgerippe" berücksichtigt. Doch macht es nichts aus, ob ein Bild als Lautzeichen einen, zwei oder mehr Konsonanten birgt. So muß in der frühen Schrift jedes Zeichen gelesen werden. Noch fehlen die Deutzeichen, welche später das Lesen erleichtern. Auch die Vieldeutigkeit, welche gestattet, ein und dasselbe Bild verschieden zu lesen, wird nur vereinzelt durch Zusatzbuchstaben beseitigt, die erst mit der Djoserzeit häufiger und oft vollständig neben die älteren Mehrkonsonantenzeichen treten, so daß nun über die Lesung dieser Zeichen kein Zweifel mehr bestehen kann. In der frühen Schrift läßt sich, da die Zusatzbuchstaben fehlen, noch darüber streiten, ob der zweite Teil des Namens „Narmer" mr oder $3b$[2] zu lesen ist. Die Vielheit der Zeichen erschwert so die Lesung statt sie zu erleichtern. Eine alleinige Verwendung von Einkonsonantenzeichen hätte die Lesung schon damals wie in der Buchstabenschrift eindeutig festgelegt. Zwei weitere Fehlerquellen kommen hinzu. Neben den Vokalen mußte die frühe Schrift zur Gewinnung ihrer zu lesenden Bilder auch Feminin-, Plural- und Dualendungen der Bildworte unberücksichtigt lassen. Nur so konnte $d.t$ „Schlange" zu d, $h.t$ „Leib", zu h, $wp.t$ „Gehörn" zu wp, $nb.t$ „Korb" zu nb, $h3.t$ „Vorderteil" zu $h3$, $ph.wj$ „Hinterteil" zu ph, $'i.wt$ „Schilf" (Pyr. 367) zu j werden. Da diese Endungen phonetisch erst im Laufe der weiteren Schriftent-

---

[1] J. J. Clère, Un Graffito du roi Djet dans le Désert arabique (Annales Service des Antiquités, Bd. 38, 85 ff.). H. A. Winkler, Rock Drawings of Southern Upper Egypt Bd. 1, S. 10, Taf. 11.

[2] vgl. V. Vikentiev, Nâr-Ba-Thai (Journal of Egyptian Archaeology, Bd. 17, 67 ff.). Zu ähnlichen Fällen im alten Textgut vergl. Sethe, Dramatische Texte S. 133, wo er erwägt, ob man ein ideographisch geschriebenes Verbum dbn oder phr zu lesen hat.

4   I. Quellen und Götterlehren

wicklung geschrieben werden[1], können auch gegenüber ursprünglich „weiblichen" Zeichen Zweifel entstehen, wie sie gelesen werden sollen. Heißt der mit der „Schlange" (*ḏ*) geschriebene König „Schlange" oder trägt er ein anderes den Konsonanten *Ḏ* enthaltendes Wort als Namen. Sind die beiden aneinander geschriebenen Körbe mit ihrem Lautwert *Nb.tj* „Herrinnen" zu lesen, wie es der Königinnentitel „welche sich mit den Herrinnen vereint" vor dem Namen der Neithhotep vermuten läßt[2], oder als die „beiden Herren", die sonst in der frühen Schrift mit zwei Falkenstandarten geschrieben werden[3]? Auch eine bestimmte Ordnung der Zeichen in Zeilen, vor- oder nebeneinander kommt erst auf. Zunächst gibt vielfach nicht die Konsonanten- und Wortfolge der Rede den Ausschlag. Götternamen werden zu allen Zeiten gern respektvoll vorangestellt. In der frühen Schrift wechselt man bei Wiederholungen derselben Worte mit der Zeichenfolge. Letzte Worte geraten auf Herkunfts- und Eigentumstäfelchen und Stelen in zufällig noch vorhandene Lücken[4].

Erfindungen dienen einem bestimmten Zweck und müssen sich als nützlich erweisen, um weiter entwickelt zu werden. Die frühe Schrift findet sofort eine Fülle von Verwendungen. Sie dient zur Beschriftung von Bildern und Grabsteinen, zu Herkunftsangaben und Eigentumsbezeichnungen auf Gefäßen, Siegeln und Täfelchen, und zu anderem mehr. Ihre in die ferne Zukunft zielende Aufgabe fand die Schrift in der Überlieferung denkwürdiger Ereignisse, die nicht nur auf Gedenktäfelchen von Salbgefäßen die Gelegenheit ihrer Überreichung in Erinnerung hielten, sondern auch zu Annalen zusammengestellt Geschichte künden. In Bruchstücken, von denen sich das ergiebigste in Palermo befindet, sind Annalen erhalten, die unter dem König Neferirkarê, dem dritten König der 5. Dynastie, auf den beiden Seiten eines Denksteines in langen übereinanderliegenden Zeilen angebracht wurden. Die Einrichtung dieses Steines, dessen Bedeutung grundlegend von H. Schäfer in seiner Abhandlung „Ein Bruchstück altägyptischer Annalen[5] erschlossen wurde, zeigt das allmähliche Anwachsen der Schriftverwendung. Für jedes Jahr finden sich durch die Hieroglyphen „Jahr" abgetrennte Notizen, die mit der Zeit umfangreicher werden und unter waagerechten Zeilen mit den Namen der Könige und ihrer Mütter in Regierungen abgeteilt sind. Den geschichtlichen Königen geht — unter verlorenen gemeinsamen Überschriften — eine Reihe unter- und oberägyptischer Könige voraus, von denen Namen, jedoch keine Jahresdatierungen überliefert sind. Nach dem verfügbaren Raum muß sie lang gewesen sein. Nimmt man sie für Folgen von Generationen, führt sie in unvorstellbare Zeiten zurück. Der Umfang der Jahresnotizen wächst mit der Zeit. Zunächst wird bis zu König *Nṯrj-mw* die Schrift gedrängter. Die Felder zeigen unter Snofru das drei- bis vierfache ihrer ursprünglichen Weite und nehmen in der 5. Dynastie ein vielfaches des ursprünglichen Raumes ein. Dies Anwachsen dürfte der geschichtlichen Entwicklung der Jahresnotizen entsprechen, deren Echtheit durch weitere Umstände verbürgt scheint. Einrichtungen wie die Angabe der Nilhöhen und die zunächst zweijährige „Schätzung" erscheinen erst im Verlauf der Entwicklung, andere wie der zweijährige „Horusdienst"

---

1 Auch in phonetischen Schreibungen fehlen zunächst die Endungen, so in *Mꜣjd(.t)* (Petrie, Royal Tombs, Bd. 1, Taf. 7, 4, Bd. 2, Taf. 7, 10) und in *Ḥntj Mn(.tjw)* „Erster der Westlichen" (Petrie, Abydos Bd. 2, Taf. 12, 278).
2 Petrie, Royal Tombs, Bd. 2, Taf. 2, 11.
3 Sethe, Beiträge zur ältesten Geschichte Ägyptens (Untersuchungen zur Geschichte und Altertumskunde Bd. 3) S. 31.
4 vgl. auch A. Scharff, Eine archaische Grabplatte des Berliner Museums (Studies presented to F. Ll. Griffith) S. 349.
5 H. Schäfer, Ein Bruchstück altägyptischer Annalen (Abh. d. K. Preuß. Ak. d. Wiss. 1902, Anhang). Weitere Bruchstücke, von denen zwei schon wegen des Fehlens der wagerechten Trennungszeilen nicht zu demselben Denkmal gehören können, wurden von H. Gauthier, Quatre fragments nouveaux de la pierre de Palerme (Musée Égyptien Bd. 3, S. 29ff.) und Petrie, New portions of the Annals (Ancient Egypt 1916 S. 114ff.) veröffentlicht und von K. Sethe für die Zeit der 4. und 5. Dynastie in seinen Urkunde ndes Alten Reiches S. 235ff. zusammengestellt.

verschwinden. Sogar die Schrift hat trotz Angleichung an ihre spätere Form, wofür die Einsetzung des Königsringes[1] und die Feminin-Endungen zeugen, weitgehend zeitgenössische Formen bewahrt, was ihre Entzifferung erschwert hat[2]. Am Anfang der Jahresnotizen dürfte unter dem Namen des ersten geschichtlichen Königs das Datum „Jahr der Vereinigung der beiden Länder, Umzug um die Mauer (der Residenz)" gestanden haben, die anläßlich der späteren Regierungswechsel den Beginn der Regierung eines neuen Königs markiert und so die Thronbesteigung als Erinnerungsfest an die Vereinigung der beiden Länder feiert, als ob Aegypten mit dem Tode eines jeden Königs auseinanderfiele. Den vorübergehend mit der „Schätzung" verkoppelten „Horusdienst" konnten Borchardt und Kees als Steuerleistung an den Königshof erklären[3]. Hier wie in dem ersten Königsnamen, der auf einer Reihe von Denkstelen in heraldischem Gleichmaß den Falken über dem den Namen tragenden „Palaste" zeigt, wird „Horus" als Wort gebraucht, welches dazu dient, den König als Gott zu bezeichnen, der nach anderen Jahresnotizen als ober- und unterägyptischer König geschieden erscheint. Doch zeigt ein Elfenbeinkamm des Königs „Schlange"[4], daß der Falke auch als Himmelsgott galt. Über dem Horusnamen des Königs schweben ihn schützend die Flügel der oberägyptischen Kronengöttin, auf welcher der Falkengott in seiner Barke fährt (s. S. 75). Auch der Name eines zum „ersten Male" im 13. Jahre des Königs $N\underline{t}rj$-mw gefeierten Festes „Verehrung des Horus vom Himmel" (Schäfer, S. 24) nennt diesen Gott, der auch dem „berühmten", „noch in späteren Zeiten genannten" Weinberge des Djoser „Stern des Horus an der Spitze ($\underline{h}ntj$) des Himmels" den Namen gegeben hat[5]. Den Ruhm dieses Falkengottes künden auch die Namen der Weinberge von Königen der 2. Dynastie „Aufgang des Sternes des Horus ($\underline{H}^c$-$sb3$-$\underline{H}r$)" des Königs $\underline{H}tp$-$s\underline{h}m$.wj[6] und „Stern des Horus der Seelen ($Sb3$-$\underline{H}rB3$.w)" des Königs $\underline{H}^c$-$s\underline{h}m$.wj[7], nachdem „Horus" in den Weinbergnamen der Könige $\underline{D}r$ und „Schlange" noch den Horusnamen dieser Könige voranging, so daß hier deutlich wird, wie sich der Falkenkult, den das Aegypten einigende Königtum auf sich bezog, vom Königskult wieder ablöst. Neben der Thronbesteigung werden während der Thinitenzeit unter anderem das „Jubilaeumsfest", der „Lauf des lebenden Apis" und das „Sokarfest" mehrfach gefeiert. Auch die „Fertigung ($m\underline{i}j$.t)" von Statuen und Standarten für Min, für die Pantherkatze auf dem Richtgerät ($M3fd$.t), für die Göttin der Schrift ($S\underline{s}3$.t), für die 'Töchter' des (unterägyptischen) Königs[8] geschehen für königliche Kulte der Residenz, die damals schon in Memphis zu suchen ist. Der schakalsgestaltige Gott, dem mehrfach Statuen angefertigt werden, dürfte nach einer Krugaufschrift und Pyramidenstellen noch als „Erster der Westlichen"[9] gegolten haben, als der er in Abydos, der Totenstadt dieser Könige verehrt wurde (s. S. 10). Auch Ortskulte werden erwähnt. So wird der Tempel des Widdergottes von Herakleopolis besucht. Dieselben Feste, Gottheiten und Kulte erscheinen auch auf den Denkmälern der Frühzeit. Sie lassen sich aus Personennamen um einige Gottheiten vermehren. So erfreut sich die Göttin Neith einer besonderen Beliebtheit. Die in den Annalen ge-

---

1 Vom Ring umschlossene Königsnamen erscheinen erst mit Djoser. Auf Grund dieses Befundes wollte Sethe, Beiträge zur ältesten Geschichte Aegyptens S. 34 den König H^c-$s\underline{h}m$, in dessen Kruginschriften die oberägyptische Kronengöttin auf einem, das Wort $B\underline{s}$ umschließenden Ring steht, in die 3. Dynastie verweisen. Doch hat schon E. Meyer, Geschichte des Altertums Bd. 1, S. 142 daran gezweifelt, daß die „umschlossenen Buchstaben $b\underline{s}$ den Eigennamen des Königs bezeichnen". Wie auf der Narmerpalette Unterägypten unter der Klaue des Falken dürfte auch unter der Klaue der Geiergöttin ein feindliches Land (s. W. Hölscher, Libyer und Aegypter S. 21) niedergehalten sein.
2 Vgl. die Schäfer, Ein Bruchstück altägyptischer Annalen S. 27 Nr. 4 und Sethe, Beiträge zur ältesten Geschichte Aegyptens S. 50 vermutete „Geburt des Königs H^c-$s\underline{h}m$.wj, die sich als „Anfertigen" einer Statue dieses Königs herausstellte (Sethe, Urkunden des Alten Reiches S. 236, 3).
3 H. Kees, Aegypten (Kulturgeschichte des Alten Orients) S. 46.
4 H. Kees, Der Götterglaube im alten Aegypten S. 42, Ann. 7 und Abb. 4.
5 vgl. Sethe in J. Garstang, Mahâsna and Bêt Khallâf, S. 21.
6 G. Maspero, Ann. Service Bd. 3, S. 187.
7 Fl. Petrie, Royal Tombs, Bd. 2, Taf. 23, 199, 200.
8 Sethe, Kommentar zur Pyr. 804a. 9 Petrie, Abydos Bd. 2, Taf. 12, 278.

nannten Tempel „Freund der Götter", „Throne der Götter" und „Kühlung der Götter" dürften als Reichsheiligtümer errichtet worden sein. Sie dienen nicht bestimmten Göttergesellschaften wie den Seelen von Heliopolis oder der Neunheit. Erst in der 5. Dynastie ändert sich der Götterbestand in auffälliger Weise.

3. Festspiele und Dramatische Texte

Die Schrift wird erst in geschichtlicher Zeit zu einem Mittel entwickelt, das sich zur Wiedergabe umfangreicher Texte eignet. Die Einführung von Lesehilfen, wie sie Deutzeichen und Zuschreibung des Lautwertes zu Mehrkonsonantenzeichen darstellen, zeigt, daß schon dem Aegypter die Entzifferung seiner ursprünglichen Schrift Schwierigkeiten bereitet hat, die er mit diesen Mitteln beseitigte. Doch hat sich die frühe Schrift in einigen Verwendungen erhalten. Alte Titel werden lange nach Einführung der ausführlicheren Schrift knapp und altertümlich, die einzelnen Bestandteile mit je einem Zeichen, weibliche Priestertitel ohne Feminin-Endung geschrieben, ebenso Opfergaben in Listen auf Stelen, Götternamen in Tempeln. Diese Beispiele bereichern unsere Kenntnis der frühen Schriftform. Auffällig ist ihre Verwendung auf einer Bildfolge, die erst im Sonnentempel des Königs Niuserrê der 5. Dynastie erscheint und feierliche Kulthandlungen anläßlich des Jubilaeumsfestes dieses Königs darstellt. Auf diesen Bildern sind nicht nur die Titel der am Fest teilnehmenden Beamten und die Namen der dort erscheinenden Götterbilder und Standarten in der knappen alten Schrift geschrieben, sondern auch Angaben über die Kulthandlungen selbst. Die Einfügung der Schrift in die Bilder erfolgt in Bildlücken und gelegentlich so, daß die Figuren mitgelesen werden müssen[1]. Noch fehlen Schriftzeilen und Schriftblöcke, die sich schon auf älteren Denkmälern der Beamtengräber finden. Wenn H. Kees feststellt, daß die Jubilaeumsdarstellungen aus dem Sonnenheiligtum des Niuserrê „das thinitische Ritual wiedergeben"[2], so kann dies wörtlich verstanden werden. Hier wie später in den Pyramidentexten wurde eine alte Vorlage verwendet. Diese Vorlage mag mit ihren figürlichen Darstellungen im zeitgenössischen Stil umgeformt worden sein. Der Schriftcharakter der alten Beischriften ist jedoch getreulich bewahrt. Diese Beischriften zeugen ebenso wie die Wahl der auf diesem Denkmal erscheinenden Götter, welche die von Denkmälern der Frühzeit bekannten nur um wenige Ortsgötter vermehren, für das Alter der Vorlage, die in eine Zeit hinaufreichen muß, in der man die alte Schriftweise noch allgemein angewandt hat. Da die neue Schriftweise während der zweiten Dynastie ausgebildet wird und auf Siegeln der Djoserzeit um sich greift, dürfte die Vorlage der Bilder des Jubilaeumsfestes im Tempel des Niuserrê der frühen Thinitenzeit entstammen und für den Geist, der damals das Königtum beseelte, zeugen. Auf diesen Bildern fehlt jede Anspielung auf Mythen. Man könnte meinen, daß hier wie bei noch älteren königlichen Triumphzügen Mythen deshalb keinen Platz haben, weil diese Bilder irdische Vorgänge darstellen. Der König empfängt Abordnungen der großen Heiligtümer des Landes und besucht Kapellen der Landesgötter, die ihm als oberägyptischem König Pfeil und Bogen, als unterägyptischem König ein Szepter überreichen. Doch zeigen spätere Rituale, daß gerade derartige Veranstaltungen Anlaß zur Erinnerung an mythische Ereignisse, Gelegenheit zur Vergegenwärtigung der Mythe werden konnten. Wenn Hinweise darauf in den Bildern des Jubilaeumsfestes fehlen, so sind sie entweder in der Darstellung entfallen, obwohl schon damals der König eine Götterrolle trug, oder fehlen deshalb, weil sie noch nicht bestanden. Der Palast, in dem der König das eigentümliche Festgewand an- und ablegt[3], heißt der „Göttliche", die Sakristei, die im Dramatischen Text

---
[1] Zu der engen Verbindung zwischen Schrift und Bild vergl. auch H. Grapow, Sprachliche und schriftliche Formung ägyptischer Texte S. 14, 58 Anm. 12.
[2] H. Kees, Götterglaube S. 208.
[3] F. W. von Bissing, H. Kees, Untersuchungen zu den Reliefs aus dem Re-Heiligtum des Rathures S. 18f., v. Bissing, Kees, Das Re-Heiligtum des Königs Ne-Woser-Re Bd. 2, Taf. 9, 20.

selbst die Rolle des Osiris trägt (s. S. 55). Hätte der König mit dem Festgewand etwa die Rolle des Osiris übernommen, wäre er wohl den Göttern der Landesteile auch als „Osiris" vorgestellt worden. Doch trägt Niuserrê lediglich seinen Ringnamen. Die alte Vorlage dürfte statt dessen entweder keinen Namen oder einen der in der Thinitenzeit üblichen Horusnamen, die auch in Jubilaeumsbildern auf Herkunftstäfelchen und Siegeln stehen[1], gezeigt haben. Daß der König als „Horus und Seth" auftritt, eine Möglichkeit, welche der alte Königinnentitel „Die welche Horus und Seth sieht"[2] ergibt, ist ebenfalls unwahrscheinlich, da er Horus von Edfu und Seth von Ombos als die oberägyptischen Landesgötter besucht. Eine andere königliche Götterrolle kennen wir nicht. So dürfte der König in seiner Eigenschaft als regierender Herrscher, der Horus genannt wird, abwechselnd die Kronen Ober- und Unterägyptens tragen und die mit der Thronbesteigung verbundenen Riten ausüben, die ihn als König von Ober- und Unterägypten bestätigen. Demnach scheinen die Bilder vom Jubilaeumsfest keinen verborgenen mythischen Sinn zu bergen, sondern einzig an das erste Mal der geschichtlichen Krönung eines ober- und unterägyptischen Königs anläßlich der Reichseinigung zu erinnern, von der uns die Narmerpalette und ein Keulenkopf desselben Königs verkürzte Darstellungen in einem Bilde überliefert haben, wenn auch dort der König noch nicht das in der Pyramidenzeit schon altertümliche Festgewand trägt. Es bleibt zu erwägen, ob damals neben einem solchen nicht „mythischen" Festspiel andere Festspiele, wie sie aus späterer Zeit überliefert sind, Platz fanden, oder ob die mythischen Götterrollen der am Festspiel teilnehmenden Personen etwas neues darstellen, das zu dem Festspiel hinzukommt.

K. Sethe veröffentlichte im Jahre 1928 einen bei Grabungen Quibell's im Ramesseum von Theben gefundenen Papyrus des Mittleren Reiches, dessen eigentümliche Form und Schreibweise auch Sethe's Auslegekunst Schwierigkeiten bereitete, die er jedoch im wesentlichen meisterhaft gelöst hat[3]. Auffällig ist schon die Einrichtung des Textes. Über einer Bildreihe, die am unteren Rande des Papyrus einzelne Kulthandlungen in zusammen 31 Bildern darstellt, steht ein Text, der die Zeilen meist nicht ganz ausfüllt. Vermerke an der Spitze der Zeilen gliedern den Text in kurze Götterreden, von denen jeweils mehrere zu einer Szene mit besonderem Titel zusammengefaßt sind. Sethe konnte so den ganzen Text in 45 Szenen abteilen. Die Zahl der Szenen übersteigt die Zahl der Bildreihe, da diese verschiedentlich mehrere dieselben Gegenstände betreffende Szenen zu einem Bilde zusammenfaßt. Die Bilder stehen — bis Bild 22 — genau unter dem zugehörenden Text, der zwischen sorgfältig gezogenen Zeilen geschrieben ist. Durch in verschiedener Höhe angebrachte Querlinien sind die Szenen weiter gegliedert. Diese Unterteilung trennt von den Götterreden Vermerke, die auf die Gegenstände der Reden, ihre mythischen und kultischen Entsprechungen verweisen und zusätzlich Kulthandlungen und Orte angeben. So entsteht ein kunstvolles Schema, das offenbar notwendig ist, um eine Übersicht über die ineinander verschachtelten, vielfachen Bezüge zwischen Titel, Reden und Vermerken zu gestatten. Sethe hat diese Handschrift zusammen mit dem in Teilen ähnlich gegliederten „Denkmal memphitischer Theologie" veröffentlicht und beide „Dramatische Texte" genannt, wobei er betont, daß sie nicht als „Drama in unserem Sinne" (S. 95) bezeichnet werden können, daß jedoch ihre „Formen und Voraussetzungen" „dramenartig" anmuten. Er sieht im Ramesseumpapyrus „ein Festspiel zeremoniösen Charakters, dessen Elemente eine religiöse symbolische, echt mysterienhafte Ausdeutung erfahren" (ibd.). In diesem Festspiel tragen die auftretenden Personen — der König, Beamte und Priester — und die Gegenstände des Kultes Götterrollen, die ihnen durch die verschiedenen Vermerke zugeschrieben werden. Die Reden, die von ihnen gesprochen werden oder sie betreffen, sind Götterreden und entspringen dem, was man über diese Götter

---

1 so auf der von H. Kees, Die Opfertanzdarstellung auf einem Siegel des Königs Usaphais (Nachr. Gesellschaft d. Wiss. zu Göttingen, Neue Folge Bd. 3, Nr. 2, S. 21 ff.) behandelte Darstellung.
2 Sethe, Urgeschichte S. 76, Anm. 5.
3 K. Sethe, Dramatische Texte zu altägyptischen Mysterienspielen, S. 81 ff.

erzählt, ihren Mythen. Macht schon dieser Umstand die Texte des Ramesseumpapyrus für unsere Untersuchung bedeutsam, so wird ihre Bedeutung durch die altertümliche Form, in der sie auftreten, gesteigert. Zwar ist der Papyrus für einen König des Mittleren Reiches als „Festspiel auf die Thronbesteigung Sesostris I." (S. 98) geschrieben, doch geht er, wie seine Schreibweise zeigt, auf eine weit ältere Vorlage zurück. Sethe betont, daß der Text „überall in den Sprüchen, die seinen Dialog bilden, das höchste Alter sowohl in seiner Sprache, wie in seinem Inhalt" atmet (ibd.), und ihn in die Anfänge der geschichtlichen Zeit, in denen sich nach Bildung des geschichtlichen Staates fast alle Institutionen des ägyptischen Königtums ausgebildet zu haben scheinen", verweist. Völlig konnte der spätere Kopist den Schriftcharakter der alten Vorlage nicht wahren. Wohl unbewußt fällt er in die Schreibweise seiner Zeit, von denen Sethe (S. 91) einige Beispiele zusammengestellt hat. Im allgemeinen ist jedoch der Text zwar nicht in der ältesten, auf Denkmälern der Frühzeit und in den Bildern des Jubilaeumsfestes erhaltenen Schreibweise geschrieben, zeigt jedoch eine nur wenig gelockerte Form, wie sie gegen Ende der Thinitenzeit und in Teilen der Pyramidentexte erscheint. Hierzu gehört die Bevorzugung „phonetischer, wo nicht alphabetischer" (S. 91) Schreibungen. Femininendungen und Pluralbezeichnungen, phonetische Komplemente zu Mehrkonsonantenzeichen fehlen weitgehend. In dem Bildteil scheinen wie in den Darstellungen zum Jubilaeumsfest und den Beamtengräbern die Figuren der Bilder als Deutzeichen der Schrift zu dienen. Schon wegen des über die Bildreihe gestellten Dramatischen Textes würde man die ursprüngliche Vorlage gegenüber den Bildern zum Jubilaeumsfest für jünger halten. Doch wäre zu erwägen, ob nicht bei jenen Bildern ein ähnlicher, sie ebenso begleitender Text bei der Übertragung auf die Tempelwände fortgefallen ist, und so im Ramesseumpapyrus die Urform beider Texte vorliegt. Die Schrift entwickelt sich, wie oben (S. 6) festgestellt wurde, so, daß sie überhaupt erst in der zweiten Dynastie die Zeile findet und die Wiedergabe längerer Sätze gestattet. Ältere Denkmäler, wie Gedenktäfelchen und frühe Stelen sind in der Raumaufteilung noch unbeholfen und verteilen die Zeichen einer zusammengehörenden Gruppe mehr oder minder zufällig über den zur Verfügung stehenden Raum. Nicht die Form, in der die Bildreihe beschriftet ist, wohl aber die Form des Dramatischen Textes dürfte demnach erst während der zweiten Dynastie gefunden worden sein.

Die Bilder zum Jubilaeumsfest gehen auf eine Vorlage zurück, die älter ist als die Vorlage der Dramatischen Texte des Ramesseumpapyrus. Nicht ausgeschlossen scheint es, daß der Bildstreifen unter diesen Texten, der — wie Bilder zum Jubilaeumsfest selbst — Reden enthält (s. S. 61), einen älteren Grundstock bildet, auf den der Dramatische Text erst aufgebaut worden ist. Diese Bilder lassen sich mit den Bildern zum Jubilaeumsfest vergleichen und können schon wegen ihrer Beschränkung auf Kulthandlungen mit ihnen gleichaltrig sein. Auch die wenigen eingestreuten Reden, von denen nur zwei erhalten sind, betreffen Vorgänge des Kultes und spielen wie die Reden beim Jubilaeumsfest nicht auf Mythen an. Sie fehlen im Dramatischen Text, in den doch sämtliche Reden zu den dargestellten Handlungen hineingehören. So scheint in den Bildstreifen ein selbständiges Ganzes vorzuliegen, bei dem auch gesprochen wird, und zu dem der Dramatische Text mit seinen mythischen Entsprechungen der Kulthandlungen erst nachträglich hinzukam. Die Dramatischen Texte des Ramesseumpapyrus kehren zum Teil in zwei weiteren miteinander verwandten, ebenfalls in dramatischer Form verfaßten Textgruppen wieder, in den Texten zur Speisetafel der Pyramidentexte und in dem Ritual der „Mundöffnung", das in einer Abschrift eines thebanisches Grabes aus der Saitenzeit mit einem „Rollenverzeichnis" endet[1]. Selbst diese späte Abschrift läßt durch die Wandlungen, welche die Texte im Laufe der Zeit erfahren haben, noch Reste der eigentümlichen Schriftform, in der sie einst niedergeschrieben wurden, erkennen. Sie tritt in den Pyramidentexten deutlich hervor, obwohl man zur Zeit ihrer Niederschrift — wie es die Gräber· und die Mehrzahl der Sprüche der Pyramidentexte selbst

---

[1] J. Dümichen, Der Grabpalast des Patuamenap, 2. Abt., Taf. 13, 77.

zeigen — schon anders geschrieben hat. Noch wird *t* „Brot" mit dem alten Zeichen, das im allgemeinen nur noch als Zeichen für den Laut *t* und nun mit einem neuen Deutzeichen zusammen als Schreibung für „Brot" benützt wird, geschrieben. Noch werden Mehrkonsonantenzeichen ohne jeden oder mit ungewöhnlich spärlichem lautlichen Zusatz verwandt, noch fehlen häufig Feminin-Endungen. Wie in den Dramatischen Texten des Ramesseum-Papyrus finden sich daneben phonetische Schreibungen mit Einkonsonantenzeichen ohne Deutzeichen, Schreibungen, die zu zeigen scheinen, wie man bisher nie geschriebene Worte, für die man kein neues Zeichen findet, buchstabiert, so daß Schriftbilder entstehen, die unserer Schreibweise nahekommen. Schon auf Grund des Schriftcharakters dürften diese Texte in ihrer ursprünglichen Form mit den Dramatischen Texten des Ramesseum-Papyrus gleichaltrig sein, wenn sie auch so, wie sie in den Pyramiden erscheinen, als Ganzes nicht mehr die alte Form tragen, sondern eine Reihe von Sprüchen aufgenommen haben, die nicht dramatisch sind und auch nach Stilmerkmalen, vor allem auf Grund der Namensformel, einer späteren Zeit entstammen. H. Junker hat in seiner Abhandlung über die politische Lehre von Memphis[1] zu den ersten Versuchen, auf Grund von Schriftmerkmalen Pyramidentexte zu datieren, Stellung genommen und gerade im Zusammenhang mit der Speisetafel darauf verwiesen, daß „die Fassung der Speiseliste in den Pyramidentexten jung ist und sicher nicht vor die 4. Dynastie gesetzt werden kann", und daß „die Bestimmung des Alters nach dem Schreibstil" „in diesem Falle vollkommen" versage (S. 60). Doch kann die Speisefolge der königlichen Tafel sich anders entwickelt haben als die Speisefolge der Opfertafel in den Beamtengräbern, mit deren Reihe H. Junker die Speisefolge der Pyramidentexte vergleicht. Eine Übereinstimmung jüngeren Datums könnte, solange nicht ältere ebenfalls anders geformte königliche Listen gefunden werden, darauf beruhen, daß erst damals die königliche Liste in den allgemeinen Totenkult eindringt. Doch auch abgesehen davon besagt eine Umgliederung, Ausweitung oder Einschränkung der Liste nichts für das Alter ihres Grundbestandes. In den Beamtengräbern fehlen zudem gerade die den Gaben in den Pyramidentexten beigeschriebenen Götterreden, welche die dramatische Form der Speisetafel ausmachen. Diese Reden übertragen dem toten König die Rolle des Osiris, was damals wohl lediglich dem König gegenüber möglich war, und durften aus diesem Grunde in den Beamtengräbern keinen Platz finden. Für die Götterreden selbst ist die Reihenfolge belanglos, da sie zusammenhanglos nebeneinanderstehen, und so ihre Reihenfolge beliebig verändert werden kann. Schließlich zeigen die Dramatischen Texte der Speisetafel, wie im Einzelnen auszuführen ist (s. S. 34), gegenüber Varianten im Ramesseum-Paypyrus vielfach jüngere Fassungen, was sowohl das Vorhandensein einer gemeinsamen älteren Fassung wie die Vornahme einer Textredaktion bestätigt.

Die Untersuchung hat zwei frühe, sich deutlich scheidende Schichten des altägyptischen religiösen Textgutes ergeben. Von ihnen scheint sich die ältere auf Darstellungen von Festhandlungen zu beschränken, die sie mit Götternamen, Titeln der teilnehmenden Personen, Stichworten, welche die Handlung selbst betreffen, und den knappen Reden, die sie begleiten, beschriftet. Die Vorlagen derartiger Denkmäler dürften als Bildrollen, die dem „Vorlesepriester" als Leiter des Festverlaufs zum Anhalt dienten, vorzustellen sein. Bisher wären zwei derartige Festrollen, die Bildreihe des Jubilaeumsfestes und die dem Dramatischen Ramesseumpapyrus als Unterlage dienende Bildreihe erschlossen. Wie das Beispiel des Ramesseumpapyrus zeigt, wurden diese Festrituale — nach Merkmalen der benützten Schrift zu urteilen, nicht vor der 4. Dynastie — durch Dramatische Texte bereichert, so daß jetzt die handelnden Personen Götterrollen tragen, und ihre Reden als Götterreden die Kulthandlungen begleiten. Zu diesen Dramatischen Texten gehören der inschriftliche Teil des Ramesseum-Papyrus, der die dramatische Form am vollständigsten bewahrt hat, das Ritual der Mundöffnung und die Reden der Speisetafel. Gegenüber diesen angeführten Denkmälern nimmt eine weitere Bildfolge, die zuletzt H. Junker als „das Bu-

---

[1] H. Junker, Die politische Lehre von Memphis (Abh. der Pr. Ak. d. Wiss. 1941, Phil. hist. Kl. Nr. 6) S. 59ff.

tische Begräbnis"[1] anläßlich eines glückliches Fundes in den Grabungen der ägyptischen Universität im Pyramidenfeld von Giza besprochen hat, eine Sonderstellung ein, da hier Bilder erscheinen, die im Gegensatz zu den bisher behandelten Denkmälern nicht dem königlichen Kult entstammen. H. Junker konnte gegenüber früheren Erklärungen auf Grund des erweiterten Materials feststellen, daß diese Bildreihen ursprünglich nicht das „Osirianische Begräbnis" darstellen, sondern Begräbnisriten, die in den „Totenkult der Privaten" früher eindringen als der Osiriskult (S. 31). Diese Bilder, die formal zu den Bildreihen, also der älteren der beiden besprochenen Gruppen gehören, werden — soweit es die zunächst spärlichen Inschriften erkennen lassen — mit Beischriften in zeitgenössischer Schrift versehen, die sich mit einigen wenigen Ausnahmen auf Angaben über Kulthandlungen beschränken und keine Anspielungen auf Mythen enthalten. Doch bemerkt Junker, daß sich „keine bestimmte Regel, weder für die Bildfolge, noch für die Auswahl der Szenen, noch für deren Wiedergabe herausgebildet" hat (S. 10). Die Überlieferung erfolgt so anscheinend damals noch nicht mittels Vorlagen, sondern an Hand des in den verschiedenen Nekropolen geübten Rituals und konnte sich deshalb mit der Entwicklung des Totenkultes und dessen Verpflanzung nach Oberägypten leichter wandeln als zum Beispiel die Rituale der Mundöffnung. Doch wird auch später in Oberägypten an den Stätten des butischen Rituals mit den Namen ihrer unterägyptischen Heimat festgehalten, wenn nun auch auf der Totenfahrt Abydos und Busiris besucht werden.[2] Die Priester tragen dabei, wie in den anderen Ritualen altertümliche Titel, so daß auch hier vermutlich noch im Alten Reich Vorlagen geschaffen worden sein dürften. Für die Mythenbildung können diese Bildreihen gerade durch die negative Feststellung Junker's bedeutsam werden, daß im Alten Reich das in den Nekropolen der Residenz geübte Begräbnisritual, welches offensichtlich unterägyptisches Brauchtum wahrt, nicht „osirianisch" ist. Hätte Osiris in Unterägypten schon als Totengott gegolten, wäre er wohl mit den Resten dieses vorgeschichtlichen Rituals viel früher in den Totenkult auch der Beamten eingedrungen. Osiris gehört anscheinend zu einer neuen Welle des Götterglaubens, die erst der geschichtliche Königskult hochbringt, und die erst gegen Ende des Alten Reiches in den Bereich des allgemeinen Totenglaubens hinüberschlägt. Auch im königlichen Totenkult der Frühzeit scheint noch ein anderer Herr über die Geister zu herrschen. Auf einem Steingefäß aus Abydos wird in altertümlicher Schreibweise — ohne phonetische Komplemente und Pluralendung — ein schakalsgestaltiger Gott „Erster der Westlichen" genannt (s. S. 5), eine Bezeichnung, die später mit dem gleichen Bilde Osiris als Namen zugeschrieben (Pyr. 592) und schließlich neben Osiris als Anubis gedeutet wird (Pyr. 1833). In den Dramatischen Texten des Ramesseumpapyrus gilt Osiris als vorzügliche Götterrolle, die auch der verstorbene König trägt. So scheint sein Kult zusammen mit der dramatischen Form der Mythe aufgekommen zu sein. Ehe jedoch Folgerungen gezogen werden, soll auf dem Wege der Textgliederung weitergeschritten werden, die freilich für die beiden verbleibenden großen Gruppen der Pyramidentexte, die Hymnen mit der Namensformel und die Verklärungen nicht auf Grund des Schriftvergleiches erfolgen kann, weil Inschriften aus königlichen Tempeln und Pyramiden der 3. und 4. Dynastie fast völlig fehlen. Bildlos (s. S. 12), einzig durch ihre Gliederung und erlesene Statuen wirkend boten sich die großen Pyramidenbauten der Nachwelt. Die geistige Bewegung, welche diese erneute Steigerung königlicher Machtentfaltung ausgelöst hat, läßt sich weder hier noch in den Beamtengräbern fassen.

4. Das Aufkommen des Sonnenkultes

Immer wieder stellen in der Entwicklung der altägyptischen Kultur die Denkmäler einer neuen Epoche etwas bis dahin Unbekanntes sofort formvollendet heraus, was eine vorangehende,

---
[1] H. Junker, Der Tanz der Mww und das Butische Begräbnis im Alten Reich (Mittlg. Deutsches Institut für Äg. Altertumskunde in Kairo, Bd. 9, 1ff.).
[2] H. Kees, Totenglauben und Jenseitsvorstellungen der alten Ägypter, S. 358ff.

nicht an Denkmälern verfolgbare Entwicklung vermuten läßt. Für das Auftauchen der Pyramidentexte, die zum Ende des Alten Reiches als umfangreiche Textsammlung erscheinen, wurde dies schon bemerkt. In ähnlicher Weise überraschend tauchen zunächst die Tempelbauten und später ihr Wandschmuck auf, ohne daß Vorformen eine zu ihnen führende Entwicklung künden. Die Bauten des Pyramidenbezirks König Djosers bei Sakkara tragen die Spuren ihrer Vorform an sich. Wie man an früheren Steingefäßen in mühevoller Arbeit Verschnürung und Geflecht ihrer Vorbilder aus vergänglichem Material nachahmte, ehe man glatte Steinformen fand, zeigen die ersten Steinbauten Elemente einer Holz, Rohr und Matten verwendenden Bauweise, deren Gebäude wir als Schriftzeichen kennen[1]. An den Pyramidenbauten der 4. Dynastie erscheint dann die Form, die dem neuen Material entspricht. Glatt und schmucklos wirken diese Totentempel und ihre Pyramiden durch ihre steinerne Wucht und die klaren Raumverhältnisse ihrer Teile. Die „Ziegel"fassaden des Mauergevierts des Djoserbezirks mit ihren mächtigen Scheintoren sind ebenso verschwunden wie Bündelsäule, Pflanzenkapitell und Mattenornament der einzelnen Bauteile. Zu den Elementen, die der Steinbaustil beseitigt, gehört auch der Bildschmuck, der sich in Tempelbauten nach einigen Anzeichen zu entwickeln begann. In unterirdischen Räumen der Stufenpyramide Djosers sind während der Freilegung des Pyramidenbezirks durch Grabungen der Altertümerverwaltung sechs Wandbilder dieses Königs bekannt geworden, die ihn beim Besuch von Heiligtümern ober- und unterägyptischer Landesgötter — Horus von Edfu und die „große Weiße (Pavian)" von Oberägypten und die unterägyptische „Horus von Letopolis"[2] — und beim Opfertanz darstellen. Diese Bilder genügen, um zu zeigen, daß man sich Räume und Höfe der Tempelbezirke belebt, von Festlichkeiten und Riten des Totenkultes erfüllt vorstellen muß. Die Vielräumigkeit der einzelnen Anlagen, die große Zahl der Kapellen des „Festhofes"[3], seine unterteilte Sakristei und viele Nebenräumlichkeiten lassen vermuten, daß hier königliche Feste, vor allem das 'Jubilaeumsfest', mit einer Prachtentfaltung gefeiert wurden, welche die erst später erscheinenden Bilder dieses Festes nur ahnen lassen. Dafür, daß in der Djoserzeit der Tempelbau weiter entwickelt wurde, wobei es zur später wieder aufgegebenen Anbringung von Wandbildern kam, haben in den Jahren 1903 bis 1906 im Tempelbezirk von Heliopolis unternommene Grabungen Schiaparelli's ein Anzeichen erbracht. Aus diesen Grabungen kamen Trümmer eines Denkmales[4] nach Turin, welches nach den von R. Weill veröffentlichten Strichzeichnungen des Bildschmucks[5] und Festrestellungen Sethe's[6] König Djoser der Neunheit von Heliopolis errichtet hat. Die Bilder in erhabenem Relief, deren Feinheit und sorgfältige Ausführung Weill rühmt und eine von H. Schäfer veröffentlichte Photographie (Taf. III b) bestätigt[7] zeigen auch Namen Djosers und Reste eines Bildes des Königs mit ihm zu Füßen sitzenden Angehörigen. Seinen Beinamen „Goldsonne" trägt auf dem von Schäfer veröffentlichten Ausschnitt Geb als Halsschmuck. Von den Göttern, die 'unisono' in einer gleichlautenden Rede dem König als Entgelt für „dieses schöne Haus" das Leben und das Heil, welches bei ihnen ist, und viele Jubilaeen versprechen[8], hat Sethe Schu, Geb und Seth erkannt. Daß neben ihnen die anderen Götter der Neunheit von Heliopolis darge-

---

1 A. Scharff, Archaeologische Beiträge zur Frage der Entstehung der Hieroglyphenschrift (Sitzgsber. Bayer. Ak. d. Wiss. Phil.-hist. Abt. 1942, 3) S. 13ff.
2 C. Firth, J. Quibell, The Step Pyramid, Bd. 1, S. 5, 33, 59f., Bd. 2, Taf. 15ff., 40ff.; vgl. H. Kees, Zu den neuen Zoser-Reliefs aus Sakkara (Nachr. Ges. d. Wiss. zu Göttingen, Phil.-Hist. Kl. 1929, S. 57ff.).
3 vgl. A. Hermann, Führer durch die Altertümer von Memphis und Sakkara, S. 46ff.
4 Nach der Kleinheit der erhaltenen Reliefs zu schließen, dürfte es sich — worauf mich H. Kees aufmerksam macht — um Trümmer eines Bauteiles, etwa den steinernen Schrein eines Ziegelgebäudes, handeln.
5 Weill, Monuments nouveaux des premières dynasties (Sphinx, Bd. 15, S. 9ff.).
6 Sethe, Dramatische Texte S. 79, Anm. 1.
7 Schäfer, Der Reliefschmuck der Berliner Tür aus der Stufenpyramide und der Königstitel $Ḥr$-nb (Mitt. Deutsches Institut für Äg. Altertumskunde in Kairo, Bd. 4, S. 1ff., Taf. 2a).
8 Sethe, Urkunden des Alten Reiches S. 153f.

stellt waren, ist wahrscheinlich. Doch ließe sich daran zweifeln, ob sie schon damals „Neunheit" genannt wurden, da die Götter von Heliopolis in den Annalen der 5. Dynastie als „Seelen von Heliopolis" (s. S. 15) auftauchen. Es müßten denn die „Seelen", die in der Fassung des Totenbuchspruches 115 des Neuen Reiches auf Rê, Schu und Tefnut zusammengeschrumpft sind[1], als Sammelbegriff auch die Neunheit umfassen, wie es für Verklärungen ein Pyramidenspruch bezeugt (s. S. 22). Unter König Snofru ist Bildschmuck auch in Pyramidentempel aufgenommen, wie es bisher unveröffentlichte Blöcke eigentümlicher Schönheit aus einer amerikanischen Grabung zeigen. Nach diesen ersten, nur in Trümmern überkommenen Anfängen lassen die Pyramidentempel der Könige der 4. Dynastie jeden Bildschmuck vermissen[2], der erst in der folgenden Dynastie in mannigfacher Pracht wieder auftaucht. H. Junker hat in der Stilentwicklung der Beamtengräber einen ähnlichen Stilwandel festgestellt. „Die Szenen des täglichen Lebens schmücken die Gräber bis zum Beginn der 4. Dynastie. Sie verschwinden dann vollkommen aus den Kammern und treten erst wieder zu Beginn der 5. Dynastie auf"[3]. In der Entwicklung des Bildschmuckes sowohl der Tempel wie der Gräber klafft so zwischen der 3. und 5. Dynastie eine Lücke. Es scheint als hielte das dargestellte Leben eine Zeit lang den Atem an, um dann plötzlich in inzwischen gesammelter Fülle erneut hervorzubrechen. Was geht in der Zwischenzeit vor? Daß diese Zeit, welche architektonisch die reine Pyramidenform findet, in religiöse Untätigkeit verfallen wäre, ist bei der Wucht und Klarheit ihrer Grabbauten undenkbar. Man muß im Gegenteil erwarten, daß sich damals der Totenglauben zu derselben neuen Würde umformt, freilich ohne sich sofort um die Verewigung seiner literarischen Form zu kümmern.

Einen neuerlichen Wandel bringen die Bauten der 5. Dynastie, von denen aus den Ausgrabungen der Deutschen Orientgesellschaft der Pyramidentempel des Königs Sahurê ausreichend bekannt geworden ist, um eine Vorstellung der Ausstattung dieser Tempel zu gestatten[4]. Nach den wenigen älteren Beispielen von Bildschmuck, der in den Tempeln der Pyramiden von Giza fehlt und in den Beamtengräbern der 4. Dynastie auf Inschriften und das Bild des am Gabentisch sitzenden Toten beschränkt wird, tragen jetzt die weiten Wände der Tempel und ihrer Torbauten am Tale großflächige Bilder, die wieder die Frage nach ihrer Vorform aufkommen lassen, da diese Kunst schon meisterhaft, in großem Stile angewendet erscheint. Doch findet sich außer den erwähnten Beispielen aus der Zeit vor den Erbauern der großen Pyramiden und dem sparsamen Schmuck der Beamtengräber, der erst während der 5. Dynastie bereichert wird und seine Fülle gewinnt, nichts, was auf eine längere Ausbildung dieser Kunst und Vorstufen weisen könnte. Da in dem von der ägyptischen Altertümerverwaltung ausgegrabenen Pyramidentempel des Königs Pepi II. der 6. Dynastie[5] dieselben Motive wiederkehren, scheint sich eine feste Tradition für Auswahl und Verteilung dieser Bilder entwickelt zu haben, die bis in das Neue Reich lebendig bleibt und sich noch in den Tempeln der 20. Dynastie in Theben als wirksam erweist. Die Bilder betreffen die Taten des Königs, seine Feldzüge gegen feindliche Länder, Auszüge, Erscheinungen und Jagden, die Feier von Festen und den ewigen Totenkult des Königs, wobei Einzelheiten der in den beiden Totentempeln der 5. und 6. Dynastie erhaltenen Bilder vom Triumph über Libyen

---

[1] Sethe, Die Sprüche für das Kennen der Seelen der heiligen Orte, S. 13, 34f., S. 16, 8.
[2] Neuere Grabungen in Giza haben diesen vor allem am Taltempel der Chefrenpyramide gewonnenen Anschein erschüttert. H. Junker macht Giza, Bd. 6, S. 9, Anm. 2 auf den „überraschenden" Fund von zwei Blöcken mit Reliefdarstellungen aus dem oberen Tempel der Cheopspyramide aufmerksam, die vielleicht von einer seitlich gelegenen Ḥbsd-Kammer stammen. So könnten – wie in den Gräbern der 4. Dynastie auch an den Pyramidenbauten von Giza in beschränktem Maße Bildschmuck verwandt worden sein.
[3] Junker, Giza, Bd. 3, S. 66.
[4] L. Borchardt, Das Grabdenkmal des Königs Sahu-Re, Ders., Das Grabdenkmal des Königs Nefer-ir-kere, Ders., Das Grabdenkmal des Königs Ne-user-re. Hinzu kommen die Bilder vom Aufweg der Pyramide des Königs Unas, Selim Bey Hassan, Ann.-Serv. 38, 519f.
[5] G. Jéquier, Le Monument funéraire de Pepi II.

Wandbilder in Tempeln der 5. und 6. Dynastie 13

zeigen, daß auch hierfür Schablonen gefunden und verwendet worden sind[1]. Da sich die Inschriften auf Bildtitel und kurze Beischriften beschränken, sind sie mythisch unergiebig. Doch finden sich Götter als thronende oder stehende Gestalten dargestellt, vor welche der König in der Ausübung von Kulthandlungen tritt. Auch nehmen die Götter, gegenüber den Gestalten der frühen Schminktafeln vermenschlicht, an dem Geschehen der Welt teil, indem sie dem König Gefangene zuführen und die Beute in Annalen verzeichnen. Wenn Kronengöttinnen den König als himmlische Mütter säugen, wird auch hier etwas nie Gesehenes dargestellt, was literarisch in den Pyramidentexten immer wieder abgewandelt wird. Umfangreiche Trümmer, die im Tempel des Königs Pepi II. eine Wiederherstellung der Wandverteilung gestatten, zeigen, daß in beiden Tempeln die Götter Aegyptens nach den beiden Landeshälften getrennt zusammengefaßt waren. Neben ihren Kapellen in ober- oder unterägyptischer Bauweise empfangen sie Schlachtopfer. Unter den oberägyptischen Göttern sind einzig die „großen Weißen (Paviane)" mit eigentümlichen Kapellen noch tiergestaltig dargestellt[2]. Der entsprechende Teil der unterägyptischen Wand ist zerstört. In ihrem niederen Teil kann man dort die Stiere Apis und Mnevis (?) vermuten. Auf dem Bruchstück einer solchen Wand im Tempel des Sahurê scheint Horus von Edfu nun gegenüber dem im Tempel Pepi II. die Seelen von Hierakonpolis anführenden Seth[3] mit seiner Kapelle in unterägyptischer Bauweise als unterägyptischer Gott zu gelten[4]. Wie die königlichen Toilettengötter[5] dürfte er mit der im Alten Reich waltenden Bevorzugung Unterägyptens dorthin geraten sein, nachdem er in den Bildern zum Jubilaeumsfest und in den unterirdischen Räumen der Djoserpyramide noch als oberägyptischer Gott, den der König im oberägyptischen Ornat besucht, gilt. Neben den Pyramidentempeln haben die Könige der 5. Dynastie Sonnenheiligtümer errichtet, die als eine weitere Neuerung dieser Zeit angesehen werden müssen. Eines dieser Heiligtümer, die als Kern einen mächtigen Obelisken umschlossen, wurde durch Grabungen F. W. v. Bissing's erschlossen. In diesem Sonnenheiligtum fanden sich neben den Bildern zum Jubilaeumsfest in der sogenannten „Weltkammer" Bilder der drei altägyptischen Jahreszeiten. Sie werden gern als Symbole des neuen naturnahen Geistes gewertet, dem Tempel und Gräber ihren Wandschmuck verdanken, und der in der Gestalt des Sonnegottes seine Krönung findet. Vor mehreren Bildreihen, die in bunter Fülle das Leben in den verschiedenen Jahreszeiten wiedergeben, stehen menschengestaltig Verkörperungen von „Überschwemmung", „Saat" und „Sommer" selbst[6], die sich der Künstler des Grabes des Mereruka aus der 6. Dynastie als Vorwurf seines auf eine Staffelei gestellten Bildes gewählt hat[7]. In den Personifikationen der Nile und anderer Naturmächte, wie des „Meeres ($W\cdot \underline{d}\text{-}wr$)" und des „Getreides ($Npr$)", die im Tempel des Sahurê neben Städten und Gauen ihre Gaben bieten, lassen sich weitere Beispiele dieser Wendung zur Natur erkennen.

Von zwei Seiten ist in letzter Zeit betont worden, daß der Sonnengott Rê seine führende Rolle erst während des Alten Reiches erlangt hat. H. Junker hat in seinen beiden Abhandlungen über das Denkmal Memphitischer Theologie auch die in Memphis „bekämpfte politische Lehre von Heliopolis"[8] behandelt und meint, daß „in der 5. Dynastie, die Heliopolis den entscheidenden Sieg brachte", mit der „auf der Spitze des Obelisken" ruhenden „Sonnenscheibe", dem Mittelpunkt

---

1 vgl. W. Hölscher, Libyer und Aegypter, S. 13, Anm. 5.
2 Jéquier, Pepi II, Bd. 2, Taf. 50, 52. Zu den „großen Weißen" vgl. H. Kees, Die Opfertanzdarstellung auf einem Siegel des Königs Usaphais (Nachr. Ges. d. Wiss. zu Göttingen, Neue Folge, Bd. 3, Nr. 2) S. 26ff.
3 Jéquier, Pepi II, Bd. 2, Taf. 50.
4 Borchardt, Sahu-Re, Bd. 2, Text, S. 97, Abb. Blatt 19.
5 Jéquier, Pepi II, Bd. 2, Taf. 58, 60; zu diesen Göttern H. Kees, Götterglaube S. 100, Kees, ÄZ 77, 24ff.
6 L. Borchardt, Vorläufiger Bericht über die Ausgrabungen bei Abusir im Winter 1899/1900 (ÄZ Bd. 38) S. 98.
7 W. Wreszinski, H. Schäfer, H. Grapow, Atlas zur altägyptischen Kulturgeschichte, Teil 3, Taf. 1.
8 H. Junker, Die politische Lehre von Memphis (Abh. d. Pr. Ak. d. Wiss. 1941, Phil.-hist. Kl. Nr. 6), S. 62.

des Heiligtums, das der König dem Gott neben seiner Pyramide errichtet", der Gott der Stadt Heliopolis wieder in seinem „Urbild" erscheint (S. 63). H. Kees kommt in seinem Buche „Der Götterglaube im Alten Aegypten" zu demselben Ergebnis (S. 230ff.), das bei ihm jedoch dadurch eine entscheidendere Bedeutung gewinnt, daß er die „Umstellung des heliopolitanischen Götterkreises auf den Sonnenkult" als „Umbruch" kennzeichnet und nicht auf einen in Heliopolis schon heimischen älteren Sonnenkult zurückführt. „Rê als Sonnengott paßte nicht in das heliopolitanische System" (S. 230). Der Sonnengott verdanke diese Stellung seiner „unter allen kosmischen Mächten eindringlichsten Erscheinung", die den „heliopolitanischen Geltungsanspruch" „unterstreichen" konnte (S. 233). Der Sonnengott wird so in hervorragender Weise als universale Gottheit angesehen, die das Leben des Alten Reiches umprägt und seiner Religion einen neuen Mittelpunkt gibt. Wenn demgegenüber Junker in Rê einen alten Ortsgott erkennen will, so entspringt dies vor allem seiner Einschätzung der Namensverbindungen, in denen zwei Gottheiten dogmatisch als wesensgleich zusammengeschlossen werden. Rê trägt die beiden Doppelnamen Rê-Atum und Rê-Harachte. In der angeführten Abhandlung (S. 30) nimmt Junker den Doppelnamen Rê-Atum als Anzeichen dafür, daß sich Rê dem Gotte Atum unterordnen mußte. In diesem Doppelnamen wird der Name des Sonnengottes vor den Namen des heliopolitanischen Weltschöpfers gestellt, der in dem dortigen Göttersystem an der Spitze seiner Neunheit steht. Rê, der in der Neunheit fehlt, tritt mit dem Doppelnamen an seine Stelle. Doch wird nicht ein aufkommender „lokaler" Gott dem „universalen", „an den Anschluß gesucht wird"[1], vorangestellt, sondern ein dogmatisch jüngerer, ebenfalls universaler Gott, der nun für sich mit seiner eigenen Universalität auch die des älteren Gottes beansprucht. Der im Doppelnamen vorangesetzte Gott ist der mit ihm benannte. Amon-Rê bezeichnet Amon, Rê-Atum und Rê-Harachte bezeichnen Rê, und auch der hellenische Synkretismus nennt mit Zeus-Amon einen griechischen Gott, der, nach Bildnissen zu urteilen, in griechischer Weise vorgestellt, mit seinem Beinamen auch in Aegypten heimisch werden sollte, wobei der Grieche zweifellos seinem Gotte Zeus die eine weitere Welt umspannende Universalität zuschrieb. Auch Rê wurde mit seinen Doppelnamen als das Wesen der Götter Atum und Harachte umfassende Gottheit proklamiert. Rê als Sonnengott übernimmt die Universalität sowohl des Weltschöpfers Atum wie die des älteren Sonnengottes Harachte — „Horus vom Lichtlande", dem Sonnenaufgangsplatz in der Ostwüste — einer Form des zum Weltgott erhobenen königlichen Gottes der Reichseinigung. Wenn Junker der in Sethe's Urgeschichte geäußerten Meinung, der Sonnenkult dokumentiere „die älteste Form der Kosmogonie" (S. 58) entgegenhält, „daß wir für die Verehrung der Sonne außerhalb Heliopolis nicht den geringsten Beweis haben; ihr Vorkommen in einem Königsnamen der 2. Dynastie kann nicht als solcher gelten"[2], kann man dies dahin erweitern, daß überhaupt Nachrichten über einen vor- und frühgeschichtlichen Sonnenkult fehlen. Wenn Junker's Versuch der Deutung des Titels der Hohenpriester von Heliopolis, den man auf Grund jüngerer ausführlicher Schreibungen und ähnlicher Wortbildungen mit „der Größte der Schauenden" zu übersetzen pflegt, als „der den Großen schaut" zuträfe, würde dies zeigen, daß in Heliopolis vor Rê ein anonym als „der Große" bezeichnete Gott verehrt wurde. In dem bisher nachgewiesenen älteren Textgut fehlt Rê. An dem Jubilaeumsfest nimmt ein als „Heliopolitaner" bezeichneter Priester in eigentümlicher, an ein Frauenkleid erinnernder Tracht[3] teil. Im Ramesseum-Papyrus findet sich der Hohepriester von Heliopolis, dessen Titel bisher nachweisbar Imhotep der Baumeister der Djoserpyramide als erster trägt[4], beim Aufrichten des Pfeilers von Memphis in stummer Rolle. Auch in der Speisetafel der Pyra-

---

[1] H. Junker, Die Götterlehre von Memphis (Abh. d. Pr. Ak. d. Wiss. 1939, Phil.-hist. Kl. Nr. 23) S. 18.
[2] Junker, Götterlehre S. 33. Vgl. dazu Kees, Götterglaube, S. 234.
[3] Zu diesem Gewand, das man schon auf einer der Schminkpaletten (J. Capart, Primitive Art in Egypt, Abb. 179) erkennen kann, vgl. H. Kees, Kulturgeschichte S. 243.
[4] H. Kees, Kulturgeschichte S. 326.

midentexte fehlen sowohl Rê wie Atum, die in verschiedener Weise erst in den Hymnen erscheinen und erst in den Verklärungen aus verschiedenen Bereichen zusammenkommen. Die Einführung des Sonnenkultes als Staatsreligion ist so auffällig, daß über ihre Ansetzung auf den Beginn der 5. Dynastie nicht gestritten werden kann. Noch heute trifft die Darstellung Eduard Meyer's in seiner Geschichte des Altertums (Bd. I/2, 203 ff.) das Wesentliche. Die Könige der 5. Dynastie errichten neben Pyramide und Totentempel in der westlichen Wüste Sonnenheiligtümer, deren Namen aus Priestertiteln und bis zum dritten König der fünften Dynastie aus den Annalen (s. S. 4 f.) bekannt geworden sind. Die Märchen des Papyrus Westcar stellen in einer legendären Erzählung, deren Handlung am Hofe des Königs Cheops beginnt, die drei ersten Könige der 5. Dynastie als Söhne des Priesters eines sonst unbekannten Sonnenkultes[1] vor, die Rê selbst erzeugt hat. Der älteste von ihnen soll Hoherpriester in Heliopolis werden. E. Meyer vermutet hierin einen „historisch völlig richtigen Kern": und meint, daß „die Gestaltung des neuen Kultes von dieser Stadt, der Zentrale des religiösen Lebens in Aegypten, ausgegangen" sei (S. 205). Auf diese Einschätzung der Stadt Heliopolis wird noch besonders einzugehen sein (s. S. 25f.). Die heliopolitanisch gefärbte Kultlegende, welche die Könige der 5. Dynastie feiert, umgibt sie mit dem Märchenmotiv eines mächtigen, um seine Herrschaft besorgten Vorgängers und läßt mit ihnen eine Zeit allgemeiner religiöser Blüte und frommer Stiftungen beginnen. Was die Sage erzählt, bestätigen überzeugend die Jahresnotizen der Annalen. Sie verzeichnen in noch einmal vergrößerten Feldern unter den Königen der 5. Dynastie ein gewaltiges Anwachsen der Zuwendungen und dürften deshalb unter dem dritten König dieser Dynastie als „Denkmal", welches die Stiftungen verbrieft, in den geförderten Tempeln aufgestellt worden sein. Nie vorher sind ähnliche Zuwendungen an Kulte in die Jahresnotizen aufgenommen worden. Der ursprüngliche Zweck der einzelnen Notiz, das Jahr nach einem besonderen Ereignis zu nennen, ist aufgegeben. Unter den Kulten steht Heliopolis mit seinen „Seelen" zunächst an der Spitze. Nach den Angaben der erhaltenen Jahresnotizen scheint der Sonnenkult während der 5. Dynastie erst um sich zu greifen. Während der erste König der Dynastie „Rê" und „Hathor" nach den Seelen von Heliopolis (Urk. I, 240, 12, 14) und den Göttern seines Sonnenheiligtums (ibd. 241, 9, 11) mit Stiftungen bedenkt, macht sein Nachfolger Zuwendungen an Rê in besonderen Kultstätten. Neben einem Rê im Sonnenheiligtum dieses Königs werden „Rê in der Brüderschaft" — dem nach den Schlangensteinen benannten Reichsheiligtum —, „Rê in der oberägyptischen Sakristei (N_t_rj)" und „Rê im Dache" genannt[2]. Auch die mit Rê zusammen in den Vordergrund rückende Göttin Hathor hat eine Bereicherung ihrer Kulte erfahren und unter anderem in Sonnenheiligtum und Pyramide dieses Königs für ihre dort aufgestellten Statuen oder Wandbilder Kultnamen erhalten (Urk. I, 244, 5, 17). Sahurê hat demnach den Kult des Rê in Reichsheiligtümer eingeführt. Ein besonderer Kult des Gottes Rê in Heliopolis selbst könnte in den Annalen lediglich aus dem Umstand erschlossen werden, daß Rê und Hathor einmal in einer Aufzählung von Stiftungen unmittelbar hinter den „Seelen von Heliopolis" genannt werden (Urk. I, 240, 6ff.). Doch markiert hier das die Liste für die Seelen abschließende „in alle Ewigkeit" einen Absatz, hinter dem Stiftungen anderer Art beginnen. In den Stiftungen des folgenden Jahres finden sich zwischen die „Seelen von Heliopolis" und Rê und Hathor die Götter des Sonnenheiligtums eingeschoben, so daß man hier ihre Kulte dort suchen würde, wo man einen Kult des Sonnengottes erwarten kann, und wo die umfangreicheren Stiftungen Sahurê's (s. o.) Rê und Hathor mit besonderen Kultnamen nennen, während ähnliche Kultnamen für Heliopolis fehlen. Jedenfalls werden Rê und Hathor sowohl von den „Seelen von Heliopolis" wie von der seit Sahurê genannten, vor die Seelen tretenden „Neunheit" (Urk. I, 245, 5, 246, 14), die hier in der Bibliothek des Reichsheiligtumes „Brüderschaft"

---

[1] Rê von Sachbu und nicht Rê-Harachte von Heliopolis, vielleicht ein Anzeichen dafür, daß im Märchen der Kult des Sonnengottes in Heliopolis erst durch den ältesten der Könige der 5. Dynastie, dem hier die dortige Hohenpriesterwürde geweissagt ist, eingeführt wird.
[2] Urk. I, 243, 15ff., ebenso unter Neferirkarê Urk. I, 247, 17 ff.

erscheint, geschieden. Daß damals trotz des Umsichgreifens des Sonnenkultes die Masse der Stiftungen den „Seelen von Heliopolis" zukommt[1] und dort unter die Verwaltung von jetzt zwei Hohenpriestern gestellt wird (Urk. I, 247, 3), läßt die Lösung vermuten, welche die Doppelnamen Rê-Atum und Rê-Harachte ergeben. Danach wäre damals Rê mit diesen beiden, schon in besonderen Heiligtümern verehrten, als „Seelen von Heliopolis" zusammengefaßten Kulten die innige Verbindung eingegangen, die diese Kulte in Personalunion auf seine Gestalt übertrug und so Heliopolis einen einzigen Ortsgott gab. Die natürliche, anscheinend vorgefundene Verbindung des Rê mit der Himmelgöttin Hathor bestätigt, daß der Kult des Rê nicht in Heliopolis erwachsen ist, wo die Himmelsgöttin Nut heißt und nach der Kultübertragung seine Enkelin wird, während Hathor als Saosis — „sie kam und war groß" — die Genossin des zur Abendsonne erklärten Gottes Atum und Mutter des „Skarabaeus", der Morgensonne in Heliopolis einzieht[2]. Die eigentümliche Vorstellung eines von der Himmelsgöttin geborenen, jugendlichen, schnell alternden Sonnengottes, der sich in ihr neu erzeugt, dürfte im besonderen Kult der Hathor erwachsen und auf den sich selbst erzeugenden Weltschöpfer erst übertragen worden sein. Als ein solcher Kult käme der Kult der „Hathor, Herrin der (südlichen) Sykomore" bei Memphis in Betracht, die in Statuengruppen des Königs Mykerinos der 4. Dynastie als dessen Schutzgöttin auftritt. Die Annalen der 5. Dynastie stellen Rê und Hathor zunächst ohne jeden Zusatz vor, worin der Versuch erkannt werden kann, sie — wie früher Horus — als die großen, an keinen bestimmten Kult gebundenen Götter zu proklamieren.

Mit Ausnahme einiger in den Fels gehauener Barken, deren Vorläufer schon in Ziegeln geformt bei archaischen Beamtengräbern von Sakkara erscheinen, findet sich auf dem Pyramidenfeld der Könige der 4. Dynastie nichts, was sich mit dem Kult der Sonnenheiligtümer vergleichen ließe oder auf das Aufkommen des neuen Gottes hinwiese. Einzig die Wahl des Namens Rê zur Bildung von Königs- und Eigennamen, die nach vereinzelten frühen Beispielen[3] während der 4. Dynastie einsetzt, und die vereinzelte Bezeichnung derselben Könige als „Sohn des Rê" noch am Rande der königlichen Titulatur[4], nachdem sich vorher Djoser „Goldsonne" (s. S. 11) genannt hatte, zeigen, daß Rê schon damals ein Begriff war, der an Göttlichkeit alle anderen Gottesvorstellungen überragte. Dieser Begriff scheint über den bestehenden Kulten schwebend erwachsen zu sein. Er bezeichnete wohl zunächst einfach den Sonnengott als wirkliche Sonne wie in dem Ausdruck „jede Sonne" ($rʿnb$) für „täglich". Wie später im Neuen Reich das Wort „Sonnenscheibe ('itn)" gewählt wurde, um neben dem Sonnengott Rê die Wirklichkeit seiner Erscheinung zu preisen, die im Amarnakult vorübergehend als „Aton" dogmatisiert wurde, scheint im Alten Reich neben dem Weltgott in Falkengestalt die theologisch als sein Auge erklärte Sonne zunächst mit Rê als sichtbare Erscheinung abgehoben zu werden und erst allmählich auch dogmatisch eine Gewalt zu gewinnen, die sie im allgemeinen Götterglauben vermutlich als Zeuge am Himmel (s. S. 83) immer schon besaß. Wenn sich der König als Sohn des Rê bezeichnen kann, ist der Sonnengott unter den Weltgöttern schon an die erste Stelle gerückt. Wäre ein anderer Gott, der Himmelsfalke, Atum oder Harachte, von größerem Ansehen und weiterem Geltungsbereich über ihm gestanden, hätten die Könige der 4. Dynastie ihn zum Vater erwählt. Daß die „amtlich verbreitete Geburtslegende"[5] auf die ersten Könige der 5. Dynastie lautete, trotzdem sich auch ihre Vorgänger „Sohn des Rê" nannten, dürfte zeigen, daß man später den entscheidenden Schritt der Verbindung zwischen Sonnengott und Königtum an die Schwelle der 5. Dynastie verlegte, und daß alles vorangegangene nicht gewertet wurde. Wäre von den Königen der 4. Dynastie ein Kult des Sonnengottes geschaffen worden, hätte die Kultlegende, die zwar den Ruhm des Cheops

---

1 Kees, Götterglaube S. 250, Anm. 1.
2 Kees, Götterglaube S. 222.
3 Kees, Götterglaube S. 234, 249f.
4 H. Müller, Die formale Entwicklung der Titulatur der ägyptischen Könige S. 68f. (seit Chefren belegt).
5 Kees, Götterglaube S. 250.

als König nicht schmälert, jedoch eine Blütezeit der Kulte erst für die Zeit der neuen Dynastie verheißt, an die Namen der großen Pyramidenerbauer angeknüpft und nicht an die Könige, die fern von Giza in kleineren Maßstäben neu zu bauen begannen. Die Könige der 5. Dynastie müssen so in einem nicht an der Größe ihrer Bauwerke gemessenen Ruhm gestanden haben und dürften vornehmlich als Erbauer der Sonnenheiligtümer als Begründer des Sonnenkultes gelten. Wählten die großen Pyramidenerbauer, die in ihren Pyramidentempeln auf jeden Wandschmuck verzichteten, den Sonnengott deshalb zum Vater, weil er noch an keinen, oder doch nur an unbedeutende Kulte gebunden war? Auch der Kult von Heliopolis scheint noch im Alten Reich als Provinzialkult gegolten zu haben, da er nach Zeugnis der eigenen Mythe durch Privilegien, wie wir sie aus Schutzdekreten der 6. Dynastie kennen, von Verpflichtungen nicht nur gegenüber den Königen, sondern auch gegenüber den Gaufürsten befreit werden mußte (Pyr. 1041). Den wirklichen Wandel in der Einschätzung seines Kultes, dessen Hohepriester in alten Beziehungen zu Königshof und Residenz stehen (s. S. 15), dürfte erst die 5. Dynastie gebracht haben, indem sie das dogmatisierte, was vorher seit Chefren in dem königlichen Beinamen „Sohn des Rê" zum Ausdruck kam. Weshalb die neue Lehre hierbei auf Heliopolis als Hauptkultstätte verfiel, ist mangels älterer Denkmäler, die ein Anwachsen der Bedeutung dieser Stadt zeigen könnten, nicht ersichtlich. Vielleicht kann man in der Errichtung eines Schreines für die Neuheit unter König Djoser eine besondere Förderung dieses Kultes vor anderen Kulten erkennen, zumal da Djoser's Baumeister Hoherpriester von Heliopolis war. An der Spitze der Götter dieser Kapelle dürfte Atum gestanden haben, der mit seinem „Kinderpaar ($\underline{s}j.tj$)" Schu und Tefnut vor allen anderen Göttern als in Heliopolis heimisch gilt. Wann und in welcher Weise Harachte, der „Herr des Lichtlandes" neben ihn tritt, ist ebensowenig geklärt. Das bisher früheste Vorkommen auf Bruchstücken des Sonnenheiligtums des Niuserrê nennt ihn schon „Rê-Harachte" mit den Beinamen „Herr der Richtigkeit, Herr der beiden Länder, Erster der Götter"[1]. In den Pyramidentexten stehen Atum und Harachte in verschiedenen, einander nicht einmal berührenden Kreisen und werden lediglich dadurch, daß Rê in beide eindringt, miteinander verbunden. Der Kultplatz des Atum gilt als „Hügel" (s. S. 19) und nicht als Lichtland[2]. Neben diesem „Hügel" erscheint das „'Phönix'haus", über das wir nichts näheres wissen, mit dem Obelisken (Pyr. 1652), in dem man das Gegenstück der Pfeiler der Sonnenheiligtümer erkennen könnte. Harachte ist im Gegensatz zu Atum mythenlos geblieben.

Sucht man nach diesen Feststellungen den Sonnengott in den vorläufig unterschiedenen Gruppen der älteren religiösen Literatur (s. S. 2), so ergibt sich als auffälliger Umstand, daß Rê, wie schon früher bemerkt wurde, in den Dramatischen Texten völlig fehlt. In den Hymnen mit der Namensformel findet er sich einzig in dem Osiris zugeschriebenen Namen „Lichtland, aus welchem Rê hervorkommt" (s. S. 40). In den Verklärungen erscheint demgegenüber Rê in einer Fülle von Beispielen, so daß im Textgut das Auftauchen des Sonnengottes beim Übergang von den Hymnen zu den Verklärungen erfolgt. Auf die neue Welt, welche die Verklärungen als mythisches Reich eröffnen, wird noch ausführlich einzugehen sein (s. S. 47f.). Sie tritt ebenso plötzlich und unvermittelt in Erscheinung wie der Sonnengott in den Jahresnotizen der Annalen. Mit einem Schlage sind die Tore des Himmels geöffnet, und die Schleusen aufgetan, durch welche der Strom der Mythe fließt. Die strahlende, übermächtige Erscheinung dieses Reiches ist Rê, der als der „große Gott" über den Himmel fährt. In seinem Schiff und in seiner Residenz, „jenem hohen Schloß", verfügt Rê über einen Hofstaat, der den Glanz des irdischen Königshofes spiegelt und

---

[1] Kees, Re-Heiligtum Bd. 3, S. 41, Nr. 318, 346, 352. Bei dem falkenköpfigen Gott auf einem Siegel aus Bêt Khallâf (J. Garstang, Mahâsna and Bêt Khallâf, Taf. 9) dürfte es sich um den von anderen Siegeln bekannten libyschen Gott $\underline{j}š$ (vgl. Kees, Götterglaube S. 23) handeln.
[2] In den Pyramidentexten wird Atum nur vereinzelt in Zusammenhang mit dem Lichtlande gebracht. Pyr. 879 steht Atum mit „jenen Göttern des Lichtlandes "(als ihr Herr?) in Zusammenhang. Pyr 395 a/b ist „die Macht des Königs im Lichtlande wie (die des) Atum, seines Vaters, der ihn geboren hat".

das Leben eines Königs des Alten Reiches an den Himmel versetzt mit Archiven, Boten und Schreibern, mit Zeremonienmeistern, Mundschenk und Verwaltern der Einkünfte, mit den fünf Mahlzeiten, von denen drei am Himmel und zwei — das Frühstück und die Abendmahlzeit — an der Erde eingenommen werden, mit dem morgendlichen Bad, den Fahrten über schilfbestandene Gewässer, Empfängen am Hof und erheiternden Festen. Die Masse der Verklärungen atmet so den Geist der Zeit des ausgehenden Alten Reiches. Wenn auch in ihnen gelegentlich älteres Textgut verarbeitet erscheint, und so als Verklärungen eine Reihe von Sprüchen verwandt werden, die sich auf Kulthandlungen und fromme, den Totenkult betreffende Wünsche beschränken, tritt doch mit den Sprüchen, in denen der Sonnengott erscheint, ein großer im Wesentlichen geschlossener Textbestand hervor, der nichts für die Pyramidenzeit Altertümliches an sich hat und sich dadurch sowohl von den Dramatischen Texten wie auch von den Hymnen abhebt. Einige weitere Merkmale bestätigen diesen ersten Eindruck. An den Stiftungen der Könige der 5. Dynastie fällt auf, daß sie auf den erhaltenen Bruchstücken der Annalen fast ausschließlich an unterägyptische Götter gehen und aus unterägyptischem Landbesitz erfolgen. Neben den Seelen von Heliopolis, Rê und Hathor werden die Götter des Tempels des Reihergottes von Buto (Urk. I, 241, 13), Gottheiten von Busiris (Urk. I, 244, 9, 11), Formen des Ptah von Memphis (Urk. I, 244, 13, 249, 6), die Götter des „Waffenplatzes" Babylon (Urk. I, 247, 5) und der „Weiße Stier" (Urk. I, 245, 1) genannt, denen einzig die — neben der unterägyptischen Kronenschlange Uto genannte — oberägyptische Kronengöttin und die Götter der oberägyptischen 'Sakristei (n‎ṯrj)' gegenüberstehen. Zwar sind nur Bruchstücke der Annalen erhalten. Schon das „erste Male einer Reise nach Oberägypten" (Urk. I, 243, 3) dürfte auch Zuwendungen an oberägyptische Kulte gebracht haben, deren Liste mit dem anschließenden Text verloren ging. Doch zeigt auch die Reihenfolge in der Anführung der beiden Länder als „Unter- und Oberägypten" (Urk. I, 245, 13 ff.)[1], daß damals Unterägypten gegenüber Oberägypten bevorzugt wird. Beides, die Bevorzugung unterägyptischer Kulte und die Reihenfolge „Unterägypten, Oberägypten" läßt sich auch aus den Verklärungen belegen. Sowohl die Dramatischen Texte wie die Hymnen mit der Namensformel beschränken sich im Wesentlichen auf Kulte der Residenz, wozu in den Dramatischen Texten des Ramesseumpapyrus einige unterägyptische und in den Hymnen an Osiris vor allem oberägyptische Kultorte hinzukommen (s. S. 57). Rê wird als unterägyptischer Gott mit der roten Krone (Pyr. 702) gepriesen und mit dem Kult von Buto (Pyr. Spr. 334) in Zusammenhang gebracht. In mehreren Spruchfolgen von Speisetexten[2], die den toten König vor Hunger und Durst bewahren sollen, wird vor allem Buto als Kultstätte genannt und dort neben der „Flamme" (die rote Krone) der „Skarabaeus" (die Morgensonne) gepriesen. Sethe nennt einzelne dieser Sprüche „Texte aus butischer Zeit"[3], während er andere „auf die Pyramidenzeit selbst" datiert[4]. In Wirklichkeit dürfte die Hervorhebung von Buto — in anderen Verklärungen von Buto und Heliopolis — der Bevorzugung Unterägyptens während der 5. Dynastie entspringen, welche den Kult der alten Landeshauptstadt aufleben läßt und in den Verklärungen auch mit der Nennung Unterägyptens vor Oberägypten[5] und der unterägyptischen Krone vor der oberägyptischen (Pyr. 724) zum Ausdruck kommt.

---

[1] Die während der 4. und 5. Dynastie übliche Reihenfolge (vgl. Sethe, Kom. Bd. 3, S. 337, ÄZ Bd. 44, 1 ff.).   [2] Pyr. Spr. 338/353, Spr. 400/409.
[3] Sethe, Kom. Bd. 3, S. 55, (270), 275, 286.
[4] Sethe, Kom. Bd. 3, S. 54 (vgl. S. 49, S. 312).
[5] Pyr. 202c/854e. Beide Stellen sind von Sethe, Kom. Bd. 1, S. 120 und Bd. 4, S. 113 verschieden bewertet. Vgl. auch Kees, Horus und Seth, 1. Teil S. 56. Pyr. 624, 725 wird Buto vor Hierakonpolis genannt, Pyr. 1107 die unterägyptische vor der oberägyptischen Kronengöttin, und die „Seelen von Buto" vor den „Seelen von Hierakonpolis" (Pyr. 478, 942, 1253), die „Wächter von Buto" vor den „Wächtern von Hierakonpolis" (Pyr. 795, 1013). Einzig in einem Schlachtritual findet sich die Reihenfolge „Seelen von Hierakonpolis", „Seelen von Buto" (Pyr. 1549) und Pyr. 904 die Reihenfolge „Seelen von Heliopolis", „Seelen von Hierakonpolis", „Seelen von Buto".

Kann so die Masse der Verklärungen als der Teil der Pyramidentexte, in dem sich die neue Stellung des Sonnengottes manifestiert, angesehen werden, so läßt sich an anderen Sprüchen das Aufkommen dieser Lehre verfolgen. Daß Rê in den Hymnen einzig in einem Osiris zugeschriebenen Namen „Lichtland, aus welchem Rê hervorkommt" (s. S. 17) genannt wird, zeugt sowohl für Ruhm und Bedeutung des aufkommenden Sonnengottes wie auch für die noch unumstrittene Stellung des Gottes Osiris im königlichen Totenkult, die er erst später an Rê abgibt (s. S. 81f.). In Pyramidenweihtexten, von denen einige, nach ihren Namensformeln zu urteilen, jünger sind als die Hymnen, wird Atum, der von selbst entstandene Urgott, der den König und seine Pyramide schützen soll, mit seinen Namen „Hügel" und „Skarabaeus" (Pyr. 1587 vgl. 1652), jedoch nicht als Rê angerufen. Die Litanei, welche Namen und Pyramide des Königs den ewigen Bestand der Namen der „großen Neunheit in Heliopolis" sichern soll (Pyr. 1660ff.), fügt hinter den Namen von Atum, Schu, Tefnut, Geb, Nut, Osiris und Seth die Namen einiger weiterer Götter an, unter denen nach Horus in Buto (Ḏbʿ.t) auch Rê und sein „Lichtland" vor dem augenlosen Falkengott von Letopolis und der Kronengöttin Uto von Buto (Dp) genannt ist. Das „Lichtland" nimmt hier für Rê die Stelle der Kultstätten ein, an denen die Namen der anderen Götter „stark" sind[1]. Mit ihr wird auch hier Rê und nicht Horus in Verbindung gebracht. Eine weitere Litanei, in welcher Osiris mit seinem Namen des großen und der kleinen Neunheit von Heliopolis als in den Stätten des „Butischen" Begräbnisses (s. S. 10) eingeführt vorgestellt wird, zeigt keine Anspielung auf Rê[2]. In der letzten Litanei dieser Spruchfolge steht der König auf „dieser Erde, die aus Atum kam, dem Speichel, der aus dem Skarabäus kam" (Pyr. 199) vor seinem Vater Rê, der hier mit alten, zum Teil unverständlichen Sonnennamen unter anderem als „großer Wildstier" und „großer Nachen" (Pyr. 201) gepriesen wird. Der Sonnengott soll den König über „Himmel (Ḳbḥw)" „Lichtland (ꜣḫ.t)" und die „Neun Bogen", d. h. die ganze Welt zum Herrscher einsetzen, damit er die „Neunheit" mit Opfern ausstatten kann, und ihm den „Hirtenstab" in die Hand geben, „welcher das Haupt Unter- und Oberägyptens niederhält" (Pyr. 202). Sethe hat in dem folgenden Teil des Spruches, der in dem König den „Zauberreichen (d. h. Seth) in Ombos, den Herrn des oberägyptischen Landes" (Pyr. 204) und Horus verkörpert sieht, ein altes Krönungsritual des lebenden Königs erkennen wollen[3]. Doch setzt der Spruch den König ausdrücklich nicht nur über die oberägyptischen und unterägyptischen Götter, sondern auch über deren Geister und spielt so auch in diesem Teil auf seine Stellung im Totenreich an. Eine Reihe anderer Merkmale zeigen das verhältnismäßig junge Alter des Textes, so die Erweiterung des Wortes für Oberägypten (Šmʿ) in Angleichung an den Ausdruck für Unterägypten „unterägyptisches Land" zu „oberägyptisches Land" (tꜣ-Šmʿ) (Pyr. 204), die oben erwähnte Umkehrung der alten Folge in der Nennung der beiden Länder, die Verfehmung des Gottes Seth, der hier nicht mit Namen genannt wird und als bei seiner Geburt von seiner Mutter vor Ekel ausgespien gilt und „sprachliche Formen, die" wie Sethe meint, „eher auf eine jüngere Entstehung innerhalb der heliopolitanischen Periode führen würden"[4]. Im Folgenden nimmt der im Kult des Gottes Atum in Heliopolis gereinigte König am Wege des Sonnengottes über den Himmel in seinen beiden Barken teil (Pyr. 209, 210) und kehrt schließlich in die Umarmung seines Vaters Atum

---

1 Auf Grund dieses Götterbestandes schließt Sethe, Urgeschichte S. 148 auf einen „älteren aus heliopolitanischer" (d. h. vorgeschichtlicher) „Zeit stammenden Kern", der in butischer Redaktion vorliegt. Doch genießen in den Jahresnotizen der altägyptischen Annalen die Neunheit, Rê und unterägyptische Götter erst während der 5. Dynastie eine bevorzugte Stellung.
2 vgl. Sethe, Urgeschichte, S. 149ff., wo Sethe diesen Spruch ebenso beurteilt wie den vorher angeführten.
3 Sethe, Urgeschichte S. 111ff., Kom. Bd. 1, S. 119ff.
4 Sethe, Urgeschichte S. 112, Kom. Bd. 1, S. 121, wo er — wie bei anderen Sprüchen (Kom., Bd. 1, S. 108) — den Befund durch Annahme einer nachträglichen „Umarbeitung zum Totentext" zu erklären sucht. Doch finden sich in diesem Spruch Zeile für Zeile Anspielungen auf die den toten König betreffende, jenseitige Welt. Sie lassen sich nicht ohne Zerstörung des Zusammenhanges herauslösen.

zurück (Pyr. 212, 213). Noch scheint Rê über dem Kult von Heliopolis, von dem dortigen Ortsgott geschieden, als Himmelserscheinung und Symbol der Weltherrschaft zu schweben. Gegenüber diesen Sprüchen eines heliopolitanischen, gelegentlich den Sonnengott nennenden, ja preisenden Kultes, die als eigentümliche Form die Litanei entwickelt haben, stellen Verklärungen eine neue Lehre heraus, in der Rê nun die Formen des Atum als Namen trägt. Ein Spruch sieht den König in dem Schiff des Sonnengottes, in welchem Rê zum Lichtlande fährt (Pyr. 1687), und läßt ihn auf dem Thron des Rê als Richter über die Götter Platz nehmen, weil er selbst Rê ist, der aus der (Himmelsgöttin) Nut, die Rê täglich gebiert, hervorkam. In diesem Spruch, einem der wenigen, in dem der Doppelname „Rê-Atum" vorkommt, gelten die Formen des Gottes von Heliopolis, Atum und 'Skarabaeus', als Namen des Rê. Der Tote wird angesprochen: „Sie (die Götter) lassen Dich[1] entstehen wie Rê in jenem seinem Namen 'Skarabaeus'. Du steigst zu ihm empor wie Rê in jenem seinem Namen 'Rê'. Du wendest Dich zurück aus ihrem Blick wie Rê in jenem seinem Namen 'Atum'" (Pyr. 1695). Hier ist Rê durch die ihm zugelegten Namen in drei Formen geschieden. Die beiden älteren Erscheinungen des Gottes von Heliopolis umrahmen als Morgen- und Abendsonne seine 'Rê'- — Sonne — genannte Gestalt, in der er sich mittäglich den Göttern am Zenith des Himmels zuwendet. Wie der Erste der Westlichen ist Osiris ist Atum in Rê aufgegangen. Die Einordnung des Sonnengottes in die Götterwelt ist vollzogen, nachdem in Hymnen und Litaneien Rê und sein Lichtland noch neben anderen Symbolen der angerufenen Gottheit zum Preise und dem Namen des Königs zum Vorbild diente. Mit dem eigenen Namen trägt nun Rê die Namen seines Vorgängers in Heliopolis. Er ist der Gott, in dessen Fülle der dort ältere Gott aufgeht, was die frühere Deutung des Doppelnamens Rê-Atum bestätigt.

5. Varianten und Redaktion der Pyramidentexte

Wie im Einzelnen die angeführten Sprüche zu datieren sind, sei dahingestellt. Für unsere Untersuchung kommt es darauf an, möglichst umfangreiche Textgruppen in ihrer Masse mit einiger Sicherheit zeitlich festzulegen. Nachdem dies an Hand von Merkmalen der Schrift für die Dramatischen Texte in die Zeit der 2. oder 3. Dynastie gelungen ist, gestattet das Aufkommen des Sonnenkultes als auffälligstes Ereignis der Blütezeit des Alten Reiches, die Masse der Verklärungen auf die 5. Dynastie zu datieren. Durch Hymnen, Weihtexte und Litaneien läßt sich das Aufkommen des Sonnengottes verfolgen. Von diesen Sprüchen dürfte die Masse in der 4. Dynastie, der Zeit der großen Pyramidenerbauer entstanden sein. Wie sich in ihnen die Mythe bildet und immer weitere Bereiche erobert, ist das Thema der späteren Untersuchung. Einige weitere Merkmale erleichtern die Unterscheidung der verschiedenen Textgruppen. Das Textgut selbst trägt ja die wesentlichen Merkmale seiner Geschichte an sich. Sowohl die Hymnen wie auch die Verklärungen schöpfen aus dem Schatz des älteren Textgutes, wobei sie diese Stücke nicht so, wie sie überkommen sind, übernehmen, sondern sie mehr oder minder verwandeln und den neuen Verhältnissen anpassen. So entstehen Varianten, deren Verschiedenheit sich von den Abweichungen der in Sethe's Ausgabe der Pyramidentexte untereinander geschriebenen Paralleltexte wesentlich unterscheiden. Die Paralleltexte sind Abschriften ein und derselben Vorlage, der sie im allgemeinen sorgfältig folgen. Abweichungen entstehen durch Eigenheiten oder Unaufmerksamkeiten der Schreiber, die gegenüber den für sie altertümlich geschriebenen Vorlagen in ihre zeitgenössische Schrift verfallen. Darüber hinaus findet in allen Pyramidentexten eine Schlußredaktion statt. Ihre auffälligsten Eingriffe sind Ausmerzung und Veränderung von Zeichen, die auf Grund einer abergläubigen Einschätzung der Bilderschrift nicht in königliche Pyramiden passen[2], die Einführung von Königsnamen in Dramatische Texte und Hymnen und die Umsetzung der Verklärungen aus der ersten und der zweiten Person, in denen der tote König entweder selbst sprach

---
[1] In der Schlußredaktion durch den Königsnamen ersetzt.
[2] P. Lacau, Suppressions et modifications de signes dans les textes funéraires (ÄZ Bd. 51, S. 1ff.).

oder angeredet war, in die dritte, die nun über ihn erzählt und das Einfügen der Königsnamen erleichtert. Eine wirkliche Bearbeitung des vorgefundenen Textgutes läßt sich in einigem Umfang nur in der Pyramide des Königs Pepi feststellen[1]. Dort werden vorgefundene Ausdrücke gelegentlich durch gesuchte Ausdrücke ersetzt, so weitgehend verschiedene Verben der Bewegung durch das Wort „gelangen" (*sḏ³*), das an die Stelle von „kommen", „dahingehen", „untergehen", „fahren" und mit transitiver Bedeutung sogar für „mitnehmen" eintritt. Dieselbe Pyramide fügt vielfach Glücksworte wie „für das Leben", „für Leben und Glück" und Wunschsätze wie „möge er ewig leben" ein (ibd. S. 8). Vereinzelt ergreift die Redaktion auch die in den Texten genannten Götter und göttliche Wesen. Diese Fälle sind für den Geist der Zeit aufschlußreich. So verrät der Ersatz von „Gans" durch „Falke' (Pyr. 1484), von „Heuschreck" durch „Harachte", von dem alten Erdgott *ꜣkrw* durch „Sternenwelt" (*Ḏꜣ.t*)", den auf Kosten der Anschaulichkeit des ursprünglichen Bildes wirkenden dogmatischen Geist der Zeit. Er setzt Symbole des Sonnenkultes ein, dessen Einführung nicht allzuweit zurückliegen kann. Einige wenige ähnliche Fälle in den anderen Pyramiden gleichen demgegenüber in der Mehrzahl Eigentümliches dem Üblichen an, so, wenn in der Pyramide des Teti der Horus gegenüberstehende „Stier" durch „Seth" ersetzt wird (Pyr. 418) oder neben Geb, dem Erdgott, für Rê die Himmelsgöttin Nut erscheint (Pyr. 698b N). Gegenüber diesen, an der oft auffälligen Deckung gemessen, geringfügigen Abweichungen zeigen die Varianten einen umfangreicheren Wechsel sowohl im Wortlaut wie in der Schreibweise. Wahren bei der Übernahme von Sätzen und Satzfolgen aus Dramatischen Texten die Hymnen noch, soweit dies möglich ist, den Wortlaut, so ist dies bei der Variierung ganzer Texte der Verklärungen nicht der Fall. Sie erscheinen in verschiedener, oft gründlich überarbeiteter Form und lassen so ein reges, religiöses Leben erkennen. Götternamen werden durch andere ersetzt[2], Beinamen erhalten Zusätze[3], die sie verdeutlichen, Verschiedenheiten im Wortgebrauch zeigen den Wandel der Sprache. Wenn es gelingt, diese Varianten zueinander in das richtige Verhältnis zu stellen und so Variantenfolgen zu erhalten, läßt sich an ihnen mit der Geschichte ihrer Texte die religiöse und sprachliche Entwicklung, die sie umgreifen, ablesen. Der früheste Zeitpunkt, in den Textvarianten zurückreichen können, stellt das Datum der Erfindung der Schrift. Doch wurde schon festgestellt (s. S. 3f.), daß sich die Schrift nicht sofort zur Überlieferung umfangreicher Texte eignet. Noch in den Dramatischen Texten reichen fortlaufende Textstücke nicht weit und reihen sich in das Schema der auch in Bildern festgehaltenen Ritualhandlungen ein. Ältere Spruchvarianten können nur dann erhalten sein, wenn dieselben Texte an verschiedene Orte gerieten und dort mündlich überliefert wurden. Sie dürften voneinander stark abweichen und Spracheigentümlichkeiten zeigen. Alle Abweichungen jedoch, die sich im Verlauf schriftlicher Tradition einstellen, entstammen einer Zeit, die kaum über die Djoserzeit hinaufreicht.

6. Die Neunheiten

Die auffälligste Erscheinung der Textredaktion, die sich über mehrere Schübe verfolgen läßt, ist das Umsichgreifen des Götterbegriffes der „Neunheit". Die „Neunheit" ist eine Ableitung von dem Zahlwort „neun" (*psḏ*), die — wie die Dualbegriffe „die beiden Töchter" und „die beiden Löwinnen" für das Götterpaar Schu und Tefnut — dem weiblichen Element folgt und deshalb als Femininum (*psḏ.t*) erscheint. Geschrieben wird die Neunheit im Alten Reich mit neun Götterzeichen, deren Lautwert — wie in entsprechenden Schreibungen der beiden Falken für die „Herren", der Wappenpflanzen für die Länder in „Vereinigung der beiden Länder" — unberücksichtigt bleibt. Die Neunheit ist anscheinend ein in Heliopolis erwachsener Begriff. Die schon angeführte

---

1 Schott, Untersuchungen zur Schriftgeschichte der Pyramidentexte, S. 7f.
2 z. B. die Kronengöttin von Elkab durch Nut (Schott, Spuren der Mythenbildung ÄZ Bd. 78, S. 9f).
3 z. B. die Erweiterung des Namens „Der sich auf den Osten stützt (*Ḏsr ḥr'ꜣbt.t*)" (Pyr. 253d, 769b) zu „Rê, der seinen Arm im Osten erhebt (*Ḏsr rmn m'ꜣbt.t*)" (Pyr. 1532c, 1862a, 2175c).

Stelle eines Pyramidenweihtextes ruft als „große Neunheit in Heliopolis" die Götter Atum, Schu, Tefnut, Geb, Nut, Osiris, Isis, Seth und Nephthys an (Pyr. 1655). Von ihnen sind auf den Trümmern des von Djoser in Heliopolis aufgestellten Schreines die Götter Schu, Geb und Seth erhalten (s. S. 12), die schon damals als Angehörige einer Göttergesellschaft gelten, da sie miteinander zu dem König in der ersten Person Pluralis — „wir geben Dir..." — dieselbe Rede sprechen. Diese Neunheit, die Sethe „ein ganz künstliches Produkt" nennt[1], dürfte zunächst nichts anderes als ein theologisches System gewesen sein. Es fällt schwer, mit ihm die Mythe nicht zu verbinden. Doch muß man versuchen, sie wie die Göttergesellschaften anderer Kultstätten zu verstehen, die miteinander auch Familien bilden oder in loseren Beziehungen stehen und zum Teil nie eine Mythe gewinnen. Erst wenn dies System begriffen ist, kann erwogen werden, ob es sich mit der Mythe deckt, und ob ihm die Mythenbildung vorangeht. Das System von Heliopolis gibt Atum, dem Ortsgott, vier Götterpaare bei, von denen das erste als „Kinderpaar ($s3.tj$) des Atum" mit ihm in einer innigeren Verbindung steht, so daß diese drei Götter den Grundstock der Neunheit bilden dürften. Er selbst ist das ursprünglich ungeteilte Ganze und bleibt auch nach der Schöpfung sein Herr. Sein Name kann zugleich „Der noch nicht entstandene" und „Der Vollendete"[2], der Gott vor und nach der Schöpfung bedeuten und klingt an das Wort „Weltall (tm)" an, wobei man sich ihn freilich als Menschen, als den menschengestaltigen, später mit der Sonnenscheibe gekrönten „Herrn des Alls ($nb-tm$)" vorstellen muß. Seine Kinder Schu und Tefnut sind die Urelemente der Schöpfung in Heliopolis „Luft" und „Feuchte". Von ihnen trägt Schu den Himmel und Tefnut die Erde (Pyr. 1405). Das zweite Paar Geb und Nut sind Erde und Himmel. Sie gelten als Kinder von Schu und Tefnut. Soweit ist das Göttersystem durchsichtig und deckt sich mit der Mythe, die Schu seine Kinder trennen läßt, während sie Tefnut keine besondere Rolle zuweist. Dem Göttersystem von Hermopolis, der „Achtheit" entsprechend, welches die Welt als Wirken der Götterpaare, „Tiefe", „Unendlichkeit", „Finsternis" und „Unsichtbar", den negativen Komponenten von Wasser, Erde, Feuer und Luft erklärt, würde man auch für die weiteren Paare der „Neunheit" Naturgötter erwarten und in diesem System mit altägyptischer Spekulation Osiris und Isis als Nil und Aegypten, Seth und Nephthys als umliegende Wüste vermuten. Die Mythe erklärt diese vier Götter zusammen mit Horus als Kinder der Nut. Der Umstand, daß in der Neunheit Horus fehlt, zeigt, daß sich System und Mythe nicht decken. Das Fehlen des Horus versuchte Sethe in seiner Urgeschichte mit der Annahme zu erklären, Horus habe bei einer vorgeschichtlichen Einigung des Reiches die „Gegenwart" repräsentiert und sei deshalb „nicht in die Neunheit aufgenommen" (S. 100). Dies träfe ebenso für das geschichtliche Reich zu, in dem sich die Könige Horus nennen, und so Horus im lebendigen König verkörpert ist, der in den Dramatischen Texten seine Rolle trägt. Doch gibt es ein System, welches auch Horus einschließt. Die fünf Schalttage des altägyptischen Jahres gelten als Geburtstage der Kinder der Nut. Hier brauchte man fünf Götter und hat zu Osiris, Seth und den beiden Schwestern Horus hinzugenommen, obwohl er mythisch nicht als Kind der Nut, sondern als Sohn der Isis gilt[3]. Auch die Mythe hat zunächst einen beschränkten, sich bald weitenden Personenkreis, zu dem früh schon Thoth hinzugehört, der außerhalb des Systems bleibt, jedoch in Anrufungen zusammen mit Horus der Neunheit nachgestellt wird, weil das System nicht alle wesentlichen Götter umfaßt. Die Mythe erweist sich als an solche Systeme von Götterlehren nicht gebunden. Darum müssen Systeme und Mythen besonders betrachtet und eingeschätzt werden. Erst wenn man beide erkannt hat, läßt sich ihre gegenseitige Durchdringung beurteilen. Ein gutes Beispiel bietet hierfür das

---

1 Sethe, Urgeschichte S. 99.
2 Sethe übersetzt Urgeschichte S. 95 „das All", „das Ganze" oder „das Nichts", Kees, Götterglaube, S. 144 „der noch nicht Vorhandene".
3 Horus als Kind der Nut wird so als „Älterer Horus" („Arueris") von „Horus, Sohn der Isis" unterschieden (s. Kees, Götterglaube S. 259f.). Plutarch läßt De Iside 12 eine vermittelnde Lösung, nach welcher Osiris mit Isis Arueris im Mutterleib erzeugt hätte, erkennen.

Denkmal Memphitischer Theologie, über das noch besonders zu handeln ist (s. S. 42 f.). Hier sind Götterlehre und Mythe so voneinander geschieden, daß sie H. Junker, der letzte Bearbeiter, mit Erfolg getrennt als Götterlehre und Politische Lehre von Memphis behandeln konnte, ohne im wesentlichen von der einen auf die andere verweisen zu müssen.

Der Begriff der Neunheit fehlt in den Dramatischen Texten und taucht in den Hymnen nur vereinzelt auf (Pyr. 626, 1628), wo er sich als Variante des allgemeinen Ausdrucks „Götter" (Pyr. 578) erweist und so entweder heliopolitanische Redaktion oder das Anwachsen der Bedeutung des Kultes von Heliopolis kündet. In Pyramidenweihtexten, die den Kult des Sonnengottes noch vermissen lassen, tritt die „große Neunheit in Heliopolis" in den königlichen Totenkult (Pyr. 1655, 1660). Diese Texte, die Teile aus Osirishymnen verwerten (Pyr. 1657, 1659), stellen die Pyramiden unter den Schutz des heliopolitanischen Weltschöpfers und seiner Neunheit, die heliopolitanisch als „Herrin der Neunheiten" gepriesen wird (Pyr. 1064), was erweist, daß neben ihr noch andere Neunheiten bestanden. In Heliopolis selbst tritt neben sie die „kleine Neunheit". Sie wird in den Pyramidentexten nur einmal bei der Einführung des Gottes Osiris genannt (Pyr. 178). Neben der „großen (^{3}.t) Neunheit in Heliopolis" findet sich eine zweite, mit einem anderen Wort für „groß (wr)", das häufig den Nebensinn „älter" trägt, ausgezeichnete Neunheit. Zusammen bilden sie im Kult des Sonnengottes die „beiden großen (^{3}) und gewaltigen (wr) Neunheiten vor den Seelen von Heliopolis" (Pyr. 1689). Diese beiden Neunheiten spielen in der Masse der Verklärungen eine besondere Rolle. Sie scheinen zum Inbegriff der Göttlichkeit geworden zu sein, den die Redaktoren — oder die Verfasser — an ihnen geeignet scheinenden Stellen einfügen. Ein Spruch, in welchem der tote König unter anderem zum Stern verklärt wird, ist in vier verschiedenen Fassungen erhalten[1]. Durch diese Fassungen läßt sich das Aufkommen des Begriffes der Neunheiten verfolgen. In der ältesten fehlt er noch. In einer jüngeren Fassung findet sich die „große (wr.t) Neunheit" an Stelle des Ausdruckes „Bögen" für die Völker der Erde und zwar in dem Satz: „Vor Dir zittern die neun (Bögen)" (Pyr. 794/1012) und in dem Beinamen des „Wegöffners" „Richter und Gauverwalter der Bögen" (Pyr. 804/1013). In den beiden jüngsten Fassungen sind an beiden Stellen und an einer dritten (Pyr. 797/1714) die „beiden Neunheiten" getreten (Pyr. 1259, 1710, 1719). Als Vorbild des Ausdruckes „Richter und Gauverwalter der Bögen" sieht Sethe einen erst in der 5. Dynastie aufkommenden Titel (Pyr. 804, 1 Kom.) und nimmt dies als Anhaltspunkt zur Datierung. Die Redaktion auf die „große Neunheit" und die „beiden Neunheiten" setzt erst nach Einführung des Titels, also erst während der fünften Dynastie ein. In Sprüchen der Pyramide des Königs Unas, des letzten Königs der 5. Dynastie finden sich schon die beiden Neunheiten. In den Jahresnotizen der Annalen wird unter den ersten Königen der 5. Dynastie nur die Neunheit genannt[2]. Die Vorliebe für die beiden Neunheiten ist demnach während der 5. Dynastie aufgekommen. Texte, welche diese Ausdrücke enthalten, sind entweder während der 5. Dynastie — oder später — redigiert oder verfaßt worden. Diese Ansetzung rückt eine Reihe von Sprüchen in das richtige Licht, wovon hier nur ein Beispiel gegeben werden soll. Wenn sich der König Rê gegenüber als „Heliopolitaner" bezeichnet und sich darauf beruft, daß auch seine Mutter und sein Vater Heliopolitaner sind (Pyr. 482), so atmet dies den Geist der 5. Dynastie, die in dem folgenden Rê als Oberhaupt der beiden Neunheiten und Nefertum, den memphitischen Gott der Lotusblüte, als Oberhaupt der Menschen erklärt (Pyr. 483), der hier für Ptah, den Ortsgott der Residenz die irdische Gewalt ausübt, während Rê über die Götter herrscht. Wie zur Bezeichnung der Menschen das Wort „Menschheit (rhj.t)" gewählt wird, welches früher einmal im oberägyptischen Staat die unterägyptischen Feinde als „Kibitze" bezeichnete (s. S. 71), werden die „beiden Neunheiten" als Ausdruck für „Götter" gebraucht. Dieser Ausdruck ist so ein Beispiel einer gewählten, vielfach gesuchten Sprache, die sich gerade in den Verklärungen findet. Wenn neben der „Neunheit" Geb (Pyr. 1279, 1621 Var.)

---
[1] Pyr. 793ff., 1011ff., 1259ff., 1710ff.
[2] Urk. I, 245, 5; 246, 13, 15 mit einem Kult in der 'Bibliothek' des Reichsheiligtums ‚Brüderschaft'.

und neben den beiden Neunheiten Atum (Pyr. 1489, 1982), Rê (s. o.) oder Rê-Atum (Pyr. 1694ff.) genannt werden, sind diese Ausdrücke auch theologisch begründet. In Parallelsätzen werden sie als Synonym für „Götter" gebraucht — „vor Dir schweigen die Götter, die Neunheit legt ihre Hände an ihre Münder" (Pyr. 254, vgl. 1169/1170), „der Stern, vor dem sich die Götter beugen und die beiden Neunheiten zittern" (Pyr. 537, 538), „die Götter jauchzen und die Neunheiten jubeln" (Pyr. 1233, 2141). Der Ausdruck „die beiden Neunheiten insgesamt" (Pyr. 304) dürfte das einfachere „alle Götter" umschreiben. Für die „Götter" der Hymnen, die vielfach selbst vereinheitlichend anstelle der „Horusdiener" und des „Sethgefolges" getreten sind (s. S. 44f.), setzen die Verklärungen nacheinander die „Neunheit" und die „beiden Neunheiten", weil sie im Kult von Heliopolis die Rolle der Horusdiener im Kult des Horus und der Götter im Kult des Osiris tragen.

Neben dieser sinnvollen Bevorzugung findet sich eine weitere Verwendung des Ausdruckes „die beiden Neunheiten". Er tritt vielfach nicht nur dort auf, wo früher das schlichte „Götter" verwendet wurde, sondern wird wie schon für die Bögen an die Stelle anderer Wörter in den Text eingesetzt. Die Bedeutung der so entstehenden Sätze läßt sich oft nur aus Varianten erschließen. In einer Reihe von Fällen gibt hierbei der Lautbestand der Wörter die Veranlassung, so bei dem Worte „Bogen ($pd.wt$)", ebenso bei Sothis ($Spd.t$), an deren Stelle nun die Neunheit den toten König gebiert[1], und bei dem Worte „Lippen" ($sp.tj$), das verschiedentlich durch die beiden Neunheiten ersetzt ist, was an eine These der Götterlehre von Memphis erinnert, welche Zähne und Lippen des die Welt im Sprachvorgang durch Benennen aller Dinge erschaffenden Schöpfers als „Neunheit" erklärt[2]. In anderen Fällen fehlt jedoch als Ursache das Wortspiel, so, wenn Rê am Himmel — statt des nach späteren Varianten zu erwartenden Geb — an der Erde die beiden Neunheiten gegenüber treten (Pyr. 121), wenn sich neben Geb als Vater statt Nut die Neunheit als Mutter des Osiris findet (Pyr. 258) und neben Horus statt Thoth (Pyr. 1507/ 1089) nun die beiden Neunheiten (Pyr. 1373) den König kleiden und schmücken. In diesen Fällen wird das vorgestellte Bild zu Gunsten reiner Spekulation zerstört. Denn die Neunheit kann zwar als dogmatischer Begriff zusammengefaßt werden, wird aber damit zu einem unvorstellbaren Gebilde. Wenn sie den König gebiert, so ist dies nur noch als Dogma zu verstehen[3]. Die beiden Neunheiten anstelle des Thoth machen das Ritual undurchführbar. Vom aufgeführten Mysterienspiel wird es zur bloß verlesenen Verklärung. Auch der Ersatz der „Bögen" durch die Neunheit bringt einen Schwund sowohl an Anschaulichkeit wie an politischer Bedeutung. Denn wenn die „Bögen", die Völker der alten Welt, vor dem König zittern, zeigt dies die ganze irdische, vorstellbare Macht des göttergleichen Königs. Wie sollen jedoch Götter, die als Väter und Mütter des Königs gelten, vor ihm zittern? Eine derartige Redaktion sucht nur noch nach Gelegenheiten, das zum Inbegriff von Kult und Mythe gewordene Dogma herauszustellen, ohne sich um die Anschaulichkeit des Erzählten zu kümmern. Wie die Varianten zeigen, erfolgt dieser Vorgang erst während der 5. Dynastie und beschränkt sich nicht auf die Bevorzugung der Neunheit. Wenn anstelle des Ausdruckes „Bug des Schiffes des Rê" (Pyr. 710) die Bezeichnung „Nase des Schiffes der Neunheiten" (Pyr. 906 Var.) gewählt wird, so tritt hier das Merkmal gesuchter Sprache der spekulativen Redaktion der späten 5. Dynastie doppelt auf. Beispiele dieser blütenreichen Sprache lassen sich aus vielen Verklärungen beibringen und zeigen, wie sehr man sich um schöne Worte

---

[1] vgl. Pyr. 262a und A. de Buck, The Egyptian Coffin Texts, Bd. 2, S. 61a.
[2] Schott, Die beiden Neunheiten als Ausdruck für „Zähne" und „Lippen" (ÄZ Bd. 74, 94ff.). Ein weiteres Beispiel findet sich Pyr. 458, wo die „Neunheiten" des Königs mit dem „unvergänglichen Siebengestirn", d. h. seine Lippen mit dem Gerät der Mundöffnung, „gereinigt", d. h. „geöffnet" werden.
[3] Dazu paßt die Feststellung von Junker, Die politische Lehre von Memphis, S. 64, „daß die Bezeichnung 'Sohn'" „in den Pyramidentexten vorwiegend sinnbildlich verwendet wird". Wenn Sethe, Kom. zu Pyr. 258b meint, daß „die Neunheit" hier „als Weib behandelt" sei, so umschreibt dies nur den Tatbestand. Doch dürfte die Neunheit (die Variante Pyr. 2206 hatte — nach Jéquier, Les pyramides des reines Neit et Apouit, Neit Z. 7 — „die beiden Neunheiten") kaum als Frau personifiziert vorgestellt worden sein.

und Umschreibungen bemüht. Ansätze dieser spekulativen Sucht lassen sich in den Dramatischen Texten allenfalls in der Rollenverteilung und in den Hymnen im Namen der Namensformel (s. S. 41) finden. Diese Bezeichnungen sind oft so gesucht, daß es schwer fällt, unter ihrem schönen Schleier die bekannten Götter zu entdecken. Anfänglich werden sie den Gottheiten in Litaneien nach den bekannten Namen zugerufen, wie in dem schon angeführten Beispiele Rê unter anderem die Namen „großer Wildstier" und „großer Nachen" (s. S. 19), der roten Krone von Unterägypten „Flamme", „Große" und „Zauberreiche" (Pyr. 194, vgl. 196), Nephthys unter anderen „Abendbarke"[1]. Aus anderen Beispielen wissen wir, daß Isis und Nephthys auch als Morgen- und Abendbarke galten. Später setzt man derartige Beinamen anstelle der üblichen Namen ein. Wer würde, ohne dies zu wissen, in dem „Sohn der Morgenbarke, welchen sie gebar" (Pyr. 1194), als der sich der König dem Fährmann vorstellt, Horus erkennen? Es bedurfte theologischer Gelehrsamkeit sowohl, derartige Umschreibungen zu prägen, wie auch, sie zu verstehen[2]. Im Schiffe des Sonnengottes steht auf Bildern des Neuen Reiches am Bug die „Wahrheit" als Göttin des Rechts. Sie hat man in der Bezeichnung „Wunsch der Götter am Bug des Sonnenschiffes" (Pyr. 490) zu erkennen. So nennt man in den Verklärungen Nut die „Gottesgebärerin" (Pyr. 258) und „die große Bahre" (Pyr. 658), Geb den „Ausgebreiteten" (Pyr. 604), Seth den „Herrn des Sturmes" (Pyr. 261), Thoth den „Richter der beiden Götter" (Pyr. 273) oder „Schlichter des Streits" (Pyr. 306). Rê den „Großen unter den Göttern" (Pyr. 548), das Lichtland „Ufer des Rê" (Pyr. 273). Auch die Gefilde am Himmel „Feld des Schilfs", „Opferfeld", „Feld des Skarabaeus", „Feld von Malachit" (Pyr. 936) erklären sich zunächst als gewählte Bezeichnungen des Himmels. Von den alten im Kult überkommenen Namen und Beinamen der Götter, an die sie erinnern — „Erster der Westlichen" des Gottes von Abydos, „große Wildkuh" der Kronengöttin von Elkab — lassen sie sich im Allgemeinen durch die Art ihrer Verwendung scheiden. Während die neuen gesuchten Ausdrücke oft nur dies eine einzige Mal benützt werden, gehören die alten Beinamen zu einem festen Bestande, der sogar von Gottheit zu Gottheit wandert.

7. Heliopolis und Memphis

Die gesuchte Anonymität der Gottesbezeichnungen, welche in den Verklärungen die Götter sowohl mit dem Glanz überkommener Reste wie mit den Früchten jüngster theologischer Spekulation umgibt, hat dazu geführt, daß es heute schwer fällt, den Anteil der verschiedenen Lehren, die an dieser Verschleierung mitgewirkt haben, zu entwirren. Im Zusammenhang mit der Rolle des Osiriskultes in Heliopolis und Memphis meint H. Junker in seinem Aufsatz „die politische Lehre von Memphis": „Wir haben uns daran gewöhnt, von der Überarbeitung der Texte durch die Schule von Heliopolis zu sprechen; vielleicht aber muß mit einem ähnlichen Einfluß der Hauptstadt Memphis auf die Entwicklung der Sprüche gerechnet werden" (S. 67). Das Denkmal Memphitischer Theologie, welches Junker zu dieser Stellungnahme veranlaßt, gibt in seiner „politischen" Mythe selbst eine Ursache den in Frage gestellten Einschätzung. Der Hauptgott dieser Mythe, der die streitenden Götter richtet und die „Königsburg" anlegen läßt, ist nicht Ptah, der Ortsgott von Memphis, sondern der Erdgott Geb. Dieselbe überragende Rolle spielt Geb auch im Dramatischen Ramesseum-Papyrus und in einer Reihe der Hymnen mit der Namensformel der Pyramidentexte, die auf Grund der in ihnen genannten Götter und Orte ebenfalls als memphitisch angesehen werden müssen (s. S. 57). Sethe kennzeichnet in seiner Bearbeitung des

---

[1] Pyr. 150 — wie das „möget Ihr Euch seiner erinnern!" zeigt — mit Nephthys zusammen genannt, jedoch von ihr geschieden. Pyr. 210 sind jedoch Isis und Nephthys — Rê und dem „großen Nachen" (Pyr. 209) entsprechend — mit den beiden Barken gleichgesetzt; vgl. Jéquier, La pyramide d'Aba, Zeile 369f.

[2] Eine Weiterentwicklung dieses Vorganges ist die zeitgenössische ‚bürokratische' Ausdeutung, die z. B. in T. „Akte" (¹) anstelle von „Arm" (¹) setzt (Pyr. 275c, 286a), vermutlich in Anlehnung an Pyr. 408c, wo dem König von Orion, dem Göttervater, ein Diplom, das ihn als „großes Macht" bestätigt, ausgestellt wird (vgl. Sethe, Kom.).

Ramesseumpapyrus Geb als „Oberhaupt" und „Obersten der Götter" (S. 155, 167, 175). Als Erdgott und Vater des Osiris nimmt Geb gegenüber den anderen Göttern eine überragende Stellung ein, indem er ihnen gebietet, ihren Streit schlichtet und auch von Horus Meldungen entgegennimmt. Sethe spricht auf Grund dieser auch anderenorts feststellbaren Stellung des Erdgottes in seiner Urgeschichte geradezu von einer „Religion des Geb" (S. 59). Kees betont, daß auch „in Heliopolis" „zunächst Geb voran" stand[1]. Nach der bisherigen Untersuchung dürfte diese Macht des Geb nicht in Heliopolis erwachsen sein, da er dort neben Atum als Ortsgott in eine untergeordnete Stellung gerückt wäre, wenn sein Herrschaftsanspruch nicht schon gesichert war. Die Dramatischen Texte und noch die Hymnen zeigen, daß dies in Memphis geschah. Hier ist Geb der oberste Gott und füllt anscheinend mythisch den Platz des Ortsgottes Ptah aus, als dessen „Stellvertreter" er noch im Neuen Reiche gilt[2]. Wenn von „Geb vor seiner Neunheit" die Rede ist (Pyr. 255, 1868), so scheint er auch einmal eine eigene Neunheit besessen zu haben. Dies könnte eine memphitische Gegenbildung zu der aufstrebenden „großen Neunheit" von Heliopolis gewesen sein. Doch billigt die Mythe Geb auch innerhalb der heliopolitanischen Neunheit die Rolle des „Sprechers" zu, was als Anerkennung seiner Stellung als Herr der Residenz verstanden werden kann. Es ist auffällig, daß sich die Neunheit ohne das Prädikat „groß" in den Pyramidentexten ausnahmslos im Zusammenhang mit Geb findet. Sie taucht in einer Hymne an Geb auf, welche die Neunheit in heliopolitanischer Zusammensetzung voraussetzt (Pyr. Spr. 592). Doch wird hier Geb — wie Ptah im Denkmal Memphitischer Theologie — als der „einzige große Gott" ausdrücklich auch über Atum gestellt, der sich ihm freiwillig untergeordnet haben soll (Pyr. 1617). Auch dies Dogma dürfte nicht in Heliopolis, sondern in Memphis erwachsen sein. So erweist sich in den Pyramidentexten gerade das ältere Textgut als memphitisch. Nach der bisher getroffenen Gliederung erscheinen die ersten Sprüche heliopolitanischen Geistes — Pyramidenweihtexte (Spr. 600, 601) und die Litanei, welche Osiris den Göttern der Neunheit vorstellt (Spr. 219) — als Übergangsformen zwischen den Hymnen und Verklärungen. Das Denkmal Memphitischer Theologie könnte mit ihnen gleichaltrig sein, da es ebenfalls zwischen den Hymnen und den Verklärungen steht. Durch übernommene Sätze mit den Hymnen verbunden scheint es mit seiner Ansetzung der Neunheit — nicht der beiden Neunheiten — als Zähne und Lippen des Ptah (s. S. 24) das Vorbild der gleichartigen Einsetzung der beiden Neunheiten in den Pyramidentexten geworden zu sein. So dürften „Litaneien" und „Lehre" gleichaltrige Dokumente der Auseinandersetzung zwischen Heliopolis und Memphis darstellen, die mit der Einführung des Sonnenkultes zu Beginn der 5. Dynastie anscheinend zu Gunsten der Sonnenstadt entschieden wird. Doch bricht damit weder das Erscheinen memphitischen Textgutes ab, noch beschränkt es sich auf Dokumente der Auseinandersetzung mit der anderen großen Lehre des Alten Reiches. Unter den Verklärungen finden sich Sprüche, in denen Sethe memphitisches Gedankengut erkannt hat[3]. Wenn auch in den Verklärungen Ptah kaum und Memphis überhaupt nicht genannt werden, finden sich doch — besonders in der jüngsten Pyramide — Götter aus anderen memphitischen Kulten wie Sokaris von Sakkara, Min vor den Reichskapellen, Apis vor dem Serapeum (Pyr. 1998) in Sprüchen, die Merkmale ihres memphitischen Ursprunges tragen. Zu bedenken ist auch, daß schon die beiden letzten Könige der 5. Dynastie keine Sonnenheiligtümer errichten, und daß nach Manetho die 6. Dynastie wieder aus Memphis stammen soll.

In den Varianten der Verklärung, welche die Abwandlung der „neun Bögen" in die „beiden Neunheiten" ergaben, tritt in dem Satz: „Erde höre auf das, was die Götter sagen, was Rê sagt!" (Pyr. 795) zunächst „Geb" (Pyr. 1013) und schließlich „Horus" (Pyr. 1712) an die Stelle des Sonnengottes. Hier findet anscheinend eine nach Einführung des Sonnenkultes rückläufige Bewegung statt, die jedoch den Sonnengott nicht wieder völlig verdrängt, da er in den Varianten an anderen Stellen belassen wird. In den beiden jüngeren Varianten taucht Sokaris von Sakkara

[1] Kees, Götterglaube S. 227.   [2] A. Mariette, Abydos Bd. 1, Taf. 36a.
[3] z. B. Kom., Bd. 2, S. 121ff., 308, 312.

(*Pḏw-š*) in einer Aufzählung von Göttern auf, mit denen der tote König verglichen wird, so daß man hier memphitische Bearbeitungen einer ursprünglich heliopolitanischen Verklärung erkennen möchte. Sie hätte zunächst Geb als memphitisches Oberhaupt der Götter und später ausgleichend Horus, den alten königlichen Gott für den heliopolitanischen Himmelsherrn eingesetzt und so ältere in Memphis erwachsene Verhältnisse wiederhergestellt. In ähnlicher Weise erschiene so in einer anderen Verklärung Geb offensichtlich Rê angeglichen als Himmelskönig (Pyr. 655f.). Derartige Schlüsse überschätzen den Einfluß priesterlicher Spekulation auf das Königtum des Alten Reiches. In einem Gebet um Speisen wird ein Gott, dessen Name *Wr-kȝ.f*, wie Sethe vermutet, in die Zeit der Könige Schepseskaf und Userkaf führt, „Mundschenk des Horus, Zeremonienmeister der Laube des Rê und Küchenältester des Ptah" genannt (Pyr. 560 Var.). Sethe bemerkt zu diesen, Titeln der königlichen Verwaltung nachgebildeten Beinamen: „Es ist verlockend in den drei Ämtern bei den drei Göttern, Horus, Rê und Ptah eine Bezugnahme auf die drei Perioden der Urgeschichte von Buto-Hierakonpolis, Heliopolis und Memphis zu vermuten" (ibd. Kom.). Doch dürfte die Nebeneinanderstellung der Beinamen lediglich die gemeinsame Wurzel der drei Gottesbegriffe bieten, die sämtlich dem Königtum entspringen und so im Alten Reich gleichwertig nebeneinanderstehen. Die Art und Weise, in welcher der Sonnenkult erscheint, spricht dafür, daß er nicht in Heliopolis erwachsen ist, sondern dorthin vom Königtum in der 5. Dynastie verpflanzt wurde, nachdem Rê vorher heimatlos wie die anderen Götter der Mythe, vom Königtum zum Symbol seiner Macht erwählt und entwickelt wurde. Neben ihm büßt Atum, soweit er nicht in ihm gänzlich aufgeht, an Bedeutung ein. Als Abend- oder Nachtsonne tritt der Weltschöpfer in die Finsternis zurück, aus der sich täglich der neugeborene Sonnengott strahlend erhebt. Eine derartige Umwertung eines alten Ortsgottes durch eine neue, freilich bald den Ruhm der Sonnenstadt mehr als die alte Gottheit kündende Gestalt, scheint nur durch königliche Wahl und nicht durch priesterliche Spekulation in Gang kommen zu können. Mit Heliopolis dürften die Könige der 5. Dynastie ihre eigene Schöpfung gepflegt haben, ohne darum Memphis aufzugeben. Ihre Pyramiden und Sonnentempel rücken von Giza am Rande der Wüste näher an Sakkara und Memphis heran. Nur mit Atum als Gottheit einer abwegigen, vielleicht rührigen Lehre kann sich die Lehre von Memphis auseinandersetzen, wie dies im Denkmal Memphitischer Theologie geschehen ist. Hinter der Lehre dieses Denkmals steht noch das Königtum, werden doch seine Symbole gepriesen, aber der Gott der Residenz auch zum Schöpfer der Ortskulte erklärt. Ein in Heliopolis residierendes Königshaus hätte sich dies nicht bieten lassen. So dürfte auch die neue Lehre, in der das Königtum den Sonnengott über alles stellt und für sich selbst das Sohnesverhältnis zu diesem Gott beansprucht, Memphis als Residenz nicht übersprungen, sondern ergänzt und umschlossen haben, wie es in der schon erwähnten Textstelle, die Rê als Oberhaupt der beiden Neunheiten und Nefertum, den Gott von Memphis als Herrn der Menschheit preist (s. S. 23), zum Ausdruck kommt. Wenn in den Verklärungen Heliopolis häufiger genannt wird, als jede andere Stadt, so spricht auch dies nicht für Heliopolis als Heimat des Kultes einer alten Hauptstadt. In Heliopolis selbst hätte man schlicht vom „Fürstenhaus", vom „Richter" und der „großen Neunheit" gesprochen. Wenn man zu diesen Begriffen das „von Heliopolis" hinzusetzt, erfolgt die Benennung von außen her. Ebenso spricht auch das Vorkommen der Stadt „Buto" in Verklärungen eher gegen als für ihren Ursprung aus dieser Stadt, denn einen König, der wirklich dort regiert, hätte man wie später die in den Friedhöfen ihrer Städte begrabenen Beamten sagen lassen: „Ich komme aus meiner Stadt" und nicht „Ich bin aus Buto gekommen"[1]. Echte Texte aus butischer Zeit trügen vermutlich die Merkmale ihrer Herkunft ebenso unauffällig an sich wie memphitische Texte des Alten Reiches, deren Ursprung auf Grund der vorkommenden Kultstätten gesichert scheint.

---

1 vgl. Sethe, Kom., Bd. 3, S. 70. Auch der aus Buto kommende König bezeichnet sich mit dem ursprünglich oberägyptischen Wort für „König (*Nįśw.t*)" der geschichtlichen Zeit (Pyr. 1374a).

II. KAPITEL
Entstehung der Mythe als Form

1. Zur Formung der Mythe

Mythen vermitteln die Kunde einer vor dem Menschen erschaffenen, über ihn erhabenen Welt, die auch seine Erde umschließt und sein Schicksal leitet. Sie setzen als Gegensatz das Bewußtsein geschichtlicher, in die Gegenwart einmündender Wirklichkeit voraus und können sich schon deshalb erst nach Anbruch der Geschichte jenseits einer in Annalen und Archiven greifbaren Überlieferung herausbilden. Die Weite menschlicher Vorstellung und Ahnung sind ihre Grenzen, überkommene rätselvolle Gestalten, heilige Gegenstände und vieldeutige Handlungen ihr Kernbestand an Symbolen des nicht anders Faßbaren. Es bedarf einer besonderen Form, eine solche Welt zur Sprache zu bringen. Aus der in Kult und Frömmigkeit gefundenen gehobenen Sprache entwickelt die Mythenbildung ihre Form, die erst mythische Erzählung ermöglicht. Vom scheuen Preis der Gottheit im Morgenlied, vom Bannen feindlicher Mächte durch die Nennung ihrer Namen bis zur offenen Erzählung von Mythen, welche den Beginn einer ewigen Urzeit vor die schon Jahrhunderte zählende Geschichte überlieferter Namen und Daten setzt, ist es ein langer Weg, dessen schlichtes Ergebnis nur Spuren der Herkunft bewahrt hat. Meist verliert er sich mit den ersten verschollenen Daten in der Frühzeit der Völker. In Ägypten läßt sich dieser Weg am ältesten Textgut noch verfolgen. Zwar erscheinen die ersten umfangreichen Sammlungen religiöser Texte erst in Pyramiden von Königen der 5. Dynastie gegen Ende des Alten Reiches. Doch enthalten sie auch Sprüche und Spruchfolgen, die mehr oder minder redigiert älteren Epochen dieser ersten geschichtlichen Blütezeit entstammen. Die Erfindung der Schrift, welche um die Zeit der Reichseinigung den Beginn der Geschichtlichkeit ermöglicht und auslöst, stellt das Datum, über welches schriftliche Tradition nicht hinaufreichen kann. Die Art des Auftretens der Schrift, die sich zunächst auf Namen, Beischriften, Siegel und Herkunftsangaben, in den Annalen auf knappe Sätze beschränkt und erst in der 2. Dynastie ihre endgültige Form findet, läßt vermuten, daß es einiger Zeit bedurfte, bis sie zur Überlieferung umfangreicher Texte dienen konnte. Doch zeigen die älteren Texte Eigenheiten gerade der frühen, neugeformten Schrift. Auch in ihren knapp gefaßten Götterreden, in ihrer Wörter und Zeichen sparenden Anordnung dürften sich Merkmale früher Textgestaltung erhalten haben. Weitere Eigenheiten sind bei der Niederschrift der Pyramidentexte, nicht ohne Spuren zu hinterlassen, im Wesentlichen schon beseitigt, haben sich jedoch in einer Reihe noch später auftauchender Texte, vor allem im Dramatischen Ramesseum-Papyrus erhalten. Sie zeigen eine im Folgenden zu untersuchende Form, gegenüber welcher sich die Masse der Pyramidentexte als jünger erweist. Noch fehlen mythische Zitate und Vergleiche, noch trägt der König nicht die vielen Götterrollen, die ihn später auf dem Wege zu seinem Vater, dem Sonnengott, verklären. An seiner Stelle sprechen die Götter zueinander und vollziehen — in Gestalt des Königs und der anderen Teilnehmer am Festspiel — das heilige Ritual. Geschlossen als Festspiel tritt hier die mythische Welt vor unsere Augen. Sie trägt keine eigene literarische Form, welche die Mythe — wie das „Es war einmal" des Märchens — kennzeichnet. Doch kündet sich die Mythe als eigentümliche Erzählung schon an. Die Erklärungen der Kulthandlungen, welche die Götterreden begleiten, — „Das ist Horus, der zu seinen Kindern spricht" — sprengen den dramatischen Rahmen, indem sie sich weder als Rede noch als Handlung aufführbar an den Zuschauer wenden, und erklären die Kulthandlung als mythischen Vorgang. Wird ein solcher Vermerk von der Kulthandlung getrennt und als einst geschehen erzählt — „Horus sprach zu seinen Kindern" —, so ist die Mythe als Sprachform gefunden. Aus der Bewegung zur vollendeten Form zurückblickend läßt sich die Mythenbildung geradezu als Formproblem verstehen, als ein Bemühen, das überkommene heilige Gut auf eine einzige Formel zu bringen und durch sie Weltlauf und Einzelschicksal zugleich zu erklären. Diese Formel ist die Mythe. Durch das mythische Zitat wird ein immer wiederkehrender Vorgang an das erste Mal der Göttergeschichte angeschlossen. Nachdem die dramatische Form, das Festspiel der Menschen mit Götterrollen, im Kult gefunden wurde, erwächst die mythische Form im Totenglauben, in welchem sich Ewigkeit und Gegenwart unmittelbar begegnen. Dem toten König — und später jedem seligen Toten — kommt die vermittelnde Rolle zu. Er geht im Tode zu den Göttern der Mythenbildung, die sich in den Teilen der ewigen Welt, menschengestaltig vorgestellt, verkörpern. Durch die auf ihn bezogene oder ihm in den Mund gelegte Rede wird ein mythischer Vorgang zitiert und damit für den Weg aus der irdischen, den zitierenden noch oder gerade nicht mehr umschließenden Gegenwart die mythische Ewigkeit beschworen.

Der königliche Totenglauben findet in der Verklärung eine literarische Form, mit der er den König in die mythische Welt versetzt. Er überbrückt mit ihr die Kluft zwischen geschichtlicher Gegenwart und göttlicher Ewigkeit, in welche der tote König eingeht. Es ist noch nicht die Mythe selbst, die hier in mythischer Form erscheint, sondern der Weg des Königs „zu seinen Götterbrüdern". Die neue Form macht den Tod zum mythischen Ereignis — „Du bist davongegangen, damit Du den Stätten des Horus gebietest. Du bist davongegangen, damit Du den Stätten des Seth gebietest. Du bist davongegangen, damit Du den Stätten des Osiris gebietest" (Pyr. 218 Var.); „Ich gehe davon, damit ich Rê besuche" (Pyr. 948); „Ich gehe ein Davongehen als Auge des Horus" (Pyr. 976). Sie verklärt so das Leben gerade bei seinem Ende, indem sie den Weg der Seele verfolgt und mit Götterschicksal vergleicht. Sie beschwört den Leichnam, nicht zu verfallen, nimmt gegen einen älteren Totenglauben Stellung und verhilft dem Toten zur Wiedergeburt durch eine neue Mutter als unvergänglicher Stern, so daß er „seine erste Mutter, die er gekannt hat, nicht mehr kennt" (Pyr. 1428). Man könnte einwenden, daß auch in Dramatischen Texten der tote König die Rolle des Osiris trägt und damit in die mythische Welt versetzt ist. Doch geschieht dies dort mit eigenen Mitteln, die wir dramatisch nennen, und die auch dem toten König noch eine Rolle zuweisen. Die Verklärung benützt demgegenüber die Form der Erzählung, welche — im Munde des toten Königs — aus einem mythischen Bereich herübertönt. Man kann die Geeignetheit des Begriffes „mythisch" für die Form derartiger Verklärungen bezweifeln und eine Erschließung dieses Begriffes an echten Mythen fordern. Doch würde ein so gewonnener Begriff gerade gegenüber den Anfängen der mythischen Form versagen. Alle derartigen Begriffe sind Hilfsmittel, die erst im Verlaufe einer Untersuchung anschaulich werden. Auch der Begriff „dramatisch" ist gegenüber den sogenannten altägyptischen Dramatischen Texten nur eine vorläufige Hilfe, denn daß diese Texte nicht das, was wir heute Drama nennen, darstellen, wird niemand bestreiten[1]. Da diese literarische Form im Kult erwachsen ist, könnte man sie auch literarisch „Kultform" nennen und statt von Dramatischen Texten von „Kulttexten" sprechen. Schon wenn diese Texte treffender „Festspiele" genannt werden, treten ihre „dramatischen" Reden neben anderen Vorgängen — wie Umzüge und Wettspiele — zurück. Doch bleibt dann die Eigenart der Rollenverteilung, in der sich die Rollenverteilung echter Dramen anzeigt, unberücksichtigt. Die selbständige Entwicklung literarischer Formen setzt

---

[1] s. Sethe, Dramatische Texte S. 95.

schon eine von allem anderen abgelöste Formkunst voraus, während doch literarische Formen wie andere Kunstmittel zunächst für andere, nicht literarische Zwecke geschaffen und als hierfür glückliche Formeln benützt werden. Auch zur späteren Kunstform erstarrt tragen sie noch einen Rest ihrer einstigen Bestimmung. Die Zauberformel, welche die Schlange als dämonische Macht bannen soll, spricht ihren Gegenstand an, umkreist und bedroht ihrerseits das Bedrohliche und läßt es nicht frei, bis es „fällt und weicht". Besonders wenn derartige Formeln dem kleinen Horusknaben „mit dem Finger im Munde" (Pyr. 663, 664) zugeschrieben werden, erinnert ihre Sprache an die Weise, mit der man in einer Art Kindersprache zu Kindern spricht, eindringlich, beschwörend, mit eigentümlicher, sprunghafter Gedankenführung. Damit tragen diese Zaubersprüche lediglich ihre eigene für den besonderen Zweck geeignete Form, sei es, daß sich der Beschwörer selbst durch diese eigentümliche Sprachform als Kind kennzeichnet, dem die Schlange nichts tut, sei es, daß er zu der Schlange wie zu einem unberechenbaren Wesen spricht, welches man in anderer Weise überzeugen muß als einen Menschen. Zweck dieser Sprachform ist es, die Giftschlange zu verzaubern. Zweck der mythischen Sprachform könnte es sein, den Abstand, welcher zwei verschiedenartige Welten, die mythische und die irdische, trennt, erzählend zu bewältigen. Dies gelingt der Verklärung in besonderer Weise, da sie dem toten König folgt, der selbst in die Welt der Götter davonging. Wie mit der dramatischen Form nicht sofort das Drama, wäre auch mit der mythischen Form nicht sofort die Mythe gegeben. Die wirkliche Entwicklung ist, wie im Folgenden gezeigt werden soll, noch verwickelter. Gehen doch sowohl die erzählende Form der Verklärung wie auch die als Lehre vorgetragene echte Mythe, beide auf verschiedenen Wegen herausgebildet, auf Dramatische Texte zurück, so daß hier eine doppelte Entwicklung von der dramatischen zur mythischen Form vorzuliegen scheint. Inwieweit die Textentwicklung diese und andere Formen aneinanderschließt, sollen die folgenden Untersuchungen erweisen. Vorwegnehmend kann jedoch schon betont werden, daß die verschiedenen Formen zwar sprunghaft als etwas anderes in Erscheinung treten, jedoch unbedenklich alte Formen weiterverwenden. In der mythischen Erzählung finden dramatische Gespräche Platz. Auch thematisch bleibt ja älteres Gut bewahrt. Mit dem Sonnengott hat die Mythenbildung ein Symbol gefunden, das nicht nur den Horizont noch einmal weitet und das altägyptische Weltbild krönt, sondern auch auf ältere Mythen Licht wirft und ihre schönen Gestalten neu beleuchtet.

2. Die Dramatischen Texte

Bei der Durchsicht der Quellen und ihrer vorläufigen Gliederung wurden auf Grund der Eigenart ihrer Schrift Bildreihen mit spärlichen, dargestellte Vorgänge, handelnde Personen und ihre Reden wiedergebenden Beischriften als ihrer Form nach ältestes literarisches Gut erkannt. In dieser Form erscheinen Festspiele, vor allem die Zeremonien des Jubilaeumsfestes, das auch mit seinem Götterbestand in die Thinitenzeit hinaufreicht (s. S. 6f.). Ein zweites Festspiel, welches erst in einer Abschrift des Mittleren Reiches, den von Sethe in seinen „Dramatischen Texten zu Altägyptischen Mysterienspielen" (S. 81ff.) veröffentlichten Ramesseum-Papyrus erscheint, zeigt über einer Bildreihe, die sich formal von den Bildern des Jubilaeumsfestes nicht unterscheidet, Dramatische Texte. Schriftmerkmale lassen in ihnen eine zwar ebenfalls altertümliche, aber doch gegenüber den Bildreihen jüngere Erscheinung vermuten (s. S. 8), was darin eine Bestätigung finden kann, daß hier die mit einigen Reden selbständigen Festhandlungen durch die Dramatischen Texte nicht etwa ergänzt, sondern umgewandelt werden. Die Kultvorgänge gewinnen in den Dramatischen Texten einen neuen, mythischen Inhalt und werden so als Sinnbilder mythischen Geschehens erklärt. Damit erhalten die den Kult ausübenden Personen und sogar Gegenstände des Kultes Götterrollen. Die feierlichen Handlungen werden nun durch Reden, die zwar mit Wortspielen auf die Gegenstände der Handlungen anspielen, sich jedoch inhaltlich nur als Teile von Mythen verstehen lassen, begleitet. In der Gegenwart des Kultes tritt die Mythe vor die Augen der Gläubigen, näher und greifbarer, als dies in den auf eine jenseitige Welt weisenden Verklärungen geschehen kann. Dieser merkwürdige Befund, der auf die Verwurzelung des älteren religiösen Textgutes im Kult ein Licht wirft, zeigt, daß formal gesehen die Mythe nicht in einer eigenen Form auftritt, sondern sich einer fremden bedient, die früher einmal im Kult erwachsen ist. Erst im weiteren Verlauf löst sie allmählich diese Verwurzelung, bis die Mythe nicht mehr als Festspiel, sondern einzig als Mythe, die ewige, bald ferne, bald gegenwärtige Götterwelt betreffend, dargestellt wird. Für das Verständnis dieser Ablösung ist es wichtig zu wissen, wie im Einzelnen Mythe und Kulthandlung verknüpft sind, und wie hierbei die Mythe zur Sprache kommt. Zur Herausstellung und Verdeutlichung der Bezüge werden in den Dramatischen Texten die verschiedenen Mittel angewandt, welche die Schrift und besonders die Hieroglyphenschrift bietet. In senkrechten Zeilen geschrieben finden sich über mit dem Vermerk „zu sprechen" eingeleiteten Reden einander zugewandt die Schriftzeichen des sprechenden und des angesprochenen Gottes, wobei der angesprochene Gott der allgemeinen Schriftrichtung entgegensieht. Unter den Reden findet sich zwischen Strichen, die unsern Klammern entsprechen, der mythische Gegenstand, über welchen die Rede geht, meist ein Gott, aber auch mythische Vorgänge. Darunter folgt — in einer neuen 'Klammer' — die dazugehörende kultische Entsprechung — wie „Palmenzweig" nach „Osiris" (Dr. T. S. 124) oder „Wettkampf" nach „es kämpfen Horus und Seth" (Dr. T. S. 166). Weitere Vermerke können Teilnehmer an der Kulthandlung, den Ort der Handlung oder, wie der Vermerk „in der Wüste herumziehen" (Dr. T. S. 129), die Szene abschließende Kulthandlungen betreffen. Die einzelnen Szenen werden durch in besonderen Zeilen geschriebene Titel eingeleitet, die unter „Es geschah, daß..." die Kulthandlung der Szene beschreiben und sie mit"... (ein Gott) ist es, welcher... (eine Handlung in mythischen Geschehen)" erklären. So wird zum Beispiel das „Bringen des Brustlatzes (knj) durch den Vorlesepriester" mit „Horus ist es, welcher seinen Vater umarmt (knj) und sich an Geb wendet" erklärt (Dr. T. S. 211). Nach dieser Erklärung trägt der Vorlesepriester die Rolle des Horus. Der Brustlatz gilt als Osiris[1]. Wer mit Geb angeredet ist, wird nicht gesagt. Sethe vermutet in ihm eine Rolle der wirklichen Erde, die im Erdboden gegenwärtigen Erdgott, der im Festspiel als „Oberhaupt" und „Oberster der Götter" auftritt (s. S. 26) und in Memphis den als $T3$-tnn „Erhabenes Land" mit der Erde verbundenen Ortsgott mythisch vertritt. Bringen — und Tragen — des Brustlatzes wird als Umarmung des toten Gottes durch seinen Sohn erklärt. Die zu dieser Szene gehörende Rede: „Ich habe diesen meinen Vater, der müde geworden ist, umarmt, bis er wieder ganz gesund (snb) geworden ist", zeigt, daß sich Horus an Geb wendet, um ihm die Wiederherstellung seines Vaters mitzuteilen. Die Rede ist in zwei Teile zerlegt, von denen beide im Wortspiel auf den Brustlatz und ein Stück (snb) von ihm (Dr. T. S. 213) anspielen. Sie sind beide als Osiris erklärt und werden in zweiten Vermerken ausdrücklich erwähnt. Ein Schlußvermerk nennt „Buto" als Ort der Handlung. Diese Szene findet sich auch bildhaft dargestellt in der Bildreihe unter dem Dramatischen Text[2]. Dort findet sich der Szenentitel als vom „Vorlesepriester" zu sprechende Rede: „Bringt 12 Brustlätze...!" und weicht auch mit der Zahlangabe von der dramatischen Fassung ab. Der Vorlesepriester trägt nicht den Brustlatz, sondern läßt als Festleiter 12 Brustlätze bringen. Derartige Verschiedenheiten können die Vermutung bestätigen, daß die Bildreihe als selbständiges Festritual vorhanden war, ehe die — wie dies Beispiel zeigt, recht freie — dramatische Bearbeitung hinzukam.

Vom Dramatischen Text eignen sich zur Aufführung die Kulthandlungen und die Götterreden mit den sie einleitenden Vermerken — „zu sprechen von ... zu ...". Alles übrige kann zwar gelesen oder vorgelesen werden oder als Vorschrift für den Festleiter dienen, jedoch nicht aufgeführt werden. Erklärungen und Vermerke machen den Eindruck eines theologischen Kommentars. Doch atmen auch die Götterreden in ihrem Verhältnis zu den Kulthandlungen den-

---
[1] Sethe, Dramatische Texte S. 213 (Anm. 102e).
[2] ibd. S. 256, Bild 22.

selben Geist. Die Kulthandlung wird zum Vorgang der Mythe erklärt und ihr Gegenstand durch ein Wortspiel in die Götterrede einbezogen. Mythe und Kultgegenstand dürften demnach gleichzeitig mit der Kulthandlung verknüpft worden sein. Wenn die Reden hierbei die mythische Handlung vorzugsweise in der Form der Vergangenheit (*sḏm.nf*) wiedergeben, einer Form, die sich bis in späte Tempel als Form der Götterreden erhalten hat, so dürfte hier nicht eine besondere feierliche Form vorliegen[1], sondern sich der Ablauf des Festspieles auswirken. Zunächst wird die Kulthandlung vollzogen, hier der Brustlatz angelegt und gebracht, und dann erst die Rede geführt, welche die vollzogene Handlung anzeigt. Anders ist ein feierlicher Verlauf des Festspiels nicht vorstellbar. Mit dem Imperativ — „Bringt mir mein Auge, das Perlengehänge..." (Dr. T. S. 185) — wird zu Handlungen, die erst im folgenden geschehen, aufgefordert. Auf Zustände wie das Duften der Salbe am Leibe des Königs wird durch „wie lieblich ist..." (Dr. T. S. 124, S. 139) in der Gegenwartsform hingewiesen. Reden, welche Kulthandlungen wie das Erheben von Opfergaben begleiten, werden auch mythisch mit „Ich hebe es Dir an Dein Gesicht"[2] gegenwärtig geschehend erklärt. So dürfte die Form der dramatischen Rede, welche die mythische Handlung in die Vergangenheit verlegt, zwar etwas bedeuten, jedoch nicht auf eine mythische Vergangenheit, das „erste Mal" des Geschehens in mythischer Urzeit, anspielen, sondern auf die sehr nahe Vergangenheit der soeben vollzogenen Kulthandlung, und so Mythe und Kult noch inniger verknüpfen. Auch die altägyptisch mit Partizipialkonstruktionen wiedergegebenen, in die Vergangenheit weisenden Relativsätze dürften nicht auf ein einst geschehenes Ereignis verweisen, sondern den gegenwärtigen Kultgegenstand erklären. Wenn Horus zu Seth sagt: „Bringe mir mein Auge, das Du wütend gemacht hast, das blutrot ward in Deinem Munde!"[3], so geht dies auf den gerade herbeigebrachten Karneolschmuck, der als durch Seth erzürntes, blutig gebissenes Auge des Horus erklärt wird. Wollte man in der Rede einzig eine Anspielung auf eine geschehene Untat des Seth sehen, verlöre der dramatische Verlauf seine Unmittelbarkeit. Die rote Perle ist das gerötete Auge und zugleich Beweisstück dieser Untat des Seth. Es gehört mit zu dem dramatischen Charakter des Festspiels und zu seinem symbolischen Wert, daß die Mythe — wie ja auch unser Drama immer wieder aufführbar gestaltet ist und mit der Aufführung aufs neue geschieht. Das Festspiel rückt die Mythe in die Gegenwart. Auch die Sätze über das Horusauge in der Speisetafel mit Wortspielen auf die Opfergaben — „welches sie ausgespieen haben" (Pyr. 92), „welches er gefangen hat" (Pyr. 60c Var.), „welches er von Seth genommen hat" (Pyr. 95) — und viele andere haften an dem gegenwärtigen „Auge" und geben vor, daß diese mythischen Ereignisse soeben im Festspiel geschahen. Aus einem ähnlichen Zusammenhang dürften gleiche Satzbildungen in Schlangenbeschwörungen auf mythische Gegenwart und nicht — wie es naheliegt — lediglich als Anspielungen auf Ereignisse der Urzeit, zu deuten sein. Der „Nagel des Atum" (Pyr. 229) — vermutlich die Kralle des Ichneumons[4] — befindet sich noch auf dem Rücken des Schlangendämons von Hermopolis — wie im Schriftbild das Messer auf dem Rücken des Seth und der Zahn oder Dorn am Kopf der „Ohnmächtigen" (Pyr. 558a M) — und hat dadurch nicht nur den Streitfall beseitigt, sondern verhütet ihn — wie dies die späteren Varianten der fraglichen Beschwörung verdeutlichen[5] — für alle Zeiten. Auch die Vergangenheitsform der einleitenden Vermerke der Festspielszenen, welche nach „Es geschah, daß..." die Kulthandlung schildern, kann im Zusammenhang mit der dramatischen Gegenwart verstanden werden, ohne daß auf eine übertragene, nun gegenwärtige Bedeutung — deren Ursprung aus ihrem alten Gebrauch hergeleitet werden könnte — zurückgegriffen werden braucht[6]. Die Kulthandlung geht, wie schon

---

1 vgl. A. Erman, Aegyptische Grammatik (1928) § 311
2 Pyr. 61c, Sethe, Dram. Texte S. 190 (81), vgl. ibd. S. 173 (67) in der Vergangenheitsform.
3 Sethe, Dram. Texte S. 180 (75). Zu der Übersetzung „wütend machen" vgl. Erman, Grapow, Wörterbuch, Bd. 3, S. 151 (2). Sethe übersetzt: „..., das karneolrot ward für Dich...".
4 vgl. Sethe, Kom. Pyr. 425a.
5 Sethe, Kom. Pyr. 229b.   6 Junker, Götterlehre S. 50ff.

bemerkt wurde, der Rede voraus. Man könnte so den einleitenden Vermerk und die folgende Rede zusammenfassend übersetzen: „Nachdem...(die Kulthandlung) geschehen ist, was...bedeutet, spricht...(ein Gott) zu...(einem anderen Gott)". Für eine Beurteilung der Entwicklung der mythischen Form sind diese Feststellungen wichtig. Das dramatische Festspiel ist wirklich das, was man von einer vor den Augen geschehenden Vorstellung erwartet, eine Vergegenwärtigung. Eine Verlegung des mythischen Rahmens in die Urzeit findet nicht statt. Vor den Augen der Anwesenden vollziehen Könige und Priester in Götterrollen das heilige Spiel, welches die Mythe ewig neu entstehen läßt und im heiligen Brauch am Leben erhält. Gerade die Gegenwart und das Geschehen der mythischen Handlung machen für den am Festspiel Beteiligten das auch ihn heiligende Ereignis aus.

Ein weiteres Beispiel der Gegenwärtigkeit und Unmittelbarkeit der Handlung in den Dramatischen Texten ist der alleinige Gebrauch der Demonstrativpronomen „dieser", „diese" und „dieses". Die auf entferntere oder zeitlich entlegenere Dinge hinweisenden Fürwörter „jener", „jene" und „jenes"[1] treten nur — vor allem in den Erklärungen — als Kopula mit der Bedeudeutung „ist es" auf und richten sich noch im Geschlecht nach dem Erklärten, während sie später[2] — in den Verklärungen — schon zu dem gleichförmigen pw „ist es" erstarrt sind. Mit „dieser Große", „dieser mein Vater", „wie lieblich ist dies, was aus diesem Deinem Vater kam" (Dr. T. S. 139) wird auf gegenwärtige Gestalten hingewiesen, was sich von Sätzen wie „der König kommt, sein Gesicht ist das jenes Großen, des Herrn der Kronenschlange, der mit dem, was an ihm verletzt war, stark ward" (Pyr. 297) — Horus, der sein verletztes Auge als Krone wiedergewinnt — und den vielen Götternennungen der Verklärungen wie jene Götter, welche das Sonnenschiff rudern (Pyr. 922), „jene beiden großen Götter, die aus Heliopolis kamen" (Pyr. 1010) und „jene vier Wesen, welche Atum erschuf ($ms̀j$) und Nut gebar" (Pyr. 2057), die sämtlich einzig in die mythische Welt verweisen, abhebt. Texte des älteren Totenkultes und der Dramatischen Texte der Speisetafel und des Opferrituals ergeben weitere Beispiele von Hinweisen auf das unmittelbar gegenwärtige, auf „dies Dein Opfer ($pḥr$)" (Pyr. 818), auf „diese Deine Libation (Plural)" (Pyr. 22), auf „dies Dein Brot" und „dies Dein Bier (Plural)" (Pyr. 870), auf „dies Dein reines Wasser (Plural)" (Pyr. 864), auf „dies Horusauge" (Pyr. 113), „diese Rnn-$wt.t$" — eine Kleidergöttin — (Pyr. 1755) und „dies, was ich (der Sohn) Dir getan habe" (Pyr. 1879). Auch in Beschwörungen wird „diesem Mann"(Pyr. 231), „dieser Schlange, welche aus der Erde kam" (Pyr. 442), mit „dieser Hand" (Pyr. 672), „diesem Nagel" (Pyr. 424), „diesem Fuß" und „diesem Arm" (Pyr. 685 vgl. Kom.) gedroht, mit „dies ist der Nagel des Atum" (Pyr. 229) auf den Finger des Beschwörers hingewiesen. Die Pyramidenweihetexte sprechen noch von „dieser Arbeit" und „dieser Pyramide" (Pyr. 1653ff., 1660ff.), von „diesem Haus" (Pyr. 1266), von „dieser Pyramide und dieser Gotteshalle" (Pyr. 1278). Auch in den Verklärungen findet sich das „dies", um die gegenwärtige Welt von der fernen, in die sich der König hineinbewegt, abzuheben, um „diesen Tag", das heißt das „heute" des königlichen Begräbnisses von „jenem Tag, an welchem er (Osiris) gestorben ist" (Pyr. 1090) zu unterscheiden. Besonders in Gesprächen wird in der direkten Rede noch das „dies" verwandt. So wird über den — vom Sprecher aus gesehen — gegenwärtigen Ort, auch wenn er in mythischen Gefilden liegt, als „diese Stätte, die herrlicher ist als irgendeine Stätte" (Pyr. 931), im Gegensatz zu

---

[1] pw, tw, nw weist im Gegensatz zu pn, tn, nn auf entferntere Dinge und wird auch von Sethe meist mit „jener", „jene", „jenes" übersetzt. In der späteren Entwicklung tritt das entschiedenere pf, tf „jener", „jenen" (das sich auch schon in den Pyramidentexten findet) an die Stelle des älteren pw und tw (vgl. Sethe, Die Sprüche für das Kennen der Seelen der heiligen Orte, S. 155 (Index) „pwj" „jener" ... wechselnd mit pfj...).

[2] Im dramatischen Ramesseum-Papyrus ist die veränderliche Kopula, die sich in den Pyramidentexten auch in redigierten Sätzen aus Dramatischen Texten noch findet, beseitigt. Vgl. „Isis ist es und Nephthys" Dr. T. S. 226 (120) und Pyr. 1280b.

„jenen schönen reinen Stätten, welche sie" (die Urgötter)" „für Rê geschaffen haben, als sie ihn auf ihre Throne setzten" (Pyr. 1692) gesprochen und nach dem gegenwärtigen Zustand mit „Wie ist Dir dies geschehen?" (Pyr. 931) gefragt. Doch wird in jüngeren Varianten mehrfach älteres „dies" durch „jenes" ersetzt. Nun fällt „jener Große" (Pyr. 819), dessen Haupt Rê heben soll, und nicht mehr „dieser Große" (Pyr. 1973), der auch in den Dramatischen Texten gegenwärtige Gott (s. o.). Nicht mehr „diese Deine Würde" kommt aus dem Munde des Rê (Pyr. 800), nicht mehr „diese Deine Verklärung" wird von Anubis befohlen (Pyr. 797), sondern „jene Deine Würde" (Pyr. 1720) und „jener Dein Geist, zu dem Du auf Befehl der Götter werden sollst" (Pyr. 1714). Innerhalb der Verklärungen ist so fortschreitend eine Dehnung der Verweisung festzustellen. Es wird nicht nur, nun mit Vorliebe, auf eine mit dem Sonnengott an den Himmel gerückte mythische Welt verwiesen, sondern auch das bisher Gegenwärtige, Unmittelbare durch Ersatz des „dies" durch „jenes" in die Ferne gerückt, anscheinend, um es den Menschen und der irdischen Welt zu entziehen. Auch die Umwandlung der Namensformel aus „in Deinem Namen" in das jüngere „in jenem Deinem Namen"[1] gehört zu diesem Vorgang, in dessen Verlauf nun nicht mehr von „Deinem Thron", sondern von „jenem Deinem Thron aus Erz" (Pyr. 873 Var.) gesprochen wird. Diese Umwandlung dringt in einzelnen Fällen auch in das Textgut des Opferrituals ein, obwohl hier im allgemeinen die ältere Form gewahrt bleibt. So wird nun gesagt: „Eine Binde ist (*pw* statt älterem *tw*) jenes (*nw* statt älterem *nn* „dies"), was Horus seinem Vater gemacht hat" (Pyr. 740). Eine Bestätigung des jüngeren Alters dieses Textes kann darin gefunden werden, daß an ihn ein weiterer Ritualtext mit Merkmalen der fortgeschrittenen Mythenbildung anschließt. Er enthält im Gegensatz zur Masse der in dramatischer Form verfaßten Ritualtexte die Namensformel, und zwar schon in ihrer erweiterten Form, und endet in einer Erwähnung des Rê und seines Lichtlandes (Pyr. 741).

Ein Vergleich mit den Texten des Dramatischen Ramesseum-Papyrus zeigt, daß die Dramatischen Texte des Opferrituals der Pyramiden nicht mehr ganz in ihrer ursprünglichen Form vorliegen. Bis auf einzelne Titel der Kulthandlungen und die Bezeichnungen der Opfergaben sind die szenischen Vermerke entfallen. Die Rollenangaben sind vereinzelt als Anreden — „Thoth, gib ihm seinen Kopf!" (Pyr. 10) anstelle „Geb spricht zu Thoth: „Gib ihm seinen Kopf!" (Dr. T. S. 153) — in die Rede einbezogen worden. Zu einem Spruch gegen Feinde (Pyr. 16) könnte man vermuten, daß hier bei einer solchen Einbeziehung ein Irrtum unterlaufen ist, weil jetzt nacheinander erst Osiris und dann Thoth aufgefordert werden, gegen Feinde des Königs vorzugehen. In einem verwandten Text wird zweimal Thoth angesprochen (Pyr. 1336). Vor der Redaktion dürften die Götternamen der Anreden gefehlt haben und in einem oder zwei gleichlautenden Vermerken Osiris als der Gott, welchen die Rede an Thoth betrifft, bezeichnet gewesen sein. Von dort wäre er durch einen Irrtum des Redaktors in die — von Geb oder Horus — an Thoth gerichtete Rede geraten sein. Auffälliger und weitergehend ist die Redaktion, mit welcher in den Pyramiden Dramatische Texte für den Totenkult auf den verstorbenen König bezogen werden. Im Kult des lebenden Königs wird das Horusauge dem König, der — wie der erste seiner großen Namen zeigt — vornehmlich als „Horus" galt, als das eigene Auge überbracht. Hierbei tritt der Götterbote Thoth als Mittelsmann auf, der das verlorene Auge sucht, es mit seinem Fisch- oder Jagdnetz fängt und das von Seth geraubte diesem wieder entreißt. Werden Teile des Festspiels als Ritual auf den Kult des toten, als Osiris geltenden Königs übertragen, entstehen neue Verhältnisse. Nicht mehr der „Kellermeister" — der königliche Mundschenk mit der Rolle des Thoth — trägt dem König das Mahl auf (Dr. T. S. 190), sondern dieser selbst als Sohn seinem toten Vater. Das Horusauge wird so nicht mehr seinem natürlichen Besitzer gebracht, sondern von ihm seinem Vater Osiris für die im Tode erloschenen Augen übergeben, damit er wieder sehe (Pyr. 55). Trotz dieser veränderten Situation werden die begleitenden Reden

---

[1] Sethe scheint Kom. Pyr. 616 (Bd. 3, S. 131) die Bildung ohne *pw* für jünger zu halten.

Jüngere Form der dramatischen Pyramidentexte   35

unbedenklich übernommen. Dies wird durch die Anonymität, mit der zum Beispiel von Feind und Feinden mit „er" und „sie" gesprochen wird, erleichtert. Auch da, wo Seth als Gegner genannt wird, fällt die Übertragung kaum auf, da ja Seth als Feind beider Götter gilt. Horus, der die Rolle des Thoth übernommen hat, rettet nun selbst sein Auge vor Seth (Pyr. 95), was — wie sich im Verlauf der Untersuchung erweisen wird — der Vorform der Mythe vom Horusauge nahekommt (s. S. 70f.). Auch die Rolle des Thoth, nach dem in die Ferne gezogenen Auge des Horus auszuziehen, wird im Pyramidenritual Horus selbst gegeben (Pyr. 31), obwohl noch in der auf den Sonnengott übertragenen Fassung in ihrer späten Form es gerade Thoth ist, der als kleiner Hundskopfaffe auszieht und das Auge durch seine Beschwörungen besänftigt[1]. Im Allgemeinen beschränkt sich so die Redaktion darauf, aus dem Vermerk: „Thoth spricht zu Horus" das „Horus" in die Rede aufzunehmen, so daß nun statt „Nimm Dir Dein Auge und sei glücklich darüber!" (Dr. T. S. 190) „Nimm Dir das Auge des Horus und sei glücklich darüber!" (Pyr. 59) oder „Nimm Dir das Auge des Horus, über das er glücklich war!" (Pyr. 59) dasteht. In einigen wenigen Fällen wird eine andere Lösung gefunden und der tote König nicht mit „Osiris" sondern mit „Horus als Osiris"[2] angesprochen. Doch folgt auch hier nicht das alte „Nimm Dir Dein Auge!" sondern das aus ihm redigierte: „Nimm Dir das Horusauge an Dich!" Die Erklärungen der Dramatischen Texte, welche einer mythischen Form nahekommen, sind in das Pyramidenritual nicht übernommen. Doch finden sich verschiedentlich Spuren ihres alten Vorkommens. In einem zweiten, schon erwähnten Spruch gegen Feinde (Pyr. 1335/1336) scheint die ursprünglich mit „Es geschah" eingeleitete Kulthandlung „daß der König in die Stätten des Anubis eingeführt wurde" hinter die Erklärung „Horus ist dies, welcher gekommen ist, seinen Vater Osiris zu suchen" gestellt und aus dem Vermerk „Horus spricht zu Thoth" das „Thoth" als Anrede vor die beiden Reden „Verschone niemanden, der meinen Vater haßt!" und „Eile, damit Du siehst, wie mein Vater gebracht wird!" gesetzt zu sein. Auch die Rede „Dies ist das Auge des Horus, welches er von Seth (zurück) erbat" (Pyr. 65) scheint durch die Kopula ihre Herkunft aus einem Vermerk erkennen zu lassen, der den Titel der Szene „an seine linke Hand legen" erklärte, wobei das Wortspiel auch das, was an die Hand gelegt werden sollte, ergäbe. Beides, Kulthandlung und Erklärung, könnten so „Es geschah, daß der Speisebedarf (dbḥ.t-ḥtp) an seine linke Hand gelegt wurde, das ist das Auge des Horus, welches er von Seth (zurück) erbat (dbḥ)" gelautet haben. Auch der in ein Ritual des Totenkultes eingeschobene Vergleich „wie Horus, der seinen Vater rächte" (Pyr. 573) dürfte aus einem Vermerk, wie ihn Sethe in einer Szene des Ramesseum-Papyrus mit „Horus ist dies, der seinen Vater Osiris rächt" (Dr. T. S. 134) ergänzt, an seine jetzige Stelle gerückt sein.

Die Dramatischen Texte können nicht — wie es schon Sethe feststellte — „als ein Drama in unserem Sinne" „bezeichnet werden" (Dr. T. S. 95). Sieht man auf die Mythe, so ist eine geschlossene, fortlaufende Handlung nicht zu erkennen. Den Verlauf des Festspieles diktiert das Ritual der Kulthandlungen, in den Pyramiden die Abfolge der Speisetafel. Eine Veränderung der Speisefolge, wie sie Junker an den Speiselisten in der frühen 5. Dynastie festgestellt hat (s. S. 9) kann unbeschadet des Zusammenhanges der in ihren Götterreden zur Sprache kommenden Mythen vorgenommen werden, da ein solcher Zusammenhang überhaupt nicht besteht. Die Kulthandlungen, die Darreichungen, Erhebungen, Umzüge und alle anderen Riten, sind der die Handlung tragende Teil des Festspieles. Gegenüber unserem Drama nimmt die sichtbare Handlung mehr Raum ein und trägt eine betonte Bedeutung[3]. Die Schauspieler werden auf der Szene bekleidet und mit ihren Insignien versehen, ja sie scheinen erst dort ihre Rolle aus dem

---

[1] W. Spiegelberg, Der ägyptische Mythos vom Sonnenauge S. 4ff.
[2] Pyr. 19, 21, 55, 831.
[3] Dies ist in den nicht dramatisch bearbeiteten Festspielen — den Bildern zum Jubilaeumsfest und dem Ramesseumpapyrus in seiner ursprünglichen Form (s. S. 7f.) — noch mehr der Fall. Nur kurze Rufe — wie sie sich etwa Artisten bei Vorführungen zurufen — begleiten die heilige Handlung.

Mund des Vorlesepriesters zu empfangen[1]. Es ist durchaus möglich, daß der ganze Text einschließlich der Reden von einem Vorlesepriester verlesen wurde. Die Formel „Es geschah, daß" atmet vorgetragene Feierlichkeit. Die Erklärungen gewännen so, an Aufführende und Zuschauer gerichtet, einen besonderen Sinn. Sethe weist darauf hin, daß die Rollen häufig wechseln und von einer zur anderen der dargestellten Personen springen. Auch kann ein Gott in derselben Szene doppelt gespielt erscheinen. Da hier die Götter noch kaum mit Namen angesprochen werden, ist es nur mit Hilfe der Vermerke — „Thoth spricht zu Horus" — möglich, bei den wechselnden Beziehungen zu wissen, worum es geht. Der ganze mythische Teil scheint so mit seinen Vermerken in dramatischer Form den Kulthandlungen, wie sie die Bildreihe unter dem Text allein darstellt, beigefügt und auch bei der Aufführung neben der Vorführung der Kulthandlungen einhergegangen zu sein. Das Festspiel trüge dadurch eine eigentümliche, jedoch durchaus sinnfällige Form, die sich von unseren Dramen noch auffälliger abhebt. Als Handlung ergeben die Szenentitel des Ramesseum-Papyrus im Wesentlichen, daß der König ein Schiff kommen läßt, es ausrüstet und besteigt, daß er unter Festlichkeiten und Spielen, welche die der Reichseinigung vorangehenden Kämpfe symbolisieren, gekrönt wird, und daß er schließlich seinen verstorbenen Vater betreut und kleidet. An diese Handlung, deren einzelne Vorgänge, wie Sethe betont, oft nur „mimisch" (Dr. T. S. 96ff.) dargestellt wurden, sind die mythischen Erklärungen auf Grund einer in anderem Zusammenhang zu untersuchenden Symbolik angeschlossen. Zwar könnte die ganze Handlung mythisch als Auszug des Horus, seinen Vater zu suchen und zu begraben, verstanden werden. Doch setzt sich diese Möglichkeit gegenüber den vielen Einzelzügen, die sich aus dem Wechsel der Riten ergeben, nicht durch. Die mythische Situation wechselt beständig. Sie folgt dem Spielablauf und entspringt den Möglichkeiten, welche die vielen Personen und Gegenstände der Kulthandlung als Träger der wenigern Götterrollen bieten. Die entstehenden Entsprechungen müssen sinnvoll und glaubhaft sein und symbolische Werte berücksichtigen. Die gefundenen Werte müssen aufeinander abgestimmt sein, um eine mythische Handlung zu gestatten, wobei die Namen der Kultgegenstände im Wortspiel den Wortlaut der Götterreden und damit das, was mythisch zur Sprache kommt, festlegen. So bricht die mythische Handlung immer wieder ab und wechselt ihren Gegenstand schon innerhalb der Szenen. Es ist offensichtlich, daß auf diese Weise keine fortlaufende Mythe zustandekommen kann. Sethe hat so auch bei der Wiedergabe des Inhalts den Ablauf der Kulthandlungen geschildert, jedoch auf eine Zusammenfassung der mythischen Erklärungen verzichtet. Noch ständen „die darstellenden Personen und ihre Erlebnisse oder Handlungen" — das heißt der Kult — und nicht „die Geschichte der dem Osiriskreis angehörenden Götter" — das heißt die Mythe — „im Vordergrund" (Dr. T. S. 95), was den Gegensatz dieser Dramatischen Texte zu echten Dramen kennzeichnet, denn dort führt eine einzige, mit den Rollen auf die Schauspieler fallende Handlung, während in den Dramatischen Texten eine schon vorhandene Kulthandlung mittels der Mythe dramatisiert wird. Die Mythe legt hierbei Rollen und Götterreden über den Kultablauf, ohne seine Ordnung zu stören. Sie beläßt es bei der vorgefundenen Form und erklärt lediglich in ihrer Weise die Festhandlung, an die sie sich mit ihren Götterreden anhängt. So bilden die Dramatischen Texte eine eigentümliche Übergangserscheinung, in welcher sich die Mythe als etwas Neues erweist, das zwar dem vorhandenen Kult seinen Sinn verleiht, sich jedoch noch nur über das Vorhandene legt und eine eigene Handlung nicht durchsetzt. Solange das Kultspiel führt und die Speisefolge leitet, kann keine fortlaufende mythische Handlung aufkommen, obwohl die Mythe Riten als Götterspiel erklärt und die Dinge des Kultes durch Götterreden heiligt. Hierzu müßte sich die Mythe verselbständigen und die mit der Kulthandlung eingegangene Verbindung lösen. Dies ist in den Götterhymnen mit der Namensformel geschehen. Sie springen nicht mehr von Rolle zu Rolle und richten sich an einen einzigen, an den gepriesenen Gott.

---

[1] Die darstellenden Personen sind, „wie die Bilder unter dem Text zeigen," meist unmaskiert vorzustellen (Sethe, Dram. Texte S. 95).

3. Die Hymnen mit der Namensformel

Wenn jemand aus den Götterreden und Erklärungen der Dramatischen Texte alles, was die einzelnen Götter betrifft, zusammensuchen und ordnen wollte, würde er es nicht anders beginnen, als dies anscheinend bei der Redaktion der Götterhymnen mit der Namensformel geschehen ist. Die Reden sind aus dem Mund der handelnden Personen genommen. An den gepriesenen Gott gerichtet, verlaufen sie aneinandergereiht, ihn allein ansprechend bis zu ihrem Ende. In den Pyramiden stehen sie im Totenkult und sind an den toten, Osiris genannten König gerichtet[1] oder rufen eine andere Gottheit wie den Erdgott Geb als die den Toten aufnehmende Erde und die Himmelsgöttin Nut als den ihn umschließenden Sarg an. Die jetzt an Osiris, den König, gerichteten Hymnen wurden von A. Rusch zusammenfassend behandelt[2]. Er sah in dem Erscheinen dieser Texte in den Pyramiden ein Anzeichen des Eindringens des Osirisglaubens in den Totenkult, das sich in den Beamtengräbern durch das späte Alte Reich verfolgen läßt, und wollte Teile der Texte auf ihre Ursprünge — im Osiriskult erwachsene Litaneien verschiedener Prägung[3] — zurückführen. Dieser Versuch, dem auch Sethe trotz mancher Ablehnung in seinem Kommentar im Wesentlichen zustimmt, sieht die Hymnen ursprünglich an den Gott Osiris gerichtet. Erst durch Einfügung des Königsnamens — in den Hymnen an andere Götter durch Gleichsetzung (Pyr. 1870, 1615) oder durch eingeschobene Sätze, die den König in den Preis des Geb, der Nut und des Schu einschalten, als würden die Götter nur deshalb angerufen, damit sie ihren Sohn und Enkel schützen und verklären — seien sie auf den toten König bezogen, der nun — über die Rollenzuteilung der Dramatischen Texte hinaus — dem Gott Osiris gleichgesetzt und selbst ein Osiris geworden ist. Nimmt man die Königsnamen heraus, scheinen sich reine Götterhymnen zu ergeben. Die Sprüche werden, wie Sethe meint, „dadurch erst vernünftig" (Kom. III, 80). In der Tat passen einige Einzelheiten auf den königlichen Toten nur über eine Angleichung an Osiris. Denn nicht der König, sondern Osiris kann sinnvoll die Namen von Osirisstätten des Alten Reiches tragen (Pyr. 581 Var., 627), ist als „Wegöffner" Herr von Assiut (Pyr. 630 Var.) und umfaßt als der „ertrunkene Gott" noch die Wasser der großen Meere (Pyr. 628, 629). Doch lassen andere Umstände an diesem klaren Bilde zweifeln, obwohl fraglos die Königsnamen erst bei einer späteren Redaktion eingesetzt sind[4]. Die Verwandtschaft größerer Teile der Hymnen mit den Dramatischen Texten ist auffällig. Rusch hat in seinen Untersuchungen ihren Festspielcharakter betont[5]. Sethe stimmt dem im Kommentar der Pyramidentexte zu und verweist laufend auf Entlehnungen von Textstücken und Beziehungen zum Speiseopfer und zu anderen Dramatischen Texten[6]. Zu einigen weiteren Textstücken dürften die dramatischen Vorformen, die sich vereinzelt noch erschließen lassen (s. S. 38f.), verloren sein. Innerhalb der Hymnen erweisen sich diese Entlehnungen als der Grundbestand, der um die übrigen in Form und Inhalt

---

1 In den Verklärungen steht der Königsnamen im Allgemeinen ohne vorgesetztes „Osiris", was als Zeichen dafür genommen werden kann, daß bei der Schlußredaktion (mit einigen Ausnahmen bei P.) lediglich der Königsname — und nicht „Osiris N." — eingesetzt wurde. Die Anrede „Osiris N." ist so neben der Namensformel in den Pyramidentexten ein formales Merkmal der Hymnen.
2 A. Rusch, Ein Osirisritual in den Pyramidentexten (ÄZ Bd. 60, S. 16ff.).
3 ÄZ 60, S. 19ff.
4 In den Osirishymnen findet sich der Königsnamen nur „im Anfang und am Ende" (Sethe, Kom. Bd. 3, S. 80) in besonderen Anrufen. Einzelne Hymnen an Nut zeigen keinerlei Bezug auf den König (Pyr. 778 (M. 69, N. 72), 780, 783). In den Verklärungen, die den König mit der 2. Person anreden (s. S. 47) ist der Befund ähnlich. Vereinzelt findet sich hier „Osiris" angeredet, ohne daß der Königsnamen nachgesetzt ist (Pyr. 549, 1012a (N.), 1069b (ält. Text) vgl. 1004d, 1256c). In vielen dieser an den „Vater" gerichteten Sprüchen fehlt auch nach der Schlußredaktion der Königsname (Pyr. 743ff. (M.), 788ff., 793ff., 809ff., 817/818, 819ff., 1641 u. a. m.) oder findet sich lediglich in einem einzigen Anruf (Pyr. 572b, 735b, 722a (N.), 827a, 833a (832b), 864a, 1639a, 1703a u. a. ru).
5 ÄZ 60, S. 39.
6 Sethe, Kom. Bd. 3, S. 80, S. 92, S. 131.

jüngeren Teile (s. S. 41) erweitert wurde. Wenigstens der Grundbestand der Hymnen geht auf den königlichen Kult der Dramatischen Texte zurück. Es ist so zu untersuchen, ob die Hymnen als Ganzes deren Festspielcharakter wahren, oder ob sie tatsächlich aus dem königlichen Kult auf die Kulte einzelner Götter übertragen worden sind. Der Wortlaut des Preises setzt verschiedentlich gleichzeitig geschehende Kulthandlungen voraus, so, wenn Osiris angesprochen wird: „Horus ist das in Deiner Umarmung!" (Pyr. 636) oder gebeten wird, die Rede des Horus entgegenzunehmen (Pyr. 611 Var.), wobei die Hymne selbst diese Rede bilden könnte. Auch wenn die Rede über ein gegenwärtig ablaufendes mythisches Geschehen geht und aussagt, daß Horus (Pyr. 575, 609) oder Isis (Pyr. 632 Var.) kommt, oder Geb Horus (Pyr. 590) und die beiden Schwestern (Pyr. 577 Var.) bringt, liegt der Gedanke nahe, daß diese mythische Gegenwart wie in den Dramatischen Texten durch Kulthandlungen ausgelöst ist. Auch die Rufe: „Erwache!" (Pyr. 651, 612) und „Stehe auf!" (Pyr. 609 Var.) setzen die Aufbahrung des angerufenen Gottes voraus. Ist nun in diesem angerufenen Gott wie in den Dramatischen Texten und in der uns überkommenen Schlußredaktion der tote König in seiner Götterrolle oder die Göttergestalt eines Tempels zu erkennen? Wenn man eine Stetigkeit der Entwicklung annehmen darf, ist der Gegenstand der zugrundeliegenden Kulthandlung der tote König als Osiris geblieben, obwohl die Form der begleitenden Rede verändert wurde. Am auffälligsten tritt dies an dem Fehlen der Vermerke, die in den Dramatischen Texten auf die Kulthandlungen verweisen, in Erscheinung. An ihre Stelle sind die „Namen" getreten, die nun Kultgegenstände wie das „Königsschiff" nicht mehr mit einer Götterrolle verbinden (Dr. T. S. 103), sondern sie wie die Barke des Sokaris (Pyr. 620) dem Gott zum Namen geben. Danach hat sich das alte Verhältnis zwischen Kult und Mythe umgekehrt. Nicht mehr Kulthandlung und Kultgegenstand sind Grundlage und für die literarische Form entscheidend, sondern der bisher hinzukommende mythische Bezug, dem nun ein Kultgegenstand als „Name" angefügt wird. „Reichsheiligtum" und „Weiße Kapelle" sind aus Vermerken über den Ort[1] zu Namen des gepriesenen Gottes geworden (Pyr. 577 Var.), oder werden in anderer Weise in die Rede einbezogen (Pyr. 1659). Auch wenn noch Kulthandlungen diesen Preis begleitet haben, liegt mit ihm eine neue, nicht mehr dramatische Form vor, die der mythischen Erzählung näher gekommen ist.

In den Hymnen mit der Namensformel sprechen nicht mehr die Götter, das heißt die im Festspiel ihre Rollen tragenden Personen, sondern jemand, der außerhalb des Kreises der mythischen Gestalten steht. Dies ist weder Horus oder Geb — wie vereinzelt zeitgenössisch eingesetzt ist[2] — noch Thoth, sondern jemand, der auch über diese Götter spricht, vermutlich der Vorlesepriester. Er berichtet der gepriesenen Gottheit das, was bisher die im Kult handelnden Personen aus ihrer Götterrolle heraus sprachen, und muß nun sagen, wer das, was erzählt wird, getan hat. Statt „Ich bin gekommen auf der Suche nach Dir. Ich bin Horus!" (Pyr. 11) der dramatischen Rede, welche Horus bei der Mundöffnung selbst zu Osiris spricht, wird in der Hymne erzählt: „Horus ist gekommen, er sucht Dich!" (Pyr. 575). Statt „Dies ist das harte Auge des Horus, tu es in die Hand!" (Pyr. 249 Var.) wird nun erzählt: „Horus hat Dir sein hartes Auge gegeben, hat es Dir in die Hand gelegt!" (Pyr. 614). Statt „Osiris N., nimm Dir das Horusauge!" — nach dem Ramesseum-Papyrus aus „Horus nimm Dir Dein Auge" redigiert (v. Dr. T. S. 190) — „welches ich von Seth genommen habe" (Pyr. 1839) berichtet die Hymne: „Horus nahm sein Auge von Seth" (Pyr. 591 Var.). Statt „Richte Dich zu mir auf, begibt Dich zu mir, entferne Dich nicht von mir!"[3], bittet die Hymne „Richte Dich auf zu Horus, begib Dich zu ihm, entferne Dich nicht von ihm in Deinem Namen 'Himmel'!" (Pyr. 645). Statt „Thoth, heile ihn,

---

1 Dram. Texte S. 233 (130), 139 (36), 216 (108), 230 (127).
2 „Horus" Pyr. 583a (P.), vgl. Pyr. 1264a (P.), „Geb" Pyr. 779a (P.), vgl. „Isis und Nephthys" Pyr. 1280a (P.); alle diese Fälle finden sich in der Pyr. P. und dürften so der Redaktion dieser Pyramide entstammen.
3 Pyr. 216 mit Einbeziehung eines Vermerkes (s. S. 41).

damit das was an ihm ist, aufhöre!" (Pyr. 830), womit Thoth angesprochen wird, erzählt die Hymne: „... Er (Geb) veranlaßte, daß Thoth Dich heilt, und daß das, was an Dir ist, aufhört" (Pyr. 639). Die Hymnenform läßt auch noch den szenischen Vermerk des Dramatischen Textes, der bei der Schlußredaktion der Pyramidentexte entfiel (s. S. 35), und „Geb spricht zu Thoth" gelautet haben muß, erkennen. Spuren derartiger Einbeziehung szenischer Vermerke finden sich allenthalben. „Er (Horus) veranlaßte Thoth, den Anhang des Seth zurückzutreiben" (Pyr. 575) läßt „Horus spricht zu Thoth: „Treibe den Anhang des Seth zurück!" oder ein ursprüngliches: „Treibe sie zurück!", dem der das „sie" erklärende Vermerk „Anhang des Seth" folgte, erkennen. Im letzteren Falle wäre ein weiterer Vermerk in den Wortlaut der Hymne einbezogen worden. „Horus veranlaßte, daß Du Deinen Feind packtest" (Pyr. 579), dürfte auf „Horus spricht zu Osiris: „Packe Deinen Feind!" zurückgehen. „Horus veranlaßte, daß Dich Isis und Nephthys rächen" (Pyr. 584), ergibt: „Horus spricht zu Isis und Nephthys: „Rächt Osiris!" — was vielleicht aus „Ich räche Osiris!"[1] verlesen ist. Allen diesen Reden dürfte in der dramatischen Form der Vermerke „Osiris" gefolgt sein, um anzuzeigen, daß sich die Rede auf diesen — in der Hymne gepriesenen — Gott bezog, ein Vermerk, den die Hymne, die ja ihren ganzen Inhalt unter den Namen der gepriesenen Gottheit stellt, entbehren kann. Für den Geist der Umsetzung in die Hymnenform scheint die Wahl von „veranlassen, daß"[2] anstelle von „sprechen zu" bezeichnend zu sein. Wenn auch das Veranlaßte kaum anders als durch Rede und Zuruf vorgestellt werden kann und so den alten Sachverhalt durchaus wahrt, stellt doch die neue Form dem Gepriesenen unmittelbar die vollendete Handlung vor Augen, welche der gleiche Wortlaut als Aufforderung erst auslöst. Um das veranlaßte Ergebnis anzuzeigen, müßte der Dramatische Text dort, wo er nicht selbst erzählt, der Rede ein „und er tat es" oder „und so geschah es" folgen lassen. Ob auch Vermerke, welche in den Dramatischen Texten die Kulthandlung mythisch erklären, auf den gepriesenen Gott bezogen in die Hymnen eingegangen sind, läßt sich nicht mehr sicher feststellen. Zwar klingt in „Horus ließ Thoth Deinen Feind bringen. Er stellte Dich auf seinen Rücken" (Pyr. 651) der zweite Satz an den Vermerk des Ramesseum-Papyrus „Osiris ist es (der Palmenzweig auf dem Schiff), der auf den Rücken des Seth gestellt ist" (Dr. T. S. 124) an. Doch kann dieser Satz auch aus „Horus spricht zu Osiris: „Ich habe Dich auf seinen Rücken gestellt" mit einem folgenden „Seth" redigiert sein. Mit der Kulthandlung tilgt die Form der Hymne auch das erklärende „ist es", das sich vielleicht — von dem Erklärten abgesetzt und nun betont — in den Eingangsworten einer Hymne an Osiris „Horus ist das (nw) in Deiner Umarmung" (Pyr. 636) erhalten hat (s. a. S. 38). Im allgemeinen beginnen die Hymnen mit Anreden wie „Erwache!", „Erhebe Dich!" und „Stehe auf!" oder mit Sätzen, die aus ersten Aussprüchen dramatischer Szenen redigiert sind (Pyr. 575, 583). Ob Fälle, die nach Anruf des gepriesenen Gottes sofort mit der mythischen Erzählung beginnen — „Geb bringt Dir Horus" (Pyr. 634 Var.) — auf eine Erklärung — „Geb ist es, der Horus zu Osiris bringt" — oder eine Rede des Geb „Ich bringe Dir Horus" — zurückgeht, ist nicht mehr zu erkennen. Im übrigen lauten in den Dramatischen Texten die Erklärungen den Götterreden häufig recht ähnlich[3]. Ihre Form kommt, wie früher bemerkt wurde, einer mythischen Form näher und könnte der Umsetzung dramatischer Rede in die preisende Erzählung zum Muster gedient haben.

Die hymnische Form hat die Mythe von den Kulthandlungen abgelöst und nimmt die Vermerke der Dramatischen Texte nur insofern auf, als sie die Mythe betreffen und zur Klarstellung ihrer Handlung nötig sind. Gänzlich scheinen freilich auch die Hymnen nicht auf die Erwähnung von Dingen des Kultes, mit denen die Aussprüche der Dramatischen Texte durch Wortspiele verbunden sind, verzichten zu wollen. In der Formel „In Deinem Namen..." ist

---
[1] oder: „Ich räche ihn!" mit dem erklärenden Vermerk „Osiris".
[2] Sethe bezeichnet Kom. Bd. 3, S. 188 das „Horus veranlaßte" als „eine fast überflüssige Einleitung zu einer von anderen Personen ausgeführten Handlung".
[3] z. B. Dram. Texte S. 220 (111/112), S. 230 (126/127).

ein neues Mittel gefunden, auf Dinge des Kultes zu verweisen und Opfergaben als „Frisches Wasser" (Pyr. 25 Var.), als „Der aus dem Katarakt kam" (Pyr. 24 Var.) und „Wegöffnerin" (Pyr. 643 Var.), Sänften (Pyr. 580 Var.), Prozessionsbarken wie die auf einem Schlitten stehende Barke des Sokaris (Pyr. 620) und eine andere des Osiris (Pyr. 631), Götterbilder und Idole, wie das „große Feuersteinmesser (in seinem Schrein)" (Pyr. 627) und ein Stier auf seinem Schlitten (Pyr. 653), heilige Stätten und Reichsheiligtümer, Friedhöfe, Grab und Sarg (Pyr. 616) an den Preis der Gottheit anzuschließen. Wenn diese Namen nur vereinzelt dieselben Gegenstände nennen, auf welche die Vermerke der Dramatischen Texte verweisen, so mag dies einmal daran liegen, daß nur ein Teil der Quellen, aus welchen die Hymnen schöpften, erhalten ist. Auch hat sich inzwischen der Götterglauben gewandelt. Neue Götter und Kultformen erscheinen, wie die Namen „Lichttal, aus welchem Rê hervorkommt" (s. S. 17) und „Horus in der Sothis" (Pyr 1636) zeigen, in der Namensformel (s. S. 62). Eine Verwandtschaft der Namen mit den gleichartigen Vermerken Dramatischer Texte kann auch der Umstand bestätigen, daß auf beide mit Wortspielen angespielt wird. Es scheint, daß die Namensformel geradezu für den Zweck, auch Dinge des Kultes an den Text anzuschließen und so ältere Verbindungen zwischen ihnen und der mythischen Rede zu wahren, geprägt worden ist, obwohl auch wirkliche Namen wie „Sokaris" (Pyr. 620), „Osiris"[1], „Geb" (Pyr. 1615) und „Nut" (Pyr. 780), Beinamen wie „Herr von Assiut" (Pyr. 630 Var.) und „Der von Busiris" (Pyr. 614), Namen und Beinamen wie „Horus, der seinen Vater rächt" (Pyr. 633 Var.) und „Horus, Oberhaupt seiner Menschheit" (Pyr. 644) vorkommen. Auf Grund dieser wirklichen Namen hat man versucht, auch die anderen „Namen" besonders bei Ortsbezeichnungen als den Gott mit „der von..." preisend — „in Deinem Namen '(Der von den) beiden Palästen'"[2] zu erklären. Hier scheint sich die innige Zusammengehörigkeit von Ort und Ortsgott auszuwirken, zu der unsere Sprache in der Redewendung „die ganze Stadt spricht davon", die auch Ort und Einwohner gleichsetzt, vergleichbares bietet[3]. Doch übersieht die Erklärung, welche die Namensformel allzu wörtlich nimmt, ihren Ursprung aus einer älteren literarischen Form. Man braucht nur die Rollenverteilung der Sethe'schen Veröffentlichung des Ramesseum-Papyrus durchzusehen, um zu erkennen, welche Dinge alle auf einzelne Götter, vor allem auf Osiris und das Horusauge bezogen werden können und sie verkörpern. Was früher Rolle war, wird neben dem Kultort der mythischen Handlung zum Namen. Auf Rolle und Namen verweisen in gleicher Weise Wortspiele. Beide sind, wie Textvarianten der Pyramidentexte erweisen, gegenüber Götterrede und mythischem Preis entbehrlich. In vielen Fällen fehlt die Namensformel — trotz der Wortspiele — an Stellen, an denen sie in Varianten erscheint[4]. In anderen Fällen findet sich an ihrer Stelle das einfachere „als" (m)[5] — „Horus brachte Dir die Götter und hat sie Dir aufgestellt als Schilf (Baumaterial), sie erleuchten Dein Gesicht als Weiße (Kapellen)" (Pyr. 1659). Varianten dieser Sätze lassen die mit als angeschlossenen alten Vermerke, auf die auch hier Wortspiele verweisen, aus (Pyr. 613, 641). Auch die mit „als" eingeführten Schlachtviehbezeichnungen der Reden eines Schlachtrituals „Ich habe Dir den, der Dich schlug ($ḥw$) als Stier ('$iḥ$), ich schlachtete Dir den, der Dich schlachtete ($šmꜣ$) als Wildstier ($šmꜣ$) (Pyr. 1544 Var.) dürfte mit „als" alte Vermerke an Götterreden anschließen. Eine schöne Bestätigung hierfür ergibt die Form dieser Kulthandlung im Ramesseum-Papyrus — „Ich habe Dir die geschlagen, die Dich schlugen" mit dem Vermerk „Stiere" (Dr. T. S. 134) — welche in der Tat Rede und Vermerk voneinander absetzt. Ähnlich haben in späterer Zeit redigierte

---

1 Jéquier, Les Pyramides des reines Neit et Apouit, Neit, Zeile 359.
2 vgl. Sethe, Kom. Pyr. 577c, 614a.
3 vgl. die von Sethe Kom. Pyr. 750d gegebenen altägyptischen Beispiele und Kees, Zu den neuen Zoser-Reliefs aus Sakkara S. 63 „Die Verbindung einer heiligen Behausung mit einem göttlichen Insassen in Form direkter Gleichsetzung liegt dem ägyptischen Empfinden näher als uns".
4 Pyr. 610b, 641b, 646b, 1635a, 652b, 636a, 586b.
5 Pyr. 114 gegen Pyr. 614d.

Texte szenische Vermerke durch die Wörter *mj* „wie" und *jś* „vergleichbar" aufgenommen (s. S. 113). Namensformel und Anknüpfung durch *m* „als" findet sich gelegentlich auch in den Hymnen mit der Namensformel nebeneinander, ohne daß ein wesentlicher Unterschied in ihrer Anwendung erkennbar wird[1]. Ein weiteres Beispiel für die Aufnahme alter Vermerke findet sich in der Rede „Entferne (*ḥrj*) Dich nicht vom Grabe!" (Pyr. 216), dessen ältere Form „Entferne Dich nicht von mir!" und „Entferne Dich nicht von ihm!" von Hymnen mit (Pyr. 645) und ohne (Pyr. 586) Namensformel „in Deinem Namen „Friedhof (*ḥrj.t*)" erkennbar ist. Das Wortspiel dürfte ursprünglich auf Horus (*Ḥr*), den seinen Vater ansprechenden Gott gewiesen, und ein zweiter Vermerk das „Grab" als Ort der Handlung gegeben haben. Dem Wortspiel zuliebe hat die Hymne „Grab" durch „Friedhof" ersetzt, nachdem sie diesen Vermerk für die Namensformel wählte, was bei „Horus" in einer Rede an die Himmelsgöttin schlechterdings nicht möglich war.

Festspiel und Ritual bringen als fortlaufende Handlung nicht die Mythe, sondern den Kult zur Aufführung. Die Kulthandlungen werden lediglich aus verschiedenen Mythen erklärt und durch Götterreden, welche auf den Namen des in dieser Handlung stehenden Kultsymbols mit Wortspielen hinweisen, geheiligt. Auch die Hymnen preisen die angerufene Gottheit nicht mit einer vollständigen und zusammenhängenden Erzählung ihrer Mythe, sondern mit Stücken mythischer Erzählung, zwischen denen die Erzählung abbricht und neu beginnt. Schon vorgetragene Themen werden wiederholt. Auch wenn in den „Namen" Heiligtümer, Bezeichnungen des Grabes (Pyr. 616) und die Meere (Pyr. 628/629) einander folgen, erstrecken sich diese Zusammenhänge nicht über ganze Sprüche. Man hat nicht Hymnen auf Osiris zusammengestellt, die ihn einmal in seinen Heiligtümern, ein anderes Mal in seinen Formen oder wieder als den ertrunkenen Gott und Herrn des Wassers, des Niles und des Meeres preisen. Sethe, der sich gegen einen Versuch, in diesen Texten in Unordnung geratene Stücke solcher „Litaneien" zu sehen, wendet (Kom. III, 79), nennt hierbei „die unlogische, anachronistische Reihenfolge der Sätze mit ihren Wiederholungen desselben Gedankens an mehreren Stellen" „echt ägyptisch", was jedoch die scheinbare Unordnung nicht erklärt. Kennt doch auch die ägyptische Literatur längere fortlaufende Erzählungen, Märchen und Mythen. Der Grund des Zustandes dieser Hymnen ist ihre Herkunft aus den Dramatischen Texten, in denen die Kulthandlung und nicht eine Mythe Ablauf und Folge der Götterreden bestimmte. Dies Verhältnis zwischen Kult und Mythe ist, trotzdem die einzelnen Aussprüche von den Kulthandlungen abgelöst dem gepriesenen Gott erzählt werden, noch nicht ganz aufgehoben. Nach der Wahl der Namen, die in der Mehrzahl Kultsymbole nennen, zu urteilen, sollen die Hymnen mit Osiris, dem erschlagenen Gott, den königlichen Leichnam, mit der Himmelsgöttin, welche ihren Sohn umschließt, das königliche Grab, mit dem Erdgott Geb in seinem Namen „Horus, der sein Bauwerk nicht mehrmals aufführen muß"[2] den Erdboden, mit diesen und den anderen Göttern der „großen Neunheit von Heliopolis" Pyramiden und Totentempel der Könige weihen. Man kann sie darum auch Grab-, Sarg-, Pyramiden- und Tempelweihtexte nennen. Für den besonderen Zweck hat man aus Festspielen ehrwürdige Götterreden zusammengesucht und hierbei, wie neuauftretende literarische Mittel, darunter der Parallelismus — „denn Du bist ihr Herr"... „denn Du bist ihr Gott" (Pyr. 630 Var.) —, die Verdopplung — „Mögest Du nicht Atemnot leiden! Mögest Du nicht stöhnen!" (Pyr. 590 Var.) — zeigen, den so gewonnenen Grundbestand erweitert. Auch neue, mit dem Sonnenkult aufkommende Anschauungen künden sich an, neben Rê in seinem Lichtlande (s. o.) ebenso vereinzelt Sothis (Pyr. 632), in Rufen an die Himmelsgöttin, der Glaube an die Wiedergeburt als unvergänglicher Stern, der später gegen den älteren Totenglauben Stellung nimmt (s. S. 29). Kultsymbole und Rollen der Dramatischen Texte sind entweder in den Wortlaut der

---

1 Pyr. 1658/1659, wo man 1658c und 1659a/b entsprechend dem auf Horus bezogenen „in seinem Namen..." anstelle des „als" ein auf die Götter bezogenes „in ihrem Namen..." erwarten könnte.
2 Pyr. 1622b, wörtlich: „Horus, der seine Arbeit nicht wiederholt".

Erzählung aufgenommen, oder hinter die Namensformel getreten oder als jetzt unwesentlich entfallen. Als Mysterienspiel sind die Hymnen nur noch in der Form aufführbar, daß nun Handlungen rein mimisch dargestellt die Verlesung des Textes begleiten. So kommt, trotzdem von einer reinen mythischen Form keine Rede sein kann, die Hymne einer mythischen Erzählung näher als jede Szene des Festspiels. In den vielen, lose aneinander gereihten Episoden wird die Mythe nicht mehr wie in den Szenen des Festspieles aufgeführt, sondern der angerufenen Gottheit zu ihrem Preis erzählt, um das ihr zum Namen gegebene Kultsymbol zu weihen. Die Mythe ist von der Kulthandlung abgelöst und steht nun als mythisch noch nicht geordnetes Ganzes vor dem gepriesenen Gott mit seinen noch mit dem Kult verbundenen Namen. Damit bleibt auch die Hymne der kultischen Gegenwart verhaftet. Dem gegenwärtigen Gott und vergotteten König wird erzählt. Die in Erde, Grab, Sarg und Leichnam verkörperten Gottheiten werden angesprochen. Osiris soll erwachen und aufstehen. Die Himmelsgöttin soll über ihren Sohn fallen und „diesen Ältesten" unter ihren Kindern umarmen (Pyr. 778). Diese Götter antworten nicht. Sie tragen stumme Rollen, mit ihnen jetzt auch Horus, der — vielleicht in der Gestalt des lebenden Königs verkörpert[1] — vor den Gott tritt, während der Vorlesepriester die Hymnen verliest. Seine Rede, die nicht mehr von Götterausspruch zu Götterausspruch springt, sondern erzählt, ist der mythischen Form entschieden näher gekommen. Von der dramatischen Form ist nur das „Du" verblieben, welches den gepriesenen Gott anredet. Träte an seine Stelle ein „er", das nicht mehr den gegenwärtigen Gott anspricht, sondern auf ihn als mythische Gestalt verweist, wäre auch der gepriesene Gott aus seinem Kult in das allgemeine Feld mythischen Geschehens gerückt und damit eine Möglichkeit mythischer Erzählung gegeben.

4. Götterlehren und Litaneien

Zwischen den Hymnen mit der Namensformel und der letzten großen Gruppe der Pyramidentexte, der Masse der „Verklärungen", stehen Sprüche, die Teile der Hymnen wenig verändert übernehmen, jedoch mehr noch als die Hymnen mit der Namensformel das Aufkommen eines neuen Glaubens erkennen lassen. Sie sind strophisch gebaut. Die in den Hymnen erschienenen Formelemente, Verdoppelung und Viergliedschema, sind zu streng gegliederten Litaneien von großem Schwung und Umfang erweitert, die den Geist der Zeit der Pyramidenerbauer atmen, der sie entstammen. Die Namensformel, aus deren Skandierung sich die Form der Litanei entwickelt haben kann, erscheint leicht abgewandelt — „in Deinem Namen 'im' Orion" (Pyr. 186), „'in' Buto" (Pyr. 188); der Name des Königs soll gedeihen wie Götternamen 'an' ihren Kultstätten (Pyr. 1660ff.). Diese umfangreichen Sprüche lassen zum ersten Male Göttergesellschaften erkennen. Die Pyramidenweihtexte, die zum Teil noch hymnische Form tragen, und ein Spruch, der Osiris den Göttern vorstellt, wenden sich an die große Neunheit von Heliopolis, deren Macht und Zusammensetzung in diesen Sprüchen gleichsam als Dogma verkündet wird. Ebenfalls zwischen Hymnen und Verklärungen fällt auf Grund formaler Merkmale das Denkmal Memphitischer Theologie Sethe war in seiner Bearbeitung dieses berühmten Denkmals, dem ersten Teil seiner „Dramatischen Texte", geneigt, die Entstehung des in einer späten Abschrift vorliegenden Originals in früheste geschichtliche Zeit hinaufzusetzen. Junker hat in zwei Abhandlungen „Die Götterlehre von Memphis" und „Die politische Lehre von Memphis" (s. S. 25) Gründe einer späteren Ansetzung beigebracht[2]. Lediglich die „Gespräche" „aus drei Schauspielen" seien älter und dienten dazu, „die im erzählenden Text aufgestellten Sätze zu bekräftigen und zu erklären"[3]. Ein Blick auf die Rahmenerzählung, welche die dramatischen Gespräche umschließt, zeigt, daß eine rein mythische Form vorliegt. „Geb befahl, daß sich die

---

[1] vgl. Sethe, Kom. Bd. 3, S. 80.
[2] H. Junker, Die Götterlehre von Memphis S. 6ff.
[3] H. Junker, Die politische Lehre von Memphis S. 13ff.

Götter versammeln. Er schied Horus und Seth und verhütete, daß sie stritten. Er setzte Seth als oberägyptischen König ein in Oberägypten, bis zu dem Ort, an dem er geboren ward, in *Sw*. Und es setzte Geb Horus als unterägyptischen König ein in Unterägypten, bis zu dem Ort, an dem sein Vater ertrunken war, in „Hälfte der beiden Länder" (Memphis). Und so stand Horus auf einer Stätte, stand Seth auf einer Stätte, indem sie sich über die beiden Länder in Tura vertrugen. Das war die Abgrenzung der beiden Länder"[1]. Hier wird in geläufiger Rede Mythe erzählt. Die hymnische Form hätte nahegelegen. Ist doch das Denkmal Memphitischer Theologie zum Preise des Gottes Ptah von Memphis verfaßt. Seinen Ruhm, seine Rolle als Weltschöpfer und urzeitlicher König, der sich selbst erzeugte, kündet ein einleitender Abschnitt, an den die oben gegebene mythische Erzählung anschließt, und der von Junker „Götterlehre" bezeichnete zweite Abschnitt des Denkmals. Schon der einleitende Abschnitt benützt zum Preis nicht die zweite Person, sondern stellt die Größe des Gottes gleichsam unpersönlich fest. In zwei Ausrufen wird über ihn gesprochen. „'Der sich selbst erzeugte' sagt Atum, 'Der die Neunheit schuf' (sagen die Götter)"[2]. Auch diese Ausrufe sprechen ihn nicht an und bezeugen so einen Abstand von Ehrfurcht, den selbst Atum, der Herr von Heliopolis, nicht überbrückt. Dadurch, daß Ptah nicht hymnisch angesprochen, sondern die Mythe als „Denkmal" seiner Größe schlicht wie ein Ereignis der Geschichte erzählt wird, entsteht dieser eindrucksvolle, unpersönliche Rahmen, wird die mythische Form gefunden. Den Gott durch einen mythischen Bericht preisend, setzt sie die natürliche Form des Preises, die Anrede voraus. Diese Zurückhaltung kennzeichnet auch die Auseinandersetzung der Götterlehre mit dem heliopolitanischen Gedankengut. Gegen die neue Lehre wird nicht polemisiert, Heliopolis überhaupt nicht erwähnt. Seine Götter sind in das memphitische Weltbild einbezogen und Ptah unterstellt, als bestände darüber nur diese eine Meinung. Nur der Eingeweihte erkennt die gegen den aufstrebenden Kult gerichtete Spitze. Einzig bei dem Schöpfungsakt sind beide Lehren — die drastische Vorstellung von Heliopolis und die überlegte von Memphis — nebeneinandergestellt. „Es entstand ja die Götterneunheit des Atum durch seinen Samen und seine Finger. Die Götterneunheit sind aber die Zähne und Lippen in diesem Munde (dem Munde des Ptah), der den Namen aller Dinge nannte"[3]. In seiner Übersetzung unterstreicht Junker den Gegensatz, indem er — sinngemäß — hinter das „aber" der memphitischen Lehre ein „(in Wirklichkeit)" einfügt. Dem zurückhaltenden Ton des Denkmals genügte das „aber" zur Andeutung eines Gegensatzes. Für die zeitliche Festlegung des Denkmals und sein Verhältnis zu der Namensformel, die selbst nicht angewandt wird, aufschlußreich ist die Verlagerung des Schöpfungsvorganges in den Mund, wo die Zunge durch Nennen der Namen alle Dinge der Welt und die Götter erschafft. Der Gebrauch von „Neunheit" als Ausdruck für „Zähne und Lippen" ist zu den „beiden Neunheiten" erweitert in Verklärungen der Pyramidentexte eingegangen[4]. Hier liegt ein Gedankengut vor, das noch in den Hymnen mit der Namensformel, welche erst vereinzelt die „Neunheit" und die „große Neunheit" nennen, keinen Platz fände.

Für die Verwandtschaft mit älterem — ebenfalls memphitischem — Textgut finden sich auch formale Anzeichen. In dritter Person über Ptah gesprochen erscheinen dieselben Aussagen —„ welcher als König von Oberägypten erschienen ist, welcher als König von Unterägypten erschienen ist"[5] —, nun in Zeilenspaltung, mit denen früher in zweiter Person Geb (Pyr. 1626) und Osiris (Pyr. 776, 1795) gepriesen wurden. Auch die mythische Erzählung und die „Gespräche" bringen gleichlautende Sätze, die sich mit geringen Abweichungen in Hymnen mit der Namensformel finden (s. u.). Die Ortsangaben „in *Sw*", „in Hälfte der beiden Länder" sind hinter „Ort, an dem er geboren wurde" und „Ort, an dem sein Vater ertrank" in gleicher Weise nachgesetzt, wie die durch die Namensformel oder *m* „als" eingefügten Ortsangaben der Hymnen (s. S. 40),

---

1 Dram. Texte S. 23 (7ff.), Junker, Polit. Lehre S. 23.
2 Dram. Texte S. 22 (6), Junker, Polit. Lehre S. 20.
3 Dram. Texte S. 57 (55), Junker, Götterlehre S. 55.   1 Schott, ÄZ 74, 94ff. s. S. 24).
5 Dram. Texte S. 21 (4), Junker, Pol. Lehre S. 20.

nur daß sie nun durch das „in" völlig in der mythischen Erzählung aufgehen und nicht mehr als Hinweise auf Kultsymbole zwischen den preisenden Mythenstücken stehen. Doch fehlen sie in dem „Gespräch", wo sie in einem weiteren Vermerk Platz gefunden hätten und vielleicht in einer ursprünglichen Fassung standen. Das Gespräch, welches den wiedergegebenen Sätzen der mythischen Erzählung folgt, führt die soeben erzählte Mythe nach dem Muster der alten Festspiele auf. Wie die Bearbeiter des Denkmals betonen, liegt hier ein Dramatischer Text vor, der zur Bekräftigung der erzählten Mythe herangezogen wird. Nach Sethe reicht er weit vor die Abfassung der Erzählung zurück (Dr. T. S. 18), nach Junker kann das benützte „Schauspiel" jedoch nicht der frühgeschichtlichen Zeit entstammen, da es der Machtverteilung der ersten beiden Dynastien nicht Rechnung trägt[1]. In Wirklichkeit dürfte dies Gespräch, das nun nach der Erzählung den wirklichen Vorgang darstellt, zur selben Zeit verfaßt sein, wie die Erzählung. Für beide wurde auf ältere Texte und ältere literarische Formen gegriffen. Erzählung und Gespräch zusammen entsprechen mit den Vermerken der Form einer mit „es geschah" eingeleiteten Szene des Ramesseum-Papyrus, wie sie in der dritten Szene des Denkmals[2] mit der Kulthandlung — „Es geschah, daß man Binse und Papyrus an das Doppeltor des 'Hauses des Ptah' anbrachte" — und der Erklärung — „das ist Horus und Seth, die sich vertrugen und verbündeten" — vorliegt. Mythologisch ausgeschmückt führt die umfangreich gewordene „Erklärung" zu einem weiteren „Gespräch", welches die letzten Sätze der erzählenden Erklärung aufnimmt. Die mythische erzählende Form ist hiernach in der Tat aus der Form der „Erklärung" entstanden, die in den Dramatischen Texten einer mythischen Form nahe zu kommen schien (s. S. 31). Auch vor dem ersten Gespräch entspricht der erzählende Teil der „Erklärung", an deren Form das erklärende „das war (pw)" des letzten Satzes anklingt. Anscheinend wird so zwar bewußt eine alte Form verwandt, jedoch das Material erst — wie einst in den Hymnen mit der Namensformel — für den besonderen Zweck zusammengetragen. Auch das Gespräch[3] zeigt nicht mehr vollständig die alte Form. Zwar entsprechen die Vermerke „Geb spricht zu Seth", „Geb spricht zu Horus" und „Geb spricht zu Horus und Seth" und die den Reden folgenden Vermerke „(das betrifft) Seth" und „(das betrifft) Horus" dem alten Muster. Doch fehlen Hinweise auf Kulthandlungen. Es folgen unmittelbar Vermerke über den mythischen Ort „Oberägypten (Šm‘)", „Unterägypten (Mḥw)" und „Ober- und Unterägypten". Auf diese Orte deutet nur die Rede des Horus „Eile bis zu dem Ort, an welchem Dein Vater ertrank (mḥ)!" mit einem Wortspiel hin. In der Rede des Seth „Eile zu dem Ort, an dem Du geboren (msj) wurdest!" fehlt es zu Oberägypten. Erst die ältere Fassung in Hymnen mit der Namensformel ergibt es in einer dort Osiris preisenden Erzählung: „bis zu dem Ort, an dem Du gestorben (šm) bist!" (Pyr. 24 Var.). So dürfte auch die Rede an Horus über den Tod seines Vaters Osiris einmal unmittelbar an Osiris gerichtet gewesen sein und — wie es in der Hymne vorliegt (Pyr. 24 Var.) — „bis an den Ort, an dem Du ertrunken bist!", gelautet haben. In der Mythe können „sterben" und „ertrinken" nur Osiris betreffen. Als Wortspiele müssen sie einem alten Dramatischen Text entstammen, der zwar auf Ober- und Unterägypten verwies[5], jedoch anders lautete, und in einem Denkmal erhalten ist. Aus der Fassung der Hymnen mit der Namensformel, auf welche die Wortspiele verweisen, ausgefallen sind, lassen sich noch die älteren, die Reden einleitenden Vermerke „Horus spricht zu den Göttern" — nach dem Ramesseum-Papyrus[6] aus „Horus

---

1 Junker, Pol. Lehre S. 13ff.
2 Dram. Texte S. 35 (15c), Junker, Pol. Lehre S. 35ff.
3 Dram. Texte S. 27 (10a ff.), Junker, Pol. Lehre S. 23.
4 msj „gebären" wohl — worauf mich Kees aufmerksam macht — als Wortspiel auf Šw, die Geburtsstadt des Seth, anstelle des älteren šm gewählt.
5 möglicher Weise auf die „oberägyptische" und die „unterägyptische Zauberreiche", die Kronen, die in den schon zum Vergleich herangezogenen Texten genannt werden (Pyr. 1624b/c, 1832b).
6 Dram. Texte S. 201 (90), S. 208 (99/100), zu der Redaktion von „Götter" aus „Horuskindern" und „Sethgefolge" vgl. Sethe, Kom. Bd. 3, S. 142.

Ursprung der Formen des Denkmals. Denkmal und Litaneien als Götterlehre 45

spricht zu dem Sethgefolge" redigiert — und „Horus spricht zu den Horuskindern" ermitteln. Der letzte Satz dieses Gesprächs, den Geb an beide Götter richtet: „Ich habe Euch geschieden!" dürfte von dem Verfasser des Denkmals zugefügt worden sein. Er enthält kein Wortspiel, welches auf „Ober- und Unterägypten" verweist.

Im Denkmal Memphitischer Theologie werden, um die Größe des Gottes Ptah zu erweisen, in altertümlicher Form Mythen, die ihn und seine Stadt betreffen, erzählt und gleichsam als Beleg alte, für diesen Zweck überarbeitete Götterreden, welche einst Kulthandlungen begleiteten und später Osiris priesen, beigefügt. Daß darüber hinaus die dramatische Form angewandt wird, um die Reden als authentisch zu erweisen, und daß ihr damals gegenüber der mythischen Form der Erzählung die größere Altertümlichkeit innewohnte, zeigt vor allem die zweite „Szene", in deren „Gespräch" das zuvor erzählte — Geb reut es, Aegypten geteilt und nicht Horus allein gegeben zu haben — nun als neuer Spruch des Geb in dramatischer Form zusammengefaßt wird[1]. Diese Rede ist — was die Bearbeiter des Textes bei ihren Übersetzungen berücksichtigen — anders aufgebaut als die alten dramatischen Szenen. Als fortlaufende Rede ist sie in das alte Schema der dramatischen Form hineingepreßt worden, und zwar so, daß sie, als handele es sich um sechs Aussprüche des Geb an die Neunheit, abgeteilt noch hinter den sechs auf „Horus" verweisenden Vermerken weiterläuft. Hierbei sind die dorthin fallenden Wörter so gewählt oder determiniert, daß sie an die üblichen zweiten Vermerke erinnern. Sogar der Anschein zwischen „Aussprüchen" und „Vermerken" bestehender Wortspiele wird durch Wahl der Worte und Wiederholungen erreicht. Dabei stellt alles dies eine einzige Rede dar, mit welcher Geb Horus als Sohn seines ältesten Sohnes zum Erben einsetzt. Dramatische Texte müssen damals als altertümlich gegolten und dem Verfasser des Denkmals bekannt und zugänglich gewesen sein, da er sie sowohl stark redigiert in seine mythische Erzählung übernahm, wie auch nach ihrem Muster ein Schema aufbaute, welches den Anschein erweckt, als läge nicht die Rede eines Gottes, sondern sechs Aussprüche, jeder von zwei Vermerken gefolgt, vor. Im ersten Beispiel waren alte Reden des Horus an die Götter Ober- und Unterägyptens über Osiris auch inhaltlich verändert, nun an Seth und Horus gerichtet, Geb zugeschrieben worden. Die Rede des zweiten Beispiels dürfte — schon wegen ihrer Länge — keinem Dramatischen Text entstammen, vermittelt jedoch so, wie sie jetzt dasteht, den Anschein eines solchen Textes. Hat man bei der Redaktion der Festspielsprüche in Hymnenform im allgemeinen den Wortlaut der Aussprüche gewahrt und sie nur aus den sie einführenden und erklärenden Vermerken bereichert, kümmert man sich jetzt nicht einmal mehr um die Erhaltung des Wortspieles. Unbedenklich wird der Text so gestaltet, daß er der neuen Lehre dient. Die Hymnen haben an eine Gottheit gerichtete oder sie betreffende Aussprüche gesammelt und erzählen sie dieser Gottheit, die Form der Anrede des Ausspruches wahrend. Die mythische Form des Denkmals, welche in den Erklärungen und in Götterreden, die an niemanden gerichtet über einen Zustand gehen, ihre Vorläufer hat, berichtet die Mythe gleichmütig erzählend, niemandem und jedem zugewandt. Der Rahmen des Kultes, der das Drama umschloß und die Hymnen durch die Götter, welche sie entgegennahmen, noch umspannte, ist endgültig gesprengt. Wo Kultgegenstände erwähnt werden, gehören auch sie zu dem theologischen Denkmal und nicht in eine vor den Augen von Zuschauern sich abspielende Gegenwart. Die einfache Umsetzung von der zweiten Person in die dritte Person des Erzählung scheint hierfür zu genügen. Einige wenige Partikeln, vor allem die Konjunktion *iw* „und da"[2] erleichtern den Fluß der Handlung. Wenn auf Ptah noch mit „dieser Ptah"[3] und „dieser Vereiniger"[4] auf Memphis noch mit „dieses Land"[5] hingewiesen wird, so siegt hier der Zweck der Lehre über

---

1 Dram. Texte S. 28 (13a)ff., Junker, Pol. Lehre S. 31.
2 Dram. Texte S. 4, Junker, Götterlehre S. 14f.
3 Dram. Texte S. 21 (3), Junker, Pol. Lehre S. 20.
4 Dram. Texte S. 21 (4), Junker, Pol. Lehre S. 20.
5 Dram. Texte S. 37 (16c), Junker, Pol. Lehre S. 36.

die mythische Form. Der Gott ist nicht nur Gestalt der Mythe, der, welcher einst alle Dinge durch seine Ansprüche schuf, sondern auch der gegenwärtige Gott in seiner Stadt, die ebenfalls nicht nur als mythischer Ort geschildert wird. Der Zweck der Lehre, den Anspruch des Gottes Ptah und seiner Stadt herauszustellen, gibt dem Denkmal sein Gepräge. Hierfür hat der Verfasser allem Anschein nach bewußt sein Denkmal in eine Form gekleidet, die den alten im Königskult erwachsenen Stil benützt, „die Tatsachen einfach und klar berichtet und jeden Schwulst vermeidet"[1], wobei zum ersten Male das entstand, was wir auch literarisch Mythe nennen können. Wenn man von diesem Denkmal an die etwa gleichaltrigen, großen Litaneien der Pyramidentexte zurückgeht, kann man in ihnen zwar nirgends dieselbe Form mythischer Erzählung, aber doch weitere Beispiele des Geistes, der das Denkmal Memphitischer Theologie erfüllt, und des Geistes, gegen den es sich wendet, finden. Während noch die Hymnen an Osiris den Preis der Gottheit erzählend vortragen, spürt man in jüngeren Hymnen, in Pyramidenweihtexten und Litaneien, in denen allen die Neunheit erscheint, den ordnenden und dogmatischen Geist einer neuen Epoche. Göttergesellschaften werden als Urgötter (Pyr. 446ff.), als Götter einer viergeteilten Welt (Pyr. 152ff.) und als Neunheit zusammengestellt, wobei im Wesentlichen ein und derselbe Götterbestand verwandt wird. Die Grundform der Litanei — „Er kommt zu Dir, o Krone! Er kommt zu Dir, o 'Flamme'! Er kommt zu Dir, o 'Große'! Er kommt zu Dir, o 'Zauberreiche'!" (Pyr. 194) sammelt umgekehrt auf eine einzige Gottheit die Namen, welche die Hymnen in ihren Preis noch regellos einstreuten. Neben Geb, der in einer jüngeren Hymne mit „Du bist der große Gott, Du allein!" (Pyr. 1616) gepriesen wird, steigt über Atum Rê mit einer Fülle von Namen auf (s. S. 19), den der tote König nun als Vater besucht. Hier ist die neue Form der Verklärung erreicht, in welcher das Königtum aus den streitenden Dogmen in eine neue mythische Welt hinaustritt. Zwar wird damit die soeben gewonnene mythische Form schon wieder gesprengt, aber zugleich der Rahmen der Mythe grenzenlos geweitet.

5. Die Verklärungen

Die Pyramidentexte tragen über jeder Zeile in altertümlicher Schrift den Vermerk „zu sprechen!", unter dem die Angabe, wer zu wem spricht, fehlt. Dieser auch die Spruchanfänge abhebende Vermerk ist der einzige noch allgemein angewandte Rest der alten dramatischen Form. Er zeigt, daß die Sprüche feierlich vorgetragen werden sollten, ein Vorgang, welcher inschriftlich das „Verlesen vieler Verklärungen" genannt wird. Zu diesem Vermerk scheint der auffällige Umstand, daß in vielen der Texte vor der Schlußredaktion der tote König selbst sprach, nicht zu passen. Man könnte verstehen, daß er aufgefordert würde, die Texte zu lesen. Jedoch dürfte die Aufforderung, die Texte zu rezitieren, nicht ihm, sondern dem Vorlesepriester gelten[2]. Aus dessen Munde tönt gleichsam die Stimme des verstummten Toten. Er spricht für den König die Reden, mit denen sich dieser Dämonen und Göttern, welche er auf seinem Wege trifft, vorstellt, damit sie ihn mitnehmen, vorbeigehen lassen oder einem der großen Götter melden. Sinnvoller schiene es, die priesterliche Rede in dritter Person über den König sprechend zu führen. Dieser Zustand ist durch eine Schlußredaktion, welche das „ich" durch den Königsnamen ersetzt, auch hergestellt worden. Daß dies — um den Namen des Königs zu nennen — erst bei der Abschrift der Vorlagen geschah, zeigen Verschiedenheiten der einzelnen Pyramiden. Er wurde mitunter vor allem in der Pyramide des Königs Pepi, erst an der Wand über der schon stehenden ursprünglichen Fassung vorgenommen[3]. Eine andere große Zahl von Verklärungen ist in der

---

1 Junker, Pol. Lehre S. 41.
2 vgl. Sethe, Die Totenliteratur der alten Aegypter, S. 8f., S. 23f.; Pyr. 921 werden der „Spruch vom rechten Weg" und der „Spruch vom Aufstieg", Pyr. 1245 der „Spruch vom Aufstieg" und der „Spruch vom Verscheiden" durch das „Horusgeleit" rezitiert.
3 Die noch erkennbare ursprüngliche Fassung wurde von Sethe in seiner Ausgabe der Pyramidentexte (s. Bd. 1, S. XI) als „älterer" und — bei zwei korrigierten Fassungen — als „älterer und ältester Text" bezeichnet.

Verklärungen in Ichform und Anrede   47

zweiten Person abgefaßt. Einzelne Pyramiden haben auch dies „Du" teilweise durch den Königsnamen ersetzt[1], so daß nun im gleichen Text zu dem König und über ihn gesprochen wird. Der Wunsch, den Namen des Toten zur Geltung zu bringen und durch stetes Nennen in Erinnerung zu halten, ist stärker als die alte einheitliche Form. Eine Reihe dieser Texte zeigt durch die Anrede „Vater"[2], daß sie dem das Begräbnis durchführenden Sohn in den Mund gelegt sind und den Zustand der Dramatischen Texte wahren, in denen der neue König von dem verstorbenen mit „dieser mein Vater" spricht. Wie schematisch und oft verständnislos die Schlußredaktion der Pyramidentexte auf den Namen des Königs vorgenommen wurde, zeigt der Umstand, daß gelegentlich auch das „ich" solcher Reden durch den Königsnamen ersetzt wurde, so daß nun der König zu sich selbst spricht[3]. Die Textredaktion hat ein Verfahren entwickelt, das gegenüber dem älteren Textgut versagt. Der für die Entwicklung der mythischen Form entscheidende Schritt liegt jedoch vor dieser Schlußredaktion beim Übergang von der zweiten auf die erste Person, zwischen den Sprüchen, welche den Toten anreden und den Sprüchen, in denen er selbst spricht. Denn sie betreffen inhaltlich verschiedene Welten. In den „Sohn"-Texten kommt der Erbe zu seinem Vater und redet ihn an. Er bittet ihn, zu erwachen und sich zu erheben, damit er das, was ihm sein Sohn und Erbe getan hat, sieht[4]. Diese älteren Sprüche zeigen den Totenkult so, wie er sich am Grabe vor dem Leichnam vollzieht, und greifen nicht wie die Ich-Texte in den mythischen Bereich der Götterwelt hinüber. Erst in ihrer späteren Form öffnen auch sie mit einleitenden Sätzen verschiedener Art wie „Der Himmel spricht, die Erde zittert!" (Pyr. 549 Var.) oder „Geöffnet sind die Türen des Himmels, aufgetan ist das Tor der Nut!" (Pyr. 1291) sofort einen mythischen Bereich. Wenn der Tote spricht, hat er anderes zu sagen als sein ihn betreuender Sohn. Die Rede des toten Königs — genauer seiner zum Himmel aufsteigenden Seele — geht über die jenseitige mythische Götterwelt, eine Aussage, welche als authentisch gegolten haben muß. Sie kann als vorzüglich mythisch gelten, da sie das, was kein Sterblicher schaut, zur Sprache bringt, wenn sie sich auch nicht seherisch an die zuhörenden Menschen, sondern auf dem Wege zu den Göttern fortschreitend an die mythischen Gewalten wendet. Diese Erzählung scheint vollständig von den Dingen eines gegenwärtigen Kultes gelöst. Selbst wenn auch ihre Rezitation von Kulthandlungen begleitet war — der Wortlaut verschiedener Einleitungen läßt Libationen und Räucherungen vermuten —, wäre dies durch keine Formel mehr ausgedrückt. Die dem König in den Mund gelegte Rede berücksichtigt nur noch mythische Verhältnisse. Die Tore des Himmels werden nicht mehr ausdrücklich auch als „Riegel" am Grabe (Pyr. 572) geöffnet. Die Reinigung des Toten erfolgt mit dem Sonnengott im jenseitigen Gefilde und nicht mehr durch „diese Wasserspende" (Pyr. 22), die freilich schon in Dramatischen Texten als Wasser, mit welchen Horus und Seth ihre einander geschlagenen Wunden wuschen, gedeutet werden[5]. In den Ich-Texten sagt der König von sich: „Ich bin...der Stern, mit geschmücktem (*špd*) Haupt und weitem Schritt, der Rê alltäglich die Wegzehrung bringt" (Pyr. 263). Auch wenn dem Verfasser noch bei diesem Bilde das Eingehen des Königs in den Himmelsgöttin

unter den redigierten Text gesetzt. In der Pyramide der Königin Neith sind an den Wänden des Ganges (Jéquier, Les Pyramides des reines Neit et Apouit, Taf. 31, 32) — wie vereinzelt in den Pyramiden und häufiger auf Särgen des Mittleren Reiches — unredigierte Abschriften erhalten.
1 z. B. Spr. 419 (T); Spr. 525 erweist sich die in M. und N. erhaltene Fassung der Vorlage als in die 2. Person umgesetzte Form des Spruches 471.
2 Von Sethe unterschiedlich mit „König" (s. Pyr. Kom. 476b, 734a, 939c) und „Vater" (s. Pyr. Kom. 743a, 809a, 1002a, 1004a) übersetzt. Doch dürfte überall das Wort „Vater" dem (rezitierenden) „Sohn" gegenüber stehen. '*Itj* „König" wird in den sicheren Fällen (Pyr. 511c, 640b, 1658d) anders geschrieben. P. setzt hinter diese Anrede „Vater" gegen M. und N. häufig noch „Osiris N." ein (Pyr. 849b, 939, 1002, 1003, 1004 u. a. m.).
3 z. B. Pyr. 574a (vgl. Sethe, Totenliteratur S. 8, Anm. 4).
4 Pyr. 1879, vgl. die an „Osiris" (d. h. den König) gerichtete, nicht auf den Königsnamen redigierte Variante Pyr. 1005ff. (Pyr. 1972ff. mit eingesetztem Königsnamen).
5 Pyr. 850 in einem redigierten Text.

geweihten Sarg vor Augen stand, ist die Verbindung zum Kult nicht mehr auf eine Formel gebracht. Nur noch die mythische Welt kommt abgelöst von jeder Entsprechung im gegenwärtigen Kult zur Sprache.

Auch diese Ich-Form hat ältere Vorbilder. Zunächst kann die Rede des Sohnes an seinen toten Vater „Ich bin Dein Sohn, Dein Erbe!" erinnert werden. Schon in Götterreden und Rufen der Dramatischen Texte ist die Ichform am Platze, wenn die Schwestern, die als „Falkenweibchen" — die beiden Klagefrauen des Totenkultes — ihren Bruder suchen, dem von ihnen gefundenen Osiris zurufen: „Ich bin Isis!" (Pyr. 1886) „Ich bin Nephthys!" (Pyr. 1786). Doch ist diese Form in den Dramatischen Texten selten. Der Gott braucht sich einem anderen Gotte nicht zu offenbaren, sie kennen einander. Wo sie trotzdem gebraucht wird, geschieht dies aus einem besonderen Grunde. Horus, der seinem Vater sagt: „Ich bin gekommen, auf der Suche nach Dir. Ich bin Horus... Ich bin Dein geliebter Sohn!" (Pyr. 11), stellt sich seinem Vater vor, der den nun erwachsenen Sohn nicht erkennt. Auch wenn Götter andere Formen annehmen, wie es bei der Suche nach Osiris die Schwestern tun, liegt ein besonderer Grund vor, sich zu erkennen zu geben. Sonst scheinen ältere Texte, die den Dramatischen Texten und Hymnen noch nahe stehen, wie einzelne Schlangenbeschwörungen, trotzdem sie in direkter Rede abgefaßt sind, die erste Person zu meiden und entwickeln eine Form, welche an die Erklärungen der Dramatischen Texte erinnert. Für ein erwartetes „Ich bin Horus!" findet sich „Das ist Horus!",[1] womit der Sprecher sich selbst meint. Mit der Rede „Horus spannt seine neun Bögen gegen diesen Geist, der aus der Erde kam" (Pyr. 673) spricht der Zauberer von sich selbst wie über eine dritte Person, als wollte er es vermeiden, sich herauszustellen. Jüngere Texte verdeutlichen dies. Nun benützt der Sprecher zwar die erste Person, beteuert aber zugleich, daß er als ein anderer spricht. „Nicht ich sage dies zu Euch, Ihr Götter! Ein Zauberer sagt dies zu Euch, Ihr Götter!" (Pyr. 1324). „Nicht ich bin es, der bittet, Dich zu sehen... Dein Sohn ist es, der bittet, Dich zu sehen...! Horus ist es, der bittet, Dich zu sehen...!" (Pyr. 1128, 1129). Auch in den Verklärungen wird demnach die Ichform zur Vorstellung benützt, wobei sich der König in eine mythische Rolle versetzt. Mit seinem Tode verläßt er die Erde, kommt als „etwas Neues" — „Wir sehen etwas Neues" sagen sie, die Urgötter" (Pyr. 304) — zu den Geistern und Göttern und stellt sich ihnen mit der Formel: „Ich bin..." vor. Man wird an die Dramatischen Texte erinnert, welche Personen und Dingen des Kultes Götterrollen geben. Allem Anschein nach benützt die Verklärung dies alte Vorbild, obwohl nicht nur die Art der Rollenzuteilung, sondern auch Szene und Handlung grundverschieden sind. Der Dramatische Text schreibt die Rolle vor. Die Besetzung erfolgt auf Grund einer bestimmten Symbolik, welche die Entsprechungen zwischen Kult und Mythe regelt. Nach den Verklärungen verwandelt der Tod den König nicht, wie dies eine Rollenzuteilung erwarten ließe, in einen bestimmten Gott, etwa — den Dramatischen Texten und Hymnen entsprechend — in Osiris, sondern öffnet ihm die Möglichkeit, sich in alles und jedes zu verwandeln, was er gerade zum Weiterkommen auf seinem Wege zum Sonnengott für geeignet hält. Als „Flamme vor dem Winde" (Pyr. 324), als „Lotusblüte an der Nase des Rê" (Pyr. 266), als „jener Stern am Unterleib des Himmels" (Pyr. 347) als „Falke" und als „Stier", als „Gans" und als „Heuschreck", als Horus, der seinen Vater sucht (Pyr. 493), als Götterbote mit Neujahrsgrüßen (Pyr. 1195), aber auch als „Meßstrick der beiden Neunheiten, mit welchem sie das Opferfeld abstecken" (Pyr. 1196), als „Zwerg und Gottestänzer" (Pyr. 1189) und sogar als „die große Jungfrau" (Pyr. 682), als „Horusauge" (Pyr. 976, 1147), als Auge des Sonnengottes im Gehörn der Hathorkuh" (Pyr. 705), als Kataraktengöttin (Pyr. 812) erscheint der König. Eine solche Rollenzuweisung wäre in den Dramatischen Texten undenkbar. Vereinzelt ist nicht einmal die Gleichheit des Geschlechts gewahrt, die bei der Vergöttlichung der Naturmächte ihre Gestalt bestimmt. Aneinandergereiht

---

[1] Ebenso in dem Zaubertext Pyr. 439 „Das ist Geb", wo T. die ursprüngliche Fassung ohne Königsnamen erhalten hat. In anderen Fällen läßt die Stellung des eingefügten Königsnamens — „Horus ist N." statt „N. ist Horus" (Pyr. 436 vgl. Sethe, Kom.) die ursprüngliche Form erkennen.

Die Aussage in Ichform als mythische Verwandlung. Jenseitigkeit der Verklärung   49

ergeben diese Aussagen nicht das Rollenverzeichnis für ein Drama, sondern Litaneien in Ichform (Pyr. 1145ff., 1094ff.) oder Körpervergottungstexte, wenn sie auf die Glieder des Königs verteilt sind (Pyr. 1303ff.). Welche Spanne sie von der Rollenzuweisung der Dramatischen Texte trennt, wird am Vergleich der verschiedenen Anwendung desselben Symboles sichtbar. Die Dramatischen Texte kennen das Horusauge als mythisches Sinnbild für Opfergaben oder Kultgegenstände. In einer Verklärung dem König zur Rolle gegeben ist es „mächtiger als die Menschen und stärker als die Götter" (Pyr. 1147) und damit nicht nur von seiner Entsprechung im Kult gelöst, sondern auch über seinen alten mythischen Bereich hinausgehoben (s. S. 79). Nicht mehr in einer Rolle des dramatischen Festspiels sondern als überirdische mythische Macht geht der König in eine nicht aufführbare Welt ein, sei es, um sie zu erobern und das Himmelsgewölbe zu spalten (Pyr. 305), sei es als „Vertreter des Rê"[1] ,als sein Kanzler (Pyr. 490), sein Steuermann (Pyr. 1204), sein Ruderknecht (Pyr. 906 Var.) oder sein Wasserträger (Pyr. 1179). Die Vielheit der „Verwandlungen" zeigt, wie sehr man in einer schon besetzten mythischen Welt nach einer Rolle für den Toten sucht. In den Fällen, in denen er den früheren Inhaber einer Rolle vertreibt, tritt dies auffällig in Erscheinung.

Die Jenseitigkeit des Themas der Verklärungen wird durch häufig an den Spruchanfang gesetzte Sätze wie „Aufregung im Himmel" (Pyr. 304) oder „Der Himmel ist bewölkt, die Sterne sind verdunkelt, die Bogen bewegen sich, d e Knochen der Erde zittern" (Pyr. 393) oder „Geb lacht, Nut frohlockt" (Pyr. 1149) hervorgehoben, Sethe nennt diese Einleitungen „Naturschilderung" (Kom. 393a). Sie weisen auf die Ungewöhnlichkeit des Vorganges hin und ergeben den Schauplatz der erzählten Ereignisse. Der szenische Vermerk der Dramatischen Texte ist erweitert, in eine mythische Welt übertragen und an den Textanfang gerückt. Nach dieser allgemeinen Einleitung beginnt die Erzählung in Ich-Form. An Stelle des alten $dd\ mdw$,, es spricht" ist ein j, weiblich $j.t$ — meist mit folgendem 'in — oder 'in allein „es sagt" getreten[2]. „Meine Mutter" sage ich, „gib mir Deine Brust, damit ich sie sauge!" sage ich. „Mein Sohn", sagt sie zu mir, „nimm Dir meine Brust, damit Du sie saugst!" sagt sie" (Pyr. 911). „Stier der Opferspeisen beuge Dein Horn, lasse mich vorbeigehen!" sage ich (Pyr. 914). Die neue Mutter des Königs, an deren Brust der Tote wieder klein wird, ist die in den vorangehenden Zeilen gepriesene Kronengöttin von Elkab, die auch in anderen Verklärungen als seine neue Mutter gilt. Sie verleiht ihm die Vogelgestalt (Pyr. 913), in welcher er nun zum Himmel steigt. Das Horn des Stieres, an welchem er vorbeigehen muß, dürfte der Mond sein. Der König spricht nicht nur in den Reden an Götter und Geister, sondern berichtet noch über diese Gespräche und das, was er dabei tut. Der Tote allein spricht gleichsam aus einer Ferne, in welche ihn niemand begleiten kann. Er ist in den Verklärungen der vorzüglich handelnde, der einzige, der von den Personen der Dramatischen Texte übrig geblieben ist, der noch Rollen übernehmen kann, während die Wesen, denen er gegenübertritt, die Götter und Geister, nicht mehr von Priestern dargestellt werden, sondern es selbst sind in ihrer eigenen mythischen Welt. Früher hätte ein Meßstrick dazu gedient, ein Feld des Tempels zu vermessen. Jetzt soll er den beiden Neunheiten beim Abstecken eines himmlischen Gefildes dienen. Früher hätte ihn ein Priester mit Götterrolle überbracht. Jetzt nimmt es der König auf sich, dieser Meßstrick zu sein, damit ihn der Fährmann, dem er dies erzählt, zu jener Seite übersetzt. Der Fährmann, der mit seinem Nachen wie an einem der Kanäle Aegyptens wartet, hat in der noch ritualgebundenen Literatur des älteren Totenglaubens nicht seinesgleichen. Man hat ihn wie die Gestalten der vier Winde, die vier Hirtenkinder, die im Schatten der Weltfeste rasten (Pyr. 1105) und Aegypten und Libyen durchstreifen (Pyr. 1510, 1456) mit am Leben beobachteten Zügen, die den Geist der Grabbilder des ausgehenden Alten Reiches atmen, ausgestattet. Er erscheint als Mann einfachen Gemüts, der wissen will, wen er

---

[1] Pyr. 1107, 1464, 1694.
[2] vgl. H. Grapow, Wie die Alten Aegypter sich anredeten, wie sie sich grüßten und wie sie miteinander sprachen, IV (Abh. d. Pr. Ak. d. Wiss. 1942, Phil.-hist. Kl. Nr. 7) S. 80ff., Sethe, ÄZ 64, S. 3.

übersetzt. Der König muß ihn wecken (Pyr. 597, 383) und nennt ihm nicht den eigenen Namen, sondern weist sich mit einer mythischen Rolle aus. Der Fährmann kennt anscheinend die großen Götter besser als die Verhältnisse in Aegypten. Mit seiner „Götterfähre" ist er, der beim Rudern „hinter sich schaut"[1], der mythische Mittelsmann zwischen zwei Welten, deren Trennung sein Dasein manifestiert. Im Dramatischen Festspiel war ein solcher Mittelsmann nicht erforderlich, weil dort die Mythe noch an den Dingen der Erde haftete. Erst jetzt, nachdem Himmel und Erde geschieden sind, verliert sich das, was die Hymnen dem gepriesenen Gott zuliebe von Kulthandlungen ablösten, in die mythische Welt selbst versetzt, an neue Vorstellungen und Bilder. Sie bedürfen keiner Belege aus altem Textgut, da sie dem toten König in den Mund gelegt sind, der sie so selbst bezeugt. Die Ich-Form kann darum tatsächlich als eigentümliche mythische Form dieser Epoche gelten, die den Sonnengott zum Symbol der Welt erhob, wodurch der Tote nun nicht mehr auf den Friedhöfen gesucht wird und Kultstätten besucht, sondern sich, seinen Vater zu besuchen aufmacht und dafür in wunderbarer Weise die Erde verläßt. Gegenüber der rein mythischen Erzählung des Denkmals Memphitischer Theologie ist die Verklärung dem Schicksal des toten Königs verhaftet, eine Beschränkung, welche die das „Ich" durch den Königsnamen ersetzende Schlußredaktion nicht beseitigt, wenn auch der Sprecher damit unpersönlich wird. Es ist möglich und wahrscheinlich, daß sich die Mythe, im Totenkult nicht faßbar, weiterbildet, bis sie in den größeren Mythenstücken des Buches von der Himmelskuh und des Gerichtsstreites zwischen Horus und Seth wieder erscheint. Die Pyramidentexte zeigen, daß sich die im Denkmal noch in der Residenz Aegypten gipfelnde Welt mit der Gestalt des Sonnengottes noch einmal geweitet hat. Was sich menschlicher Geist über diese Weite erdenken kann, verknüpft er hier zunächst mit einem diese Welt erkundenden Königtum und läßt es von ihm als selbst gesehen erzählen.

Ist so in den Verklärungen in der Ich-Form des Totenkultes die reine Form mythischer Erzählung schon wieder aufgegeben, zeigt doch eine Reihe von diesen Texten an eigentümlichen Merkmalen, daß die Mythe erzählbar geworden ist. Die sich im Kult abspielende mythische Gegenwart der Dramatischen Texte, welche in den Hymnen an die Gottheiten von Leichnam, Grab, Pyramide und Friedhof überging, ist in eine jenseitige, ewige Ferne gerückt. Auf den jetzt vorwiegenden Gebrauch des auf entlegenere Dinge hinweisenden „jenes", das gelegentlich in jüngeren Varianten älteres „dieses" ersetzt, wurde bei der Betonung des alleinigen Gebrauches von „dieses" in den Dramatischen Texten schon hingewiesen (s. S. 33f.). Auch in die alte Namensformel — die nun zu „in jenem Deinem Namen" erweitert erscheint — in Hinweise auf Festtage — „an jenem schönen Tage des auf den Berg Steigens" (Pyr. 1556) — und auf mythische Orte — „an jenem Ort, an dem sie gekämpft haben" (Pyr. 1242) — tritt dies Fürwort ein und rückt Name, Kult und Ort betont in die Ferne. Unmittelbar in die Mythe versetzen „Zitate", die durch Relativsätze oder mit „als", „wie" und „ehe" in die Erzählung eingeflochten werden, um an ein mythisches Ereignis zu erinnern oder ein anderes mit ihm zu vergleichen. „Du (Rê) gibst mir jene Deine Finger, welche Du der „Schönen", der Tochter des großen Gottes gabst, als der Himmel von der Erde geschieden wurde, und als die Götter zum Himmel aufstiegen" (Pyr. 1208). „Jene vier reinen Schilfnachen, welche ihr Osiris gabt, als er zum Himmel stieg, damit er zum Himmel ($ḳbḥw$) übersetze, sein Sohn Horus ihm zur Seite, auf daß er ihn aufziehe[2] und zum großen Gott im Himmel krönen lasse, gebt sie mir!" (Pyr. 464/465). „Ich bin meinem Todestage entkommen ,wie Seth seinem Todestage entkommen ist" (Pyr. 1453 Var.). „Ich wurde im Urwasser erschaffen ($mśj$), ehe der Himmel entstand, ehe die Erde entstand, ehe die Randberge entstanden, ehe der Streit entstand, ehe jene Furcht entstand, die vor dem Horusauge

---

[1] „Dessen Gesicht hinter ihm ist", „Der hinter sich sieht", „Hinter dem das Heck ist" (Pyr. 925 c) lauten seine Namen.

[2] So mit Sethe, Kom. Bd. 2, S. 268 gegen Sander-Hansen, Über die Bildung der Modi im Altägyptischen (Det Kong. Danske Vid. Selskab Hist.-fil. Skrifter, Bd. 1, Nr. 3) S. 15.

aufkam" (Pyr. 1040). Eine solche Bildung bezieht auch die Namensformel in die Mythe ein — „Als Du sagtest Seth: Wahrlich er hat sich an mich herangemacht (sȝḥ), da entstand jener sein (des Osiris) Namen „Orion (Sȝḥ)" (Pyr. 959) — als wäre der dem Gott im Laufe der Mythenbildung zugeschriebene Namen durch einen mythischen Ausspruch des Gottes erst entstanden. Diese neue Namensformel, die hier in einer Litanei — eine Form, welche die Verklärungen weiter pflegen — mehrfach verwandt den Vortrag gliedert, spinnt die Mythe des Denkmals Memphitischer Theologie, nach der die Welt im Munde des Schöpfergottes entstanden ist, weiter und läßt nun Wesen als „Namen" allgemein aus Götterreden entstehen. Dieses Zitat findet sich in einem Spruch, dessen erster Teil Osiris mit einer mythischen Erzählung preist. Erst in einer zweiten, in der Ich-Form abgefaßten Litanei erscheint der Tote, um den Gott in der Rolle eines besonders gereinigten und eingeführten Priesters „das Gesicht abzuwischen" und ihn „mit dem Gottesgewand zu kleiden" (Pyr. 964ff.). In allen diesen Zitaten wird die Mythe nicht um ihretwillen erzählt, sondern soll dem Toten dazu verhelfen, wie einst ein Gott behandelt zu werden, oder auch ihn einer uralten Körperschaft zuzurechnen. Doch zeigen diese Fälle, daß die Mythe ihr eigenes Feld gefunden hat und nun beispielhaft als ewiges Schicksal fern von den Menschen und ihren Bräuchen steht. Sie wird in den Vorgang der Himmelfahrt des Königs, in den Übergang in eine andere Welt hineingestellt und ragt aus ihm als erhabenes Beispiel, als Geschehen, auf dem das Weltgefüge ruht, hervor. Durch diese Fassung trägt das mythische „Zitat" gegenüber der reinen Form der Mythe einen besonderen Glanz, da es sich als das einst geschehene von etwas gegenwärtigem abhebt. Die Mythe ist in ihre eigene Ferne gerückt und wird im Zitat dort belassen, während sie die mythische Erzählung näherbringt. An die Mythe wird, gleichsam in einem Bedarfsfall, erinnert für ein vergleichbares Ereignis, das selbst einen Übergang in die mythische Welt darstellt, aber doch an Bedeutung hinter dem ewigen Vorbild zurückbleibt. Hatten Festspiel und Hymne durch die gegenwärtig geschehende Handlung und den Preis die an ihr Beteiligten, die Lebenden und den Toten, Personen und Kultdinge, in gleicher Weise geheiligt und in die Mythe eingeschlossen, ist jetzt die Mythe entweder in eine nicht wiederkehrende Vorzeit vor die Geschichte gerückt, oder steht in der Welt des Sonnengottes als unverrückbares Naturgeschehen. Dies kann der tote König zwar mit einem Fluche bedrohen — „Die Erde soll nicht sprechen können, Geb (der Erdgott) soll sich nicht wehren können... Die Randberge sollen zusammenkommen, die Ufer sollen sich vereinen! Unkenntlich gemacht werden sollen die Wege für die, welche unterwegs sind, gestürzt die Treppen für die, welche aufsteigen!" (Pyr. 277/279). Meist zitiert jedoch der König auch dies Geschehen für den Weg seiner Seele — „Mich hat Rê zu sich zum Himmel genommen. Ich lebe, wie der lebt, der in den Westen des Himmels eintritt, wenn er im Osten des Himmels (wieder) hervorkommt" (Pyr. 1469).

Über diese Zitate hinaus finden sich in den Verklärungen auch mythische Episoden in rein erzählender Form dargestellt, und zwar in der besonderen Gruppe von Verklärungen, welche die Form der Anrede des Sohnes an den toten Vater weiterpflegt und anstelle der „Ichform" die 2. Person benützt. Auch diese Texte, welche in ihrer älteren Form lediglich Kulthandlungen aufzählen und — wie eine „Antwort" des Toten[1] und redigierte Vermerke (s. S. 47) zeigen — schon in dramatischer Form vorlagen, stellen in ihrer späteren Form den Toten in eine neue mythische Welt. Doch verklären sie nicht die zum Himmel aufsteigende Seele, die selbst in der „Ichform" über ihren Himmelflug berichtet, sondern den Leichnam, vor dem „der Riegel geöffnet wird an dem Doppeltor, welches die Menschheit zurückhält" (Pyr. 1726), so daß er dasteht „an diesem Tage" „vor Rê, wenn er im Osten aufgeht" (Pyr. 743), vergottet und gesalbt, wobei die Totenklage angestimmt wird und die Totentänze beginnen, bis auch der Leichnam als „unvergänglicher Stern" auf seinem „Schiff", der „großen Wildkuh" (Pyr. 1370) oder der

---

[1] Pyr. 573c „Du kommst zu mir! Du kommst zu mir! Du kommst ja zu mir wie Horus, als er seinen Vater Osiris rächte!" Sethe bezieht diesen Satz durch Einfügung eines „zu" („wie (zu) Horus") in die Rede des Sohnes ein (Kom., Bd. 3, S. 71).

Sokar-Barke (Pyr. 1970), in das Grab als Himmel einfährt. Vermutlich, weil dieser Kult um den Leichnam auf ältere Formen zurückgeht als die Verklärungen der königlichen Seele und so älteres Textgut benützt, treten in seinen Verklärungen gelegentlich anstelle der Naturschilderungen (s. S. 49) kurze mythische Erzählungen an den Spruchbeginn, die nach Anzeichen Dramatischen Texten entstammen. „Es kommt Isis, es kommt Nephthys, eine von ihnen als Klagevogel, eine von ihnen als Weihe. Sie haben Osiris gefunden, als ihn sein Bruder Seth in Busiris (*Ndj.t*) zu Boden stieß (*ndj*), als Osiris sagte: „Du kommst gegen mich (*sj.k 'ir.j*)!" als sein Name zu 'Sokaris (*Skr*)' ward" (Pyr. 1255/1256). Der Text, der im folgenden — zunächst mit einer die erweiterte Namensformel benützenden Litanei — den Toten anspricht, geht als Gemenge redigierter Textstücke weiter, die den Toten im Kult der „Seelen von Heliopolis" verklären (Pyr. 1261). Die an den Textbeginn gestellte mythische Erzählung, welche Totenklage und Verklärung des Leichnams einleitet, trägt hier wie in anderen Beispielen die Form der Gegenwart, mit der sie anhebt, als Merkmal ihrer Herkunft aus Dramatischen Texten. Zu einem weiteren mythischen Textbeginn läßt sich die ursprüngliche Fassung wiederherstellen: „Zu sprechen von Isis und Nephthys: Es kommt der Klagevogel, es kommt die Weihe, Isis ist es und Nephthys. Sie sind gekommen auf der Suche nach ihrem Bruder Osiris, auf der Suche nach ihrem Bruder Osiris, meinem Vater" (Pyr. 1280). Die letzten Worte, die erst auf der Wand in „auf der Suche nach ihrem Bruder, diesem P." redigiert wurden, lassen den König, für dessen Leichnam die Verklärung rezitiert wird, an dem mythischen Ereignis teilnehmen. In dem einleitenden Satz läßt die Kopula „ist es" — noch in der veränderlichen Form (*tj* statt *pw*) der Dramatischen Texte (s. S. 33 Anm. 2) — die ursprüngliche Erklärung erkennen, die im Ramesseum-Papyrus den Beschreibungen der Kulthandlung folgt. So darf man in den vorangehenden Worten eine solche Beschreibung vermuten. Beides ergibt in die Form der Dramatischen Texte umgesetzt: „Es geschah, daß der 'Klagevogel' und die 'Weihe' kamen, das sind Isis und Nephthys, die kommen, ihren Bruder Osiris zu suchen" — einen Szenentitel, wie ihn der Ramesseum-Pyaprus zeigt — „Es geschah, daß die 'Lobpreisenden' erwählt wurden. Das sind Isis und Nephthys, die Osiris lobpreisen" (Dr. T. S. 226). Die einleitenden Worte „Zu sprechen von Isis und Nephthys" gehören über die auch im Pyramidenspruch folgenden Reden der Göttinnen. Doch dürften dort die Schriftbilder der Göttinnen einander entgegengestellt gewesen sein, da Isis und Nephthys einander auffordern, den Bruder zu beweinen, und so „Isis spricht zu Nephthys" und „Nephthys spricht zu Isis" gelautet haben. Dies Beispiel verdeutlicht, wie aus einem Dramatischen Text eine Verklärung entsteht. Was die Aufführung erklärte, wird in erzählende Form gebracht und vorgetragen, um den toten König zu verklären. Im Totenkult wird die Mythe um des Toten willen erzählt, ja — wie hier — ausdrücklich auf ihn bezogen oder — wie in den Verklärungen in der Ichform — von dem Toten selbst zitiert. So ergibt sich eine Nutzanwendung der im Denkmal Memphitischer Theologie gefundenen Form[1]. Die erklärenden Vermerke der Dramatischen Texte werden gelegentlich in den Verklärungen mittels des Wortes „vergleichbar" in den Text hineingenommen — „Dich grüßt das Haltetau, Isis vergleichbar, Dir jubelt der Landepflock zu, Nephthys vergleichbar"[2]. Kultsymbole, die in den Dramatischen Texten Götterrollen trugen, werden jetzt mit denselben Göttern nur noch verglichen. Auch hierin bekundet sich die Entrückung der Götter aus der irdischen Welt, die sich früher an der Dehnung der Verweise (s. S. 34) feststellen ließ.

---

1 Auf diese Form sind in den Pyramiden auch die Dramatischen Texte durch Weglassen fast aller Vermerke und mit ihnen die Hymnen durch Einschub des Königsnamens gebracht worden. Die Dramatischen Texte werden so redigiert, daß allein ihr mythischer Gehalt auf den König bezogen zurückbleibt.

2 Pyr. 1997 („Landepflock (*mnj.t*)" als *hnj.t* dem *hnw* „jubeln" angeglichen). Das *ti* „vergleichbar" wird gern als Element ältester Sprache angesehen (vgl. G. E. Sander-Hansen, Über einige sprachliche Ausdrücke für den Vergleich in den Pyramidentexten (Acta orientalia Bd. 14) S. 287ff. Doch fehlt *iš* als Formelement sowohl in den Dramatischen Texten (ein fragliches Beispiel Sethe, Dram. Texte S. 166 (58)) wie in den Hymnen, findet sich in der zeitgenössischen Literatur des Alten Reiches (Urk. I 182, 5, 254, 10) und wird noch in jüngeren Sargtexten ausgiebig verwandt.

6. Zusammenfassung

Wenn am Ende der Untersuchung über die Entstehung der Mythe als Form rückblickend versucht wird, die gefundene Entwicklung noch einmal zu überprüfen und zusammenzufassen, so scheint es auffällig, daß literarische Formen — Dramatischer Text, Hymne, theologisches Denkmal und Verklärung — in eine zeitliche Abfolge gerückt sind, obwohl sie doch als verschiedene, gleichzeitig gepflegte und sich nebeneinander wandelnde Formen gelten dürfen. Zweifellos lassen sich — freilich nur in einer geringen Zahl isolierter Beispiele — auch Ritualtexte beibringen, welche den Sonnengott kennen und Merkmale mythischer Erzählung, wie sonst erst die Verklärungen, aufweisen. Redigierte Dramatische Texte und Verklärungen wurden schon erwähnt (s. S. 52). Derartige Beispiele zeigen nur, daß auch ältere Formen weiter gepflegt wurden, wie dies auffällig das Denkmal Memphitischer Theologie erwies. Solange nicht Merkmale jüngerer Formen in gesicherten alten Texten festgestellt werden, spricht nichts gegen den gefundenen Ablauf. Entscheidend scheint jedoch, daß die verschiedenen, hier in eine Entwicklung gestellten literarischen Formen sich zwar gegeneinander deutlich absetzen, aber nirgends den gebrauchten literarischen Begriffen ganz entsprechen. Die Dramatischen Texte sind nicht nur „dramatisch". Wir nennen sie so, weil in ihnen gesprochen wird, und weil Vermerke, wie in unsern Dramen, diese Reden einleiten. Doch findet sich dort schon zu anderen Vermerken, die auf Kulthandlungen verweisen, nichts entsprechendes. Auf Grund ihrer „Erklärungen" könnte man sie auch theologische Lehren nennen. Auch die Hymnen, welche den Gott besonders mit seinen Namen preisen, sind nicht reine Hymnen. Sie erzählen dem Gott, beschwören ihn und führen gerade mit den Namen oft von der Gestalt des Gottes auf dem Preisenden näher liegende Kultsymbole hinweg. Die Texte in der Ichform schließlich sind genau genommen erst nach der Schlußredaktion auf den Königsnamen auch formal Verklärungen. Bis dahin sind sie nach ihrer literarischen Form ein eigentümliches Selbstzeugnis, für das wir keine Bezeichnung haben. Die Eigentümlichkeiten, die den verschiedenen Textarten anhaften, und nicht ihre nirgends reine Form, haben die Handhabe zu ihrer zeitlichen Einordnung ergeben. An ihnen läßt sich der wesentliche Vorgang, das Zurücktreten der Verwurzelung im Kult und die Ausweitung der mythischen Welt erkennen. Festspiel, Kulthandlung und Beschwörung liegt die Vorstellung einer mythischen Gegenwart zugrunde. Göttlichkeit und Zauberkraft treten unmittelbar in Erscheinung und werden durch dramatische Rede und Beschwörung in den ihnen gebührenden Rahmen der Götterwelt versetzt. Hier läßt sich der heilige Gegenstand handhaben, ohne ihn zu entweihen, und der wegen seines Giftes für göttlich gehaltene Feind durch seinesgleichen bannen. Der Kult wahrt den Glanz, der auf Kronen und Szeptern, auf Kleid und Kapellen von alters her liegt, zusammen mit dem Verruf, welcher schnell verderbende Fische, Staatsfeinde und den Tod umgibt. Weil sie ihre Bedeutung tragen, nimmt auch die Mythe sich ihrer an und gibt den Gegenständen als „Auge des Horus", als „Fingernagel des Atum", als „Flügel des Thoth", den Priestern durch eine Götterrolle, dem Schauplatz als Letopolis, Buto und Sais die Weihe einer Entsprechung. Im Kult bewahrte Vorstellungen frühgeschichtlicher Kulte werden so in die neuerwachsene mythische Welt übersetzt. Eine Vielheit von Kulthandlungen gerät in die Hände einiger weniger Götter. Die hierbei benützte Form der feierlichen Anrede und des Preises entspringt der Kulthandlung und wird nicht erst von der Mythenbildung an die Dinge des Kultes herangebracht. Im frühen Grabkult, in dem der Sohn seinen Vater betreut, ist diese eigene aus den Kulthandlungen entwickelte Form ohne Anspielung auf die Mythe erhalten. Eine reine mythische Form wird im Denkmal Memphitischer Theologie gewonnen. Durch einen sachlichen Bericht wird hier die Gottheit mehr gepriesen als in den Hymnen, welche die Mythe der Gottheit erzählen. Die Verklärung in der Ichform, welche die königliche Seele über sich selbst spricht, zeigt gegenüber Festspiel und Hymne Formen, welche die Erzählbarkeit der Mythe voraussetzen. Auch die Verklärungen, die der Sohn zum Vater am königlichen Leichnam spricht, haben, wo sie die Mythe an den Spruchbeginn stellen, die alten Vorbilder ihrer dramatischen Form entkleidet und müssen die Mythe erst ausdrücklich auf den toten König beziehen, da er nicht mehr die Rolle des Festspieles trägt. Was das Festspiel als mythischen Gegenstand auf einen geweihten Schauplatz stellte, ist in ein unbekanntes jenseitiges Feld entrückt. Die Vergegenwärtigung dieser entrückten, urzeitlichen, ewigen Welt gelingt nur mit neuen Mitteln, die über die den Göttern dorthin folgenden Hymnen in den Verklärungen gefunden werden. Sie führen den Toten unter Berufung auf die Mythe in die mythische Welt hinaus. So kann die Mythenbildung in ihrer formalen Entwicklung durch den Vergleich der verschiedenen Textgruppen an literarischen Merkmalen verfolgt werden. Die Textgeschichte der älteren ägyptischen religiösen Literatur — die hier auch für den besonderen Zweck nicht ausgeschöpft werden konnte — ergibt die Entwicklung der mythischen Form.

III. KAPITEL

Dogma, Kult und Mythe

1. Heilige Orte

Der literarische Befund ergibt auf Grund formaler Merkmale eine Entwicklung des königlichen Totenkultes, welche vor die Einführung des Sonnenkultes zurückführt. In den Hymnen mit der Namensformel wird Rê nur in einem Osiris zugeschriebenen „Namen" erwähnt (s. S. 40). In den älteren Dramatischen Texten, deren Götterreden neu geformt den Hymnen einen Grundbestand geben, fehlt der Sonnengott. Diese Dramatischen Texte haben sich als älteste Form erwiesen, in der die Mythe erscheint. Eine ältere literarische Form, die Bildreihen des Jubilaeumsfestes und die Illustrationen des Ramesseum-Papyrus selbst (s. S. 6f.), zeigt Kulthandlungen mit knappen Beischriften und vereinzelten Reden ohne Anspielungen auf Mythen. Das Erscheinen der Mythe im Kult läßt das Rätsel ihres Ursprunges ungelöst. Leibhaft übernehmen die Götter die Rollen der Kulthandlung und erklären in dramatischer Rede das, was sie tun, als Mythe. Hierbei diktiert noch die Kulthandlung und nicht die Mythe den Ablauf des Festspiels. Doch spinnt die Mythe über die Kulthandlungen ein Netz, dessen Fäden einer anderen, von einer Götterlehre — einem Dogma — geordneten Welt entstammen. Durch den Aufbau der Szenen gestattet die dramatische Form, zwischen den Titeln der Kulthandlungen und den mythischen Erklärungen, Götterreden und Vermerken deutlich zu scheiden und so das mythische Gespinst als etwas besonderes, herangebrachtes von den Beschreibungen der Kulthandlungen zu trennen. Der die Kulthandlungen betreffende Text tritt auch ohne den Mantel der Mythe auf und wurzelt im Kult. Was steht jedoch hinter dem anderen Bestandteil der Dramatischen Texte? Woher kommt die Mythe? Nimmt man die Frage nach dem Woher der Mythe wörtlich, kann man Aufklärungen aus den Ortsangaben der Dramatischen Texte selbst erhoffen. Nennen sie einen mythischen Schauplatz oder den Ort der Kulthandlung? Schon die Bilder des Jubilaeumsfestes zeigen die Örtlichkeit an durch hieroglyphische Bilder des „Hofes der Großen"[1], in dem sich das Fest abspielt, und der „Göttlichen (Sakristei)"[2], in welcher der König das Festgewand anund ablegt. Im Ramesseum-Papyrus geschieht dies ähnlich, wenn in einer Szene diese Sakristei als Ort der Kulthandlung genannt wird — im Titel: „Es geschah, daß ein Brot ($'i\underline{3}.t$) gebracht wurde zur „Göttlichen (Sakristei)" (Dr.T. S. 240), in der Illustration: „Zur 'Göttlichen (Sakristei)' bringen" (Dr.T. S. 258) — wozu ein Vermerk die Sakristei nennt. Hier liegt demnach eine Angabe für den Ort der Kulthandlung vor. Doch betreffen auch die anderen Ortsangaben nicht die Mythe. Vermerke wie „$Im.t$" zum Überreichen der Weine von $'Im.t$ und Pelusium im Ostdelta (Dr.T. S. 177), „Libyerort" zum Anlegen eines nach Libyen genannten und von den „libyschen Frauen" überbrachten Fayenceschmuckes (Dr.T. S. 185) verlegen den Ort der Handlung eindeutig in die kultische Heimat der dargereichten Gegenstände. So dürfte auch „Letopolis" als Vermerk zum Bilden einer „Leiter" zum Himmel durch Schwingen von Kampf-

---
1 H. Kees, Das Re-Heiligtum des Königs Ne-Woser-Re Bd. 3, Text S. 10, 31.
2 F. W. von Bissing, H. Kees, Untersuchungen zu den Reliefs aus dem Re-Heligtum des Rathures S. 18f.

stäben (Dr. T. S. 223, S. 257) einem dort verwurzelten Brauch zuliebe gewählt sein und nicht deshalb, weil dort die Kinder der Nut zum Himmel entrückt wurden (ibd.), oder, wie es später die Mythe behauptet (Dr. T. S. 137f.) das Strafgericht an Seth vollzogen worden ist. Gelten doch auch mythisch Letopolis als Ort, an dem Leitern angefertigt werden, und sein Gott als Schutzgeist sowohl der Himmelsleiter (Pyr. 1431) wie der Kampfstäbe (Pyr. 908). Auch der Verweis auf Buto (*P*), die unterägyptische Krönungsstadt im Westdelta, dürfte so nicht den Schauplatz eines mythischen Ereignisses nennen, sondern den Ort, von dem der Brustschmuck des Vorlesepriesters stammt (Dr. T. S. 211), der demnach zum Ornat des unterägyptischen Königs gehört hat[1]. Daß jedoch der Schauplatz der Kulthandlung von Buto nach Letopolis und von dort zum Ibisgau — gelegentlich in derselben Szene — springt[2], daß also der König mit seinem Gefolge zwischen den Szenen, ja während einer Szene, von Ort zu Ort gereist wäre, ist undenkbar. Die Versetzung des Schauplatzes kann hier nur symbolisch erfolgen, etwa wie im heutigen Drama zwischen Szenen, die bald hier, bald dort spielen, jedoch immer im Theatergebäude aufgeführt werden. Die Kultgegenstände scheinen mit ihrer Heimat an den Schauplatz der Kulthandlung versetzt zu sein. Die Kapellen — an denen der große Festhof vor der Djoserpyramide (s. S. 11) reich ist — galten demnach als „Buto", „Ibisgau" und „Libyerort". In den Bildern zum Jubiläumsfest besucht der König die Landesgötter Horus von Edfu und Seth von Ombos in Kapellen oberägyptischer und Horus von Libyen in einer Kapelle unterägyptischer Bauweise[3]. Haben ihre Kapellen auch hier am Festplatz als „Edfu", „Ombos" und „Libyerort" gegolten? Mit der Einflechtung der Mythe werden die in den Kapellen des Festplatzes symbolhaft enthaltenen Herkunftsorte der Kultgaben zum Schauplatz der Mythe, der demnach für Ortsangaben keine eigenen Quellen zur Verfügung stehen. Sie ist hierfür auf die Gegebenheiten des Kultes angewiesen.

Die Hymnen mit der Namensformel haben in dieser Formel ein literarisches Mittel gefunden, welches gestattet, Kultsymbole in den Preis der Gottheit einzuschließen. Sie beziehen sich dabei auf diese Namen, ob sie nun die Gottheit selbst, Kultgegenstände oder heilige Orte betreffen, meist mit Wortspielen ihres Preises. Fraglos sind viele ihrer Sätze erst jetzt für diesen Zweck geprägt worden, wie es bei „Angenehm (*3ḥ*) ist es für Horus bei Dir in Deinem Namen Lichtland (*3ḥ.t*) aus dem Rê hervorgeht" (s. S. 40) offenkundig scheint, da sich hier — wie auch in den Hymnen an Nut (s. S. 41) für den neuen Gestirnskult, von dem in den Dramatischen Texten Spuren fehlen, anzeigt. Auch Perioden wie „Trage (*f3j*) Dir den, der größer (*wr*) ist als Du, sagen sie zu ihm (Seth), in Deinem (Osiris) Namen „Großes Feuersteinmesser ('*Itf3-wr*)", Erhebe den, der größer (*wr*) ist als Du, sagen sie, in Deinem Namen „Großes Land (*T3-wr*)" (Pyr. 627) oder die früher erwähnten Wortspiele paralleler Sätze — „denn du bist ihr Herr..., denn Du bist ihr Gott..." auf die Namen „Herr von Assiut" und „Gott" (Pyr. 630 Var.) — zeigen, daß vielfach erst in den Hymnen erscheinende literarische Formen und nicht Beziehungen zum Kult den Ablauf des Preises leiten. Hier hat sich gegenüber den Dramatischen Texten, in denen die Kulthandlung führt, das Verhältnis zwischen Kult und Mythe umgekehrt, da die Hymnen das gefundene mythische Bild möglichst lange halten und ausspinnen. Dies führt vereinzelt auch zu sinnvollen, an Litaneien erinnernden Namensfolgen, so in den aus zwei Quellen stammenden Preis des Gottes Osiris in seinen Beziehungen zu den Meeren (Pyr. 628/629 Var.) oder in den Sarg- und Grabnamen der ihren Sohn umschließenden Himmelsgöttin (Pyr. 616), die kaum

---
[1] Auch die Vermerke „Weiße Kapelle" (Dr. Texte S. 216, 230), „Balsamierungsstätte" (Dr. T. S. 216, 230) und „Goldschmiede" (Dr. T. S. 230) betreffen die Herkunft der überreichten Gewebe und des Mundöffnungsgeräts, also Gegenstände des Kults und nicht der Mythe.

[2] Dr. T. S. 180 anscheinend von „Ort des Thoth" nach *Ḥsr.t* (die Nekropole von Hermopolis). Eine weitere Ortsangabe scheint diese beiden Orte nach „Letopolis" zu verlegen (vgl. den Deutungsversuch Sethes ibd. S. 183, 184, freilich sind die beiden ersten Ortsangaben ergänzt). Die beiden ersten Ortsangaben könnten wieder Werkstätten, in denen der in dieser Szene überreichte Schmuck verfertigt worden ist, nennen, der Vermerk „Letopolis" die „beiden Augen" (ibd. S. 180 (74)) auf den dortigen Ortsgott beziehen.

[3] Kees, Re-Heiligtum Bd. 3, S. 13f.

auf Dramatische Texte zurückgehen, sondern den weiteren Herkunftsbereich der Hymnen mit der Namensformel erweisen. Alle diese Namen führen vom mythischen Preis der Gottheit auf ihre Beziehungen zu Kultsymbolen zurück, auch dann noch, wenn mit Gestirnen und Meeren die Symbole eines neuen Glaubens als „Namen" beschworen werden. Denn auch sie geben nicht den Schauplatz für ein bestimmtes mythisches Ereignis ab, sondern finden zu den alten Kultstätten nun Sonne, Gestirne und Meere als neue Orte, an denen ein Gott weilt, hinzu und zeigen, daß damals die Mythenbildung ihre Götter sowohl an alte Kultstätten wie in die Welt hinausträgt und noch nicht nach Orten einzelner mythischer Ereignisse sucht. Die Tradition der heiligen Orte verweist hierbei in den Hymnen dort, wo sie die beiden Landeshälften berücksichtigen, im Gegensatz zum Dramatischen Ramesseum-Papyrus fast ausschließlich auf Oberägypten[1]. Wird im Ramesseum-Papyrus die „Nördliche Halle des stehend Essens"[2] genannt, so finden sich unter den Namen der Hymnen Kapellen der oberägyptischen Form, das oberägyptische Reichsheiligtum „Großes Haus" (Pyr. 648) und der Schrein des „Großen Feuersteinmessers" (Pyr. 627). Gegenüber den im Ramesseum-Papyrus bevorzugten Deltastädten (s. o.) erscheinen in den Hymnen die „Namen" der oberägyptischen Städte „Abydos"[3] und „Assiut" (Pyr. 630 Var.) und des Gaues „This" (Pyr. 627). Dabei kann kein Zweifel darüber bestehen, daß die Hymnen nicht in Oberägypten, sondern in Memphis entstanden sind. Auf die Residenz Memphis, seine Reichsheiligtümer und seinen Totenkult verweist die Masse der Namen mit „Königspalast" (Pyr. 640 Var.), „Palastbewohner" (Pyr. 585), mit den Reichskapellen und deren Synonym den „Schlangensteinen" (Pyr. 577 Var.), mit Sokaris und seiner Barke (Pyr. 620 Var.), mit Nephthys als „š3t.t, Herrin der Baumeister" (s. S. 122) und mit anderen auch die neuen Kultsymbole, welche ein neues königliches Dogma künden. In Memphis dürfte schon der Ramesseum-Papyrus verfaßt worden sein. Auch er nennt die Reichskapellen[4]. Dort befindet sich die „Goldschmiede" (Dr. T. S. 230). Dort wird der „Pfeiler" aufgerichtet (Dr.T. S. 156ff.), wobei der Hohepriester von Heliopolis mitwirkt. Dort spielt der Erdgott Geb seine überragende Rolle (s. S. 26). Neben dem Gott des benachbarten Letopolis wird nur noch Sokaris als Ortsgott genannt (Dr.T. S. 227). Sowohl in den Dramatischen Texten wie in den Hymnen mit der Namensformel ist so die memphitische Note unverkennbar. Wenn daneben im Ramesseum-Papyrus das Delta, in den Osirishymnen Oberägypten mehr hervortritt, so hat dies andere Gründe. Zum Ramesseum-Papyrus dürfte das oberägyptische Gegenstück, welches zum Jubilaeumsfest erhalten ist, fehlen, was durch die Zeitumstände, die mit der Verlegung der Residenz nach Memphis eine Verlagerung des kulturellen Schwerpunktes nach Unterägypten einleiten, aber auch durch den Verlust des Oberägypten betreffenden Teiles verursacht sein kann. In den Hymnen bekundet sich die Herkunft des königlichen Totenkultes, der nach der Reichseinigung an der Kultstätte des „Ersten der Westlichen" in Abydos erwachsen ist und darum sogar in offensichtlich jüngeren Stücken der Hymnen an dessen alte Kulte erinnert. Die Frage nach dem Ort, an dem Mythe und Kult nacheinander zu Dramatischen Texten und Hymnen verflochten worden sind, ist so dahin beantwortet, daß beides in der königlichen Residenz Memphis erfolgte, wobei sich in den Hymnen der Aufstieg des neuen, später nach Heliopolis verpflanzten Geistes kündet.

Sowohl in den Dramatischen Texten, wie in den Hymnen entstammen die Ortsangaben dem Kult und nicht der Mythe. Die Mythe tritt gewissermaßen heimatlos in Erscheinung und nistet sich über die Kulthandlungen, welche sie deutet, in den Kultstätten ein. Erst im Denkmal Memphitischer Theologie und in den Verklärungen treten die Ortsangaben aus Vermerk und Namensformel heraus in den Wortlaut der Mythe, nachdem vereinzelt schon in den Hymnen das Wort

---
1 Auf Unterägypten verweist der Namen „Busiris" (Pyr. 614).
2 eine der Kapellen des Jubilaeumsfestes (Dr. Texte S. 131 f.). Im Ramesseum-Papyrus fehlt ferner neben dem „unterägyptischen Wegöffner" (Dr. T. S. 192) dessen ältere oberägyptische Form.
3 Pyr. 581 (Var.), der dortige Ortsgott „Erster der Westlichen" Pyr. 592 (Var.).
4 D. T. S. 233 mit dem Synonym „Schlangensteine" genannt.

III. Dogma, Kult und Mythe

„als (m)" an die Stelle der Namensformel getreten war (s. S. 40). Während die „Namen" der Verklärungen nun gelegentlich in „Thesen" ein Dogma künden — „'Grenzenloser' ist Dein Name" (Pyr. 1434), „'Ewigkeit' ist sein Name, 'Ewigkeit, Herr des Jahreslaufs' ist sein Name" (Pyr. 449), „Dich (den verklärten Toten) ruft Rê bei Deinem Namen 'Der, vor dem sich alle Geister fürchten'" (Pyr. 2025) — werden nun eindeutig Orte als Schauplatz mythischer Ereignisse genannt: Jetzt erzählt der König: „Ich suchte das Horusauge in Buto und fand es in Heliopolis. Ich nahm es (als Krone) vom Haupt des Seth, an jenem Ort, an dem sie gekämpft haben" (Pyr. 1242). Diese Erzählung spinnt die Mythe, in welcher Horus sein Auge von Seth zurückgewinnt, weiter. In einer Szene des Ramesseum-Papyrus soll das Überbringen einer Karneolkette dies Ereignis darstellen (Dr. T. S. 180), wozu dort mehrere Orte genannt werden und rätselhaft nebeneinanderstehen (s. S. 56 Anm. 2). In der aus älteren Texten redigierten Verklärung fällt in der Form der Erzählung der Wechsel des Schauplatzes nicht auf. Der König hat als Thoth (Pyr. 1237) das Auge an einer Stelle gesucht und an einer anderen gefunden. Er vermutete es in der Kronenstadt Buto, fand es jedoch in Heliopolis — wie genauer ausgeführt wird — an jenem Orte, an dem sie gekämpft haben, womit auf den „Waffenplatz", die Ortschaft Babylon (Hrj-$^{c}h^{3}$), den Nilhafen von Heliopolis, angespielt sein dürfte[1], an einer anderen Stelle „Jener Ort, an dem sie gefallen sind" (Pyr. 1350) genannt wird. Diese Zusätze unterstreichen den Charakter der Ortsangaben, die nun wirklich Schauplätze mythischen Geschehens nennen, denn die Mythe und nicht eine Kulthandlung führt Thoth über Buto nach Heliopolis. Auch wenn Osiris von seinem Bruder Seth in $Ndj.t$, einer Kultstätte bei Busiris, zu Boden gestoßen wird (Pyr. 1256), ist nun die Kultstätte in die Mythe genau so einbezogen, wie in dem anschließenden Satz der Name des Gottes Sokaris, der als aus einem mythischen Ausspruch des Gottes Osiris erst entstanden erklärt wird (s. S. 52). Das Denkmal Memphitischer Theologie nennt die „Königsburg" von Memphis als Platz, zu dem der ertrunkene Osiris gelangte[2]. In den Osirishymnen lassen Name — „Königsburg ($h.t$-^{c}it)" — und mythischer Preis — „Geb veranlaßte, daß Horus seinen Vater (^{c}it) in Dir erkennt" (Pyr. 640 Var.) nur im Wortspiel einen Zusammenhang ahnen, der mythisch ausgedeutet: „Geb hat Horus seinen Vater Osiris in der Königsburg erkennen lassen" lauten könnte, was jedoch vermutlich schon über das von der Hymne angedeutete hinausgeht. In diesem Zusammenhang aufschlußreich ist eine schon früher angeführte Stelle des Denkmals Memphitischer Theologie. Im ersten Schiedsspruch des Geb wird Seth als König Oberägypten bis zu dem Ort, an dem er geboren wurde, in $Šw$ zugewiesen, Horus als König Unterägypten bis zu dem Ort, an dem sein Vater ertrunken ist, in „Hälfte der beiden Länder" (s. S. 43). In der Wiederholung dieser Erzählung in dramatischer Form fehlen die Ortsangaben, jedoch finden sich als Verweise die Vermerke „Ober"- und „Unterägypten", auf die in einer älteren Hymne der Pyramidentexte noch mit den Wortspielen angespielt wird (s. ibd.), obwohl sie dort — wie in den Pyramidentexten die meisten der Vermerke — fehlen. In der ursprünglichen Fassung ging es im Wesentlichen um Ober- und Unterägypten. Im Denkmal glaubt man diese allgemeine Ortsbestimmung durch einen mythischen Geburtsort des Seth und den ebenso mythischen Ort, an dem Osiris ertrunken sein soll, genauer bestimmen zu müssen. Die Möglichkeit, mythische Ereignisse als wirklich an einem Ort geschehen hinzustellen und damit zugleich diese Orte mythisch zu heiligen, wird so erst im Verlauf der Mythenbildung gefunden, nachdem Ortsangaben in Dramatischen Texten auf die Heimat der Kultsymbole, in den Hymnen auf Kultstätten der gepriesenen Gottheit verwiesen[3]. Die Mythe vermittelt mit ihren Orten keine „mythische" Kunde verschollener Geschichte, sondern dringt in alte Kulte dadurch ein, daß sie den mythischen Schauplatz an ihre Stätten verlegt. Damit findet sie zugleich ein Mittel, als dort geschehen aufzutreten, und gewinnt so eine Form,

---

1 Kees, Götterglaube S. 239.
2 Dr. T. S. 40 (22), H. Junker, Die Politische Lehre S. 36ff.
3 Nur vereinzelt (Pyr. 630a) findet sich in den Hymnen eine Ortsangabe im mythischen Preis außerhalb der Namensformel.

welche der Form geschichtlicher Überlieferung nahe kommt. Was die Mythe über die Städte Heliopolis und Buto und die Stätten bei Memphis und Busiris erzählt, ist während der Mythenbildung dorthin verpflanzt oder aus ihren zeitgenössischen Ortskulten entwickelt worden. Auch die Naturmächte der Neunheit, „die zunächst keine besondere Kultstätte auf Erden gehabt zu haben scheinen", erhalten „eine irdische Kultstätte gleich den alten Ortsgottheiten, in oder bei Heliopolis"[1], die ein Pyramidenweihtext dogmatisch verkündet (Pyr. 1660ff.). Nun kann eine Stadt „nördlich von Heliopolis aus dem Scheitel des Geb hervorkommen" (Pyr. 1210). Himmelsgöttin und Erdgott gelten als Heliopolitaner (Pyr. 482 Kom.), während Schu und Tefnut als Kinder des Atum „aus Heliopolis gekommen sind" (Pyr. 1010/1985). So sind Heliopolis, Buto und andere Kultstätten mythische Orte geworden, Stationen von Festzügen vergleichbar, wobei nicht nur Stätten der Königsmythe, sondern auch die Plätze gezeigt wurden, an denen die Welt entstand und aus dem Urwasser Land auftauchte.

2. Das Wortspiel

Die Rolle der Ortsbezeichnungen in der älteren religiösen Literatur zeigt anschaulich, wie sich die Mythe im Kult erst einnistet und gerade ihre später so sicher vorgebrachten Daten in Anlehnung an Kultstätten gewinnt, die sie zum Teil vorfindet, zum Teil aber selbst erst gründet. Überprüft man auf Grund dieses Ergebnisses noch einmal das erste Auftreten der Mythe und ihre Beziehungen zu den Kulthandlungen, so zeigt, sich, daß die Anlehnung an den Kult sich nicht auf Szenenfolge und Ortsangaben beschränkt. Auch das Wortspiel, welches zunächst als literarisches Mittel, auf Kultsymbole anzuspielen und sie so durch Einbeziehung in die Mythe zu heiligen, angesehen wurde, verbindet Kult und Mythe. Kommt es etwa zum Wortspiel auf dem gleichen Wege wie zum mythischen Schauplatz dadurch, daß die Mythe im Kult ein Stichwort sucht und es sich für ihre Götterreden durch die Namen der Kultsymbole geben läßt? Einige Beispiele zeigen auffällig, daß in der Tat die Mythe für ihre Götterreden im Kult Anregungen findet. Der Name des Kultsymbols läßt nicht etwa nur nach passenden Worten für ein beigeordnetes mythisches Ereignis suchen, sondern hat in vielen Fällen die Mythenbildung beeinflußt. Zwar liegt Grund vor, anzunehmen, daß zum Beispiel zwischen der Gerste und Osiris (Dr.T.S.134), zwischen den Eseln und Seth (Dr.T. S. 134), den „Lobpreisenden" und Isis und Nephthys (Dr.T. S. 226) Beziehungen bestehen, welche den mythischen Rahmen auch unabhängig von ihren Namen festlegen. Doch ergibt erst das Wort, welches auf ihre Namen anspielt, das mythische Bild. Beim Dreschen der Gerste werden Stiere über die Tenne getrieben. Weil die Gerste (′it) für Osiris im Wortspiel „Vater (′it) ergibt, muß Horus sprechen. Er redet die mythisch die Rolle des Sethgefolges tragenden Stiere (′iḥ.w) mit „Schlagt (ḥw) nicht diesen meinen Vater (′it)!" (Dr.T. S. 134) an, womit gleich zwei Kultsymbole — die Gerste und die sie dreschenden Stiere — mit Wortspielen berücksichtigt sind, erzählt Osiris: „Ich habe Dir die geschlagen (ḥw), die Dich schlugen!" (Dr.T. S. 134), womit wieder auf die dreschenden Stiere angespielt wird, und sagt über Seth: „Sein Geifer soll nicht sprudeln (ʒʾ) gegen Dich" (ibd.), ein Satz, der um das Wort „sprudeln" im Wortspiel zu den das Getreide forttragenden Eseln (ʾʒ.w) gebaut ist. Die sprunghafte Redeführung ist, wie ein Schlachtritual der Pyramidentexte zeigt (Pyr. 1544ff.), nicht notwendig. Dort gestatten Namen weiteren Schlachtviehs eine befriedigendere Fortführung der Rede. Hier ergibt das Wortspiel zwischen „sprudeln" und „Esel" den Wechsel des Themas. Um des Wortspieles willen wird Osiris „erschlagen" und nicht zerstampft, was der Kulthandlung des Dreschens entsprechen würde, oder zerhackt, wie es ein Vermerk hierzu „den Gott zerhacken" (ibd.) verlangt. Auch die Verdoppelung, mit der auf das Sterben des Gottes als „Davongehen" und „Ertrinken" (Pyr. 24 Var.) angespielt wird, verdankt, wie eine Variante des Denkmals Memphitischer Theologie (s. S. 44) zeigt, ihre Entstehung den Wortspielen auf „Ober"- und „Unter-

---
[1] Sethe, Urgeschichte S. 104f.

Ägypten". Um des Wortspieles willen ist so Osiris — der in seiner mythischen Rolle sterben mußte — auch ertrunken. Falls Osiris schon damals als Herr des Niles und der Wasser galt, mag dies die Wahl erleichtert haben. Durch Wortspiele kommen auch Götterreden zustande, die das, was geschieht, unzureichend beschreiben, da anscheinend das Wortspiel nichts besseres ergab. Wenn Horus zu seinen Kindern über den Pfeiler (Dd) mit der Rolle des Seth sagt: „Lasset ihn dauern (das heißt ewig bleiben (dd)) unter ihm (Osiris)!" (Dr.T. S. 156), so ist dies eine kaum erkennbare Umschreibung des Aufrichtens des Pfeilers, der Osiris als Palmzweig trägt. In einigen Fällen wurde neben anderen Lösungen keine weitere gefunden als die, das Wort des Kultsymbols selbst in die Götterrede aufzunehmen, so in der Rede des Horus an Seth: „Ich habe mein Auge genommen, Deine Karneolperle" (Dr.T. S. 180), die hier in die Mythe hinüberwechselt, wie auch in einer Rede des Horus an seine Kinder „Bringt mir mein Auge, meinen Perlenschmuck, welches er verschont hat" zum Überreichen eines Fayenceschmuckes[1]. In anderen Fällen mußte — wie in zwei Sätzen der Reden zum Dreschen des Kornes (s. o.) — die sich mit dem Wortspiel ergebende Möglichkeit durch Verneinung erst umgekehrt werden, so, wenn in Anspielung auf Schiffe ($wj3$), die Osiris als Palmenzweig tragen, dem in ihnen verkörperten Seth gesagt wird: „Du entfernst ($w3j$) Dich n i c h t unter dem, der größer ist als Du!" (Dr.T. S. 124) und „N i c h t sollst Du Pläne schmieden ($w3w3$) unter ihm!" (Dr.T. S. 124), worin beide Male das gewählte Wort nur negiert in die Rede aufgenommen werden konnte. Ebenso wird über das Horusauge gesagt: „Horus nimm Dir Dein Auge, n i c h t wird es von Dir getrennt ($š$ʿ)werden!", weil das Wortspiel zu den überreichten Kuchen ($š$ʿ.t) das Wort „trennen" ergab, und die Trennung vom Auge gerade vermieden werden soll[2].

Das Geheimnis der Kulthandlung, welches die Götterlehre der Mythe deutet, kann von ihr nur so ausgesponnen werden, daß ihr Gespinst im Wortspiel das Kultsymbol umfaßt. Dies Symbol trägt seinen von Natur nicht mythischen Namen, den die Mythe erst sich erfinderisch einfühlend umdeuten muß. Hierbei verfährt sie auch schöpferisch. Sie wählt nicht nur dem Wortspiel zuliebe seltene Worte für etwas, was sie ungebunden viel einfacher sagen könnte, sondern findet auch im Namen der Kultsymbole den Anstoß zu ihrem eigenen, in den Einzelheiten noch nicht festgelegten Verlauf. Ein bisher nicht erfaßter Kern erschafft die Mythe aus dem Kult, deutet diesen Kult um und baut ihn über das Wortspiel auf einem neuen Schauplatz wieder auf. Diese schöpferische Kraft folgt jedem Reiz, den die Namen der Kultsymbole bieten. So entstehen nicht nur Doppelversionen, sondern Fassungen in nur durch die sich bietende Gelegenheit beschränkter Zahl. So frisch und unbekümmert verfährt hierbei die Mythe, daß — nach dem Ergebnis zu urteilen — eine Sorge, die verschiedenen Stücke aufeinander abzustimmen, nicht aufkommt. Das für den Zweck mittels des Wortspiels gefundene Bild wird erzählt und tritt neben die vielen schon früher in denselben großen Rahmen gestellten Bilder. Was entstehen soll, ist keine fortlaufende mythische Geschichte, sondern die Übersetzung der Kulthandlung in eine neue, in anderer Weise geheimnisvolle Welt. Diese von einem noch unbekannten Kern her geordnete Welt wird im dramatischen Festspiel als etwas Neues hinzugewonnen. Die Wahl des Wortspiels als Mittel hierfür zeigt, daß es sich um eine bewußte Schöpfung handelt, die nach einem solchen Mittel gesucht und es sich erwählt hat. Vereinzelt finden sich im Ramesseum-Papyrus auch Reden ohne Wortspiel zur Kulthandlung. Beim Holen der Schlächter des Opferstieres wird gesagt: „Es kommt der Vater zu seinem Sohne" und „Es kommt der Sohn zu seinem Vater" (Dr.T. S. 114). Diese mythisch auf Osiris und Horus bezogenen Reden sind im Stil der kurzen

---

[1] Dr. T. S. 185. In beiden Fällen beanspruchen die anschließenden Sätze weitere Wortspiele auf dieselben oder verwandte Worte. So werden aus „Karneol ($ḥrs.t$)" noch die Reden des Horus an Seth: „...sie haben Dich grimmig angeblickt ($ḥs3$)" und „Bringe mir mein Auge, das Du wütend gemacht hast ($ḥrš$)" und aus „Fayence ($ṯḥn.t$)" die Rede desselben Gottes über sein Auge, welches sein Gesicht „heiter machte ($ṯḥn$)" gezogen.
[2] Dram. Texte S. 120 (19), Par. 87a, vgl. Dram. Texte S. 177 (71), Pyr. 94a.

Begrüßungsreden gehalten, die sich auch zwischen den Bildern des Jubilaeumsfestes[1] und im Ramesseum-Papyrus selbst finden, wo eine Kulthandlung mit „es geschah, daß gesagt wurde: „Kommt herbei!" zu den Großen von Ober- und Unterägypten" (Dr. T. S. 201) beschrieben wird, hier also eine Rede dem Kult entstammt. Dieser Ruf ist der Bildreihe unter dem Dramatischen Text (Dr. T. S. 255) entnommen. In den älteren spärlichen Reden des Kultes fehlt das Wortspiel. In den Hymnen mit der Namensformel ist es in seiner ersten Form schon wieder verloren. Sie pflegen nicht mehr durch Vermerke und Erklärungen die Verbindung zu den Kulthandlungen. Nur dort, wo in der neu gefundenen Namensformel Kultsymbole an den Preis angeschlossen werden, ist nach wie vor die Verbindung zwischen Kultsymbol und jetzt mythischem Preis offenkundig. Dort, wo die Namensformel fehlt, entgehen dem Uneingeweihten die Anspielungen des alten Wortlauts. Wo nicht auch die ursprüngliche Fassung erhalten ist[2], kann man bei der Unregelmäßigkeit der Form des Wortspiels nur selten auf den einst gemeinten Gegenstand schließen. Wenn Osiris erzählt wird: „Horus ist gekommen, er sucht Dich" (Pyr. 575), so dürfte hiermit einst auf den „Geistsucher"-Priester angespielt gewesen sein, der die Rolle des Horus trug. Die Aufforderung an Osiris, sich Horus zu „nähern (ms)" wird in dem ursprünglichen Zusammenhang auf das Tünchen mit Gips (bsn) angespielt haben (Dr. T. S. 139, Pyr. 101), freilich nach dem Zusammenhang nicht wie im Ramesseum-Papyrus auf das Tünchen der Schiffskapelle, sondern des Grabbaues, auf den die in den anschließenden Sätzen verwandten Worte[3] anspielen. Daß trotzdem das Wortspiel weiter gepflegt wird, zeigt der Einbau der Namensformel, auf die nur vereinzelt (Pyr. 620) der Preis nicht mit einem Wortspiel anspielt. Nun geht das Wortspiel auf die dem gepriesenen Gott gegebenen Namen seiner Kultstätten und anderer Götter. Dies stellt gegenüber der Verwendung des Wortspiels in den Dramatischen Texten eine Neuerung dar, insofern dort das Wortspiel meist Kultgegenstände und nur vereinzelt auch einen Gott[4] oder eine Kultstätte[5] betraf. Jetzt wird allgemein der „Name" oder ein Teil von ihm und nicht ein anderes gleichlautendes oder anklingendes Wort in den mythischen Text gestellt und so Osiris gepriesen: „Nut setzt Dich ein als Gott Seth zum Trotze in Deinem Namen „Gott" (Pyr. 25 Var.), „indem Du über ihn erhaben bist in Deinem Namen 'Erhabenes Land' (Abydos)" (Pyr. 581), „indem Du schwarz bist, indem Du groß bist in Deinem Namen „Großer Schwarzer (die Bitterseen)", „indem Du grün bist, indem Du groß bist, in Deinem Namen „Großer Grüner" (das Meer) (Pyr. 628). Nur vereinzelt, wie zu dem Namen „Busiris" (Pyr. 614) und zu einem Natronvorkommen als Namen der Nut (Pyr. 580 Var.) kommen angesichts der Unergiebigkeit dieser Namen andersartige Wortspiele vor. In einem derartigen Fall hat man den Namen der Stadt als Wortspiel übernommen — „Begrüßt (sȝj) haben Dich Isis und Nephthys in Assiut (Sȝw.tj), denn Du bist ihr Herr, in Deinem Namen „Herr von Assiut" (Pyr. 630 Var.) — und erhält so eine mythische Ortsangabe, wie sie sich sonst erst in den Verklärungen finden. Inhaltlich heben sich alle diese Wortspiele von den Götterreden in ihrer alten oder redigierten Form ab, indem sie zwar den Gott und nicht das Kultsymbol seines Namens betreffen, aber doch mythisch nichtssagend sind. Sie preisen den Gott, tragen jedoch zum mythischen Geschehen nicht neues bei, während früher das Wortspiel die Mythe ergab.

---

1 v. Bissing, Kees, Re-Heiligtum, Bd. 2, Taf. 25 (84) „Kommt!" viermal zu sagen!" und andere Beispiele.
2 z. B. Pyr. 103a/b zu Pyr. 583b/c; Pyr. 100, 111/112 zu Pyr. 591c; Pyr. 55a/b zu Pyr. 609c; Pyr. 249 zu Pyr. 614b/d; Pyr. 12c zu Pyr. 644b.
3 Pyr. 586a/b, 645c/d. Zu den Wortspielen „sich erheben (šʽr)" und „Grab (iʽ)" vgl. Pyr. 616f., „sich entfernen (ḥrj)" und „Pyramide (mr)" Pyr. 1657d — nach dem Wortspiel aus dem Namen Ḥrj des Pyramidenfeldes bei Giza (Erman Grapow, Wörterbuch Bd. 3, S. 143) oder „Nekropole (ḫr.t)" Pyr. 645d, 785d) redigiert. Pyr. 216b verwendet anstelle von „Pyramide" und „Nekropole" das Wort „Grab (ʽis)" in den Text „Entferne Dich nicht vom Grabe" hinein (s. S. 41).
4 „Der ohne Augen" (Dr. T. S. 162 (55)).
5 Die „Göttliche (Sakristei)" Dr. T. S. 240 (138).

Das Wortspiel ist Stilmittel geworden, welches zwar im Gegensatz zu unserm Reim noch verschiedenartige Textglieder zusammenhält, jedoch nicht mehr vornehmlich dazu dient, aus Namen von Kultsymbolen Mythe zu bilden. Auch die Verklärungen, in denen die Mythe von den Dingen des Kultes abgelöst ihre eigene jenseitige Welt findet, benützen das Wortspiel und die durch das Wörtchen „jene" — „in jenem Deinem Namen" — erweiterte Namensformel. Noch können sie sich hierbei auf ältere Vorstellungen ihrer Gestalten beziehen wie in einer Verklärung des Königs, zu dem gesagt wird: „Du aber steigst zum Himmel und kletterst ($i3k$) auf ihm in jenem seinem Namen „Leiter ($m3k.t$)"[1]. Die ältere Vorstellung des Aufstiegs zum Himmel auf einer im Ritual durch Gebärden von Priestern dargestellten Leiter[2] ist auf die neue Himmelsvorstellung übertragen. Doch wird die Namensformel auch im Gegensatz zu ihrer ersten Bestimmung dazu benützt, nicht das überkommene zum „Namen" des gepriesenen mythischen Gottes zu machen, sondern im Namen die neue Lehre herauszustellen. So wird jetzt „Rê" als Name des „östlichen Horus"[3], „Orion" als Name des Osiris (Pyr. 959) und „Horus vor den Geistern", der Stern, welcher das Weltmeer befährt" (Pyr. 1508, 1505), der erste der Dekangestirne, als Name des in der Sothis ruhenden Samens des Osiris (s. S. 40) genannt. Dieser Vorgang bahnte sich in den Hymnen mit der Namensformel schon an, in denen ja das „Lichtland, aus welchem Rê hervorkommt" als Name des Osiris gilt (s. S. 40), und so über die Namensformel eine neue Lehre eindringt, um freilich neben die andere Symbole des Osiriskultes nennenden Namen zu geraten. Mit ihrem Siege löst diese Lehre die Bindung der Mythe zum Kult und findet eigene mythisch bedeutsame Symbole, die mit den alten Mitteln des Wortspiels an den mythischen Rahmen gebunden werden. So kommt es zu meisterhaften Anwendungen von Wortspiel und Namensformel, die als Eigentümlichkeit der Göttersprache in die Mythe eingehen. Jeder Götterausspruch ergibt neue Namen und damit neue Dinge. Im Wortspiel wird die Welt erschaffen, eine Anschauung, die selbst zur Mythe geformt im Denkmal Memphitischer Theologie die Schöpfung in den Mund ihres Gottes gelegt hat. Früher wurde ein passendes Wort gesucht, welches auf den Kultgegenstand anspielt, und im Rahmen der Kulthandlung mit diesem Wort ein Satz Mythe als Ausspruch eines Gottes gebildet. Jetzt steht auch die Entstehung des Wortspiels in der Mythe — „Sie fanden Osiris. Ihn hatte sein Bruder Seth zu Boden gestoßen (ndj) in Busiris ($Ndj.t$), als Osiris sagte: „Du kommst gegen mich! ($sj.k$ '$ir.j$)" und sein Name „Sokaris" entstand" (Pyr. 1256). Hierbei kann die Nennung des Namens selbst überflüssig scheinen, da er ja schon im Ausspruch erhalten ist. In „Es kommt die Leiter, es kommt Dein (Nut) Name, den die Götter sagten" (Pyr. 995) wird der Name der Himmelsgöttin nicht genannt, sondern auf ihn einzig im Wortspiel angespielt. Man muß sich dies Bild, um es zu verstehen, erst auflösen: Als Nut den toten Gott suchte, um ihn zum Himmel zu heben, sagten die Götter „Es kommt die Leiter" und so entstand ihr Name „Leiter". Dies ist hier auf eine nicht mehr zu vereinfachende Formel gebracht, die nun — im Stile der früher angeführten Beispiele einer blütenreichen Sprache (s. S. 24 f.) — alles, worauf das Wortspiel anspielt, zum Rätsel macht und es weder im dargereichten Kultgegenstand, noch im beigefügten Namen deutet. Auch die Namensformel selbst wird nun abgewandelt und verliert das Formelhafte. An die Stelle des „in jenem Deinem Namen" kann „jenen Deinen Namen" (Pyr. 2102) und „zu jenem Deinem Namen" (Pyr. 1257, 1734) treten. So wird der östliche Horus ermahnt: „Steige doch auf zu dem Auge des Rê ('$ir.t$ R'), zu jenem Deinem Namen, den die Götter schufen ('irj)" (Pyr. 1734). Das Denkmal Memphitischer Theologie verwendet das Wortspiel bewußt als Mittel, die eingestreuten dramatischen Stellen altertümlich erscheinen zu lassen (s. S. 44). Der zweite Schiedsspruch des Geb wird so abgeteilt und aus Wortspielen zusammengebaut, daß der Anschein entsteht, als lägen hier sechs über Kult-

---

1 Pyr. 479a, 941b, vgl. 143: c.
2 Dr. T. S. 223 (117), vgl. Pyr. 478b, 941d.
3 Pyr. 452b, vgl. 2208a; als Namen des Sonnengottes selbst Pyr. 1695b, 1449a (hier und 2208a in der alten, nicht mit pw „jener" erweiterten Namensformel).

symbole gehende Götterreden vor, während in Wirklichkeit nun das Wortspiel ähnlich dem Stabreim zwischen Worten eines Spruches spielt und nicht mehr auf etwas literarisch außerhalb bleibendes verweist. Doch sind im Denkmal auch alte Wortspiele ohne Bedenken aufgegeben, wenn die um sie gebauten Sätze nicht zur vorgetragenen Lehre passen, so bei der Teilung Aegyptens, welches mit einer ursprünglichen Osiris betreffenden Rede nun Horus und Seth gegeben wird. Hierbei mußte, um Seth berücksichtigen zu können, die Anspielung auf Oberägypten als Ort, an dem Osiris gestorben ist — da Seth nicht stirbt — in den Ort, an dem Seth geboren wurde, umgewandelt und dabei das Wortspiel verändert oder aufgegeben werden (s. S. 43). Dies wurde damals wohl ohne Bedenken hingenommen, da, wie die dritte Rede des Geb, in der ein Wortspiel auf den Vermerk fehlt, zeigt, Wortspiele nicht mehr unerläßlich waren (s. S. 58). Die Mythe hat sich von der Fessel der einst gefundenen Form befreit. Sie wird nicht mehr im Wortspiel erst geformt, sondern wie ein wirkliches Ereignis erzählt, das als so und nicht anders geschehen im Wesentlichen schon festliegt.

3. Kult und Mythe

In den frühen Texten stehen Kult und Mythe einander wie fremde, durch literarische Mittel — szenische Vermerke und Namensformel — miteinander vereinigte Größen gegenüber. Die Mythe fußt in der neuen Welt des geeinten Aegyptens und stellt als Mächte, welche dies Reich schufen, ihre wenigen Götter heraus. Ihre Heimat ist die neugegründete Residenz. Ihre geographischen Begriffe sind Ober- und Unterägypten. Der Kult bleibt demgegenüber an den Stätten seiner Symbole, zu denen auch die alten Orts- und Landesgötter gehören. Diese Götter huldigen in den Festdarstellungen dem Reichsgedanken, dienen dem Herrn der beiden Länder, wie sie seinen Vorgängern oder — wenn sie mit dem unterlegenen Staat in deren Hände kamen — ihren Feinden dienten, als ihm den Weg öffnende Standarten, als Pfeil und Bogen, Keule und Speer, als Schiff und Sänfte, als Arzt und Tür, als Kronen und Ornat, als Kleid und Schmuck, Trunk und Nahrung. Sie stehen in einer heiligen Tradition und verlangen ehrwürdige Kulthandlungen, welche erst den Umgang mit ihrer Macht, die geziemende Handhabung von Krone und Waffe ermöglichen. Sie müssen „für ihren Herren" immer wieder gebändigt werden, wie es H. Kees für die Stirnschlange betont, der ein Priester voranschreitet, um die am Haupt des Königs und der Götterbilder „aufgebäumte" durch Räucherungen zu „befrieden"[1]. Diese Mächte haben eine Heimat und sind aus mannigfachen Gründen ortsgebunden, die Kronen an alte Residenzen, andere durch Kleid, Gerät und Schmuck an ihre Werkstätten, durch Edelsteine, Weihrauch und Natron an den Ort ihrer Gewinnung. Die Mythe berücksichtigt diese Bindungen, findet jedoch fortschreitend neue Gelegenheiten, die alten Mächte in sich einzubeziehen. Zu Vermerk und Namensformel kommt das Wortspiel hinzu, dessen Herausbildung an Eigentümlichkeiten der Hieroglyphenschrift erinnert, die ja auch ihre Schriftzeichen in Worte mit gleichem Konsonantenbestand hinübernimmt und mit den sich so ergebenden, oft zufällig anmutenden Zusammenhängen spielt. Das Wortspiel hat sich hierbei als das Mittel erwiesen, mit dem der neue, die Götterwelt einende Geist die Bilder findet, die er zur Veranschaulichung seiner Welt benötigt. Der Kult war auf eine solche Veranschaulichung nicht angewiesen, da sich seine Handlungen vor den Augen der Gläubigen sichtbar und feierlich vollzogen. Erst wenn seine Götter neben neuen Mächten zurücktreten und in Vergessenheit geraten, bedarf es einer Erklärung, was dann dazu führt, daß ältere Symbole auf die neuen Mächte bezogen, mit neuen Inhalten gefüllt und auf sie umgedeutet werden. Die Mythe entspringt einer solchen neuen Welt, die in Aegypten über den alten Mächten das Reich als Einheit sieht. In der Gestalt des Gottes Osiris hat sie ein Symbol dieser Einheit gefunden, das sie zwar durch die Gestalt seines Bruders und Mörders Seth gefährdet, aber doch durch den Osiris zum Sohne gegebenen königlichen Gott Horus wieder-

---

[1] Kees, Götterglaube S. 53; vor der „Stirnschlange" am Haupt von Göttern s. W. Wolf, Das schöne Fest von Opet, S. 53, 61 und die Tafeln.

gewinnt. Die alten Mächte müssen als Ober- und Unterägypten, als Horus und Seth, als Geier und Schlange, als Binse und Papyrus (die Wappenpflanzen), als „Großes Haus" und „Haus der Flamme" (die beiden Reichskapellen) erst friedlich zusammenkommen, um dieselbe Einheit zu versinnbildlichen. Dies hat zwar zu vereinheitlichenden Namen wie „die beiden Länder", die „Herrinnen", die „beiden Kronenschlangen" und die „Reichskapellen" geführt, doch nennen auch diese Namen — insofern sie aus der Reichseinigungszeit stammen oder älter sind — zwei auf verschiedenen Boden aufgewachsene Wesen, die sogar aus noch älteren Verhältnissen auf die neue Zeit übertragen sein können. Die Mythe setzt ihrem Gott die Kronen Ober- und Unterägyptens auf sein Haupt. Ihr Kunstmittel, das Wortspiel, mit dem sie aus den Namen der alten Mächte neue Bilder zieht, verankert diese Namen in den so gewonnenen Bildern. Zwar kann das Wortspiel die Mythe nicht erst geschaffen haben. Osiris als erstes Symbol der Mythe für das Reich muß sterben, damit die geschichtlichen beiden Herren um das Reich kämpfen und „Horus" siegt. Die Mythe liegt schon vor der Ansetzung dieses Kunstmittels im Wesentlichen fest. Doch benützt sie zur Veranschaulichung das Wortspiel auf Kultsymbole, die ja im Kult der Macht des Königs dienen. Mit dem Wortspiel verbeugt sie sich gleichsam vor den Namen der alten Mächte, ehe sie sich, mit sich ziehend, in ihre neue, die Geschichte Aegyptens als Götterschicksal erzählende Welt aufrichtet. Den Mächten Ober- und Unterägyptens zuliebe läßt die Mythe ihren Gott, nachdem sie ihm als Schicksal den Tod durch einen der beiden Herren bestimmt hat, in Oberägypten „davongehen" und in Unterägypten „ertrinken", weil diese Wörter auf Ober- und Unterägypten anspielen. Über das Wortspiel hat so die Mythe ihre Bilder gewonnen. Da sie hierbei unbekümmert um die Übereinstimmung dieser Bilder vorgeht, kommt eine reiche, oft kaum vereinbare Sammlung mythischer „Fragmente" zusammen, deren verschiedene Versionen nicht in der Mythe, sondern in Wortspielen auf Kultsymbolen wurzeln. Erst im Laufe der Mythenbildung findet sie über Hymnen, welche diesen Reichtum für einzelne Götter, vor allem für den königlichen Totengott Osiris sichten, die eigene mythische Form, die nun die verschiedenen Ereignisse örtlich festlegt und so Kult und Mythe zu einer endgültigen Einheit bindet.

4. Vom Ursprung der Mythe im Königtum

Die Übertragung der Götterrollen auf Kultsymbole, die einer Verpflanzung der mythischen Reichsgötter an alte Kultstätten entspricht, bildet die Voraussetzung zur Anwendung des Wortspiels und dürfte ihr vorangegangen sein. Erst dadurch, daß Pfeiler und Schiff als Seth gelten, Brustschmuck und Palmenzweig als Osiris, die Keule als Horus, so viele Kultgegenstände und Opfergaben als Horusauge, die Personen, die diesen Mächten nahen dürfen, als Thoth, Horuskinder und Sethgefolge, wird es möglich, auf sie mythisch anzuspielen. Der Sinn dieser Zuweisung wird in den Hymnen offenkundig, die mit der Namensformel das Mittel gefunden haben, Ortskulte und ihre Mächte den Göttern zum „Namen" zu geben. Älteres religiöses Gut wird den aufkommenden Göttern zugeschrieben und so selbst erneuert. Was löst die Bewegung aus? Was gibt ihr das Gewicht, die Götter gegenüber den im Kult verkörperten Mächten durchzusetzen? Das Übergewicht über die ältere Kultgegebenheit muß im Königtum liegen, dem das Reich seinen Bestand verdankt. Das Königtum gewinnt mit der Reichseinigung seine Stellung und hat, wie es die Bilder zum Jubilaeumsfest zeigen, eine Form gefunden, sie kundzutun. Seine Wurzeln reichen in die Vorzeit, wie es der erste Königstitel „Horus" zeigt. Erst der „Sohn-des-Rê"-Namen zeigt eine entsprechende Bindung zwischen einem neuen Gott und dem Königtum. Doch ist die erste, in den Dramatischen Texten greifbare Form der Mythe weder in Heliopolis noch in den Ortskulten, noch im Anbruch der Frühgeschichte in Abydos entstanden. Sie trägt den Glanz der neugegründeten Residenz Memphis, deren Ortsgott Ptah anonym hinter der Gestalt seines „Vertreters" Geb (s. S. 26), der später zum Sprecher der heliopolitanischen Neunheit wird, zurücktritt. Was gibt Memphis diese Möglichkeit? Was führt dort zur Mythe? Der königliche

Kult mußte bei der Verlegung der Residenz seine Toten entweder in Abydos belassen, oder seine Toten einem neuen Herrn der „Gotteserde", nicht mehr dem „Ersten der Westlichen", sondern Sokaris von Sakkara[1] anvertrauen, oder den eigenen Gott verpflanzen. Anscheinend wurde schließlich ein noch anderer Ausweg gefunden, der beide Götter über einen dritten vereinigte und damit einen Herrn königlicher Friedhöfe für alle Zeiten fand. In seinem Kult blieb man den an anderer Stelle beigesetzten Ahnen und Vorfahren nahe. Erst jetzt, nachdem Residenz und Friedhof in Unterägypten liegen, ist die Voraussetzung für die Wahl eines unterägyptischen Gottes, des „Herrn von Busiris"[2], zum königlichen Totengott gegeben. Dieser Gott muß damals als ein in besonderer Weise überzeugendes Symbol der Auferstehung oder Wiedergeburt gegolten haben, vermutlich als Nilgott — wie es einige Pyramidenstellen nahelegen[3] —, wozu sein durch das Wortspiel auf Unterägypten als „Ertrinken" gedeuteter Tod vorzüglich paßt. Jedes Jahr fällt und steigt der Nil. Seine Flut nährt ganz Aegypten. Er kann vorzüglich ein königliches Symbol der Auferstehung abgeben. Daß unter den Osirisnamen auch „Busiris" auftritt (Pyr. 614), kann geradezu als Beweis für seine Herkunft von dort genommen werden, da Busiris in keiner unmittelbaren Beziehung zum königlichen Totenkult steht. Als königlicher Totengott kann Osiris nicht in Busiris bleiben. Er wird — schon in Auswirkung der Mythe — in Memphis „begraben"[4]. Sein Pfeiler tritt in den Kult von Memphis[5]. Als „Herr der Stätten" zieht er alle anderen Totengötter an sich.[6] Genügt jedoch sein Erscheinen, die Mythenbildung auszulösen? Die Frage nach dem Woher der Mythe, die zunächst hinsichtlich ihres Entstehungsortes und dann hinsichtlich des Erzählten gestellt wurde, steht wieder auf und betrifft diesmal den Kern der Mythe, die sie tragenden Gestalten. Diese Frage ergab bisher als Entstehungsort der Mythe sowohl in ihrer dramatischen, wie in ihrer hymnischen und schließlich in der im Denkmal Memphitischer Theologie gefundenen mythischen Form die Residenz Memphis. Die Theologie von Heliopolis mit ihrem augenfälligen Symbol, dem dorthin verpflanzten Sonnengott, stellt sie in einen größeren Rahmen, übernimmt jedoch die memphitische Osirismythe als schon gefestigten Bestand. Die Frage nach dem Ursprung dessen, was die Mythe erzählt, ergab das Wortspiel als Mittel, Einzelheiten der Mythe zu gewinnen. Dies Mittel schenkt das Stichwort, welches das mythische Fragment zum Vorschein bringt, wenn auch die Mythe selbst es formt. Die neue Frage geht nicht auf die Herkunft der Götter der Mythe, die ja verschiedenen Ursprunges sind. Horus und Seth, die königlichen Götter der Thinitenzeit, lassen sich als Standarten in die Vorgeschichte zurückverfolgen. Osiris fehlt noch in den Bildern des Jubilaeumsfestes und wird anscheinend, aus einem Kult im Delta kommend, erst in Memphis zum königlichen Totengott. Isis, ihrem Namen nach der verkörperte königliche „Thron", erscheint beim Jubilaeumsfest als Kissen (?) auf einer Standarte[7]. Woher Nephthys und Thoth in die frühe Mythe kommen, ist nicht ersichtlich. Geb und Nut schließlich scheinen als Himmel und Erde aufgenommen zu sein, als die ersten der Naturmächte, die in die Mythe der Residenz eindringen. So dürfte die

---

1 Pyr. 445b/c werden Sokaris von Giza (R3-śṯ3.w) und Sokaris von Pḏw-š, eine auch sonst in den Pyramidentexten genannte Form des Gottes, als Götter, die einander besuchen, angeführt. Nach Pyr. 1225d, wo der König (mit seinem Tode) zu jenen seinen Vätern in Pḏw-š davongeht, kann neben Giza nur Sakkara genannt sein. Freilich ist R3-śṯ3.w als Giza (WB II, 398) für das AR nicht gesichert.
2 so im AR „ständig", „in den Grabinschriften der Privatleute" genannt (Sethe, Urgeschichte S. 80). Vgl. auch Pyr. Kom. Bd. 3, S. 329, wo Sethe erwägt, ob „Busiris etwa seine wirkliche Heimat gewesen ist, wie es doch fast der Fall zu sein scheint". Auch Kees führt Osiris nach Busiris auf einen dort vorgeschichtlich erwachsenen Heroenkult zurück (Götterglaube, S. 110ff.).
3 Pyr. 24b („Der aus dem Katarakt kam"), Pyr. 25c („Frisches Wasser"), Pyr. 1044a/b (Osiris Herr über das Wasser (v. a. 155a/c), wie Geb (Pyr. 1045) Herr über die Erde.
4 Dr. Texte S. 37 (17c), Junker, Pol. Lehre S. 36ff.
5 Kees, Götterglaube S. 129f.
6 Freilich gilt noch in der 6. Dynastie der in Abydos verehrte Gott als „Erster der Westlichen" (Scharff, Handbuch der Archäologie, Aegypten S. 474 Anm. 6, Urk. I, 119, 5; 279, 10ff.).
7 Kees, Götterglaube S. 101.

III. Dogma, Kult und Mythe

Enträtselung ihrer Herkunft kaum zur Klärung der Mythenbildung beitragen. Hierzu kann einzig, die Rolle, die sie zur Zeit der Mythenbildung spielen, verhelfen. Was trägt diese Götter? Was bildet ihre Mythe? Eine Zusammenstellung der Götterrollen des Ramesseumpapyrus (Dr. T. S. 99 ff.) überrascht durch die geringe Zahl der Götter, die für so viele Gegenstände und Personen des Kultes als Rolle gelten. Man vermißt die Kronengöttinnen, die später als Mütter des Königs in den Verklärungen wieder erscheinen. Es fehlen die kämpferischen Tiergötter, das Löwenpaar, die Stiergötter des Deltas, Neith und Selkis, die Götter von Memphis und andere mehr, die zum Teil von älteren Denkmälern bekannt und im Festspiel einzig mit der Rolle des „jeweiligen Ortsgottes" (Dr. T. S. 147) berücksichtigt sind. Ob die je einmal erwähnten „Affen", „Wölfe" und „Krokodile"[1] mythisch etwas bedeuten, ist nicht ersichtlich. Das Rollenverzeichnis zeigt die Wahl der Mythe. Aus der Vielheit der Landes-, Gau- und Ortsgötter und der Naturmächte hat die Mythe diese wenigen ausgewählt und bleibt im Wesentlichen auch in den Hymnen mit der Namensformel bei dieser Beschränkung. In einigen Hymnen kommen die anderen Glieder der großen Neunheit von Heliopolis hinzu. Erst die Verklärungen öffnen mit dem Erscheinen des Sonnengottes das mythische Feld allen bis dahin ausgeschlossenen Gottheiten, ja auch Dämonen und Geistern. Dies plötzliche Anschwellen zeigt, daß die vorhergegangene Beschränkung künstlich war und nicht dem allgemeinen Götterglauben entsprach. Doch bringt keiner der jetzt erscheinenden Götter eine rechte Mythe mit. Was von ihnen erzählt wird, kann neben der Mythe der Residenz allenfalls mythische Vorstellung genannt werden. Diese Vorstellungen — die Kleidergöttin am Rande des großen, den Gott seinem Bruder gesellenden Nestes[2], die Lotosblüte an der Nase des Rê (Pyr. 266), die Fähre, welche Chnum der Töpfergott gemacht hat[3], atmen einen beschaulichen Geist und spiegeln den Frieden, den das Land während der Blütezeit des Alten Reiches genoß. Zur Mythenbildung im königlichen Kult erfolgten anscheinend keine Parrallelbildungen der Provinz. Erst später wird über Totenkult und Zaubertexte die Mythe Allgemeingut, so daß nun jeder „Geist" oder „Irgendeiner, Sohn Irgendeiner" die Götterrolle übernehmen kann. Die Ursache ihrer anfänglichen Beschränkung auf den königlichen Kult dürfte im Thema der Mythe liegen. Handelt sie doch über das Königtum, indem sie vor die bis zum ersten geschichtlichen König zurückreichenden Annalen die Göttergeschichte setzt und außerdem diese Göttergeschichte so geprägt hat, daß sie als königliches Vorbild Gültigkeit behält. Wenn man die Art der Rollenverteilung der Dramatischen Texte auf den thinitischen Königinnentitel „Die welche Horus und Seth schaut" überträgt, wären die Rollen der Vorform der memphitischen Mythe Horus und Seth vom König selbst und von ihm allein getragen worden. Einige Beispiele der Verwendung dieser Vorstellung können dies bestätigen. Sie finden sich einzig in Schlangenbeschwörungen, die auch sonst Altertümlichkeiten zeigen, und in einem Litaneien einleitenden Gespräch zwischen dem toten König und Atum. In einer Beschwörung wird einer Schlange gedroht: „Hat Dich Horus (erst) niedergestreckt, lebst Du nicht (mehr)! Hat Dich Seth (erst) zerschnitten, stehst Du nicht (wieder) auf!" (Pyr. 678). Es läßt sich leicht erkennen, daß hier der Zauberer keine Mythe zitiert, sondern sich selbst spricht. Sagt er doch auch sonst über sich, wie schon bemerkt wurde, im Stil der Erklärungen und der Rollenzuteilung des Ramesseum-Papyrus nicht „Ich bin Geb" und „Ich bin Horus", sondern „Das ist Geb" und „Das ist Horus" (s. S. 38) — was die Schlußredaktion durch Einsetzung des Königsnamens richtig

---

[1] Dr. T. S. 221 (115/116), S. 216 (111/110).
[2] Pyr. 738 a/b, die Göttin vermutlich als Band an der roten Krone, die in „Töchter des (unterägyptischen) Königs" genannten, bei Prozessionen mitgeführten Sumpfvogelnestern (s. Kees, Götterglaube S. 47, Abb. 5, Sethe, Kom. zu Pyr. 804 a) symbolisiert wurde.
[3] Pyr. 445a, 1227d, 1228b, 1769b, „welche Chnum von Ḥndw zusammengefügt hat" T.BSpr. 99 (Grapow, Urk. 5, 151, 3/4, Jéquier, La Pyramide d'Aba Z. 595 f.). Noch heute werden in der Gegend von Kene in einem Schilfrost Tonkrüge zu Fähren zusammengebunden.

Der König als Horus und Seth

auf den Sprecher bezieht. Dies zeigt, daß die Zaubertexte der Pyramiden für den König und nicht für „Irgendeinen" verfaßt worden sind. Zwar wird in diesen Texten auch die durch den Königsnamen bei der Schlußredaktion ersetzte erste Person verwandt. Doch spricht der König feierlich über sich von Horus oder von Horus und Seth. Wenn ihn die Schlange nacheinander fragt: „Bist Du Horus?" „Bist Du Seth?", übergeht der König mit seinen Antworten „Ein Gesicht ist auf Dir, und Du bist hingeworfen!" „Ein Gesicht ist auf Dir, und Du bist umgelegt",[1] dies wohl deshalb, weil es lächerlich ist, nach so selbstverständlichen Dingen zu fragen. So dürfte auch die Rede des Zauberers: „Horus fällt wegen seines Auges, Seth stirbt wegen seiner Hoden" (Pyr. 418, 679) auf die königlichen Götter und ein königliches Schicksal anspielen, wie es in dem letzten hier anzuführenden Beispiel dieser Art offenkundig wird. In ihm sagt der König zu Atum, den er mit seinem Tode aufsucht: „Sieh mich... Du siehst „Die beiden im Palast", das sind Horus und Seth!" und bittet ihn, die Wunden, welche die beiden Götter einander schlugen, zu heilen (Pyr. 141 ff.). Das mythische Ereignis findet im König statt. Der mythische Schauplatz ist seine Person. Das mythische Ereignis verursacht seinen Tod. So dürfte auch die Aussage des Königs, daß Horus wegen seines Auges und Seth wegen seiner Hoden stirbt, einen Hinweis auf das eigene Schicksal enthalten, welches ihm als Horus und Seth einen anderen Tod als den Tod durch Schlangenbiß bestimmt hat. Sieht man hier nur eine Anspielung auf ein mythisches Einst, verkennt man den unmittelbaren Zweck der Rede und ihren eigentümlichen Reiz.

Die Vorstellung des Königs als Horus und Seth, die sich zum Ende der Thinitenzeit noch einmal in einem dem Horus-Namen nachgebildeten „Horus-und-Seth"-Namen eines Königs bekundet, findet sich vereinzelt auch in den Dramatischen Texten. Im Ramesseum-Papyrus wird das Überreichen von zwei Kuchen durch den Vorlesepriester an den König mit „Thoth ist das, der ein Auge des Horus an Seth und ein Auge des Horus ihm (selbst) übergibt" (Dr. T. S. 120), erklärt. Ähnlich bietet vermutlich der lebende König seinem toten, die Rolle des Osiris tragenden Vorgänger zwei Opfergaben mit den Worten an: „Nimm Dir das Auge des Horus, das in seinem Haupte war!" und „Nimm Dir das Auge des Horus, das im Haupte des Seth war!" (Pyr. 83/84). Auch hier gilt Seth nicht als der verfehmte Gott, sondern als eine der beiden im König vereinten Mächte, denen die Horuskinder und das Sethgefolge dienen. Doch scheint das alte mythische Bild insofern nicht gewahrt, als nicht Horus sein Auge und Seth seine Hoden, sondern Beiden zusammen die Augen des Horus gegeben werden. Auch liegt der mythische Schauplatz außerhalb der Person des Königs, da einmal Thoth als Überbringer, im anderen Fall Osiris als Empfänger hinzukommen. Beim Verlegen des mythischen Schauplatzes in den Kult mußte der Personenkreis erweitert werden. Im Kult können sich nicht Horus und Seth die Brote selbst nehmen. So empfängt nun auch der überreichende Priester seine Götterrolle. Im zweiten Beispiel trägt gegenüber dem lebenden „Horus und Seth" sein toter Vorgänger die Rolle des Osiris. Zu Horus und Seth kommt eine weitere den König betreffende Gestalt hinzu. Damit wird die alte Vorstellung nicht etwa erweitert, sondern hinfällig. Den Tod des Osiris durch Horus und Seth veranlaßt vorzustellen, scheint sinnlos. So fällt die unselige Rolle einem der beiden Götter zu. Horus, den ja der König durch seinen ersten Namen auch allein verkörpert, kommt hierfür nicht in Frage, sondern nur Seth, der von jetzt ab auch verfehmt wird, obwohl noch einer der letzten thinitischen Könige sich anstelle des Horus-Namens einen Seth-Namen zugelegt hat (s. S. 117). Dank der späteren Entwicklung ist es fast unmöglich, mit den Namen Horus und Seth die Mythe nicht zu verbinden. Wenn die Königin den König als Horus und Seth sieht, so ist damit keine Mythe verbunden. „Horus und Seth" bedeutet lediglich, daß der König göttlich ist, die beiden Länder beherrscht und — solange sich Horus und Seth in ihm vertragen — lebt, wie seine Rolle als Horus besagte, daß er göttlich ist und um seine Krone kämpft. Das sind Deutungen seiner Natur, die seinem Königsamt entspringen und lediglich Aufgabe und Würde in die Sprache

---

[1] Pyr. 685a/b; vgl. auch Pyr. 683b/d, wo der König „zwischen" Horus und Seth steht (s. S. 106).

der Gottesvorstellungen übertragen. Auch wenn später Götter dem König Libyen oder andere Fremdvölker zuführen, ist dies kein mythischer Vorgang, sondern symbolhafte Darstellung eines geschichtlichen Ereignisses. Wenn der Falke König Narmer Unterägypten bringt, oder dieser König als 'Horus Narmer' die unterägyptische Krone trägt, ist dies nicht anders. Im Rahmen symbolhaft gedeuteter Wirklichkeit schläft noch die Mythe. Die Göttlichkeit ist im König zu wirklich, um mythisch zu sein. Erst wenn Horus nicht mehr als Horus, sondern auch als der letzte König einer Götterdynastie angesehen wird, ist die Mythe geboren. Dies scheint mit der Einführung des Gottes Osiris erfolgt zu sein. Zwar wird auch seine Gestalt als Rolle dem König übertragen. Da aber erst der tote König Osiris wird, fragt es sich, wie die Verwandlung vom lebenden Horus zum toten Osiris geschieht. Der Tod, zu dem es zwischen Horus und Seth im Leibe des Königs kam, trifft nicht Osiris. Horus fällt nicht mehr durch Seth, Seth nicht mehr durch Horus. Jetzt fällt Osiris, und damit verlegt sich der Schauplatz in die Mythe. Auch Osiris muß regiert haben, um wegen seiner Krone getötet zu werden. Das kann nur vor „Horus" und dem ersten König des geeinten Reiches gewesen sein. Nur in der Mythe kann Seth Osiris getötet haben, oder es müßte nun der König als Seth Hand an seinen Vater legen[1]. Doch sind im König die beiden Herren befriedigt. Wenn so der tote König Osiris genannt wird, kann dies nur im Hinblick auf ein Beispiel geschehen. Dies Beispiel ist die ewige Göttergeschichte, die zwischen Horus und Seth zwangsläufig beginnt. Mit ihr setzt die Herausbildung der Mythe ein. So scheint es nicht zufällig, daß mit der Einführung des Gottes Osiris in den Königskult, die mit der Verlegung von Residenz oder königlichem Friedhof nach Memphis erfolgt sein dürfte, die an Texten verfolgbare Mythenbildung beginnt. Daß sie am Kult ansetzt, mag an der Vorform der Mythe liegen, die für den König, seine Standarten und den Feind des Kultes bedurfte und ihn entwickelt hat. Jetzt dringt die Mythe in ihn ein und findet das „Erste Mal", mit dem sie die Einrichtungen des Kultes begründet. Sie scheinen nun deshalb so zu erfolgen, wie sie — insofern es sich um alte Kulte handelt — auch vor der Mythenbildung geübt wurden, weil ein mythisches Ereignis sie vorbildlich einleitete.

Ist somit klargestellt, wie sich in Memphis mit Osiris als drittem Gott die Mythe herausbilden mußte, und warum sie am Kult ansetzte, so scheint doch noch die innere Notwendigkeit, die erst derartige Veränderungen ermöglicht, zu fehlen. Im Königtum müssen schon Voraussetzungen bestehen, die sowohl der Bevorzugung eines der beiden Herren, wie auch der Mythenbildung selbst entgegenkommen. Anderenfalls hätte man trotz allem an Horus und Seth festgehalten und ihnen einen das Erbe teilenden Vater und diesem Gott einen vierten Gott als Feind und Todesursache gegeben. Auch wäre die Mythenbildung und ihre Übertragung auf den Kult kaum in Gang gekommen, wenn nicht damals die Kluft zwischen der bloßen Form des Kultes und seinem im Königtum das Reich gründendem Geist so groß geworden wäre, daß sie nur durch Übersetzung des Kultes in eine neue Form überbrückt werden konnte. In den Zaubertexten bezeichnet sich der König häufig als Horus, was bei den ersten Namen der königlichen Titulatur nicht verwunderlich ist. Horus war ja der Gott, der von Hierakonpolis aus Unterägypten eroberte, wie es das Bild der Narmerpalette überzeugend zeigt. Der Feind dieses Horus wird nicht Seth genannt, trotzdem die Zaubertexte ein feindliches Wesen kennen, das Wesen männlich ist, und Geb als sein Vater (Pyr. 231, 675, 691), Nut als seine Mutter (Pyr. 441) gelten. Er wird lediglich als „diese Schlange", „dieser Mann" (Pyr. 231) oder als „Widersacher ('$imj\text{-}rd$)" (Pyr. 417) bezeichnet, der anonym bleibt, weil man seinen gefährlichen oder verachteten Namen nicht nennen will[2]. Doch liegen Anzeichen vor, daß dieser Feind auch als der andere der beiden Herren, die

---
[1] Auch diese Möglichkeit ist im Rahmen vergleichender Religionswissenschaft erwogen worden (vgl. A. Moret, La mise à mort du dieu en Egypte, der das Jubiläumsfest als die Feier eines nicht mehr zur Ausführung gelangenden Königsmordes erklärt).
[2] Die Schlange wird mit einer Fülle anonymer Bezeichnungen (s. S. 84) angesprochen. Pyr. 434e droht der Zauberer ihren Namen „Irgendeiner, Sohn Irgendeiner" zu nennen, womit er jedoch den wirklichen Namen des Schlangenfeindes noch nicht ausspricht. Pyr. 240 stellt Zauberworte zu einem Namen zusammen (vgl. Sethe, Kom.).

gegeneinander kämpfen, gedeutet wurde, trotzdem ihm der König auch als Horus und Seth entgegentritt. In dem „Hause dessen, der Ombos in Besitz hat" (Pyr. 247) ist die „Flamme gelöscht und wird keine 'Lampe' gefunden" (ibd.). Hier wird offen auf die Sethstadt Ombos angespielt, deren als 'Lampe' bezeichnete — männliche — Kronenschlange „gelöscht" ist¹. Dieser Verfall der Macht von Ombos dürfte der Giftschlange deshalb vorgehalten werden, weil es sie selbst angeht. Wird hier über ihre Heimat gesprochen? Gilt auch dieser Feind als Verkörperung des „Herrn von Ombos", „der sich in das Haus dessen, den er beißen will, eingeschlichen hat, um darin zu bleiben" (Pyr. 247) und nun von hier durch Hinweis auf das Los seiner Heimat vertrieben wird? In einem anderen Schlangenzauber wird der Schlange als *B3bj* von dem Herrn von Letopolis Halt geboten (Pyr. 419). In diesem *B3bj*, der in einem weiteren Spruch als Tier mit „rotem Ohr und blutfarbigem Hinterteil" genannt wird (Pyr. 1349), hat man wohl mit Recht eine alte Form des später mit der oberägyptischen Krone geschriebenen Bebon, einer griechischen Bezeichnung des Seth, erkannt². Wenn ihm hier der Gott von Letopolis, der wie Sethe meint, „in Kus sein Gegner geworden ist" (Pyr. 419 Kom.), entgegentritt, so ist die Lage gegeben, aus der Kees³ den Streit der beiden Herren nach Oberägypten als Kampf zwischen Horus von Kus und Seth von Ombos verlegte, wobei lediglich zu klären wäre, warum Horus nicht als „der von Kus" oder „der von Hierakonpolis" auftritt⁴. So scheint es durchaus möglich, daß mit „diesem Geist, der aus der Erde kam, dessen Kopf abgeschnitten und dessen Schwanz gestutzt ist" (Pyr. 673), gegen den Horus seine neun Bögen spannt (ibd.), der mit der Reichseinigung oder bei einer früheren Befriedigung zu Ehren kommende Horusfeind gemeint ist, obwohl er neben dem königlichen Gott nicht mit seinem wirklichen Namen genannt wird. Gegen Horus steht nicht der andere „Herr", sondern ein Feind, dessen Mund Horus mit seiner Sohle zerschmettert⁵, und dessen Kopf er mit dem Messer der Katze am Richtblock abschlägt (Pyr. 442). Wie sein vorgeschichtlicher Vorgänger trägt der König die Rolle des Horus, die er betont, während auf die Rolle seines Feindes, der Schlange, nur vorsichtig angespielt wird, indem man von seinem Vater Geb, von seiner Mutter Nut und von seiner Heimat Ombos spricht. Daß diese Sprüche mit allen Einzelheiten Textgut der Frühzeit erhalten haben, ist unwahrscheinlich (s. S. 84), obwohl die ihnen innewohnende Zauberkraft eine peinliche Wahrung ihrer Form verlangt haben kann. Jedenfalls sind hier Vorstellungen lebendig geblieben, die auf die Zeit nach der Reichseinigung nur noch während der Rebellion eines der Länder passen. Kämpfen doch auch die Kronen gegeneinander (Pyr. 243) und stürzen (Pyr. 237). Kampfgötter, Stiere und Löwen werden als Gewürm und „Erdsöhne" gebannt. Hier atmet der Geist der Kampfzeit. Horus befindet sich auf dem Siegeszuge, auf dem er die, welche er trifft, „Stück für Stück verzehrt" (Pyr. 444 Var.). Er sucht noch selbst sein Auge ((Pyr. 670), wie später der König, wenn er der roten Krone naht, und von ihm gesagt wird: „Das ist Horus, der zum Schutze seines Auges, der 'Zauberreichen (Krone)' kämpft"⁶. Auch diese Gestalt ist kein mythischer Gott. In Königstitulatur und Zaubertext be-

---

1 als Schlangenbezeichnung mit der Kronenschlange im Korbe statt dem Docht in der Alabasterschale (vgl. Pyr. Kom. 606 a) determiniert, jedoch *tk3* kaum die unterägyptische Kronenschlange (Sethe, Kom.), die weiblich ist.
2 vgl. Sethe, Kom.; Pyr. 1349 vermutlich nicht ein „fleischfressendes Ungeheuer" — trotz des „Kottlets seiner Herrin (*rpw.t*)", das er „verzehren (*d3j*)" soll — sondern ein Affe, vielleicht einer der großen „Weißen (Paviane)", die in Oberägypten verehrt werden und in den Pyramidentexten eine zwiespältige Rolle spielen (s. S. 71). *B3bj* und *rpw.t* auch T.B. Spr. 99 (Grapow, Urk. V, 151, 16/17, Jéquier, La Pyramide d'Aba Z. 601, 602). 3 Kees, Götterglaube S. 198.
4 Ein weiteres Anzeichen, daß Seth einmal auch mit dem Gewürm der Erde in Beziehung gesetzt wurde, kann darin gesehen werden, daß Selkis, die Skorpionsgöttin, die nicht nur in Zaubersprüchen als Mutter von Schlangendämonen gilt (Pyr. 489 b, 673 d), statt Nephthys als Gemahlin des Seth erscheint (Pyr. 1521 b), und daß in einer zeitgenössischen Variante Nephthys für Selkis eintritt (Pyr. 1427 c).
5 Pyr. 681 e; „zerschmettern" mit der Keule determiniert.
6 Pyr. 195, 198. Die beiden Hymnen an die rote Krone gehören schon aus formalen Gründen zu den Litaneien, an die sie angeschlossen sind. Die „Identifikation des unterägyptischen Königs mit Horus" an

nennt „Horus" den König selbst, der als „Falke" keine Mythe, sondern Geschichte macht. Mit dem ungenannten Feind schlägt er den wirklichen Feind des Landes. Mit seinem Auge holt er sich eine neue Krone. In der Deutung des Königs als Horus und Seth stecken zwei ältere Vorstellungen, von denen die eine ihren Herren als Horus, die andere den ihren als Seth ansah. Doch kann man daran zweifeln, daß beide immer diese Namen trugen. In einer Schlangenbeschwörung werden sie im Zusammenhang mit ihren Todeswunden Horus und Stier genannt (Pyr. 418), wobei die dem Auge des Horus entsprechende Verwundung des Stieres auf diesen vorzüglich paßt. Neben der allgemeinen Bezeichnung „Stier" dürfte Horus hier „Falke" bedeuten[1]. Falke und Stier sind die beiden Formen, in denen die Königsgötter der Reichseinigungszeit auftreten, dem König auf der Narmerpalette — der Falke — Unterägypten zuführen und — der Stier — die Mauern einer feindlichen Stadt einreißen. Falke und Stier sind auch die beiden Formen, die noch in den Pyramidentexten am Gott der Residenz Oberägyptens haften, dem als „Stier von Hierakonpolis" die „Große (Krone)" von Unterägypten räuchert[2] und der als Herr von Oberägypten ein Gehörn trägt (Pyr. 513). Falke und Stier sind als Vorstellungen königlicher Kraft erhalten geblieben, wie es in dem späteren ersten Königsnamen „Horus, der starke Stier" zum Ausdruck kommt. Der König von Oberägypten hätte demnach schon vor der Reichseinigung eine Doppelrolle getragen, die in der Schlangenbeschwörung erst in Horus und Seth redigiert wird. In welcher Rolle ihm der König von Unterägypten entgegentrat, ist auf den Schieferpaletten aus Hierakonpolis nicht ersichtlich. Seine Gottheit ist nach einem Keulenkopf des Königs Narmer ein Reiher[3]. Daß Horus erst damals „Buto" so „gegeben" wurde, wie es die Narmerpalette darstellt, dürfte der Königstitel „Horus" bestätigen, den Narmer auf dem Keulenkopf beim Triumph über Unterägypten trägt. Wenn auch einer seiner Vorgänger noch einen anderen mit einer Blüte geschriebenen Königstitel führt[4], ist es doch unwahrscheinlich, daß damals der König sich an erster Stelle nach einer unterlegenen Macht nennt. In den anderen Titeln der Reichseinigungszeit geht Oberägypten voran. Der Horustitel dürfte die Rolle des Königs, die er schon immer trug, und die ihn von Sieg zu Sieg geführt hat, sanktioniert haben. Daß der Falke in oberägyptischen Kulten beheimatet ist, zeigen Standarten auf Schieferpaletten, unter denen sich sogar ein Falkenpaar findet,[5] das an die alte Schreibung der „beiden Herren" mit dem Falkenpaar[6] und den später als „die beiden Götter" gedeuteten Namen des Ombos gegenüberliegenden Gaues Koptos erinnert. Sethe meint, daß man auch diese Gaugötter „sich apriori im Streit miteinander vorzustellen" habe[7]. Kees hat in ihnen die versöhnten, hier einander angeglichenen Gegner von Ombos und Kus gesehen[8]. Dies würde zeigen, daß schon in einer Zeit, die vor die geschichtliche Reichsgründung zurückreicht, der „Falke" dominiert, indem hier sogar einem einst anders gestaltetem Feind, der sich im Königsdient mit ihm vereint, seine Gestalt verliehen worden wäre. Welche Gestalt der unterlegene Gegner von Ombos getragen hat, ist ebenso rätselvoll wie die Gestalt des unterlegenen Gottes von Unterägypten. Die Erinnerung an sie kann späterem Brauch von Namensverfolgungen entsprechend gründlich gelöscht sein. Ist es der neben dem Falken genannte Stier? Ist es Bebon, dem in Kus von dem Gott von Letopolis Halt geboten

---

dieser Stelle, die Sethe als vorgeschichtliches Zeugnis wertet (Kom. Bd. 1, S. 106), dürfte so derselben Zeit des A.R. zuzuschreiben sein, die allgemein unterägyptische Kulte bevorzugt (s. S. 18).

[1] Sein Name „der in der Höhe" dürfte eine anonyme Falkenbezeichnung sein (vgl. Kees, Götterglaube S. 41).
[2] Pyr. 276a, in der Var. (Pyr. 295a/b, 296a) durch den Falken ersetzt.
[3] vgl. Kees, Götterglaube S. 44.
[4] Das Schriftzeichen „Blüte (ḫr(r.t))" kehrt noch in dem Titel *wdpw Ḥr(?)* des königlichen Mundschenks (den Wasserkrug dürfte er neben den Sandalen zur Fußwaschung tragen) auf Denkmälern Narmers wieder.
[5] Kees, Götterglaube S. 198.   [6] Sethe, Urgeschichte S. 107.
[7] ibd. S. 36.   [8] Kees, Götterglaube S. 198f.

wird (s S. 69), und der nach einer anderen Beschwörung — „Zurück Bebon mit rotem Ohr und blutrotem Hinterteil!" (Pyr. 1349) — ein Affe (s. S. 69 Anm. 2) — der von Kees[1] erschlossene oberägyptische „große Weiße" — sein könnte? Ist es schon Seth? Wenn später Seth als Herr von Oberägypten gilt, muß dies nicht auf eine Tradition, die Seth nach Ombos weist, zurückgehen. Auf dem Keulenkopf des Königs Skorpion sind an seinen Standarten — wie an anderen — 'Kibitze', ein Symbol vermutlich der unterägyptischen Menschen[2] erhängt, gegen die hier auch Seth als königliche Standarte gekämpft hat. Sein „Fabeltier", das mit seinen stilisierten Ohren und dem Pfeil als Schwanz immer noch nicht erkannt ist, macht ihn zum Gott der Wüste[3]. Menschengestaltig trägt seinen Kopf in der Thinitenzeit ein libyscher Gott[4]. Gegen Libyen haben vor Narmer oberägyptische Könige gekämpft und von dort Beute geholt, wie es die Städtepalette zeigt[5]. Alles dies würde eine einfache Lösung finden, wenn der König gegen Unterägypten als Herr des Niltales und der Wüste gekämpft hat und als Herr der Wüste über Seth als Standarte verfügte oder seine Gestalt als Rolle trug. Doch lassen sich derartige Vermutungen nicht bestätigen. Einzig Horus taucht als königlicher Gott von Standarten gefolgt mit Stier und Löwe als Kampfgefährten auf den Schminkpaletten der Frühzeit aus der Vorgeschichte auf. Daß mit der Einführung des Gottes Osiris Horus bevorzugt, und dies hingenommen, ja anscheinend begrüßt und später als Wunsch des Geb mythisch erklärt wird[6], entspringt nicht einer Bevorzugung des Herren von Unterägypten, sondern dem Bestreben, dem Reich einen einzigen Herrn zu geben, dem die alte Vorstellung des schon immer um sein Auge kämpfenden Falken entgegenkam. Der Gott, der über alle Götter triumphiert hat, gewinnt in der Mythe die ihm gebührende Stellung wieder.

5. Das Dogma der Mythe

Mit den Doppelbezeichnungen „Horus und Seth", „Falke" und „Stier" und „die beiden Herren" gewinnt der König zu der angestammten Macht eine zweite hinzu, mit der er nun das eroberte Land von innen heraus bändigen kann. Das Königtum bringt sie aus Oberägypten, wie es noch die Bilder vom Jubiläumsfest bestätigen, mit. Diese Bilder ergeben auch, worauf Kees wiederholt hinwies[7], daß eine Verteilung der beiden Länder an Horus und Seth nicht ursprünglich ist, da zunächst Horus und Seth als Vertreter Oberägyptens gelten. Ihnen steht als Vertreter Unterägyptens Horus von Libyen zur Seite, der mit diesem Beiwort kaum als Partner des Seth gegolten haben kann. Die Verteilung der beiden Länder an Horus und Seth muß sich in geschichtlicher Zeit erst durchsetzen. Noch Djoser besucht nach Reliefs aus seinem Pyramidenbezirk Horus von Edfu als Staatsgott Oberägyptens und jetzt Horus von Letopolis als Staatsgott Unterägyptens[8]. Die Verhältnisse im Kult scheinen dem Dogma des Königtums, das bei der Doppelrolle des Königs die beiden Länder an Horus und Seth verteilen muß, nicht entgegenzukommen. Daß derartige Verdoppelungen selbst da, wo sie ineinander spielen, nur unvollkommen aufeinander abgestimmt sind, zeigen schon herangezogene Beispiele Dramatischer Texte, in denen an Horus und Seth die beiden Augen des Horus oder an Osiris das Auge des Horus von dessen Haupt und das Auge des Horus vom Haupte des Seth übergeben werden (s. S. 67).

---

1 Kees, Götterglaube S. 20f.
2 Scharff, Archaeologische Beiträge zur Frage der Entstehung der Hieroglyphenschrift (Sitzgsber. Bayer. Ak. d. Wiss. Phil. hist. Abt. 1942, 3) S. 10.
4 Kees, Götterglaube S. 22f.   3 ibd. S. 23.
5 W. Hölscher, Libyer und Aegypter S. 12.
6 Dr. T. S. 27ff., Junker, Pol. Lehre S. 31ff.
7 zuletzt Kees, Götterglaube S. 197.
8 ibd. S. 209. Die im Denkmal Memphitischer Theologie erstmalig nachweisbare Verteilung Ober- und Unterägyptens an Seth und Horus liegt auch der Pyr. 770b erscheinenden Vorstellung zugrunde, wonach der König in den Horusstätten „wohnt", die Sethstätten jedoch „durchreist" (unter der Voraussetzung, daß als Residenz Memphis gilt. Vgl. Sethe, Kom.).

III. Dogma, Kult und Mythe

Der Vorstellung von Horus und Seth entspräche es, wenn an jeden der beiden Götter sein verletzter Körperteil übergeben würde. Man hat so zwar Horus mit Seth einen anderen Gott — diesmal nicht einen anderen Falken — zur Seite gestellt, setzt jedoch neben sein Auge nicht dessen Hoden, sondern ein zweites Horusauge, so daß nun die beiden Augen des Horus auf die Häupter der beiden Herren verteilt werden. Dies mag seinen Grund darin haben, daß die Hoden des Seth keine dem Auge des Horus vergleichbar Rolle spielen. Unter den Rollen, welche die junge Mythe im Festspiel an die Kultsymbole verteilt, fällt dies Horusauge schon deshalb in besonderer Weise auf, weil auf die meisten Kultsymbole seine Rolle fällt, und so das Horusauge, wenn man von Horus als Rolle des „zur Herrschaft gelangenden Königs" absieht (Dr. T. S. 95), am häufigsten auftritt. Daß es überall stumm bleibt, entspricht dem Geist der Mythe, welche natürliche Gegebenheiten weitgehender als das Märchen berücksichtigt. Daß man beim Falken auf das Auge verfiel, dürfte dem Ruhm des Sehorgans dieses Vogels — des Falkenblicks — entspringen. Hat man doch bei Seth — oder beim Stier, seiner Vorform (s. S. 70) — ähnlich gewählt, dessen Hoden vereinzelt auch Kultsymbolen als Rolle zufallen. Die Häufigkeit, in der das Horusauge erscheint, hat dazu geführt, daß man anscheinend zwischen mehreren Horusaugen unterschied, wobei das Wortspiel zum Kultsymbol die Verschiedenheit verursachen kann. So spricht man von einem schwarzen und weißen Steinkrug als „schwarzem" und „weißem Horusauge" (Pyr. 33), von Süßigkeiten als „süßem Horusauge"[1], von einer Sorte Bier ($dšr.t$) als „kleinem ($ndš$) Horusauge" (Pyr. 61, 88), von einer Körnerfrucht in weißer und grüner Form als „weißem" und „grünem Horusauge" (Pyr. 96, 108), von der grünen Schminke als „heilem Horusauge"[2], zum Zerbrechen (sd) der roten Krüge von einem „harten ($rwd.t$) Horusauge" (Pyr. 249 Var.). In anderen Fällen haben sachliche Gründe zur Unterscheidung geführt, so bei Karneol- und Fayenceschmuck, die wegen ihrer Farbe als „rotes" (Dr. T. S. 180) und „grünes Horusauge" (Dr. T. S. 185) unterschieden werden. Doch dürfte es sich trotz dieser Unterscheidungen mythisch immer um das eine Auge oder Augenpaar handeln, welches verschiedene Formen, Eigenschaften und Farben annimmt, so daß ihm später mit Recht der Name „Zauberreiche" zukommt (s. S. 25). Wie sehr hier noch Mythe und Kult verhaftet sind, zeigen Beispiele, in denen über das Wortspiel im Kult überreichte Gegenstände in die Mythe eingehen, so, wenn Osiris „dies harte Horusauge" in seine Hand nehmen soll, damit „er", sein Feind Seth, auf den einst ein Vermerk verwiesen haben dürfte, erschrecke (Pyr. 249 Var.). Hier gilt nicht nur der Stock, mit dem die roten Töpfe im Grabkult zerschlagen werden, als Horusauge, sondern auch ein Gegenstand, den der Gott der Mythe in seiner Hand hält, vermutlich die Keule (hd), auf die das Eigenschaftswort „hart (rwd)" im Wortspiel unvollkommen anspielt. Der gleiche Fall liegt vor, wenn Horus zu Seth sagt: „Ich habe mein Auge, Deine Karneolperle genommen!" (Dr. T. S. 180) und zu den Horuskindern: „Bringt mir mein Auge, das Perlengehänge!" (Dr. T. S. 185), oder wenn zum Überreichen eines „Opferbrotes" zu Osiris gesagt wird: „Nimm Dir das Horusauge, Dein Brot, und iß!" (Pyr. 35, 78). Auch wenn vom „Anlegen" des Horusauges gesprochen wird — „Legt es mir doch an!" mit dem Vermerk „das Auge" (Dr. T. S. 195) — wechselt dies Wort „anlegen" aus dem Titel „die beiden hohen Federn anlegen" der Kulthandlung in die mythische Götterrede über das Wortspiel deshalb, weil auch Horus etwas als Horusauge anlegt. Gegenüber der üblichen Rollenzuweisung, die das Geschlecht der Kultgegenstände berücksichtigt, wird das — weibliche — Horusauge auch Gegenständen männlichen Geschlechts — Weihrauch ($sntr$) (Dr. T. S. 203), grüne Schminke ($wȝḏw$) (Dr. T. S. 203), Laib Brot und Krug Bier (Dr. T. S. 162) u. a. m. — als Rolle zugewiesen. Sowohl bei diesen Kultgegenständen wie beim Horusauge dürfte das Geschlecht keine Rolle gespielt haben, es sei denn, daß man sich beim Horusauge an die Pupille, „das Mädchen im Auge" erinnerte (Pyr. 93), so wenn es vor Thoth tanzt (Dr. T. S. 120) oder später als Tochter des Rê die Gestalt verschiedener Mythen hergibt.

---

[1] Pyr. 100a/b, 111a, vgl. 591c.
[2] Dr. T. S. 203 (92), Pyr. 54c, 55a; die weiße Krone als „heiles Horusauge" Pyr. 900a.

In der Mythe, wie sie in den Dramatischen Texten über die Wortspiele geformt wird, leidet das Auge und trägt damit eine dem Schicksal des Gottes Osiris vergleichbare Bestimmung. Es wird „verschluckt" (Pyr. 98, 104) und „ausgespieen" (Pyr. 92), im Fischnetz „gefangen"[1], auf der Jagd „aufgepirscht" (Dr. T. S. 185), „an seinem Geruch aufgespürt" (Pyr. 19, 1754). Auch sein Feind ist Seth, der wegen des Auges bestraft werden muß (Dr. T. S. 238). Er „quält" das Auge (Pyr. 73), das in seinem Munde blutrot wird (Dr. T. S. 180). Er hat von dem „kleinen" Horusauge gegessen (Pyr. 61, 88), so daß es nicht verwunderlich ist, wenn ihn die Augen des Horus „grimmig anblicken" (Dr. T. S. 180). Noch flieht das Horusauge nicht vor Seth auf dem Flügel des Thoth wie später in den Verklärungen[2], sondern muß aus seiner Hand befreit werden (Pyr. 36). Je nach dem Wortspiel geht (Pyr. 83) oder eilt (Pyr. 31) Horus zu seinem Auge, erbittet es von Seth (s. S. 35) oder nimmt es ihm aus seiner Hand (Dr. T. S. 180, Pyr. 95). „Horus ist groß geworden, er hat sein Auge wieder in Besitz genommen. Ich habe Horus aufgezogen, damit er Dich rächt!" (Dr. T. S. 129) erzählt Thoth Osiris im Rahmen der Mythe, die Horus nach dem Tode des Osiris als Kind neben dem Mörder seines Vaters zurückläßt, wobei das Horusauge die Krone Ägyptens bedeutet. In den Dramatischen Texten helfen beim Gewinnen und Holen des Auges die Götter, Geb, an den sich Horus wegen seines Auges wendet (Dr. T. S. 198), Thoth, die Horuskinder und das Sethgefolge, mit denen Horus über sein Auge spricht. Sie geben den das „Horusauge" im Festspiel bringenden Priestern und Beamten die Götterrolle. So gerät Thoth in die Mythe vom Horusauge und bleibt dort auch in ihrer jüngsten Form, der Mythe vom Auge, das er aus der Ferne holt. (s. S. 35). Zu den angeführten Zitaten der um das Horusauge gesponnenen Mythe kommt eine weitere Vorstellung hinzu, in der die Augen des Horus eine Rolle spielen. Sie werden dem Gott „Der ohne Augen" von Letopolis gegeben, der nicht zu den Gestalten der Osirismythe gehört, sondern wie Sokaris von Sakkara wegen der Nachbarschaft seines Kultortes zu Memphis in das Festspiel aufgenommen zu sein scheint. Wie das Horusauge unter den Götterrollen nimmt die Stadt Letopolis unter den Orten als Schauplatz die erste Rolle ein. Kees hat gezeigt, daß sein Gott in der Djoserzeit Unterägypten vertritt (s. S. 71) und damals einen älteren „Horus von Libyen" verdrängt hat. Daß bei diesem Falkengott die Augen eine besondere Rolle spielen, zeigt schon sein Name „Der ohne Augen". Daß ihm Brot und Bier als Augen überreicht werden, scheint sinnvoll, da er, der blinde Gott, keine Augen hat. Der die Rolle des Horus tragende Priester begleitet die Kulthandlung mit der Rede: „Nimm meine beiden Augen an Dein Antlitz, damit Du siehst!" (Dr. T. S. 162), was in der Speisetafel der Pyramidentexte zu „Nimm die Augen des Horus, das schwarze und das weiße, führe sie an Dein Antlitz, damit sie Dein Gesicht erhellen!" (Pyr. 33) erweitert ist. In beiden Fällen spielt die Rede mit dem Wort „Antlitz (mḥnt)" auf den Namen des Gottes „der ohne Augen (Mḥntj-'irtj)" an. In der Pyramidenstelle nennt ein zweiter Vermerk von zwei überreichten Steinkrügen den weißen das rechte und den schwarzen das linke Auge (Pyr. 33 b N). Als diese Augen, die dem Gott anstelle seiner fehlenden Augen sein Gesicht erhellen sollen, bieten sich die Leuchten des Himmels an, die ja später offen rechtes und linkes Auge genannt werden[3]. Doch trifft dies im Alten Reich nur bedingt zu. Die beiden Augen bedeuten in den Hymnen die Kronen (s. u.), in den Verklärungen die beiden Barken des Sonnengottes[4]. An die Stelle eines Sonnenbootes sind zwei Barken getreten, die sowohl mit Isis und Nephthys, wie mit den Kronen gleichgesetzt werden. Der Mond kommt in diesem Zusammenhang nicht vor. So dürften die beiden Augen Morgen- und Abendsonne, genauer ihre Kronenschlangen und ihre Barken bedeuten. Das eine als Sonne und Kronenschlange geltende Auge wäre so mit der Reichseinigung für die beiden Länder in

---

1 Dr. T. S. 173 (66) wird das Horusauge von den Horuskindern, Pyr. 105a, 99c von „ihm" — nach Pyr. 99c von Seth — gefangen.
2 Pyr. 594 bff. (947a, 976a).
3 Kees, Götterglaube S. 235, Junker, Der sehende und blinde Gott S. 9.
4 Kees, ibd. S. 235, Anm. 3; vgl. Kees, Totenglauben S. 209f.

zwei Sonnen gespalten worden. Dies dürfte die Ursache der später auf Tag und Nacht bezogenen Verdoppelung des Sonnenschiffes gewesen sein. Als Himmelsgott käme so „Der ohne Augen" zu seinem Namen, der wie der Name des Atum „Der noch nicht entstandene" und andere Urgötternamen den Gott mit einer negativen Bezeichnung nennt[1]. Wegen seiner erloschenen Augen scheint damals dieser Gott auch „als Vorbild des verstorbenen Königs" gegolten zu haben[2], denn nach Letopolis verlegt das Festspiel den Schauplatz der Himmelfahrt des Königs und des Erwählens der „lobpreisenden" Klagefrauen (s. S. 52). In dem angeführten Pyramidenspruch hat der tote König als Osiris die Rolle des Gottes von Letopolis übernommen. Auch Osiris sind ja seine Augen erloschen. Ihm soll sie der Erdgott Geb öffnen oder wiedergeben, wie es in der Speisetafel gleichsam als Kernspruch zum Auftragen des Opfers und in einer Hymne als Spruchbeginn gesagt wird: „Geb hat Dir Deine Augen gegeben, damit Du zufrieden bist. Nimm die Augen dieses Großen!"[3]. In der Speisetafel wird dabei das Wort Augen so geschrieben, daß beide Augen als rechtes und linkes Auge nebeneinander stehen.

In den Dramatischen Texten finden sich die Augen des Horus und das Horusauge in zwei verschiedenen mythischen Bereichen. Der eine zeigt es im Wesentlichen in der Hand und im Munde feindlicher Mächte, von denen es befreit wird. Der andere kennt zwei Horusaugen, die dem Falkengott „Der ohne Augen" für seine fehlenden Augen gegeben werden. Wegen seiner Beziehungen zum Totenkult scheint dieser Gott, der nicht zu den Göttern der Mythe gehört, in das Festspiel aufgenommen zu sein. Die spätere Entwicklung sucht eine Lösung, die ihn ausschaltet, und überträgt seine Rolle an mehrere Götter der Mythe. In Hymnen mit der Namensformel wird mit gleichen Worten sowohl von Geb (Pyr. 1624) wie von Osiris[4] erzählt, daß die Augen aus ihrem Haupt als Kronen hervorkamen. Daß auch hier an „Sonnen" gedacht sein kann, zeigt eine weitere Übertragung auf die Himmelsgöttin Nut (Pyr. 823), deren hervorkommende Augen schon von Natur als Sonne und Mond oder als zwei Sonnen gelten dürften, selbst wenn sie nur mit den Kronen und ihren Herren in Zusammenhang gebracht sind. Zwei Sonnen gelten als Augen der großen Naturgötter, welche ihr Haupt verlassen und zur Doppelkrone werden. Mit dieser Vorstellung als Deutung erhalten zwei mehrfach herangezogene Götterreden Dramatischer Texte einen guten Sinn. Sie verteilen die Horusaugen an Horus und Seth und sprechen vom Auge des Horus an seinem Haupt und vom Auge des Horus am Haupt des Seth (s. S. 67). Erst wenn die — im Ritual als Brote oder Fleischstücke überreichten — Augen mythisch als Kronen verstanden werden, gewinnt die Übergabe eines Horusauges an Seth, der ja nach der Verletzung seiner Hoden nicht der Sehkraft ermangelt, einen Sinn. Durch die Götterrede wird die Kulthandlung mythisch als Krönung der beiden königlichen Götter erklärt, wie in der anderen Szene mythisch Osiris die Kronen, die auf den Häuptern dieser Götter waren, gegeben werden, und wie in einer dritten Szene Thoth mit seiner Rede: „Horus ist groß geworden, er hat sein Auge (wieder) in Besitz genommen!" (s. S. 73) auf die Krone Aegyptens anspielt. In diesem letzten Beispiel gilt auch das einzelne Horusauge als Krone, so daß die Krone die gemeinsame Wurzel der beiden im Ramesseum-Papyrus getrennten mythischen Bereiche zu sein scheint[5]. Die Vorstellung der Krone als Horusauge findet sich auch in Litaneien an die unterägyptische Krone, in denen vom König gesagt wird: „Horus ist das, der zum Schutze seines Auges kämpft" (Pyr. 195, 198). Auch ein Schlangenzauber dürfte mit „Horus sucht nach seinem Auge" (Pyr. 670) auf seinen Kampf um die Krone anspielen, wie das sicher in einer heliopolitanischen Ver-

---

1 Junker unterscheidet auf Grund von Schreibungen zwei Namen, die den Gott als „sehend" und „blind" bezeichnen sollen (ibd. S. 8ff.).
2 Junker, der sehende und blinde Gott, S. 67.
3 Pyr. 102, 103a/b, 583b/c, vgl. 9c/d.
4 Pyr. 1816b, 1820b, 1832b (nur die oberägyptische Krone).
5 vgl. Sethe, Kom. 578d — das Horusauge „ist natürlich die Königskrone oder das Diadem, die Uraeusschlange einbegriffen" —, Pyr. 634, 758.

klärung der Fall ist, in der nun Thoth das aus dem Haupt des Horus hervorgekommene Auge in Buto sucht und in Heliopolis findet, wo er es vom Haupte des Seth nimmt an jenem Ort, an dem sie — Horus und Seth — gekämpft haben (s. S. 50). Hier wie in der Rede des Thoth aus dem Festspiel nimmt das Horusauge an der neuen Wertschätzung der Mythe, die Horus als alleinigen Erben einsetzt und Seth von der Herrschaft ausschließt, teil. An die Stelle der beiden Augen tritt das Horusauge als seine Krone. Damit wird der Zustand vor der Reichseinigung erneuert. Wie einst kämpft Horus, der eine Herr um sein Auge, das ihm damals fehlen mußte, weil es nicht die eigene, sondern die fremde Krone in Feindesland, auf die Horus — wie wir sagen könnten — sein Auge geworfen hat, bedeutete. Die eigene Krone ist das ,,verbliebene" (Dr. T. S. 119), das ,,verschonte" (Dr. T. S. 185) Auge. Das Horusauge, um welches der König kämpft, scheint so in einer Rolle gestanden zu haben, die der Bedeutung von Kreuz und Halbmond nahekommt[1]. Es ist das Symbol des ägyptischen Königtums, in dem sich sein Dogma verkörpert. Um sein Auge kämpft der Falke. Mit der fremden Krone heilt er sein Gesicht. Wenn Horus ,,wegen seines Auges fällt" (s. S. 67), so bedeutet dies, daß er im Kampf um die Krone fällt, was auch auf die ,,Hoden" des ,,Stieres" und später des Seth übertragen wurde, die im Festspiel als ,,Macht" erklärt werden (Dr. T. S. 195). Das Auge umschließt so als Sinnbild das Dogma des um Aegypten kämpfenden Königtums. Es weilt in der Fremde, sein Herr — erst später für ihn Thoth (s. S. 73) — muß es holen. Übertragen kann dann alles, was aus der Fremde als Tribut kommt oder erbeutet wird, als Horusauge gelten. Hiermit erhalten eine Reihe dunkler Textstellen einen guten Sinn. Wenn Horus zu seinen Kindern sagt: ,,Füllt mein Haus auf Erden mit meinem Auge!" (Dr. T. S. 167), so fordert er sie auf, Beute vom Feind einzubringen. Wenn er sein Auge dem verspricht, ,,der es spalten kann"[2], so fordert er von seinen Söhnen eine Kraftprobe an einem seltenen, besonders harten Holz. Wenn er sein Auge vor Thoth, dem Tanzmeister, tanzen läßt (Dr. T. S. 120), so zeigt er ihm etwas neues, was dieser Gott noch nicht gesehen hat, wie man Zwerge als ,,Gottestänzer" aus fernem Land besonders schätzte[3].

Mit der Reichseinigung hat Horus sein Auge, das er in Unterägypten suchte, gefunden. Im Triumph trägt Narmer die unterägyptische Krone, während ihm der Falke den Siegespreis wie ein Stück Vieh zuführt (s. S. 88). Damit ist das im Horusauge versinnbildlichte Dogma erfüllt. Nun macht niemand Horus sein Auge streitig. Es müßte denn in eine neue Fremde davongehen[4]. Doch findet sich damals keine andere Krone, um die der Falke wie zuletzt um Unterägypten kämpfen kann. So wird das Dogma vom Horusauge eine Angelegenheit des Kultes, der in Ritual und Festspiel die Erinnerung an Kampf und Sieg wach hält und beides vergegenwärtigt. Wandlungen der Vorstellungen vom Horusauge zeigen jedoch, daß dies dem aufsteigenden Königtum nicht genügt hat. Zunächst wird eine Zwischenlösung gefunden, welche die Vereinigung der beiden Länder berücksichtigt und dem Auge eine neue Ferne findet. Auf dem Elfenbeinkamm des Königs ,,Schlange" (s. S. 5) fährt der Falke im alten Staatsschiff über den als Flügelpaar dargestellten Himmel, welcher damals als Flügel der Geiergöttin von Elkab gegolten haben dürfte[5]. Diese Flügel, die in der Vorstellung der Erde als zwei aneinanderhangende, ,,Der

---

[1] Sethe vergleicht Urgeschichte S. 102 die Rolle des Horusauges mit der Bedeutung von Brot und Wein beim Abendmahl.
[2] Anscheinend werden die Horuskinder hierfür in die Fremde geschickt, denn die Rede des Horus schließt mit den Worten: ,,Entfernt Euch seinetwegen!" (d. h. um des Auges willen) (Dr. T. S. 171, (65)).
[3] Pyr. 1189. Über Zwerge als ,,Gottestänzer" vgl. Junker, Giza Bd. 5, S. 7f., Urk. I, 128, 15ff.
[4] Wie Pyr. 455 zeigt, hat man zeitweilig versucht, Libyen, als neue Fremde anzusehen. In diesem Spruch soll ,,Horus des Ostens" die Krone (wrr.t) von den ,,großen, gewaltigen Fremden" (ʒꜥ.w, nach der Determinativlosigkeit zu urteilen, ist hier — wie so oft in W. und T. — ein Menschendeterminativ unterdrückt worden) holen. Der Gott trägt dabei sein ,,großes linkes Auge" — hier anscheinend die Sonne (nach Pyr. 452b in seinem ,,Namen" 'Rê') — als Krone, die ihm der tote König überbracht hat.
[5] vgl. die Flügelhaltung der Geiergöttin über dem Baldachin über dem Keulenkopf des Königs Narmer (Quibell, Hierakonpolis Bd. 1, Taf. 26b).

Ausgebreitete" (Pyr. 604) genannte Arme ein Gegenstück hat, zeigen, daß die Verselbständigung von Gliedern zu den Mitteln der frühen Symbolik gehört, so daß es nicht verwunderlich ist, wenn damals auch die Augen eines Gottes aus seinem Haupt herausgehen. In diesem Bild ist der Falke, der mit „breiter Brust" und „erhobenem Arm" als Himmelsbewohner auf seine Feinde herabstieß, zum hochgereckten Himmelsherrn, einem verwandelten Symbol ägyptischen Königtums heraldisiert[1]. Er fährt über den Himmel. So dürften seine Augen als Himmelsleuchten gegolten haben. Auch die „Kronenschlange am Himmel"[2] hat sich verdoppelt. Die beiden Augen ($'ir.t$), denen zuliebe die Kronen mit dem Dual einer neuen Bezeichnung der unterägyptischen Kronenschlange „die aufgebäumten" ($'i'r.t$)[3] genannt werden, gibt Thoth als Kronen an Horus und Seth — „ein Auge des Horus an Seth, ein Auge des Horus ihm (selbst)" (s. S. 67). Er holt die Augen aus einer neuen Ferne. Der Himmelsherr wird zum Vorbild des lebenden, „Der ohne Augen" zum Vorbild des toten Königs. Der Falkengott von Letopolis trägt Rollen, die zu seinem Namen nicht recht passen. Seine Rolle als Hirtengott[4], seine Waffe, das Wurfholz[5], zeigen, daß er ursprünglich nicht blind war, und sprechen für seine Herkunft aus Libyen[6]. Die Rolle eines königlichen Totengottes dürfte ihm erst übertragen worden sein. Dies kann damals nur von Oberägypten aus erfolgt sein, wohin seine Verwandtschaft zu dem Gott von Kus verweist[7]. Er trägt diese Rolle nur vorübergehend. Schon in Dramatischen Texten fällt sie an den neuen Totengott Osiris. In den Hymnen mit der Namensformel kommen die Augen als Kronen aus den Häuptern der Naturgötter Geb und Nut hervor, die Krone von Oberägypten auch aus dem Haupt des Gottes Osiris[8]. Damit ist die Zwischenlösung, welche das Horusauge spaltete und als zwei Augen in die Himmelsferne entrückte, sie von dorther holte und mit ihnen Horus und Seth wie mit einem Geschwisterpaar vermählte[9], aufgegeben. In der Mythe tritt an die Stelle des Himmelsherrn, dessen Augen davongegangen sind, der erschlagene Gott als Rolle des toten Königs. Der neben dem Horus der Mythe „ältere" Horus wird als Totengott durch Osiris ersetzt. Im Kampf gegen den Mörder seines Vaters muß der Sohn das „Horusauge" nicht mehr aus der Fremde

1 s. H. Schäfer, von ägyptischer Kunst S. 14.
2 Pyr. 244a, 444a, 663a, 976c.
3 Das Wortspiel zwischen „Augen ($'ir.tj$)" und „Kronenschlangen ($'i'r.tj$)" Pyr. 1287b. In Verklärungen kommen beide Bezeichnungen der Kronenschlange — das alte $d.t$ und das jüngere $i'r.t$ — auch nebeneinander vor (Pyr. 1091, 2047, 335/336).
4 Junker, Der sehende und blinde Gott, S. 84ff.
5 ibd. S. 72. Auch die Dram. Texte S. 223 (117, 119) in Zusammenhang mit Letopolis genannten „Leiterholme" dürften die libyschen Wurfhölzer sein, mit denen hier die „Geistsucher"-Priester auftreten. Das entsprechende Bild zeigt sie mit einer Hand einen „leicht gekrümmten Stab" hebend (ibd. S. 257), in der anderen eine Feder haltend. Mit Wurfhölzern und Feder (am Kopf) tanzen gerade die „Libyer" (Hölscher, Libyer und Aegypter S. 30f.).
6 In den Grabkammern der Stufenpyramide ist er an die Stelle des „Horus von Libyen" der Jubilaeumsbilder getreten (Kees, Zu den neuen Zoser-Reliefs aus Sakkara S. 58). Handelt es sich hierbei um denselben Gott mit einem neuen Beinamen? Ist „der von Letopolis" der alte „Horus von Libyen"? Daß „Der ohne Augen" auch mit dem Fischstechen in Zusammenhang gebracht wird (Pyr. 1211aff., Junker, Der sehende und blinde Gott, S. 53, 77ff.) zeigt, daß er in den Marschen des Deltas beheimatet ist. Doch bestehen zwischen Unterägypten und Libyen auffällige Beziehungen (vgl. Hölscher, Libyer und Aegypter S. 16ff.).
7 Junker, ibd. S. 36, S. 58ff.
8 Osiris trägt — nach freilich erst seit dem M.R. nachweisbaren Beinamen und Bildern — die Atef-Krone, eine mit den beiden Federn geschmückte Abart der oberägyptischen Krone. Doch „erscheint" Osiris (Pyr. 776, 1795b, 1833) wie Geb (Pyr. 1626) und Horus (Dr. Texte S. 32 (14c), 76 (64), Junker, Pol. Lehre S. 31, 37) als ober- und unterägyptischer König.
9 Einige Anzeichen lassen vermuten, daß damals Isis und Nephthys als Kronen und Gemahlinnen von Horus und Seth gegolten haben. Die beiden Sonnenbarken, die ja als die beiden Augen gelten (Kees, Götterglaube S. 235), werden sowohl mit Isis und Nephthys (Pyr. 210, Jéquier, La pyramide d'Aba, Zeile 369/370) wie mit den Kronenschlangen (Pyr. 335/336) in Verbindung gebracht. Die Namen „Thron" und „Hausherrin" würden zu Kronengöttinnen vorzüglich passen.

holen, sondern als Erbe gewinnen, damit er den zerstückelten Leib seines Vaters bergen und begraben kann. In der Mythe hat das Königtum die neue Formel für sein Dogma gefunden. An die Stelle des Kampfpreises ist das Erbe getreten. Horusauge bedeutet in der Osirismythe Königsmacht, Erbe und Sohnespflicht. Mit dieser Bedeutung versinnbildlicht es das Dogma des geschichtlichen, das Erbe der Vorzeit wahrenden Königtums. Durch die Mythe wird dies Dogma im Totenkult verankert. Dort liegt die „Ferne", in welcher der König das Horusauge sucht, wenn er Pyramide und Totentempel als „Horusauge" — in seinem Namen „Siedelung" und „Stadt" (Pyr. 1595, 1605) — gründet. Dort ist der Ort, zu dem er als Sohnesopfer sein Auge trägt, um den Vater mit dem Horusauge — in seinem Namen „Zauberreiche" (Pyr. 1795) — zu krönen, damit die Götter vor ihm erschrecken, und ihn mit dem Horusauge — in seinem Namen „Wegöffnerin" (Pyr. 643, 1806) — zu salben, damit er wieder sieht. Das Dogma der Osirismythe scheint fast die Herrscheraufgabe auf den Totenkult zu beschränken, indem es Ziel und Erfüllung in das ewige Leben verlegt. Dies entspricht dem Geist der großen Pyramiden, die eine alles übersteigende Wertschätzung von Ewigkeit und Dauer bekunden.

6. Das Dogma der Götterlehren

Die Mythenbildung selbst bedeutet eine Abwendung von der gegenwärtigen Welt. Im Festspiel wird die Kulthandlung auf die Bühne der Mythe gehoben, auf welcher Götterworte ewige Gültigkeit beanspruchen. Zwar ist die Kulthandlung durch das Ritual enger an feste Formen gebunden als die Mythe, die im Wortspiel noch nach Einzelheiten ihrer Handlung sucht. Doch stellt die Mythe das gefundene in eine Welt, die ewige Gültigkeit beansprucht. Mit jedem Wort holt sie eine Deutung aus ihrer Tiefe und dringt mit ihr in die Kulthandlungen ein. Dies ist deshalb möglich, weil die Kultsymbole entweder ihre alte Bedeutung verloren haben — wie Pfeiler und Palmenzweig, die erst die Mythe als Seth und Osiris deutet, da der Pfeiler den Palmenzweig trägt — oder weil in Kulthandlungen — wie im Salben und Schminken — wegen ihrer Heiligkeit ein solcher Sinn vermutet wird, obwohl sie alltäglichen Bräuchen entspringen. Da dies so ist, kann die Mythenbildung bedenkenlos Beziehungen zu Kultsymbolen lösen und durch andere ersetzen, obgleich einst Kultsymbole im Wortspiel die Götterrede auslösten. Die Mythe ist in ihrer eigenen Welt heimisch geworden, ihre Götter gewannen in den Hymnen Gestalt, sie scheint sinnvoller, ewiger und gültiger zu sein als jedes Ritual. Beim Horusauge liegen die Dinge anders. Als altes Symbol des Königtums mit der Krone verbunden und selbst die Krone, als Teil eines Weltgottes zur Sonne erhoben, als Sinnbild von Kostbarkeit und Opfer im Ritual trägt es seinen vormythischen Glanz durch die Mythenbildung und vereint auf sich ein „Mythenknäuel"[1], das kaum restlos zu entwirren ist. Die anderen Gestalten werden mit der Mythenbildung anschaulicher. Aber was haben mythisch Auge, Krone und Sonne miteinander zu tun? Wie lassen sie sich anschaulich an einer Göttergestalt vereinen? Dies ist nur über eine symbolhafte Wertung möglich, indem das Horusauge sowohl Krone wie Sonne bedeutet. Dabei gilt das Horusauge als kostbarster Besitz des Königtums. So ist es nicht verwunderlich, daß man es immer von neuem verdichtet, und daß auch ein neues Dogma in ihm die Verkörperung der königlichen Macht findet. Mit dem Eintritt in die Geschichte stößt die Wucht des kämpferischen Dogmas in eine Leere. Der Streit ist beendet. Ein nennenswerter neuer Feind fehlt. Horus hat sein Auge in Besitz genommen. Zunächst wird die Reichseinigung in den Kult hineingenommen. Jeder neue Regierungsantritt gilt als „Vereinigung der beiden Länder" und als „Umzug um die Mauer", das heißt als Besitznahme der Residenz. Der Ramesseum-Papyrus hat den unterägyptischen Teil (s. S. 57) eines Festspiels auf den Regierungsantritt des Königs mit seiner dramatischen Überarbeitung erhalten. Erst diese dramatische Bearbeitung ergibt ein neues Dogma. Sie setzt über die Kulthandlungen die Sprache der Mythe und macht die im Gange befindliche Umdeutung

[1] Kees, Götterglaube S. 241.

an ihren Erklärungen sichtbar. Wenn der Pfeiler von Memphis bei dieser Gelegenheit gesenkt und wieder aufgerichtet wird, so dürfte es sich um ein Herrschaftssymbol handeln, das mit dem Tode des Königs niedergelegt und mit der Krönung seines Nachfolgers mit einem Palmenzweig geschmückt wieder aufgerichtet wird. Insofern die mythische Bearbeitung in ihm Seth erkennt, der Osiris als Palmenzweig tragen soll, findet sie zwar eine Deutung aus ihrem Rahmen, hat jedoch die ursprüngliche Bedeutung des Pfeilers als Sinnbild der heimischen Macht in das Gegenteil verkehrt. Der Pfeiler wird zum Symbol des Götterfeindes erklärt, während er doch in Busiris der nach ihm benannten Stadt, nach wie vor als Symbol des Osiris gilt[1]. Das Horusauge ist kein Kultsymbol, sondern eine Götterrolle. Es dürfte den Gegenständen des Kultes mit den Augen der Mythe zugeteilt sein wie die anderen Götterrollen, wobei gelegentlich — wie der König an seinem ersten Namen nachweisbar die Rolle des Horus schon trug — seine Rolle älteren Bindungen entspricht. Als eine solche alte Bindung wurde die Deutung der Krone als Horusauge vermutet. Die Fälle jedoch, die es Horus als Sohnesopfer seinem toten Vater bringen lassen, dürfen als Erfindung der Osirismythe gelten. Im Verlaufe der Mythenbildung wächst die Bedeutung des Horusauges weit über diesen im Kampfe um die Krone erwachsenen und in der frühen Osirismythe neu gedeuteten Zusammenhang hinaus. Wie die Götter in den Hymnen aus den Rollen, in die sie im Dramatischen Text am Kulte hängen, gelöst und in ihre eigene mythische Welt gestellt werden, tritt auch das Horusauge in die Welt hinaus. Ein Salbritual für Osiris, welches an eine vermutlich gleichaltrige Hymne mit der Namensformel anschließt, nennt die Salbe „Horusauge des Lebens" (Pyr. 1807). Der Überbringer sagt hierin: „Osiris, ich öffne (wp) Dein Gesicht mit dem „Aufleuchten (wpš)", ich erleuchte (sḥd) Dein Gesicht mit dem „Hellwerden (ḥd) der Erde", ich gebe Dir das Horusauge mit dem „Sich zeigen des Rê"! „Die an den Schluß dieser Sätze gestellten Wörter, auf die sich wie auf Kultsymbole Wortspiele beziehen, sind in Anlehnung an alte Kultsymbole ausgewählt, das „Aufleuchten" in Anlehnung an den „Schenkel (ḥpš)" — das Zimmermannsgerät, mit dem der Mund von Statuen geöffnet wird (Pyr. 12) —, das „Hellwerden" in Anlehnung an die „Weißen (Kapellen) (ḥd.w)" oder deren Herrn, den „Weißen (Pavian)" von Hierakonpolis (s. S. 13), als die sonst die Götter das Gesicht des toten Gottes erhellen (Pyr. 1659). Dem aufkommenden Rê zuliebe werden Symbole des königlichen Totenkultes aufgegeben und durch kunstvoll gewählte Ausdrücke für den Sonnenaufgang ersetzt. Anscheinend gilt hier Rê als Horusauge des Lebens, das als „Hellwerden" und als Salbe das Gesicht des Gottes öffnet. Der Sonnengott erscheint als neues königliches Dogma.

Wie sehr sich während der Zeit der großen Pyramidenerbauer das königliche Dogma wandelt, läßt sich aus der neuen Form und dem Maß ihrer Bauten ermessen. Das Königtum hat ein neues Symbol gefunden und türmt es zum Himmel. Wenn es auch die Pyramiden „Horusauge" nennt (s. S. 77), so zeigt dies, wie das angeführte Salbritual, daß hierbei die überkommenen Symbole zwar ebenfalls durch einen neuen Inhalt gedehnt und auf neue Verhältnisse übertragen werden, aber doch erhalten bleiben und weiter das Dogma tragen. In einer Litanei bringt der tote König dem östlichen Horus, der unter anderem den Namen Rê trägt, sein großes 'östliches' Auge (Pyr. 451) als Kronenschlange (Pyr. 453/454). Die dem Auge beigelegten Namen zeigen, daß es sich um die gesalbte Krone aus Weidengeflecht und Glasfluß (Pyr. 453) handelt, die hier dem Gott als Krone überbracht wird. Anschließend wird der Gott angerufen: „Stehe auf 'großer Schilfnachen'[2] als 'Wegöffner', indem Du mit Deiner Geistesmacht erfüllt bist und aus dem 'Lichtland' hervorkommst! Hole Dir die Krone (Wrr.t) von den großen, gewaltigen Fremden von Libyen!"[3] Der Kampf um die Krone ist an den Himmel verlegt. Mit seinem 'östlichen' Auge

---

1 vgl. Kees, Götterglaube S. 97f., der auch auf die Glücksbedeutung des Wortes Ḏd, mit dem der Pfeiler benannt ist, hinweist.
2 Pyr. 455, als Name des Rê auch Pyr. 201, 209.
3 Pyr. 455c (s. S. 75 Anm. 4). Nach Pyr. 1651 ist der Ausdruck „die Krone (Wrr.t) holen" ein allgemeiner Ausdruck für gekrönt werden.

gekrönt, welches dem Gott der verklärte, den Urgöttern opfernde (Pyr. 446/447), von dem Schöpfer neu 'gebaute'[1] tote König bringt, macht sich der 'große Schilfnachen' auf den Weg, in Libyen die zweite Krone als das andere Auge zu erobern. Zu der eigenen Krone kommt wieder eine fremde Krone hinzu, welche der Gott über die Weite des Himmels hinweg täglich im fernen Westen erstreitet. Die dort liegende Krone wird zuerst in Hymnen genannt. Ihr Name ist eine Weiterbildung des Wortes, welches die unterägyptische Krone als „Große" nennt, und wird als oberägyptische Krone determiniert. Schon in einer Hymne empfängt Osiris das Horusauge — „Dir hat Horus sein Auge gegeben" —, nach dem Zusammenhang ein seinen Leib umschließendes Kleid (vgl. Pyr. 737, 844/845), in dem er die „Krone" (*Wrr.t*) von den Göttern holen soll (Pyr. 634). Diese Krone gewinnt der königliche Leichnam, dem Horus den Mund öffnet, im Prozeß um das verlorene Gut vor der großen Neunheit im 'Fürstenhaus', dem Gerichtshof von Heliopolis (Pyr. 14). Wenn der tote König dem Sonnengott eine Krone als sein 'östliches' Auge bringt und ihn so für den Aufstieg zum Himmel krönt, tritt er hier in die neue mythische Welt hinaus, die erst der Gestirnkult der königlichen Seele öffnet, und die zu einer Teilung seiner Geistesmacht in Seele und Leichnam geführt hat. Als formales Unterscheidungsmerkmal der Texte dieses Kultes wurde schon gefunden, daß Sprüche, welche die Seele betreffen in der Ichform — in ihrer älteren Form, der Litanei, möglicherweise in der dritten vom Vorlesepriester vorgetragenen Person — abgefaßt, die Verklärungen des Leichnams jedoch — ursprünglich von dem Sohn an den Vater gerichtet — den königlichen Leichnam in der zweiten Person anreden (s. S. 51). Daß sich hier ein neuer Totenglaube durchsetzt, zeigen eine Reihe von Stellen, die Kees in seinem Buch „Totenglauben und Jenseitsvorstellungen der Alten Aegypter" zusammengetragen hat, die nun „das Geschick des Osiris" „als durchaus unerwünschtes Dasein im Gegensatz zu dem Lichtreich des seligen Toten beim Sonnengott" ablehnen (S. 205f.). Auf diese Anschauungen wird noch besonders einzugehen sein (s. S. 125f.). Da gleichzeitig auch der Leichnam in seinen „Himmel", dem Sarge, in diesem neuen Glauben zum Stern verklärt wird (s. S. 29), entsteht ein neues Weltbild, das sich zwar von dem überkommenen abhebt, aber doch den königlichen Toten mit Leichnam und Seele in dieselbe Welt hinausstellt. Über den Himmel der königlichen Seele, in den sie anfänglich den Tod rächend (Pyr. 290ff.), zum Kriege gegen Götter und Geister (Pyr. 393ff.) einbricht und sein Gewölbe spaltet (Pyr. 305), stellt das Königtum der Sonnengott und sucht nun Möglichkeiten, an seinem Wege teilzunehmen, wobei es sich mit Zitaten auf die Mythe beruft. Wie der König — genauer die königliche Seele — dem Gott sein östliches Auge als Krone bringt, kommt er — durch die Zauberkraft seiner Seele verwandelt — nun selbst als Horusauge und ruft — in Anlehnung an eine Zauberformel — den Menschen zu: „Die Kronenschlange (steigt) zum Himmel. Ich bin das Horusauge..." (Pyr. 976). In einer anderen Verklärung sagt der König von sich: „Ich bin jenes Horusauge, welches mächtiger ist als die Menschen und stärker als die Götter, welches Horus trägt und Seth erhebt" (Pyr. 1147). In diesen Beispielen steht das Horusauge, durch den Hinweis auf Horus und Seth als Doppelkrone bezeichnet, als mythische Macht über der Welt der Menschen und der Götter. Das königliche Dogma ist so über die Grenzen der irdischen Welt hinaus getreten und krönt nun die Schöpfung nicht anders als der Sonnengott, so daß in diesen Beispielen mit dem Horusauge als Krone auf Rê — oder sein Diadem — angespielt sein dürfte. Aus der eroberten Fremde des zweiten Landes ist das Horusauge als Dogma in die grenzenlose Ferne der Mythe gerückt. Das Auge krönt nun die urzeitliche Schöpfung, vor welche die Mythe von Heliopolis ihre „Körperschaft", die vor König und Gaufürsten Privilegien genießt, auf die Zeit „ehe jene Furcht, die vor dem Horusauge aufkam, entstand" (Pyr. 1040), zurückführt.

Erst die Verklärungen betonen die Kraft des Horusauges und hüllen es in Furcht und Schrecken, die mit ihm in die Welt gekommen sein sollen, ein. Nun kann sich der König auf

---
[1] Pyr. 450a (vgl. Sethe, Kommentar). „Bauen" in dem von Jéquier, Le monument funéraire de Pepi II. veröffentlichten Paralleltext als „Bilden auf der Töpferscheibe" determiniert.

III. Dogma, Kult und Mythe

sein Auge als Schutz und Stärke berufen (Pyr. 301, 320) und mit der Glut seines Auges (Pyr. 298, 302) drohen. Er trägt hierbei die Rolle „jenes Großen, des Herrn der Kronenschlange, der stark ward mit dem, was an ihm verletzt war" (Pyr. 297), also des kämpfenden Falken, der gerade durch seine Verletzung Macht gewann. In der Mythe der Dramatischen Texte und in ihren Vorformen fehlt noch die Vorstellung der Furcht vor dem Horusauge. Das Auge ist im Gegenteil etwas verwundbares und muß geheilt, geschützt und gerettet werden. Wenn man nach den Wurzeln seiner „Macht" sucht, so findet man Anzeichen in den Hymnen, in denen Horus seinem Vater das Auge gibt, um ihm zur Macht vor den Geistern zu verhelfen[1], und in einer Reihe anderer Sprüche, die gerade die Dinge als Horusauge preisen, mit denen der königliche Leichnam ausgestattet wird. Vor dem Kopftuch als „Horusauge in der Webstadt ($T3j.t$)" sind die Götter erschrocken[2]. Die beiden Zeugstreifen „Das Horusauge in Buto (Dp), das Horusauge in den Häusern der roten Krone, welches die Weberinnen webten und der Sänftenmeister anlegte", verbreiten Ehrfurcht und Schrecken vor dem König unter den beiden Ländern wie vor Horus und Seth[3]. Die Wut der Salbe fällt als Wut des Horusauges gegen die Feinde des Königs (Pyr. 2072/2073) und wirft als „das, was am Haupte des Horus ist" seinen Schrecken in die Augen aller Geister, die ihn sehen und die seinen Namen hören werden[4]. Sie fördern freilich ebenso die „Ehrfurcht" (Pyr. 57, 737), ja die Beliebtheit „im Leibe eines jeden Gottes, der ihn sehen wird" (Pyr. 737). Horus verehren die beiden Länder, vor Seth erschrecken sie. In Dramatischen Texten dient einzig das „harte Horusauge", mit dem auf die Keule angespielt sein dürfte (s. S. 72), dazu, den „Feind" zu erschrecken. Diese Dinge, die der tote König als „Erkennungszeichen" (Pyr. 737) für die Götter mitbekommt, werden vereinzelt nicht einmal „Horusauge" genannt. Die Salbe wird als „die am Haupt befindliche" (Pyr. 52, 139) gepriesen, das Kopfteil auch lediglich als „Webgöttin, am Rande des großen Nestes", eines Teiles der unterägyptischen Krone[5] angerufen. Schrecken und Beliebtheit kommen so dem Horusauge von Kultsymbolen zu, als deren Götterrolle es gilt. Noch einmal treten hier am königlichen Symbol des Horusauges die beiden Wurzeln der Mythenbildung, Dogma und Kult hervor. Im Kampfe gewinnt das Königtum sein Dogma und trägt es vom Ort zum Gau, vom Gau zum Land, vom Land zum Doppelstaat und Einheitsreich. Der Kult wahrt die ehrwürdigen, ruhmreichen Symbole, die einst in der Heimat verehrt wurden und beim Feinde Schrecken verbreiteten, den den Weg öffneten oder an das siegreiche Königtum als Beute fielen. Im „Mythenknäuel" um das Horusauge sind die „geschichtsdeutenden Mythen von dem Königsdiadem"[6] enthalten. Wie kein Gott und kein Kultsymbol, wie nicht einmal die königlichen Insignien trägt das Horusauge das Schicksal der Krone an sich und gewinnt es zur Mythe. Als Auge in der Fremde vom Feind mißhandelt, jauchzt es seinem Herrn zu, der es befreit. Als Wunde an seinem Leibe verursacht es seinen 'Sturz'. Mit der Reichseinigung verkoppelt, verläßt es das Haupt des Himmelsherrn als Morgen- und Abendsonne und krönt Horus und Seth mit Kronen, die symbolhaft die Welt erleuchten. Mit der Mythe, die Horus seinem Vater gibt und Seth als dessen Mörder verfehmt, wird auch die Krone wieder zu dem einen Auge des Horus. Doch bedeutet es jetzt das Erbe, welches Seth, der den Tod des die Osirisrolle tragenden Königs verursacht hat, dem neuen

---

1 Pyr. 578d/579a, vgl. 758a/b, 2075a/b.
2 Pyr. 1794b/c, 1755c („Vor Dir erschrecken die Götter, wie sie vor dem Horusauge erschrocken sind").
3 Pyr. 56/57, vgl. Junker, Giza, Bd. 3, S. 211, Bd. 5, S. 13.
4 Pyr. 53, vgl. Pyr. 900, dort auf die weiße Krone bezogen. Das Horusauge als „Gottesduft" am Leibe des Königs Pyr. 1241.
5 „Die beiden Töchter des unterägyptischen Königs" (als Vogelnester, auf deren Rand Ichneumon und Wildkatze klettern (M.) determiniert) „auf seinem Haupte, die Herrinnen der „Großen" (unterägyptischen Krone)" (Pyr. 804a Var., s. Sethe, Kom.), vgl. Kees, Götterglaube S. 47, Abb. 5, wonach diese „Nester" auch als besondere Kultsymbole bei Prozessionen mitgeführt wurden.
6 Kees, Götterglaube S. 241.

König raubte. Zurückgewonnen wird es im Sohnesopfer dem Vater übergeben und tritt so als Königsmacht vor die Geister. In den Dramatischen Texten kann die Mythe das Horusauge sinnvoll den Kultsymbolen zur Rolle geben, die dargebracht den toten oder lebenden König ehren und erfreuen sollen. In den Hymnen überträgt die Mythe dem Horusauge, die Insignien des toten Königs preisend, Macht, Schrecken und Beliebtheit und trägt es so hinaus in die jenseitige Welt. Als „Stadt" und „Siedlung" der Ewigkeit pflanzt der König das Horusauge in die Wüste. In den Verklärungen schließlich kann die Mythenbildung den König selbst zum Horusauge machen und vereint im Auge die irdische Königsgewalt mit der Vorstellung des „östlichen" Horusauges, das der Sonnengott von seinem Vorgänger, dem falkengestaltigen Himmelsherrn geerbt hat. Das königliche Dogma, welches mit der Mythe im Festspiel den Kult gedeutet hat, ist aus dem Kult heraus in die weite Welt alles dessen, was die Sonne umkreist, getreten, wobei es sich dem neugewählten Symbol, dem Sonnengott, unterstellt, nachdem früher der „ältere Horus" die universale Königsmacht bedeutete. Obwohl so der Kult älter ist als die Mythe, stammt die Mythe nicht aus dem Kult. Sie ist die Schöpfung einer Götterlehre, in der das Königtum ohne Feind eine neue Ferne, die Mythe von Urzeit und Ewigkeit erschloß.

In Heliopolis findet die von Memphis aus in den Rahmen der Neunheit hineingewachsene Mythe eine Kultheimat, über der das Licht des Sonnengottes aufgeht. Zu diesem Gott setzt sich das Königtum mit einem neuen Sohn-des-Rê-Namen in das Sohnesverhältnis, während es mit dem aus der Vorgeschichte überkommenen Horusnamen den früheren Weltgott, dessen Erbe Rê antritt, verkörperte. Man kann hierin die überragende Stellung einer Götterlehre erkennen, der es gelungen ist, das Königtum seiner Gottheit unterzuordnen und auf die Ausübung irdischer Königsmacht zu beschränken. Doch zeigen die Verklärungen kein einheitliches Verhältnis zwischen Himmelsgott und König. In einer nur in den beiden ersten Pyramiden erhaltenen Spruchfolge bricht der König in den Himmel ein, verjagt den Herrn des Lichtlandes von seinem Thron (Pyr. 276/277, 296ff.) und droht mit Fluch und Zauber (s. S. 51). Gegenüber diesen frühen Äußerungen neugefundener königlicher Seelenmacht, die dogmatisch in einer der Namensformel nachgebildeten 'Würde' — „in dieser seiner Würde 'Will er, so tut er, will er nicht, so tut er nicht...' (Pyr. 412) — verkündet wird, hat sich das Königtum dem Sonnengott im Sohnesverhältnis unterstellt. Diese Unterstellung dürfte vom Königtum ausgehen, denn sie gibt ihm die Anwartschaft auf die Weltherrschaft, mit welcher der König vor den Sonnengott tritt, wovon mehrere Sprüche zeugen. In einem spricht der König den Sonnengott an: „Ach mein Vater Ach Rê! Hinsichtlich dessen, was Du sagtest: Ach hätte ich doch einen Sohn, der verklärt und gekrönt ist, beseelt, stattlich und mächtig, dessen Arm lang und dessen Schritt weit ist! Sieh mich! Ich bin Dein Sohn! Siehe, ich bin verklärt, ich bin gekrönt, beseelt, stattlich und mächtig! Mein Arm ist lang und mein Schritt ist weit!"[1]. In der Litanei einer weiteren Verklärung wird der tote König am Hof des Sonnengottes feierlich angemeldet: „Siehe er kommt! Siehe er kommt! sagt der Hofmeister. Siehe der Sohn des Rê kommt! Siehe der Liebling des Rê kommt! sagt der Hofmeister. Laß ihn kommen! Laß ihn kommen! sagt Horus" (Pyr. 1492ff.). Die Litanei geht weiter und zeigt Horus und Seth — die königlichen Götter der Thinitenzeit — und Geb — den Obersten der Götter der memphitischen Mythe — in der Vorhalle des Sonnengottes, wo sie mit den Seelen von Heliopolis und Buto (Pyr. 1495) Besucher, welche der Hofmeister zuführt, prüfen und begrüßen. Hier setzt die Erhabenheit des Gottes, zu dem sich der König mit seinem Tode aufmacht, das Schicksal der königlichen Seele von dem der Menschen ab (Pyr. 890, 1496ff.). Von ihnen bewegt sich der König fort, indem er in Vogelgestalt auffliegt. In der Masse der Verklärungen tritt freilich der König allein und unerkannt in die mythische Welt und rechtfertigt sein Erscheinen mit einem göttlichen Auftrag oder einem mythischen Zitat. Den Sonnengott ruft er ehrfürchtig an, wenn die Pförtnerin „Welche ausschließt, wen sie aus-

[1] Pyr. 2120ff. (unzerstört in Jéquier, Les Pyramides des reines Neit et Apouit, Neit Z. 819ff. erhalten), Pyr. 886ff. (vgl. Sethe, Kom.).

schließen will" die Torflügel des Lichtlandes zum Aufstieg der Morgenbarke öffnet: „Sieh mich Rê! Erkenne mich Rê! Denn ich kenne Dich und weiß, daß ich, wenn mein Herr aufsteigt, nicht das Gebet unterlassen darf!" (Pyr. 495). In der 'Morgenbarke' fährt der Gott hinauf zu seinem Palast, der 'Hirtenhalle' auf der Hochfläche der Himmelshöhe (Pyr. 496). In der 'Abendbarke' steigt er hinab. Sein Staatsschiff rudern Götter und 'unvergängliche Geister' über das Meer am Leibe der Himmelsgöttin. An dessen Bug steht die Göttin des 'Rechts', der 'Wunsch der Götter' (s. S. 25), deren Sohn als Götterkanzler Archive öffnet, Verfügungen aufbricht, Rollen siegelt und unermüdlich eilende Boten aussendet (Pyr. 490/491). In diesem Schiff umzieht der Gott seinen Herrschaftsbereich, die grenzenlose, unermeßliche Welt. Zu ihm in „jenem fernen Palast", in dem die Götter von einst an den Horus- und Sethstätten — den beiden Teilen des Palastes — Rê verehren[1], dringt auch der tote König nicht ohne weiteres vor. Nur weil er sich als „Reiner, Sohn eines Reinen" mit jenen vier Krügen Wasser, die aus dem 'Göttlichen (See)' in der 'Göttlichen (Stadt)' geschöpft sind, gewaschen und in dem Atem der Isis getrocknet hat, übergibt ihn der Bademeister des Rê dem Himmelspförtner mit den Worten: „Laß ihn kommen! Er ist rein!" Der Pförtner überweist ihn vier Geistern an einem See. Sie führen ihn weiter zu seinem Vater Geb, und erst dieser stellt ihn in Grußhaltung „die eine Hand zum Himmel, die andere Hand zur Erde" dem Sonnengott vor (Pyr. 1139ff.). Dies ist eines der vielen Bilder, die den Glanz des Sonnengottes vermehren. Auch wenn der Gott gnädig ist, und den König bei Namen ruft (Pyr. 2025), bedeutet dies eine Auszeichnung durch den Größeren. Selbst wenn gesagt wird, Rê weiß, daß der König größer ist als er selbst, klingt es wie eine Höflichkeit gegenüber dem König, der bereit war, sich neben Rê auf den Boden niederzulassen, was jedoch der Gott verwehrte, indem er selbst aufstehend ihm entgegenging und ihn neben sich auf seinen Thron zog[2]. Ein neues, über das Königtum hinauswachsendes Dogma hat in einem Himmel alle Götter vereint. Über Osiris, Horus und Seth steht eine Macht, die nun das Horusauge trägt, „mit dem die Götter gerichtet werden" (Pyr. 1231).

---

[1] Pyr. 598 (vgl. 719, 948).
[2] Pyr. 812f., vgl. 757, auf Geb übertragen Pyr. 655f. (s. S. 27).

IV. KAPITEL

Der mythische Gottesbegriff

1. Gottheit und Macht in Zaubertexten

In einem Morgenlied an den östlichen Horus, der in der Abendbarke einschläft, und in der Morgenbarke erwacht, ruft ihm der tote König zu: „Du bist ja der, welcher auf die Götter herabsieht. Es gibt keinen Gott, der auf Dich herabsieht!" (Pyr. 1479). Ähnlich wird der nicht mehr Osiris anheimgegebene, zum Stern verklärte König gepriesen: „Du siehst auf Osiris herab. Er gebietet den Geistern. Du (aber) regierst ($ḥ$) und bist fern von ihm!" (Pyr. 251). Dies auf jemand herabsehen können bedeutet Erhabenheit und Größe. Wenn demgegenüber Seth die Gegenwart der beiden Männer, die den Himmel befahren, Rê und Thoth — Sonnen- und Mondgott — scheut (Pyr. 128), vermutlich weil sie bei seiner Untat zusehen und als Zeugen auftreten könnten, so scheinen Sonne und Mond selbst zu sehen. Sonne und Mond sind Augen und Zeugen, die etwas an den Tag bringen. Hier wirkt eine andere Vorstellung nach als die des allmächtigen Sonnengottes der königlichen Lehre von Heliopolis. Sonne und Mond als ein Paar gleichwertiger Himmelsleuchten erinnern an den 'blinden' Gott vom Letopolis und seine Himmelsaugen (s. S. 73f.). Auch in Schlangenbeschwörungen liegt die einfachere Vorstellung vor, wenn dort der Schlange bedeutet wird: „Wende Dich um! Dich sieht Rê!"[1]. Statt Rê wird auch die Himmelsgöttin genannt: „Falle! Lege Dich! Krieche! Dich sieht Deine Mutter Nut!" (Pyr. 441). Die Schlange soll die Gegenwart des Sonnengottes und die Augen der Himmelsgöttin scheuen, wie es Seth in der Mythe getan hat. Man möchte an die Sonnenscheibe selbst denken, wenn Rê auch in einem anderen Zauberspruch mit seiner Glutschlange ($ȝḫ.t$) gegen die Schlange strahlt (Pyr. 442). Die Sonnenstrahlen dürften als Zeugnis seines Blickes, ja als das Sehen selbst gelten. Weil die Schlange Rê sieht, sieht Rê die Schlange. Auch ein weiterer Zauberspruch zeigt Rê noch nicht in seiner späteren Gestalt vorgestellt: „O Rê! Beiße für mich die Erde! Beiße für mich Geb! Beiße für mich den Vater dessen, der mich gebissen hat!"[2]. Rê soll den als Erdboden aufgefaßten Erdgott 'beißen'. Schwerlich hätte man dies dem späteren Sonnengott von Heliopolis in seiner Machtfülle zugemutet. Zweifellos tragen auch die Schlangenbeschwörungen so, wie sie in den Pyramiden vorliegen, nicht ihre ursprüngliche Gestalt. Nicht nur Königsnamen wurden bei der Schluß-

---

[1] Pyr. 226b. Sethe nimmt dies, wie das folgende Beispiel, als Aufforderung an die Schlange, sich auf den Rücken zu legen, damit Rê (bzw. Nut) ihren Bauch sieht. Doch besteht bei der Orthographie der Pyramidentexte keine Veranlassung, den Satz „Dich sieht Rê" zu dem vorangehenden Satz in Abhängigkeit — „damit Dich Rê sieht" — zu setzen, was Sethe's Gedankengang veranlaßt hat. $pnˁ$ heißt ja auch gemeinhin „umwenden" und nicht, wie man in irriger Deutung des Determinativs — ein umgeschlagenes Schiff — meinen könnte, „kentern".

[2] Pyr. 231a/b. Sethe übersetzt der Satzstellung entsprechend: „W. hat die Erde gebissen" usw., was der Auffassung des Redaktors, der für die erste Person den Königsnamen einfügte, entsprechen kann. Stellt man die Fassung der ersten Person wieder her, liegt nach dem Anruf an Rê die oben gegebene Übersetzung näher. Gedankenloses Einsetzen des Königsnamens ist in den Pyramidentexten häufig (in ähnlich gelagerten Fällen Pyr. 381b (W. falsch gegen richtig N.), 392b (N. nicht umgesetzt), 559c (N. nicht umgesetzt) und viele andere mehr).

redaktion eingesetzt, und zum Beispiel zeitgenössisch hinter das Fragewort „wer" die Kopula „ist es" zugefügt (Pyr. 438c T/W). Varianten zeigen wesentlichere Eingriffe, so, wenn der alte Erdgott *ikrw*, dessen 'Finger' sich sinnvoll gegen das Gehörn eines 'Stieres' stemmen, durch Atum ersetzt ist (Pyr. 1302/504). Doch haben die Zaubertexte sprachliche Altertümlichkeiten erhalten, wie sonst nur Dramatische Texte[1]. Vielfach lassen sie sich mit unsern Sprachkenntnissen nicht übersetzen und mögen schon in der Pyramidenzeit als „Zauberworte" gegolten haben, deren Zauberkraft an ihrem sorgfältig bewahrten Wortlaut hing. Diese sprachlichen Merkmale finden sich in Texten, die eine eigenartige, im Allgemeinen einheitliche Welt ergeben, und stellen Götter und Kronen in eigentümlicher Weise heraus. Wenn Atum beißt (Pyr. 425) und auf dem Rücken des Schlangendämons von Hermopolis Streit verhütet (Pyr. 229), dürfte er als Ichneumon vorgestellt sein. Vom 'Ibis' ist die Rede und nicht von Thoth[2], von zwei kampfbereiten 'Weihen' (Pyr. 230) und nicht von Isis und Nephthys. Daß hier Horus und Seth nicht als mythische Götter stehen, auch wenn von ihrem Sturz infolge ihrer Wunden die Rede ist, hatte eine Untersuchung der Rolle der königlichen Götter ergeben (s. S. 67). Neben 'Horus' wird der 'Stier' (Pyr. 418) erst zeitgenössisch dem üblichen 'Horus und Seth' angeglichen (s. S. 70). Aber auch andere Götter sind noch nicht Gestalten einer Mythe, sondern finden sich in dunklen Bezeichnungen magischen Geräts. Mit Sehnen aus der Sohle des Osiris werden die Giftzähne der Schlange gezogen und ihr Gift 'gemolken' (Pyr. 443). Von „Knoten aus Elephantine, die im Munde des Osiris waren" ist die Rede, womit nach dem Zusammenhang die vorausgehenden Zaubersprüche selbst gemeint sind, die sich Horus — als Amulett — um den Hals — wörtlich „auf den Rückenwirbel" — band (Pyr. 234). Elephantine bringt Osiris wieder in Zusammenhang mit dem Nil. So scheint er mit Geb — in den Beschwörungen Erdgott und Schlangenvater —, der ihn zeugt (Pyr. 691), Nut, die als Himmel wie Rê auf die Schlange herabsieht, Schu, dem Luftgott, der auf den 'Fesseln' der Schlange steht (Pyr. 677), Nun, dem Meer um die Erde, in welches die 'Kronenschlange', das heißt die Sonne, fällt (Pyr. 237), und Rê selbst Naturmacht zu sein. Die Dinge der Welt werden als Götter angesehen und greifen ständig märchenhaft in das Geschehen ein, stehen jedoch nicht in einer erzählten Mythe. Zu diesen Göttern kommen andere, die hinter den sie umschreibenden Namen „Urvater(?) der Menschheit" (Pyr. 233), „Der Gott, dessen Kopf blind ist" (Pyr. 234) und „Die mit ihren zwei Gesichtern gepriesene" (Pyr. 238) nicht sicher zu erkennen sind.

In besonderer Weise beschäftigen sich diese Texte mit den Schlangen. Um sie kreist die Beschwörung und versucht, sie schon mit der Eindringlichkeit ihrer Sprache zu bannen. Diese Sprache legt das beschworene Wesen aus dem Augenblick für den Augenblick fest, als traue sie ihm die Möglichkeit zu, sich sogleich in eine noch furchtbarere Macht zu verwandeln. Im Gebüsch verborgen (Pyr. 238, 245, 682) wird die Schlange: 'Unsichtbar' (Pyr. 434, v. 1071) genannt, mit geblähter Brust aufgerichtet: Schlange 'Kopfhoch' (Pyr. 438, 679), weil sie aus der Erde kommt: Schlange 'Erdsohn' (Pyr. 689, 694), in den Mauerritzen wird sie als 'Was die Mauer ausspie', 'Was der Ziegel erbrach' (Pyr. 246) beschworen, dem „Haus dessen, der Ombos in Besitz hat" fehlt sie als Schlange 'Lampe' (Pyr. 247). Weil ihr die böse Absicht zugeschrieben wird — „Sie hat mich gebissen, nicht ich habe sie gebissen. Sie kam zu mir, nicht ich bin zu ihr gegangen!" (Pyr. 232) — heißt sie Schlange 'Streit' (Pyr. 444, 681, 689). Weil sie zerhackt werden muß, spricht man sie mit 'Die mit abgeschnittenem Kopf' (Pyr. 227), 'Die mit abgetrenntem Kopf und gestutztem Schwanz' (Pyr. 673) an. Selbst ein offenbarer Mangel, der Umstand, daß eine Schlange kriechen muß und nicht gehen kann — „denn Du hast ja keine Beine, denn Du hast ja keine Arme, mit denen Du Deinen Brüdern den Göttern nachgehen kannst"

---

[1] Das meist ausgemerzte „Horus ist es" anstelle von „Ich bin Horus" (Pyr. 436a, 439b, vgl. 308a), wandelbare Kopula (Pr. 229a, 234b), gegenüber den Verklärungen ausschließlicher Gebrauch von *pn*, *tn*, *nn* „dieser, diese, dieses" (Ausnahme: „jene vier Sehnen" Pyr. 443b).
[2] Pyr. 425e, 690, Thoth wird 420a (kein Schlangenzauber) genannt.

(Pyr. 665), — dient zur Unterstreichung ihrer geheimnisvollen Natur. Wenn sie mit 'großer schwarzer Stier' (Pyr. 227), „Herr des Hauses und Stier der Höhle" (Pyr. 444) und als Löwe gebannt wird, fallen auf sie die Eigenschaften anderer machtvoller, gewalttätiger Wesen, wobei noch zu berücksichtigen ist, daß die Schlange der Beschwörungen — im Gegensatz zu den Kronenschlangen — ein männliches Wesen ist. Schon früher wurde bemerkt (s. S. 69), daß sich — nach den Erwähnungen der Sethstadt Ombos, die anscheinend als Heimat der Schlange gilt, und ihrer Bezeichnung als Bebon, den späte Zeugnisse als Form des Seth nennen, und dem hier der Gott von Letopolis entgegentrat, zu urteilen — hinter der Schlange der 'Feind' (Pyr. 417) verbirgt, so daß in Zweifel gestellt werden muß, ob die Schlange den Stier, der Stier die Schlange oder beide zusammen ein drittes feindliches Wesen vertreten. Wird der Landesfeind als Schlange beschworen, oder wird die Schlange dem Landesfeind gleichgestellt und an das Schicksal früherer Empörungen erinnert? Das Wesen, welchem der Zauberer entgegentritt, wird überall als Feind behandelt, dem man zwar als seinesgleichen begegnet — „Gesicht fällt auf Gesicht". „Gesicht hat Gesicht gesehen!" (Pyr. 228, 431) —, den aber der König mit seiner Macht zerschmettert. In den Schlangenbeschwörungen streiten zudem nicht nur Zauberer und Schlange, sondern ganz allgemein Macht gegen Macht, was mit märchenhaft anmutenden Mitteln ausgemalt wird. Die Mächte stehen einander leibhaftig und zauberreich gegenüber, wobei wie in dem Ruf: „Gesicht fällt auf Gesicht!" Vorstellungen auf Gegebenheiten überspringen, zu denen sie nur märchenhaft passen. Sie verzaubern auf diese Weise die angesprochene Wirklichkeit so, daß sie nur der Zauberkundige sicher erkennt. Der Mund des Gerichteten wird vom Richtgerät ($Smś.t$) des Scharfrichters verschlossen. Aber auch das Richtgerät hat einen Mund, der von der Pantherkatze ($M3fd.t$), die im Schriftzeichen ihres Namens an ihm emporklettert, verschlossen wird. Der Sinn des Satzes „Verschlossen wird Dein Mund von dem Richtgerät, verschlossen wird der Mund des Richtgeräts von der Pantherkatze" (Pyr. 230) dürfte so der sein, daß die Pantherkatze über das Richtgerät Macht hat, wie das Richtgerät über den Verbrecher, daß also die Pantherkatze, die Schlangenvertilgerin im 'Lebenshaus', den königlichen Wohngemächern, das Gerät der Scharfrichter noch übertrumpft und mit dem Kopf der Schlange dem Richtgerät den Kopf, nach dem es seinen Rachen aufgerissen hat, wegschnappt. Die weiße Krone hat eine Zunge. Man sieht sie nicht, wie es ein als Schlangenbeschwörung benutzes Lied über die Kronen erzählt: „(Aus dem Kampf) hervor kommt die 'Weiße (Krone)'. Sie hat die 'Große' — die unterägyptische Krone — verschluckt. Die 'Weiße' hat die 'Große' verschluckt, ohne daß man die Zunge sah!" (Pyr. 243). Der Umstand, daß man die Zunge nicht sieht, erhöht das Märchenhafte des Vorgangs. Bei der Vorstellung des „bunten, schwarzgrünen Messers", welches den auf seine Zunge genommenen verschluckt hat (Pyr. 228, 431), kann man sich wieder fragen, ob hier eine Tierzunge als Messer oder ein Messer als Zunge angesehen wird. Derartige Übertragungen einer Vorstellung auf eine andere erinnern zwar an die Rollenverteilung im Festspiel, die den Strick am Pfeiler als Fessel des Seth erklärt — hier weil der Pfeiler als Seth gilt — oder an Verklärungen, wenn sie über Mumienbinden sagen: „Das sind keine Fesseln! Das sind die Haare der Nephthys!" (Pyr. 1363). Doch durchdringen und überschneiden sich in den Zaubertexten noch die Vorstellungen und werden vom Menschen an das Tier, vom Tier an das Ding, von einem Tier an ein anderes und ähnlich in mannigfacher Weise oder wieder gerade umgekehrt herangebracht, ohne daß in Wortlaut oder Vorstellung eine Unterbrechung entsteht. Dadurch kommt es zu einer rätselhaften Sprache, die nur durch die Anschaulichkeit ihrer Bilder glaubhaft klingt.

Die Vorstellung vom Aufgehen Unterägyptens im Doppelstaat als blitzschnelles Verschlungenwerden entspringt nicht dichterischer Phantasie, sondern der Eigentümlichkeit des Zaubers, der mit sonst Unmöglichem rechnen kann. So entsteht eine verzauberte Welt, in der die alte, als Landstück mit zwei Köpfen vorgestellte Erde selbst gegen den Feind, die Schlange aufzuspringen droht (Pyr. 676), in der zwei vom Kampf besessene, vom 'Ibis' verschlungene 'Stiere' noch in ihm weiterkämpfen (Pyr. 425, 690) und ein Löwe den anderen zu verschlingen scheint — „Jener Löwe ist im Innern dieses Löwen!" (Pyr. 425). Wie will man diese Bilder erklären? Springt der alte Erdgott als Löwe? Ist der Ibis riesengroß, sind die Stiere ihm gegenüber winzig klein? Sind die ineinander verschlungenen Löwen zwei Schlangen, die einander in den Schwanz beißen und sich so gegenseitig auffressen (s. S. 91)? Sind dies alle Mächte, auf die — wie auf die Kronen — das Bild vom Aufspringen, vom Weiterkämpfen im Innern einer größeren, vom einander Verschlingen in ganz anderer Weise paßt? Daß die 'Kletterin' am Richtgerät in den Zaubertexten eine besondere Rolle spielt, scheint nicht nur einer natürlichen Feindschaft der Katze gegen Schlangen, sondern auch der Bedeutung ihrer Standarte, des Richtgeräts, zu entspringen, das sich noch in den Sonnenschiffen aufgestellt findet, als Zeichen der Gerichtsbarkeit, der Macht über Leben und Tod[1]. Der König legt in den Beschwörungen ihre Wildheit auf seine Glieder: „Diese meine Hand, die über Dich kam, die gewalttätige hier, die über Dich kam, ist die 'Kletterin' vor dem Lebensgemach! Sie schlägt Dein Gesicht, sie kratzt Deine Augen!" (Pyr. 440). „Wen sie packt, der lebt nicht, wen sie schlägt, dessen Kopf sitzt nicht fest!" (Pyr. 672). Zwar ist das Augenauskratzen einer Katze abgesehen, das Kopfabschlagen dürfte jedoch das Richterschwert meinen, „dieses Messer in der Hand der 'Kletterin'" (Pyr. 442). Die Pantherkatze scheint so als 'Macht' des Richtgeräts oder als seine Verkörperung — im gleichen Verhältnis wie Kronenschlange und Krone — zu gelten. Daß die dies in der Tat bedeuten kann, zeigt eine Verklärung, also ein vermutlich wesentlich jüngerer Text, in dem die Spitzen des Fischspeers, mit dem der König Widersacher im 'Gefilde des Friedens' köpft, als 'Krallen der Kletterin' gelten. Hier wird ihr Name mit dem Richtgerät determiniert[2]. Die Pantherkatze selbst ist der Scharfrichter. Wenn aber der König in den Beschwörungen seinen 'Scharfrichter' zitiert und dessen Aufgabe selbst übernimmt, so ist dies ein weiteres Zeichen dafür, daß mit der Schlange einmal der Staatsfeind gemeint war. Ihn köpft man, gegen ihn läßt man dem Symbol königlichen Blutrechts freien Lauf. Wenn schließlich unbedenklich die Glieder des Königs mit den Gliedern eines Blutdämons getauscht werden, obwohl an der`Gerichtstätte, an der man sich „den Leib mit Zauber füllt" (Pyr. 397), damals wie später ein düsterer Glanz hängt, zeichnet dies den König nur solange aus, als die Tiermächte herrschen, von denen später als Herren über Leben und Tod nur die Schlangen zurückbleiben. Als Horus 'zerschmettert' er eine Schlange mit seinem Fuß (Pyr. 681). 'Zerschmettern' ist mit der Steinkeule determiniert, mit welcher im Staatsakt Könige Feinde erschlagen. Horus spannt gegen „diesen Geist, der aus der Erde kam" seine neun Bögen (Pyr. 673 v. 684). Die neun Bögen des Königs sind die in seine Hand gegebenen Völker. Wenn er sie spannt, bedeutet es Krieg. Bilder irdischer Königsmacht werden beschworen, was sonst in den Pyramidentexten selten geschieht. In einer Verklärung nimmt die Seele des toten Königs Rache an denen, „die 'dies' gegen ihn getan haben, die ihm die Speise genommen haben, obwohl sie vorhanden war, die ihm das Essen genommen haben, obwohl es vorhanden war, die ihm die Luft aus seiner Nase genommen haben, die seine Lebenstage verkürzten", zerfleischt sie, läßt ihre Erben verarmen, ihre Häuser verfallen und noch die Grundmauern Beute eines hohen Niles werden (Pyr. 290 ff.). Hier ist das, was 'sie' gegen den König getan haben, der Tod, für den er sich als Geist rächt, wobei die Vorstellungswelt, in die man diese Rache kleidet, von den Schlachtfeldern herweht, auf denen einst seine Vorgänger kämpften. In einem redigierten dramatischen Text schlägt Horus die Anhänger des Seth und fordert Anubis auf, „sie zu packen, ihre Köpfe zu beseitigen, ihre Glieder abzulösen, sie auszuweiden, ihre Herzen auszunehmen und in ihrem Blut zu waten" (Pyr. 1285 ff.). Auch diese Vorstellungen stammen von der ‚Schlachtbank' vorgeschichtlicher Kämpfe. Der Dramatische Text verlegt den Kampf auf

---

[1] Kees, Götterglaube, S. 105. Eine Weiterbildung oder Ergänzung dieses Zeichens der Gerichtsbarkeit dürfte die Göttin des Rechts ($M3^c.t$) im Sonnenschiff (s. S. 82) darstellen.

[2] Pyr. 1212d, wo die Pantherkatze — vermutlich gegenüber der Vorlage, dem allgemeinen Brauch dieser Pyramiden folgend — unterdrückt ist. Trotzdem hier das Richtgerät als Determinativ zu $M3jd.t$ erst sekundär zustandekommt, zeigt die gefundene Lösung, daß man es für ausreichend hielt.

die Bühne der Mythe, die Verklärung entrückt ihn in die jenseitige Welt, welche der König mit seinem Tode betritt. Zwar sollen auch die Schlangenbeschwörungen dem toten König im Grabe und bei Ausgängen in die Wüste dienen. Doch ist dies in keiner Weise literarisch geformt. Die Beschwörungen können für den lebenden König genau so gelten wie für den toten, während die Stücke des Dramatischen Textes nur auf das Ritual oder die ihm übertragene Mythe passen, und die Verklärung inhaltlich voraussetzt, daß der König gestorben ist.

2. Zaubersprache und Bilderschrift

Erst durch die Verzauberung der irdischen Gegenwart kommt es zu einem verwirrenden märchenhaften Dunkel, in welchem Bild und Wirklichkeit, Mensch, Ding und Tier kaum noch zu unterscheiden sind. Hier hat die Vermenschlichung noch nicht eingesetzt. Sie schwebt gewissermaßen als ratender Geist über der vielgestaltigen Wirklichkeit, die sie nur zum Teil versteht, und die sie — sich selbst einbegriffen — vereinheitlichend verzaubert. Das Märchenhafte entsteht dadurch, daß dieser Geist allen Wesen wie gleichwertigen Mächten naht, oder daß sie unversehens über ihn kommen. Schon der Umstand, daß die Schlange — oder der Feind als Schlange — angesprochen wird, zeigt, daß man ihr die Fähigkeit zuschreibt, den Sinn der Rede aufzunehmen und zu 'hören'. Sie, die Sonne und andere Mächte gelten als Wesen, die sich märchenhaft wie Menschen verhalten. Beim Erdboden, beim Himmel und bei der Sonne könnte man allenfalls vermuten, daß sie schon als Mensch vorgestellt sind. Bei der angeredeten Schlange ist dies nur möglich, wenn man in ihr eine Verkörperung des Staatsfeindes sieht. Doch kehrt der Zaubertext auch die Verhältnisse um, indem er aus Menschen Tiere, aus den Gliedern des Königs die der Pantherkatze, macht, und kümmert sich nicht darum, was von Natur möglich ist. Die spätere Vermenschlichung der Götter ist zwar schon dadurch vorgezeichnet, daß man Eigenschaften des Menschen auf andere Wesen überträgt, hat aber noch nicht als der Vertierung entgegengesetzte Geistesrichtung begonnen. Die Wurzeln der Vermenschlichung liegen in Bild und Sprache und sind überall dort vorhanden, wo vorgestellt und gesprochen wird. Mag sich der frühe Mensch gegenüber seinen Feinden und der Natur oft ohnmächtig und benachteiligt gefühlt haben, wenn er sich diese Mächte vorstellte oder von ihnen sprach, geschah dies aus der Möglichkeit des Vorstellens und des Sprechens heraus, die ihm gegeben war. Es ist kein Wunder, daß alle Bilder und Worte die Spuren des Wesens zeigen, in dessen Innern sie einmal mit dem Glück des Erkennens entstanden sind, und daß der Mensch zunächst nicht glauben konnte, ihm seien derartige Gaben allein verliehen. Es scheint so fast selbstverständlich, daß man — auch ehe es zur Vermenschlichung kam — das Sehen, welches Mensch und Tier gemeinsam haben, auch dem Himmel und der Sonne zuschrieb, daß man von der Schlange als „diesem Mann" spricht, selbst wenn man in ihr nicht den Staatsfeind sieht und sich nur darüber wundert, daß sie „keine Beine" und „keine Arme" hat, die man jedoch dem Opfertier zuspricht, wenn man seine „Arme" und seine „Beine" an Götter verteilt (Pyr. 1545, 1549). Dies Verfahren stellt ein Sprachmittel dar und läßt sich an geläufigen Redewendungen in jeder Sprache nachweisen. Schon die einfache Sprache ist bildreich und geht auch heute von Menschen aus, wenn wir von der Sprache der Tiere und dem Spucken des Motors sprechen, oder wird umgekehrt im Menschen herangebracht wie in den Ausdrücken 'umschattetes Gemüt' und 'gegen Schmerz abgestumpft sein'. Würden wir diese Bilder für mehr nehmen, als sie sind, und beim Schmerz wirklich an das Messer einer Zaubermacht denken, gegen das wir abstumpfen, wobei genau genommen das Messer dieser Macht an uns abstumpft, lebten auch wir in einer märchenhaften Welt. Für Menschen, die noch allen wesentlichen Dingen märchenhafte Züge zuschreiben, scheint die Bildhaftigkeit der Sprache das Mittel zu sein, mit der man über anders nicht faßbare Vorgänge aussagt[1]. Für sie ist die

---
[1] Max Müller wollte aus diesem Umstand die Mythe als wörtlich genommene Bildhaftigkeit der Sprache erklären.

Redegabe mehr als Kunst und grenzt selbst schon an Zauberei. Auch die Bilderschrift dürfte nicht nur denen, die verständnislos ihre Anwendung beobachteten, als Zauberei vorgekommen sein, sondern zunächst auch den Schreibenden selbst. Bewahrt doch die Schrift nicht nur Worte für später auf, so daß der Schreiber die Ewigkeit beginnt und den Besitz verbrieft, sondern stellt ein Verfahren, welches Wort für Wort in Zeichen abbildet und die große Wirklichkeit noch einmal, nun aber mit Bildern der Rede folgend, erschafft. Was die Rede aussagt und der Vorstellung anheimgibt, nimmt hier Gestalt an. Der König, den man nur als Menschen sah, wird nun 'lesbar' zum Falken, der Feind zur Schlange, die Schlange zum Löwen, zum Stier, ja selbst das 'Nichts' nimmt in einer Lücke, die man frei läßt[1], sichtbar Gestalt an. „Ich bin ein Schreiber der 'Schrift'", sagt der verklärte König, „welcher sagt was ist und was nicht ist hervorbringt!" (Pyr. 1146). Trotzdem scheint sich in der Schrift die bildende Zauberkraft schnell im Schema der Zeichen zu erschöpfen und sie so zu verlassen. Die Straffung der Schriftzeichen während der Thinitenzeit, die sich auffällig am Falken feststellen läßt, gibt ihnen eine Form, die dem neuen Staatsgedanken entspricht (s. S. 76). Daß zwar die Erfindung der Schrift in eine Zeit fällt, die bildhaft denkt und Symbole schafft, wie in Aegypten kaum eine andere, jedoch mit ihrem praktischen Ziel nur einen Teil dieser schöpferischen Kraft aufnimmt, zeigen Bilder vor allem auf Schminkpaletten und Keulenköpfen, die noch in freier Weise mit der Wirklichkeit umspringen und so eine märchenhafte Welt schaffen.

3. Tiermächte der Frühzeit

Diese Denkmäler der Könige der Reichseinigungszeit stammen, soweit ihre Herkunft bekannt ist, aus Hierakonpolis, der oberägyptischen Residenz, wo sie im Tempelbezirk der alten, heute vom Fruchtland umgebenen Stadt in einem großen 'Versteck' unter den Grundmauern von Tempelräumen gefunden wurden[2]. Sie bestätigen die geschichtliche Rolle des oberägyptischen Königtums bei der Reichsgründung. Auf Grund von auf diesen Denkmälern dargestellten Siegen steht in der Königstitulatur 'König von Oberägypten' vor 'König von Unterägypten', die oberägyptische Kronengöttin — der Geier — vor der unterägyptischen Kronengöttin — der Kobra. Nach Zeichnungen an Felswänden und auf Töpfen, die in der ersten Negadekultur (s. S. 3) eine lebendige, noch nicht geschichtliche Wirklichkeit und in der zweiten Negadekultur schematische Darstellungen vermutlich der Überfahrt zum Friedhof ergeben, zeigen diese Denkmäler nicht nur die Geburt der Geschichte in Aegypten an, insofern hier zum ersten Male völkerbewegende Ereignisse dargestellt und mit Namen beschriftet werden. In ihnen blühen auch noch die Kräfte, die bis zu dieser Entwicklung geführt haben, die königlichen Mächte, wie sie uns sonst nur in den Schlangenbeschwörungen und in einigen verwandten Sprüchen begegnen. Die Bilder dieser Denkmäler sind gleichsam Illustrationen der Zaubertexte. Zwar wird nicht dargestellt, wie eine Krone die andere verschluckt. Doch ist das Bild, welches den königlichen Falken und Ortsgott der alten oberägyptischen Residenz Unterägypten einbringend zeigt, nicht weniger eigenartig und bekundet dieselbe märchenhafte, hier Mittel der neuerfundenen Schrift verwendende Vorstellungsgabe. Neben dem König erscheint dieser Gott nicht wie später als schützender Himmelsherr, sondern als Mitkämpfer, der ihm Unterägypten einbringt, während der König den letzten Landesfeind mit der Keule erschlägt. An den Falkenleib ist anstelle des zweiten Fußes ein Arm angezeichnet, der an einem Strick das Land Unterägypten — Land, aus dem Papyrus, die Wappenpflanze Unterägyptens, wächst — wie ein Schlachttier zuführt. Der Falke bringt Unterägypten in seiner Faust. Eine Vorstellung, die den geschichtlichen Vorgang symbolhaft deutet, findet durch die in dieser Zeit entwickelte Schreibkunst bildhaften Ausdruck. Der Falke, die „Macht" von Hierakonpolis, welche der König als „Horus" verkörpert, die Hiero-

---
1 Pyr. 434 (T.), vgl. Pyr. 399a (T.).
2 Quibell, Hierakonpolis, Bd. 2, S. 13, 28ff.

glyphe Unterägypten und der „Strick (*t*)" werden zu der Hieroglyphengruppe „Horus, der Unterägypten einbringt (*Ḥr'iṭ Mḥw*)" zusammengestellt und hierfür durch Dehnung und Erweiterung ihrer hieroglyphischen Form geeignet gemacht. Man hat diese „Piktographie" als Rest eines älteren Schreibverfahrens erklären wollen, welches das mitzuteilende noch bildhaft hinmalt[1]. Doch wird die frisch erfundene Schrift in einer Weise benutzt, die sich nicht als Vorform der Hieroglyphenschrift, sondern als frühe Weiterbildung noch dehnbarer, symboltragender Hieroglyphen herausstellt. Daß hier Hieroglyphen mit ihrem Lautwert zu einem „Schriftbild" zusammengestellt werden, entspringt gleichfalls dem neuen Geist, der versucht das denkwürdige Geschehen mit eigens hierfür erschaffenen Mitteln festzuhalten. Die Zeit, die zum ersten Male eine Einigung des ganzen Aegyptens erzielt und in einer ungeheuren Erregung lebt, greift auf ihren Denkmälern nicht auf überholte Schreibweisen zurück, sondern stellt erfinderisch die Kunst des Schreibens in den Rahmen ihrer Bildkunst. Wie im Liede auf die weiße Krone wird für das unerhörte Ereignis ein angemessenes Bild gesucht und gefunden, das zwar in Bildern älterer Schminkpaletten Vorläufer hat, jedoch zum ersten Male den Gott selbst als Falken in den Kampf eingreifend zeigt. Jetzt erst nehmen Bilder der königlichen Macht Schild und Keule — die Waffen der Hieroglyphe 'Kampf' —, wie im Namen eines Nachfolgers des Reichseinigers, oder fechten mit dem Kampfstock, wie das Namenstier des Königs Narmer selbst[2], so daß man sich auch hier in eine Märchenwelt versetzt glauben könnte, wenn nicht diese Bilder geschichtliche Ereignisse feierten oder symbolhaft die Kampfbereitschaft der Königsmacht bekundeten. Auf der Narmer-Palette reißt der König oder sein Gott als Stier mit seinem Gehörn die Mauern einer Stadt ein. Hier wütet noch die reine, durch nichts gemilderte Tiermacht. Zwischen zwei Welten vermitteln so diese Denkmäler. Bis hierher führte die Zauberkraft über einen in gleicher Weise mächtigen Feind. Jetzt beginnt die Geschichte und löst einen neuen Geist, der seine Bilder dem Menschen absieht und sich eine neue Gottesvorstellung und schließlich die Mythe schafft.

Der Bildschmuck der prachtvoll ausgeführten Weihgeschenke oberägyptischer Könige an das Heiligtum von Hierakonpolis stellt die Mächte der Vorzeit in ihrer ganzen Wildheit dar. Auch die ersten Spuren ihrer späteren Vermenschlichung dienen dazu, ihren Schrecken, ihre Zauberkraft märchenhaft zu erhöhen. Zwei der Schminktafeln zeigen einzig Bilder einer durch Fabelwesen vermehrten Tierwelt. Zwischen springenden 'Hunden' — in denen man die Seelen von Hierakonpolis erkennen kann —, welche diese Tafeln beiderseitig umrahmen, bewegt sich das Wild der Wüste. Neben Löwe, Wildstier, Giraffe, Steinbock, Antilope, Gazelle und Strauß finden sich Löwen, die zwischen Kopf und Leib Schlangenhälse tragen und ein aus Löwenleib und Falkenkopf zusammengesetztes geflügeltes Mischwesen[3]. Die Gruppe zweier einander rechts und links einer Palme gegenüberstehender Giraffen findet sich auf einer der Kampfpaletten wieder und zeigt, daß alle diese Tafeln trotz ihrer Verschiedenheit zusammengehören[4]. Die eigentümliche Schriftgruppe für die Stadt Kusae, zwei voneinander abgewandt gezeichnete Giraffen, die ein auf beider Rücken stehender Mann zusammenhält, erinnert an sie. Doch ist auch die Bedeutung deser Gruppe unbekannt[5]. Mit dem Elephanten — nach einem vorgeschichtlichen Kamm einmal ein Schlangenfeind[6] — , dem Nashorn und anderen Tieren sind sie aus der ägyptischen Götterwelt verschwunden, ohne im Kult Spuren zu hinterlassen. Was bedeuteten diese Bilder dieser beiden Schminktafeln? Die Beschränkung auf Tiere könnte eine Tierfabel, die eingestreuten Wunderwesen ein Märchen vermuten lassen. Löwe und Stier kommen auch auf den Kampf-

---

1 vgl. Sethe, Vom Bilde zum Buchstaben S. 82, Anm. 3.
2 Quibell, Hierakonpolis, Bd. 1, Taf. 15, 7, vgl. W. Hölscher, Libyer und Aegypter S. 13, Anm. 1.
3 Taf. 1.
4 Diese Gruppe auch Scharff, Die Altertümer der Vor- und Frühzeit Aegyptens, Bd. 2, S. 74 ff., Taf. 22, S. 76, Abb. 53.
5 Die Giraffen auch durch zwei Schlangen ersetzt (Erman, Grapow, Wörterbuch, Bd. 5, S. 17).
6 Capart, Primitive Art in Egypt, Abb. 44, 45.

paletten vor. Dort wütet der Löwe auf dem Schlachtfeld zusammen mit den 'Bewohnern des Himmels' — Geiern und Krähen — zwischen 'Leichenhaufen'. Der Stier zertrampelt den Landesfeind oder nimmt ihn auf seine Hörner. Das Wildtier der Wüste, Steinböcke, Antilopen und Gazellen, scheint jedoch nicht nur als Beute dieser Mächte dargestellt zu sein. Zwar wird es auf einer Seite der jüngeren der beiden Tierpaletten (Taf. I) gejagt, auf der Gegenseite aber scheinen sich Raubtier und Wild friedlich vereint zu beriechen und miteinander zu spielen — das Verhalten der ungleichen Paare ist auffällig und kaum anders zu erklären —, wozu die Giraffe tanzt und der Schakal mit der Flöte aufspielt. Diese Schminktafel scheint so das 'Spiel der Mächte' zu vereinigen, die sich heute vertragen und morgen einander grimmig befehden, als die beiden Kehrseiten der Welt. Wenn dieser Bildschmuck auch rätselhaft ist und bleibt, so wirft er doch so viel Licht in die Götterwelt der ausgehenden Vorgeschichte, daß es möglich ist, Grundzüge zu erkennen. Unberechenbar, wild und spielerisch, stehen sich hier Mächte der Vorzeit gegenüber, von denen einige — Löwe, Stier, Geier, Falke, Gazelle und Schakal — in der späteren Götterwelt weiterleben. Ihr natürlicher Tummelplatz ist nicht der Himmel, sondern die Wüste. Das Märchen sieht zwar die wirkliche Welt der Natur, verzaubert sie jedoch und bringt Raubtier und Jagdwild dazu, sich zu vertragen. Schon das Märchen zähmt das Raubtier, wie es den Falken blendet und den Stier verschneidet, läßt aber neue Ausbrüche der Wildheit in gleicher Weise zu, wie die wunderbare Heilung ihrer königlichen Mächte. Zwischen einem unberechenbaren, märchenhaften Geschehen und der klaren Schicksalsführung der Mythe scheint keine Verbindungsmöglichkeit zu bestehen. Und doch geht das eine in das andere über. Die Schminktafeln selbst zeigen die ersten Anzeichen der mit der Reichseinigungszeit einsetzenden Verwandlung. Auf dem Bruchstück der Städtepalette (Taf. IIIa) werden die Hacken, mit denen die königlichen Mächte sieben mit ihren Namen beschriftete Städte[1] niederreißen, Falke, Löwe und Skorpion in ihre Tierfüße gegeben, an die beiden Standarten der 'Herren' jedoch lediglich angezeichnet, so daß hier dem Beschauer überlassen bleibt, sich den Vorgang vorzustellen. Auf der Schlachtfeldpalette (Taf. IIa) führen auf der Vorderseite eine Falken- und eine Ibisstandarte je einen Gefangenen vor. Hier geht von den Standartenschäften ein Arm aus, mit dem die Standarten die Gefangenen an ihren gefesselten Armen gepackt halten. Auf dem Bruchstück einer weiteren Palette (Taf. IIb), welche oben ein den Feind aufnehmender Stier abschließt, halten fünf Standarten einen Strick in Händen gefaßt, in welche ihre Schäfte auslaufen. Der andere Teil des Bildes ist verloren. An dem Strick dürfte der Feind gehangen haben. Die Aufgabe, 'Wegöffner' und 'Geleit' des Königs an Kampf und Triumph zu beteiligen, ist meisterhaft gelöst. Zwar erhalten sich einige wenige Beispiele dieser Darstellungsweise, so wenn man Bäumen einen Arm anzeichnet[2] oder Glückssymbolen Arme gibt, um Standarten tragen und jubeln zu können[3]. Doch greifen derartige Symbole nie wieder in Kampf und Staatsaktionen ein, sondern treten wegen ihrer Glücksbedeutung oder aus Raummangel an die Stelle der üblichen Standartenträger und des Gefolges. Mit der Vermenschlichung der Götter hat man eine neue, umfassendere Lörung gefunden, die zwar unwirklich bleibt, aber bald mythisch und nicht mehr märchenhaft gesehen wurde.

Auf der Narmerpalette (Taf. IV) sind die Standarten nicht mehr als selbständige Wesen dargestellt. Sie öffnen zwar dem König den Weg, werden hierbei jedoch wie schon auf dem Keulenkopf des Königs Skorpion von Männern getragen. Auf der Gegenseite der Tafel packt der Falke noch in seiner breitbrüstigen, langgestreckten Form selbst den Strick, an dem es dem König den Feind zuführt. Das Anfügen des Armes fällt hier weniger auf als an den Standarten. Er ist nicht angestückt, sondern sitzt an der Stelle des Falkenfußes. Nicht ein Stock läuft in einen Arm aus, sondern ein Falkenfuß ist in einen Menschenarm, der allein den Strick 'packen' — altägyptisch

---

[1] oder, den Mächten des Königs entsprechend, eine Stadt mit sieben Namen.
[2] Sethe, Urgeschichte, S. 49.
[3] so auf den Reliefs in den unterirdischen Kammern der Stufenpyramide von Sakkara, Firth, Step pyramid, Taf. 15/17, 40/42.

mit der 'Faust' determiniert — kann, verwandelt. Im Namen des späteren Königs 'Kämpfer' ist das Schriftzeichen 'Kampf' — zwei auseinanderwachsende Arme mit Keule und Schild — mit dem Falken des Horusnamens so verbunden, daß der Falke das Schriftzeichen statt seiner Füße trägt und nun selbst Keule und Schild hält. Der andere Fuß des Falken der Narmerpalette ist nicht vermenschlicht. Seine Klaue steht breit auf dem Bildzeichen 'Unterägypten'. Auch dieses Zeichen ist für den Darstellungszweck gegenüber älteren ähnlichen Beispielen vermenschlicht. Auf der Städtepalette sind an der Gegenseite in drei Reihen Stiere, Esel und Schafe dargestellt, eine weitere Reihe wird als „Libyen" bezeichnet, so daß hier die Beute des mit dem umseitig dargestellten Triumph endenden Feldzuges einschließlich des Ertrages dieser Bäume, Olivenöl als das 'Beste von Libyen' (Ḥȝt.t Ṯhnw), abgebildet sein dürfte. Dies Schriftzeichen hat lediglich auf das alte Landzeichen das Lautzeichen 'Wurfholz' gestellt und trägt ebenso wie der Name eines weiteren bezwungenen Landes[1] auf der Schlachtfeldpalette keinen Kopf. Auch auf der Narmerpalette sind Lautzeichen und Landstück miteinander so vereinigt, daß der Lautwert auf dem Boden 'steht', ja hier durch den glücklichen Umstand, daß Unterägypten mit 'Papyrusbusch' geschrieben wird, aus dem Landstück herauswächst in derselben Weise, wie die Lautzeichen der Wörter des Gehens durch angezeichnete Beine selbst 'laufen', 'gehen' oder 'kommen'. Dieses Schriftzeichen wird nun seinerseits vermenschlicht und erhält einen Kopf angezeichnet, damit eine Nase vorhanden ist, durch die der Strick in der „Hand" des Falken gezogen werden kann. Die Reihenfolge der Vorgänge wird hier deutlich, worauf schon hingewiesen wurde (s. S. 88). Nicht eine ältere Form der Schrift ist hervorgeholt worden, um etwas mitzuteilen, sondern ein Schriftzeichen ist zur Herstellung eines Schriftbildes umgeformt worden — wie das später in reinen Bildern beim Zuführen der Städte von Syrien und Nubien in thebanischen Tempeln immer wieder geschieht — und für diese besondere Gelegenheit mit einem Kopf versehen worden. Es handelt sich so nicht um eine altertümliche Schreibweise, sondern um ein gegenüber älteren Beispielen der Schreibung von Ländernamen neuartige Benützung einer Hieroglyphe, die mit der Anfügung des Kopfes zur Anbringung des Strickes, an dem Unterägypten „eingebracht" wird, geeignet gemacht wird. Auch diese Art der Vermenschlichung, die Dingen einen Menschenkopf gibt und ihnen ihre Gestalt beläßt, findet sich in einigen weiteren Beispielen[2]. Im Schriftzeichen des alten Erdgottes ȝkrw trägt das Landeszeichen sogar zwei Menschenköpfe die voneinander weg nach außen sehen. Weder Köpfe noch Landstück tragen in dieser Gruppe einen Lautwert. Wie Bilder anderer Götter ist das Ganze als Bild des Erdgottes in die Schrift übernommen. Ein weiteres Beispiel dieser Art der Vermenschlichung ist die Sphinx, in der die alte königliche Löwenmacht erhalten bleibt, jedoch nun ein Gesicht mit den Zügen des Königs trägt. Ein ähnlicher Fall liegt schließlich auf der Narmerpalette selbst vor, die nach oben beiderseitig von zwei Köpfen gekrönt wird. Es sind Frauenköpfe mit Kuhohren, die wohl auch hier schon als Köpfe der Himmelsgöttin Hathor die Welt der Bilder überragen. Bei diesen Köpfen scheint es zweifelhaft, ob die Tierform Ausgangspunkt der Mischgestalt gewesen ist, oder ob nicht vielmehr eine Auffassung des Himmels als 'Gesicht' von einer anderen Weltvorstellung her Attribute der Himmelskuh nahm. Von der Welt der alten Tiernächte zeigt die Narmerpalette den Kampfstier beim Einreißen der Mauer einer Stadt und die beiden Löwen mit Schlangenhälsen. Diese 'Löwen', deren Hälse der einfallsreiche Künstler der Tafel um den Schminknapf geschlungen hat, sind an Leinen gelegt. Sie sehen einander grimmig an und schlagen mit ihren Schwänzen. Ihre Wärter scheinen Mühe zu haben, ihre Köpfe zurückzureißen. Man kann so in ihnen Symbole der beiden kürzlich noch kämpfenden Parteien erkennen, die beiden Löwen, die in einem Zaubertext einander verschlingen — „Jener Löwe ist im Innern dieses Löwen" (s. S. 86) — und die auf älteren Schminkpaletten mit denselben langen Schlangenhälsen ein-

---

[1] Taf. IIa, vgl. Sethe, ÄZ Bd. 52, S. 57f.
[2] Auf einer Stele des Königs Ḫʿ-sḫm (s. S. 117) wird Nubien durch ein Landstück mit angezeichnetem Kopf dargestellt (Quibell, Hierakonpolis, Bd. 2, Taf. 59).

IV. Der mythische Gottesbegriff

ander gegenüberstehen. Sie scheinen so die beiden Länder bedeutet zu haben, womit wieder nichts darüber gesagt ist, woher dieses Bild der Löwen mit Schlangenhälsen stammt. Sicher hat es nicht sofort die beiden Länder, sondern Parteien in einem engeren Bereich bedeutet, der längst in einer größeren Welt befriedigt aufging.

Wenn auch, wie in den Zaubertexten, vieles auf den Schminkpaletten unerklärt und dunkel bleibt, zeigen sie doch im Bilde anschaulich das, was in den Zaubertexten fehlt. Auf den Schminktafeln tritt die gerade geschichtlich werdende Welt, die in den Zaubertexten nur vereinzelt in dem Lied auf die weiße Krone aufblitzt, schnell in den Vordergrund und schafft hier inmitten der noch nichts einbüßenden alten Mächte eine einmalige großartige Durchdringung von Geschichte und Symbol, die in Aegypten später nie wieder in dieser Weise erreicht worden ist. Alles, was sich erkennen läßt, ist Symbol oder geschichtliche Wirklichkeit und dient dazu, im Rahmen der alten kämpferischen Welt den Sieg über den Streit als seine Frucht zu feiern, wobei die 'Löwen' zwar gebändigt sind, aber ihre Kraft nicht eingebüßt und ihre Natur nicht aufgegeben haben. Auch der Falke, der Unterägypten zuführt, ist trotz des Ersatzes einer Klaue durch den Arm noch der alte, der den Arm lediglich für das Einbringen der Beute erhält. Der König trägt die beiden Landeskronen nicht als Doppelkrone[1], sondern noch getrennt, wie später seine Nachfolger beim Jubilaeumsfest. Sogar die feindliche Macht, deren Krone der König trägt, nachdem er seinen Vorgänger mit der weißen Keule erschlagen hat, scheint als Macht anerkannt und feierlich bestätigt zu werden. Auf dem Keulenkopf des Königs Narmer thront der König als 'Horus' Narmer unter den Flügeln der oberägyptischen Kronengöttin im Ornat des unterägyptischen Königs mit einem Wedel, den er auch auf seiner Schminkpalette, dort mit der Keule, als unterägyptischer König trägt. Unter dem Geleit der königlichen Standarten wird ihm ein (unterägyptisches) 'Königskind' in seiner Sänfte, von drei gefesselten Männern geleitet, gebracht, vermutlich als Bestes der sich auf 400000 Stiere, 142200 Ziegen und 120000 Männer belaufenden Beute[2]. Dies geschieht an einem Platz, der durch eine umfriedete Kapelle unterägyptischer Bauart, über der ein Reiher steht, nach Art früher Tempeldarstellungen als Tempelbezirk einer Reihergottheit gekennzeichnet ist. In diesem Reiher läßt sich unschwer der von Kees verschiedentlich nachgewiesene alte Reihergott von Buto[3] erkennen. Wenn er nicht, wie später andere Götter beim Jubilaeumsfest, am Festplatz der Residenz eine Kapelle errichtet erhält, sondern das Bild sein Heiligtum in Buto selbst darstellt, findet dort die Besitzergreifung der 'Beute' durch den König statt. Die dargestellten Schlacht- und Trankopfer zeigen, daß man bei dieser Gelegenheit der Macht des besiegten Landes Ehren erwies. Mit Krone und Land wurde sie in den erweiterten Staat aufgenommen. Wenn der König dies freilich auf einem Keulenkopf von riesigem Ausmaß darstellen ließ und ihn seinem heimatlichen Gott als Weihgeschenk stiftete, zeigt es, daß er seinen Sieg der weißen Keule zuschreibt und diesen Sieg in Hierakonpolis noch einmal gefeiert hat. Vielleicht werfen einmal weitere Denkmäler dieser Zeit neues Licht auf die Epoche der Reichsgründung und ihre Götterwelt. Die Funde aus dem oberägyptischen Landesheiligtum in Hierakonpolis gestatten Einblicke in die Welt, welche der Mythenbildung vorausgeht. Sie sieht anders aus, als es die Mythe in Erinnerung behielt oder wahr haben will. Horus und Seth sind beides Mächte, die als Standarten mit anderen Mächten dem König von Oberägypten dienen. Nicht Horus und Seth kämpfen miteinander, sondern zwei auch als Schlangen geltende Löwen, auf den Schminktafeln Mischwesen, in den Beschwörungen schillernde Begriffe, die mit noch anderen wechseln. Noch gehört Oberägypten nicht Seth, sondern dem Falken, dessen Namen der König als Titel trägt, der in Hierakonpolis neben den älteren 'Seelen' dieser Stadt damals

---

[1] Die Doppelkrone erscheint auf Denkmälern des Königs *Wdj-mw* (1. Dynastie).
[2] Quibell, Hierakonpolis, Bd. 1, Taf. 26b. Die Beutezahlen werden im Allgemeinen als „Übertreibung" angesehen (z. B. Meyer, Geschichte des Altertums I, 2, S. 130). Nimmt man sie als Zahl der Einwohner Unterägyptens und ihrer Herden, scheinen sie nicht absonderlich hoch zu sein.
[3] Kees, Götterglaube S. 50f.

als Landesmacht, später als Ortsgott einen Kult besaß. Noch gehört Unterägypten nicht Horus, sondern wird vom Falken eingebracht. In dem Heiligtum, das auch ein jüngeres Bild vom Königsbesuch in Buto als Stätte einer Reihergottheit kennt, steht diese Gottheit und nicht Horus[1]. Schlangenbeschwörungen und einige verwandte Texte erweisen sich gegenüber der Mythe als ältere und zuverlässigere Quellen, die freilich, wie so vieles aus der Frühzeit, vor allem auch die erhaltenen Schriftdenkmäler, mit großen Teilen ungedeutet sind. Noch fehlen Spuren der Mythenbildung, die erst später eingesetzt und dann nicht zwischen Altem und Älterem, zwischen Märchen und Geschichte, zwischen Dogma und Kunde zu scheiden vermag. Nichts zeigt, daß die Reichseinigung im Zeichen der Götter der Mythe erfolgte. Im Gegenteil weisen alle Spuren auf andere Verhältnisse. Noch herrschen unberechenbare Mächte, deren Wildheit nur mit Zauberei und Gewalt gebändigt werden kann. Ehe sich aus diesem soeben abgeklungenen Kampf eine Mythe bildete, mußte der Albdruck der gespaltenen Welt, an welche die alten Götter mit den in ihnen groß gewordenen Kampfeigenschaften und Instinkten erinnerten, vergessen sein, und nur noch das geschichtliche Ereignis selbst vor einer versunkenen Vorzeit stehen. Erst dann konnte die Mythe ihre Kunde an die Stelle der Märchen verlorener Mächte vor die Annalen der geschichtlichen Könige rücken. Als Kraft, die zur Mythenbildung führt, war früher das königliche Dogma erkannt worden, das in der Person des Gottes Osiris ein neues Symbol des Königtums findet. Dieser Gott, der anstelle der von ihren Wunden stürzenden königlichen Mächte Horus und Seth im Kampf um das Reich fällt, setzt als Vater jedem Horus ein neues Ziel, welches Erbe und Sohnespflicht miteinander verbindet. An die Stelle der einander Wunden schlagenden Mächte tritt die menschliche Beziehung zwischen Vater und Sohn. An die Stelle zauberhafter im Kult geübter Heilung setzt die Mythe ihren eigenen schicksalsgebundenen Verlauf.

4. Die Vermenschlichung der Mächte

Sethe hat in seinem Buche „Urgeschichte und älteste Religion der Aegypter" die Vermenschlichung als „die augenfälligste Veränderung", welche die „alten fetischistischen Ortsgottheiten in ihrer Entwicklung erfahren haben" (S. 24ff.) ausführlich beschrieben. Die alten Mächte erhalten in prächtige Gewänder gekleidete Menschenleiber und behalten von ihrer früheren Gestalt lediglich einen Rest. Da wo es angeht, gibt man ihnen anstelle des Menschenhauptes den Kopf ihrer alten Form. Eine Verklärung des toten Königs, der auf dem „Thron des Osiris" um die Stätten des Horus und die Stätten des Seth zieht, schildert in vergottendem Preis seine Gestalt. Hände, Arme, Leib, Rücken, Hinterteil und Füße werden als Atum gepriesen, sein Gesicht jedoch als Schakal, die alte Gestalt des „Ersten der Westlichen", des Totengottes von Abydos[2]. Atum gilt hier als vorzüglich menschengestaltiger Gott. In der gleichen Weise, die Leiber als Atum, die Köpfe als Reste ihrer einstigen Gestalt sind unter den großen Göttern vor allem Horus und Seth, Thoth der Ibis, Sobek das Krokodil, Chnum der Widder vermenschlicht. Durch das gefältelte Kopftuch sind die verschiedenartigen Teile trefflich zur Einheit verbunden. Sie mutet nicht widernatürlich an. Unter dem Tierkopf kann man überall das Menschenhaupt vermuten. So wirken die Köpfe wie Masken, die Gesellschaft dieser Götter wie geheimnisvoll verkleidete Wesen. Wo dies nicht möglich war, hat man andere Lösungen gefunden. Von den Kronengöttinnen, die mit den Kronen ihre eigentliche Gestalt auf dem Haupt tragen, erhält die Geiergöttin von Elkab den Balg ihrer Tiergestalt als Haube, deren Kopf ihre Stirn krönt, und deren Gefieder ihr Haupt umschließt. Die Kobra der unterägyptischen Krongöttin rückt als Diadem an ihre Stirn. Skorpion und Fischmächte, der Gott der Lotusblüte von Memphis, Baumgottheiten und andere nehmen die alte Gestalt auf ihre Köpfe, Hathor die Himmelskuh lediglich ihr Gehörn,

---
[1] Kees meint ibd., der Reihergott erscheine „nunmehr als „Horus von Pe", ohne indessen seine alte Reihergestalt aufzugeben".
[2] Pyr. 135, vgl. Sethe, Urgeschichte, S. 25, Anm. 1, S. 95, Anm. 1.

IV. Der mythische Gottesbegriff

das die Sonnenscheibe umschließend über ihrem Scheitel steht. Nach diesem Vorbild tragen andere Gottheiten wie Isis und Nephthys — Isis dabei vielleicht auch ihre alte Form als Thron — oder die Göttin des Rechts oder Gau- und Stadtgötter ihre Namen auf dem Haupt. Andere Gottheiten nehmen ihre alte Form, die sie schlechterdings nicht als 'Kopf' tragen können, in die Hand, so die Göttin Neith Pfeile oder Pfeil und Bogen. Überall ist die Menschengestalt Träger der Göttlichkeit geworden. In sie werden auch die Naturgötter, Sonne, Himmel, Erde, Luft, Nil und Meer gekleidet, wobei man den 'Nilen' eine füllige Gestalt gibt, Wassergottheiten eine wäßrige, dem Getreidegott (Npr) eine 'körnige' Haut[1] malt und in den Farben eine weitere Unterscheidungsmöglichkeit fand. Hat doch auch der Weltschöpfer den Wesen verschiedene 'Farben' gegeben (s. S. 103). Auch sonst hat der Vorgang der Vermenschlichung in der Mythe seinen Niederschlag gefunden, wird jedoch dort umgekehrt, indem man die jüngere Form als das Anfängliche und den Rest in Tiergestalt als das Hinzugekommene, den Göttern erst im mythischen Geschehen Verliehene erklärt. So wird im Ramesseum-Papyrus die Austeilung der Brothälften an die „Großen Ober- und Unterägyptens" als „den Göttern Köpfe geben" erklärt (Dr. T. S. 207), wozu Horus an Thoth den Befehl: „Gib ihnen ihre Köpfe!" erteilt, was Thoth in der folgenden Rede — „Gnädig ist Euch Geb, er gibt Euch Eure Köpfe!"[2] — als Befehl des Geb den Göttern mitteilt. Dieser Befehl findet sich sowohl in diesem Festspiel (Dr. T. S. 147) wie in der Speisetafel als Rede zu einer Wasserspende: „Thoth, gib ihm seinen Kopf!" (Pyr. 10), und als Befehl des Geb an Thoth zum Darbringen von Köpfen der Opfertiere Ziege und Gans als „Kopf des Seth" (Dr. T. S. 153) zum Senken des Pfeilers in Memphis wieder. Nach diesen Götterreden haben die Götter — im Kampf um Aegypten — ihre Köpfe verloren. Als Ersatz gibt ihnen der höchste Gott und Richter der Mythe von Memphis die Köpfe, die sie von nun an tragen[3], wie ja auch später der Kuhkopf der Göttin Isis als Ersatz für ihr von Horus in einer Anwandlung von Zorn abgeschlagenes Menschenhaupt gilt[4]. Danach hätte sich bis zur ersten Formung der memphitischen Mythe die neue Auffassung der Göttergestalt derart gefestigt, daß die Menschengestalt als Grundform und der Rest der Tierform als 'Ersatz' abgeschlagener Menschenköpfe gelten konnte. Die besondere Rolle, Köpfe wieder anzusetzen und so zu neuem Leben zu verhelfen, kommt Geb noch im Nachwirken des alten Totenkultes, der noch keine Mumifizierung kannte, zu. In einem alten Bestattungsritual, das „Skelettform der Leiche und einen Grabbau aus Ziegeln" voraussetzt[5], wird dem Toten gesagt: „Dir ist Dein Kopf an Deine Knochen geknüpft! Dir sind Deine Knochen an Deinen Kopf geknüpft!" (Pyr. 572). Ähnlich sagt in der Speisetafel vermutlich Geb zu Osiris, dem König: „Ich gebe Dir Deinen Kopf, ich befestige Dir Deinen Kopf an Deine Knochen!" (Pyr. 9). Ein alter Grabzauber, der die in der Erde zerfallenden Glieder des Toten wieder vereinen soll, erhält im mythischen Ritual einen neuen Sinn und erklärt hier vermutlich den Kopf als von Seth abgeschlagen und von Geb wiedergebracht. Auch hier dürfte es sich um einen 'neuen' Kopf, den Kopf des „Ersten der Westlichen" handeln, der in anderen Sprüchen ausdrücklich als „Gesicht" des verklärten Toten bezeichnet wird (s. S. 93).

Hebt sich so im Vergleich der alten und neuen Formen die Vermenschlichung deutlich ab, ist sie doch als Vorgang kaum aufzuspüren. Die Schrift schreibt die Götter in ihrer alten Form, Horus mit dem Falken, Seth mit seinem Tier, Neith mit ihren Pfeilen, die Kronengöttinnen als Geier und Schlange, Anubis mit dem Schakal und so fort, obwohl schon in der Thinitenzeit als Wortbilder auch Götter in Menschengestalt auftauchen — der Gott von Libyen mit dem Kopf des Sethtieres oder dem Falkenkopf, die Göttin Uto mit ihrem Namen

---

[1] L. Borchardt, Das Grabdenkmal des Königs Sahure, Bd. 2, Taf. 30.
[2] Dieser Text findet sich, worauf mich Kees aufmerksam macht, auch Naville, Festival Hall, Taf. 19. 3.
[3] Sethe erwägt Dr. Texte S. 209 (98a) diese Auffassung der Textstellen, entscheidet sich jedoch in Anlehnung an ein Beispiel des im Folgenden angeführten älteren Totenglaubens für eine andere Deutung.
[4] s. Spiegel, Die Erzählung vom Streite des Horus und Seth, S. 45 f.
[5] Pyr. Spr. 355 (Sethe, Kommentar, Bd. 3, S. 71).

als Szepter[1]. Die Schrift hält so im Wesentlichen an ihren vor der Vermenschlichung geprägten Formen fest. Als allgemeines Götterdeterminativ erscheint im Alten Reich der Falke auf der Standarte. Der Falkengott scheint so auch noch während des Aufstieges des Sonnengottes als der Gott schlechthin zu gelten. Als gleichwertiges Göttinnenzeichen kommt gelegentlich die Kronenschlange vor (Pyr. 137, 606). Erst im späten Alten Reich findet sich neben der Falkenstandarte als Götterdeterminativ ein hockender Mann mit Götterkleid, Götterbart und Götterperücke. Wenn dies neue Zeichen in den Pyramidentexten nicht verwandt wird, hat dies wenig zu bedeuten, da hier allgemein Menschengestalten nicht aufgenommen werden. Erhält doch auch Min anstelle seiner ithyphallischen Gestalt eine Falkengestalt, der man den Kopfschmuck des Gottes, die beiden hohen Federn und das lange, sonst zum Boden hängende Band belassen hat (Pyr. 1948). Ebenso geht es dem Gott von Busiris (Pyr. 614a M). Auch die Göttin der Geburtsstätte (Mshn.t) wird mit dem Falken auf der Standarte geschrieben, der ihren eigentümlichen Kopfschmuck trägt. Die älteste Schreibung hat dafür einen Frauenkopf mit dem Schmuck der Göttin (Pyr. 1183, 1185). Dies zeigt, daß die Göttin in der Vorlage mit der Menschengestalt geschrieben war. Bei Ptah, Hathor und der Göttin des Rechts dürfte ähnlich verfahren sein. Sie finden sich auf anderen Denkmälern und in den Beamtengräbern, Ptah in altertümlicher Menschengestalt[2], Hathor mit Kuhhörnern und Sonnenscheibe thronend, die Göttin des Rechts mit ihrer Feder stehend. Statuengruppen des Königs Mykerinos und Bilder der Pyramidentempel seit der 5. Dynastie (s. S. 16) zeigen menschengestaltige Götter. Unter den Göttern Oberägyptens, denen König Pepi II. opfert, finden sich als Tiergötter einzig zwei Paare der „Weißen (Paviane)", denen für Unterägypten die heiligen Stiere von Memphis und Heliopolis entsprochen haben dürften (s. S. 13). Nicht menschengestaltig sind in diesen Bildern ferner einige den König umgebende Figuren, die über ihm fliegenden Himmelsgötter Falke und Geier und die beiden Kronengöttinnen in ihren Körben auf den Wappenpflanzen Ober- und Unterägyptens, die sämtlich auch vermenschlicht vorkommen, jedoch zum Schutz des Königs und als Symbole neben seinen Namen ihre alte Gestalt tragen. Ein anderes Bild ergeben demgegenüber die Darstellungen vom Jubilaeumsfest. Auch hier sind ober- und unterägyptische Götter versammelt. Sie empfangen Opferzuwendungen und werden von ihrer Priesterschaft begleitet. Doch findet sich unter ihnen kein einziger Gott in Menschengestalt. Die Göttin der Schrift und der Baumeister, die menschengestaltig mit dem Pantherfell bekleidet für den König Sahurē die Beute aus Libyen niederschreibt und ihr Schriftzeichen auf dem Kopf trägt, empfängt in den Bildern des Jubilaeumsfestes noch als Standarte „im See" — wie man hier und sonst (Pyr. 653) das auf dem Schlitten stehen bezeichnet — ihr Opferrind. Neith erscheint in zwei Formen als „Neith von Libyen" und „Gebilde der Neith"[3], zwei Standarten mit Pfeilen. Bei den Festhandlungen selbst sind die Kapellen des Horus von Edfu und des Seth von Ombos als oberägyptische Heiligtümer und die des Horus von Libyen als unterägyptisches Heiligtum dargestellt. Hier fehlen die Götter, die auf den Bildern der Pyramidentempel hinter ihren Kapellen stehen. Ebenso werden im Wandschmuck der unterirdischen Kammern der Djoserpyramide von Sakkara beim Staatsbesuch des Königs von Kapellen des Horus von Edfu und des „Großen Weißen (Pavians)" als Götter Oberägyptens und des Falkengottes von Letopolis als Gott Unterägyptens die Götter neben den Kapellen nicht dargestellt. Hier wie beim Jubilaeumsfest dürften sie als Götterbilder in den Kapellen vorzustellen sein, in ihrer alten Form, mit der man sie in den Beischriften schrieb. Aber auch die Kapellen vor den Göttern der Pyramidentempel dürften nicht leer gewesen sein, sondern die alten Idole der hinter ihnen stehenden menschengestaltigen Götter

---

[1] Hilda Petrie, Egyptian Hieroglyphs of the first and second Dynasties No. 43 ff.
[2] Petrie, Tarkhan, Bd. 1, Taf. 3. 1; Taf. 37; Ptah auch im Denkmal Memphitischer Theologie in dieser Gestalt (Dr. Texte S. 46, Junker, Götterlehre S. 16), ebenso auf dem Annalenstein von Palermo (Urk. I, 249, 6, 244, 13), in den Beamtengräbern der 6. Dynastie meist ohne Determinativ.
[3] Kees, Götterglaube S. 102 f.

IV. Der mythische Gottesbegriff

enthalten haben. So hat man allem Anschein nach hier die Götter, wie man sie sich vorstellte, neben den Kapellen ihrer Idole abgebildet[1], während beim Jubilaeumsfest und in der Djoserpyramide lediglich das, was man von den Göttern sieht, erscheint.

Die Göttin der Schrift und der Baumeister (*§§3.t*) wird in den Bildern des Jubilaeumsfestes als einzige Gottheit auch menschengestaltig dargestellt. Sie spannt mit dem König den Strick beim Abstecken des Festplatzes[2]. Wie alle anderen Bilder dieses Festes dürfte auch dies Bild nicht etwas bloß vorgestelltes, sondern eine wirkliche Kulthandlung zeigen, die der König selbst vornahm. So wäre die Göttin bei der Kulthandlung leibhaftig zugegen gewesen. Dies ist nur möglich, wenn ihre Rolle von einer Frau, der Priesterin der Göttin oder der Königin getragen wurde. Ein ähnlicher Fall liegt im Ramesseum-Papyrus vor, wenn dem Gott ,,Der ohne Augen" von Letopolis Brot und Bier als Ersatz für seine Augen gegeben werden. Wie dies geschieht, geht aus dem Text nicht hervor, da nicht angegeben wird, wer die Rolle des Gottes trägt. In der Illustration dieser Szene ist jedoch auch der im Text mit dem Falkenidol geschriebene Gott dargestellt. Menschengestaltig trägt er einen eigentümlichen Kopf, den Sethe als ,,gesichtslos" erklärt (Dr. T. S. 250). Auch dies Bild dürfte kaum als einziges des ganzen Papyrus ein menschengestaltiges Götterbild[3] oder den Gott selbst, wie man sich ihn vorstellte, darstellen, sondern einen Menschen, der die Rolle des Gottes trägt, vermutlich den Priester des Gottes. Dieser Priester trüge den gesichtslosen Kopf des Gottes als Maske und als weiteres Zeichen seiner Götterrolle ein Szepter. Alle anderen Personen werden, wie der diesem Gott den Krug Brot und den Laib Brot überreichende Vorlesepriester in der Rolle des Horus, unmaskiert dargestellt. König, Priester und Priesterinnen tragen ihre Amtstracht, zu der die 'Requisiten' des Festspiels, denen ebenfalls Götterrollen zugeschrieben werden, verschiedene Stäbe und Schmuck, hinzukommen. In mehreren Szenen stehen alte Kultsymbole im Mittelpunkt der Kulthandlungen, so der Pfeiler von Memphis, der als Seth gesenkt wird (Dr. T. S. 157), und eine Falkenstandarte, um welche Priester feierlich herumziehen (Dr. T. S. 254). Auch zwei Schiffe, deren Bug in Antilopenköpfen ausläuft — wie die Barke des Sokaris von Memphis —, tragen die Rolle des Seth, weil sie mit Palmenzweigen geschmückt sind und sich gegen Osiris erheben (Dr. T. S. 124, 247). Im Festspiel ist die Rolle etwas von der Gestalt, auf die sie fällt, unabhängiges. Neben Personen erhalten auch leblose Dinge eine Götterrolle und nicht nur die des Horusauges. Die Menschengestalt hat demnach auf die Rollenzuteilung keinen Einfluß. Hier bleibt die alte Vorstellung einer Verkörperung der Macht in ihrem Kultsymbol gewahrt. In derselben Weise kommen beim Jubilaeumsfest die Götter in Gestalt ihrer Standarten und Tempelbilder zusammen, Neith als Pfeilpaar, Isis als Thronkissen[4], die Seelen von Hierakonpolis als Schakale auf Standarten. Wie im Festspiel die weiße Keule die Rolle des Horus trägt (Dr. T. S. 129), dürfte beim Jubilaeumsfest das Szepter des Horus von Libyen, welches sein Priester dem König im unterägyptischen Ornat überreicht[5], die Rolle seines Gottes tragen, ebenso Bogen und Pfeil, die der König im oberägyptischen Ornat von Horus von Edfu und Seth von Ombos empfängt[6], die Rollen dieser Götter. Diese Rollen stammen — im Gegensatz zu anderen, welche erst die Mythe an Kultsymbole heranbringt (s. S. 63 f) — aus dem Kult und haften an seinen Symbolen unabhängig von Vorstellungen, die man sich von ihren Göttern macht. Sowohl die Bilder vom Jubilaeumsfest wie die Bilder zum Festspiel stellen im Gegensatz zu den Schminkpaletten und den Bildern der Pyramidentempel nur das dar, was

---

1 Die menschengestaltigen Bilder des Horus und Seth werden einmal als ,,Seele des Horus" und ,,Seele des Seth" bezeichnet (Jéquier, Le monument funéraire de Pepi II, Bd. 2, S. 48, Taf. 54, 56). Galten die menschengestaltigen Formen als ,,Seelen" der alten Tiergestalten?
2 v. Bissing, Kees, Untersuchungen zu den Reliefs aus dem Re-Heiligtum, S. 3ff.
3 Dr. Texte Bild 23 (S. 256) wird eine Statue des verstorbenen Königs erhoben. Zur Frage der Maskierung vgl. Sethe S. 95.
4 Kees, Götterglaube S. 101f.
5 v. Bissing, Kees, Das Re-Heiligtum, Bd. 2, Taf. 16, 17.
6 ibd. Taf. 18, 19.

man von den Kulthandlungen sah, und zeigen so die Götter in ihrer alten Gestalt, in der sie schon als Mächte mit in den Kampf zogen und jetzt bei feierlichen Gelegenheiten im Fesptsiel wieder auftreten. Auf den Schminktafeln erscheinen Falke, Löwe und Stier, ja zunächst auch die Standarten nicht so, wie man sie in den Heiligtümern und beim Auszug sah, sondern so, wie man sie sich auf dem Schlachtfeld und bei ihrer siegreichen Heimkehr vorstellte. Auch die Pyramidentempel zeigen als Götter nicht die in den Tempeln aufbewahrten Götterbilder, obwohl vor sie Kapellen gestellt sind, in denen diese Bilder ruhen. Hier wie beim Vorführen der Beute aus Libyen sind die Götter so dargestellt, wie man sie sich damals vorstellte. Auf den Schminktafeln waren die angezeichneten Arme — also das menschliche — Fremdkörper an der allgemeinen Tiergestalt, jetzt sind es die auf die Menschengestalt aufgesetzten Köpfe. Trotzdem Vogel und Standarte Stricke und Waffen mit Menschenhänden packten, blieben sie das, was sie sind, Vogel und Standarte. Jetzt trägt die Menschengestalt einen Rest der alten Tiermacht. Nach Ausweis der Rollsiegelabdrücke hat sich der Wandel der Auffassung während der zweiten Dynastie durchgesetzt. In dem Schrein, den König Djoser der Neunheit von Heliopolis stiftete (s. S. 12), ist unter den erhaltenen Göttern auch Seth menschengestaltig dargestellt. So dürften damals, trotzdem sich im Kult nichts änderte, auch die Götter, die zu Standarten und Kultsymbolen der Festspiele gehörten, menschengestaltig vorgestellt worden sein. Die neue Gottesvorstellung prägt den Kult nicht um, gibt ihm jedoch mit der Mythe einen neuen Inhalt.

5. Der mythische Gottesbegriff

Wenn das frühe Christentum gegen die Verehrung von Tieren und Idolen als Ausbund des Heidentums eifert, so wendet es sich gegen Reste, die in Aegypten nach dem Vorgang der Vermenschlichung der Götterwelt gleichsam als Asche des Feuers einer älteren Kultur zurückgeblieben waren. Indem die Götter menschliche Gestalt annahmen, büßte, was an wirklichen Tieren und Idolen im Kult verblieb, das bisher Beste ein. Alles Menschengleiche, womit Kult und Zauber sie umgab, fällt nun an die hierfür um so vieles besser geeigneten Gestalten einer neuen Vorstellung und läßt die alten Bilder als irdische Verkörperung, als Reliquie oder als Gerät in der Hand der 'erkannten' Götter zurück. Das Wort, mit dem die der Aegypter ein verehrtes Wesen als „Gott" bezeichnete, ist dasselbe geblieben bis in die christliche Zeit und wird unbedenklich auch von den Kopten — den christlichen Aegyptern — gebraucht, die Christus mit demselben Worte nennen wie tausende Jahre vor ihnen ihre Ahnen die Götter in Menschengestalt. Wie weit aber reicht die Geschichte dieses Namens zurück? Gab es zur Zeit der Staatenbildung in Aegypten schon ein Wort, das überall gleichlautend die verschiedenen höchsten Wesen bezeichnete? Die ägyptische Sprache hat uns eine Vielzahl von Wörtern für göttliche Wesen und Mächte Geister und Seelen erhalten. Ebensoviele oder mehr dürften im Laufe der Entwicklung zum alleinigen Staat verschwunden sein. Sind es Reste einer Vielzahl von Verehrungsweisen, welche jede ihre Macht nicht nur mit anderen, meist unbestimmten Namen nannte, sondern auch von ihr hier als „Macht", dort als „Geist", an dritter Stelle als „Herrlichkeit" und so überall anders sprach. Das später so geläufige Wort „Gott" dürfte sich als bevorzugtes Wort erst durchgesetzt haben, als ein einziger Kult vorherrschte, und sich alle anderen Kulte glücklich schätzen durften, an der Göttlichkeit des „Gottes", später des 'großen Gottes' teilzunehmen. Die entthronten 'Mächte' werden als 'die Götter', jeder einzelne als 'städtischer Gott' in eine Gesellschaft aufgenommen, welcher der jeweilige Götterherr vorstand. Das allgemeine Wortbild für Gott, der Falke auf der Standarte, wurde als Zeichen dafür angesehen, daß zur Zeit seiner Wahl der Falke schlechthin als Gottheit galt. Dies würde gerade auf die Zeit der Reichseinigung zutreffen[1].

---

[1] Sethe führt unter der Annahme einer unterägyptischen Heimat dieses Gottes das Götterdeterminativ 'Falke auf der Standarte' zusammen mit dem Determinativ der „Kronenschlange' für Göttin (s. S. 95) in butische Zeit zurück (Urgeschichte S. 145), vgl. H. Ranke, Alter und Herkunft der „Löwenjagd-Palette"

Doch wird damals der Falke auf der Standarte „Herr" und nicht Gott gelesen[1]. Das Wort Gott wird mit der 'Fahne' geschrieben und tritt zunächst ohne Deutzeichen auf. Anzeichen sprechen dafür, daß dies Wort selbst in die Kulte erst eindringt. Eine Reihe von Priestern wird nicht „Gottesdiener" sondern schlicht „Diener" genannt. Beim Jubilaeumsfest finden sich als „Gottesdiener"[2] je ein Gottesdiener der Neith und des Sobek gegenüber „Dienern" der Seelen von Hierakonpolis und Buto, des Königs von Unterägypten, des Apis, des Horus von Libyen, der Isis und einem „Diener von Sais". Der „Mundschenk des Gottes"[3] ist vermutlich ein Ersatz des „Mundschenk des Horus" (s. S. 27), die Speise, die er aufträgt, wird später „Gottesspeise" genannt. Ebenso zeigen in den Pyramidentexten ältere Varianten „Schlachtbank" gegenüber jüngerem „Gottesschlachtbank"[4] und „Brot" gegenüber „Gottesbrot" (Pyr. 214/866). In den Dramatischen Texten findet sich das Wort „Gott" in zwei Zusammenhängen angewandt. Einmal beim Geben von Köpfen an die „Götter", also gerade in einem Zusammenhang, der für den Vorgang der Vermenschlichung bedeutsam schien (s. S. 94), das andere Mal in einer Rede des Horus an Osiris, dem er sagte: „Der Du göttlicher bist als ich!" (Dr. T. S. 240). Das Wortspiel dieser Rede stellt das Wort „göttlich" selbst und geht auf die Sakristei, den „göttlichen (Palast)", in welcher der verstorbene König in der Rolle des Osiris gekleidet worden ist. In den Hymnen findet sich unter den Namen, mit denen Osiris in der Namensformel gepriesen wird, auch der Namen „Gott". „Nut hat gegeben, daß Du Gott bist, Deinem Feinde zum Trotz, in Deinem Namen 'Gott'" (Pyr. 25 Var.). „Dich haben Isis und Nephthys in Assiut begrüßt. Denn Du bist ihr Herr in Deinem Namen 'Herr von Assiut', denn Du bist ihr Gott in Deinem Namen 'Gott'" (Pyr. 630). Von Osiris wird gesagt: „Du bist der mächtigste Gott. Es gibt keinen Gott der Dir gleich ist!" (Pyr. 619). Seinen Vater setzt Horus „an die Spitze ($ḥ_3.t$)" (Pyr. 613) — nach einer anderen Fassung „in die Herzen ($ḥ_3.tjw$)" (Pyr. 648) — „der Götter". Horus bringt ihm die Götter 'zumal', wobei sich keiner von ihnen von ihm entfernt (Pyr. 590 Var.). Er läßt die Götter Osiris folgen (Pyr. 611). Ihm gesellen sich die Götter zu, rächen ihn und 'knüpfen ihm sein 'Gesicht' (Pyr. 610), was für die Frage der Vermenschlichung bedeutsam sein kann. ‚Wie Varianten zeigen, tritt die allgemeine Bezeichnung „die Götter" an die Stelle der älteren ‚Horuskinder" und des „Sethgefolges", wobei zunächst das — wegen ihres Herrn verfehmte — Sethgefolge, in jüngeren Fassungen auch die Horuskinder, durch die „Götter" ersetzt werden (s. S. 44). In der weiteren Entwicklung tritt an Stelle dieser allgemeinen Götterbezeichnung, vereinzelt schon in Hymnen (Pyr. 626), in den Verklärungen in zunehmendem Maße, „die große Neunheit", die im Alten Reich mit neun Schriftzeichen 'Gott' geschrieben wird. Sie wird schließlich zu den „beiden Neunheiten" verdoppelt (s. S. 23f.).

In den Verklärungen stehen die Götter und mit ihnen Osiris in einer jenseitigen Welt. Der König trägt nicht die Göttlichkeit als Rolle, wie im Festspiel, sondern wird erst mit seinem Tode, die königliche Seele durch ihre Zauberkraft, der königliche Leichnam durch die Verklärung, vergottet. Die Gestalt, welche der König durch diese Vergottung erlangt, dürfte in vorzüglicher Weise als Gottesgestalt gegolten haben. Merkwürdiger Weise ist es nicht die reine Menschengestalt, sondern die schon beschriebene Gestalt des 'Ersten der Westlichen' (s. S. 93): „Du bist als Gott gestaltet (Sethe, Kom. I. 116), Dein Gesicht ist das eines Schakals wie (das des) Osiris,. jener 'Seele' von Busiris ($Ndj .t$), jener 'Macht' in der 'großen Stadt' (Abydos)" (Pyr. 2108). Derselbe Spruch führt dies aus: „Dein Gesicht ist das eines Schakals, Dein Leib ist der des Atum. Deine Seele ist in Deinem Innern. Deine Macht ist um Dich" (Pyr. 2098). In dieser Gestalt hat

---
(Sitzgsber. d. Heidelberger Ak. d. Wiss. Phil.-hist. Kl. 1924/25, 5), S. 9, Anm. 1. und Scharff, Archaeologische Beiträge zur Frage der Entstehung der Hieroglyphenschrift S. 67.
1 Sethe, Urgeschichte S. 172.
2 Kees, Re-Heiligtum, Bd. 3, S. 56 ff.
3 ibd. Bd. 3, S. 27.
4 Pyr. 214c/869c, 2194c.

Der „Gott", der „große Gott", die „Götter" 99

er „Macht über seinen Leib wie ein Gott" (Pyr. 2096), wobei Osiris als Beispiel gesetzt wird. Der Satz „Macht hat der Gott über seinen Leib"[1], der in einer Reihe verwandter Sprüche wie ein Leitmotiv der Auferstehung aufklingt, setzt Osiris als Beispiel besonderer Göttlichkeit, weil dieser Gott in der Mythe die Macht über seinen Leib verlor, sie jedoch dadurch wiedergewann, daß ihm die Götter sein Gesicht knüpften, und ihn als „Schakal (Anubis) auf dem Halse"[2] ausstatteten. Osiris als menschengestaltiger Gott mit dem Kopf einer alten Tiermacht gilt so in den Verklärungen des königlichen Leichnams als Vorbild besonderer Göttlichkeit, die der König benötigt, selbst ein „Gott" zu werden. Der aufsteigende Kult des Sonnengottes findet diesen Gottesbegriff vor und eignet ihn sich an. In Sprüchen, die seinen Ruhm künden, wird auch Rê zunächst schlicht „Gott" und dann erst „Rê" genannt[3]. Die Osiris nicht anheimgegebene königliche Seele nennt Rê stolz ihren „Stadtgott" (Pyr. 891). Meist begnügt man sich bei Rê nicht mit der Bezeichnung „Gott", sondern spricht von ihm als dem „großen Gott". So wird er in einer Verklärung als „Rê, der große Gott" über Osiris den „Gott" gestellt (Pyr. 760). Er ist der „große Gott", zu dessen Thron der tote König gerufen wird (Pyr. 1190), zu dessen Gefilde er fährt (Pyr. 1191), von dessen Scheuer er lebt (Pyr. 1182). Dies zieht nach sich, daß man auch Osiris „großer Gott" nannte (Pyr. 2000) und auch den Toten zum „großen Gott" verklärt (Pyr. 272, 274). Doch hat die Einführung des Sonnenkultes den Streit der Lehren entschieden, nachdem in einer Hymne auf Geb dieser Gott gepriesen wurde: „Du bist der große Gott, Du allein. Dir allein sein Erbe gegeben. Dir hat er die Neunheit zusammen gegeben, Atum selbst unter ihnen" (Pyr. 1616/1617) und hier vor dem Aufkommen des Sonnengottes die Lehre von Memphis Geb als größten Gott herausgestellt hatte, dem sich Atum unterordnet. Bei diesen drei Göttern, Osiris, Geb und Rê, wird die Göttlichkeit hervorgehoben, wenn sie auch den anderen Göttern zukommt, und man unter dem neuen Gottesbegriff nun von den beiden Göttern (Pyr. 273) und nicht von den beiden Herren spricht, oder auf Horus als alten Himmelsgott mit der Bezeichnung „ältester Gott, Sohn der Hathor" (Pyr. 466) anspielt. Die allgemeine Bezeichnung von Göttern durch das Wort „Gott" trägt die jeweilige Gottesvorstellung, solange nicht andere allgemeine Bezeichnungen an ihre Stelle treten. Wenn mit ihr die Standarten als „Götter, welche Horus folgen"[4], das Kleid des Königs als „Gott", welcher vor ihm „sitzt" (Pyr. 57), bezeichnet werden, und man zu der Schlange von ihren Götterbrüdern spricht und so auch sie in den Kreis der Götter einbezieht, scheint der Gottesbegriff auch nicht menschengestaltige Wesen einzuschließen. Er kann jedoch nicht hinter den allgemeinen Vorgang der Vermenschlichung zurückgeblieben sein, sondern muß die neue Gottesvorstellung in sich tragen. Eine Anwendung auf Idole und Standarten besagt lediglich, daß man sich auch Standarte und Idol als Form eines Gottes in Menschengestalt vorstellt, wie es das Denkmal Memphitischer Theologie lehrt, wenn dort die ursprünglich gleichen Götter die Götterbilder in ihren Kapellen als ihre Eigenart empfangen (s. S. 103). Die Bezeichnung Gott wird jedoch hervorhebend nicht dem alten königlichen Falkengott und den anderen früheren Tiermächten gegeben, sondern Osiris und den anderen Göttern, welche die Mythenbildung an die Spitze setzt. Die Annalennotizen zeigen, daß der allgemeine Begriff „Götter" schon früh zur Bildung von Tempelnamen — „Freund der Götter", „Throne der Götter", „Kühlung der Götter" (s. S. 6) — verwendet wird. In der Bezeichnung „Seelen" dürfte sich eine ältere Gottesbezeichnung erhalten haben. Von ihnen erscheinen beim Jubilaeumsfest die Seelen von Hierakonpolis und die Seelen von Buto, jedoch nicht die Seelen von Heliopolis, trotzdem die „Heliopolitaner" am Fest teilnimmt (s. S. 14), und in den Annalen der 5. Dynastie die Seelen von Heliopolis an erste Stelle gerückt sind. Die jüngere Gottesbezeichnung der Neunheit tritt in den Annalen erst während der 5. Dynastie auf (s. S. 23). Die besondere Schätzung der Gött-

---

1 Pyr. 2064 a/b, 2092 b, 2093 b, 2105 b, vgl. 53 a, 1300 c, 2096 b, 2116 b.
2 Pyr. 157 b, Sethe, Urgeschichte S. 25, Anm. 1.
3 Pyr. 327 a/328 a, 482 a/b.
4 Kees, Götterglaube S. 191, Anm. 1.

lichkeit scheint so in der Thinitenzeit aufzukommen und mit der Vermenschlichung zusammenzufallen. Einzig das allgemeine Wortbild des Falken auf der Standarte für „Gott", das den 'Gott' in Tierform zeigt, scheint dem zu widersprechen.

Die Vorstellung des „göttlichen Falken" findet sich im Textgut erst in den Verklärungen, in denen die Verwandlung in diesen königlichen Vogel das schönste Bild für den Aufstieg des Königs zum Himmel ergibt. Zu dieser Gestalt gelangt die königliche Seele durch ihre Zauberkraft — „Ihn hat seine Seele geholt, ihn hat sein Zauber ausgestattet" (Pyr. 250). Die Falkengestalt, die am König mit dem Horusnamen haftet, umschließt hier nicht mehr wie in der Vorzeit den Gott, der auf seinen Gegner herabstößt und Länder als Beute einbringt. Zwar liegt, wenn der König sagt: „Ich bin der große Falke auf den Zinnen der Halle des Namenlosen" (Pyr. 1778) das Bild des Falken auf der Palastfassade vor, die den Namen des Königs trägt, hier als Weltgebäude gesehen, auf dem ein Königsname fehlt. Doch erlangt der König diese Form als „wohlausgestatteter Geist, der Gestalt annehmen will" (Pyr. 1771), das heißt als 'Seele', die sich 'verwandeln' will. Eine der Vorstellungen, die ihr offen stehen, ist die Falkenform, die gemeinsam mit der Verwandlung in einen Stern auftritt[1]. Der Falke, einst Symbol irdischer Macht, ist in die jenseitige Welt versetzt und dient dort den großen Göttern der Mythe. Wie sonst der König gegenüber dem Fährmann sein Erscheinen mit Götterrollen begründet, will er als Falke das, was Atum dem, der den Himmel trägt, schickt, zum Lande 'Urwasser' hinüberbringen (Pyr. 1778), wie er als „Stern mit geschmücktem (*špd*) Haupt und weitem Schritt Rê täglich die Wegzehrung überbringt" (Pyr. 263). Zum Himmel und nicht auf das Schlachtfeld „stürmt" der König als „göttlicher Falke". Die verschiedenen Formen, welche die Seele hierbei annimmt, können verschiedenen Zeiten und verschiedenen Zusammenhängen entstammen. In den Verklärungen der Ichform stehen sie deshalb widerspruchslos nebeneinander, weil sich die königliche Seele verwandeln kann und verwandeln muß, um in das Sonnenschiff zu gelangen. Diese Verwandlung setzt zauberhaft, von niemandem gesehen mit der Verlesung der Verklärung ein und hält nur so lange an, als es Sprung und Flug in das Jenseits verlangen. Im Sonnenschiff fährt der Tote schon wieder in seiner natürlichen, jetzt vergotteten Gestalt. Er sitzt auf seiner Bank, ergreift sein Ruder oder leitet mit seinem Stab den Takt der Rudermannschaft. Auch eine Verklärung, die den König nach der Geburt der Götter an den fünf Zusatztagen des Jahres, also zum Neujahrstag, als Falken — das heißt als ersten der Dekangestirne[2] — aus seinem Ei schlüpfen läßt und dies in mythischer Form erzählt, verschafft dem König lediglich für den Himmelsflug die Falkengestalt, die jedoch zum Schluß des Spruches zu Gunsten einer anderen Vorstellung aufgegeben wird[3]. In jenem „Nest" des Thoth im Feld der Tamariske[4] (am) Götterbrunnen wird die königliche Seele von Isis in „wiederholter Geburt" als „Bruder des (Gottes), der aus dem Beine kam, der die beiden Brüder schied und die Kämpfer trennte"[5] in einem Vogelei ohne Füße und ohne Arme geboren (Pyr. 1962ff.). Als die Frage entsteht, wie er „geknüpft" werden soll, wird „jenes Erz" gebracht[6]. Mit ihm knüpfen die Götter den König in seinem Ei, und er ist (neu) entstanden. Als die Götter fragen: „Womit sollen wir das Ei, in dem er steckt, zerbrechen?", kommt Sokaris von Sakkara, „dem seine Knochen geschmiedet und seine Gebeine geschnitzt sind"[7].

---

1 Pyr. 748 b, 1048 b/d, vgl. 1207.
2 vgl. Pyr. 186 b/c, wo sich Orion zu dem König als seinem „Samen" umwenden soll. Orion und Sothis folgt der erste Dekanstern, der in der Spätzeit als Haroeris von Letopolis erklärt wird (vgl. Gundel, Dekane und Dekansternbilder S. 14, Anm. 3).
3 Pyr. Spr. 669 mit den von Jéquier, Le monument funéraire de Pepi II, Bd. 1, Taf. 10 veröffentlichten Bruchstücken.
4 Die Tamariske als Baum am Wüstenrand, aus dem der Mond aufsteigt, auch Pyr. 126c.
5 Umschreibungen des Gottes Thoth in blütenreicher Sprache (s. S. 24f.).
6 „eherne Taue" in Zusammenhang mit der Barke des Sokaris auch Pyr. 138.
7 Der Gott als Tempelstatue. Auch die Knochen des vergöttlichten Königs sind aus „Erz" (Pyr. 530, 749, 1454, 2051), die des Sonnengottes aus Silber (Buch von der Himmelskuh).

Er zerbricht das Ei und löst das Erz, wobei ihm die beiden „Götterführer", „der mit spitzen Zähnen" und „der mit langen Krallen" zur Hand gehen... Auf die Frage schließlich: „Womit soll er flügge gemacht werden?", bringt man dem aus seinem Ei geschlüpften Gott nicht Flügel, sondern ein Schiff, anscheinend die Barke des Sokaris[1]. In ihr fliegt er auf, mit dem „Südwind als Nährmutter[2] und dem Nordwind als Amme" und läßt sich nieder auf der Doppelfeder seines Vaters Geb, der hier deutlich als der memphitische Urgott $T3$-tnn vorgestellt ist. Die Nennung der Barke zeigt, daß gegenüber dem mythischen Bild des im Ibisnest von den Göttern gehegten Falkenjungen an der Vorstellung des auf der Totenbahre zwischen Isis und Nephthys — als Süd- und Nordwind — ruhenden menschengestaltigen Toten festgehalten wird. Für seine Seele wird das Erz gesprengt und das Ei — des Sarges — zerbrochen. Die Vorstellung des „göttlichen Falken" kommt erst in den Verklärungen als eine „Verwandlung" der königlichen Seele auf. Mit dem alten Falkengott hat dieser göttliche Falke nur die Gestalt gemeinsam. Da er im Totenkult erscheint und dem Könige als Verwandlung erst mit dem Tode zukommt, dürfte er auf einen falkengestaltigen Totengott zurückgehen. Götter und Ortsnamen einiger dieser Verklärungen verweisen auf memphitische Kulte. Die königliche Seele nimmt die Form des dortigen Totengottes selbst an. Mit Sokaris und seiner Barke verbinden den Toten in seiner Rolle des Osiris schon Dramatische Texte und Hymnen, in denen er als Sokaris von Horus getragen wird[3]. Das allgemeine Götterzeichen der Falkenstandarte geht so unmittelbar nicht auf den Gott der Kampfzeit, sondern auf einen Totengott zurück, vermutlich denselben, den man als Falken im Schriftzeichen der Westgöttin und auf ihrem Haupte sah[4].

Auch das allgemeine Schriftzeichen des Falken auf der Standarte für 'Gott', das gegen Ende des Alten Reiches noch einmal den Gottesbegriff aus einer Tiermacht abzuleiten scheint, ja in den Pyramidentexten vielfach auch menschengestaltige Götterbilder ersetzt, führt auf den Kult des königlichen Totengottes Osiris, der in Memphis in seinem Namen „Sokaris" die Falkengestalt tragen konnte. Die Wahl dieses Schriftzeichens ist kein Anzeichen dafür, daß an die Stelle der Menschengestalt eine neue allgemeine Gottesvorstellung tritt, sondern entspringt der in den einzelnen Pyramiden sich in verschiedener Form auswirkenden Scheu, Schriftzeichen von Menschen und Tieren — mit Ausnahme von Vögeln und Schlangen — in die Sargkammern aufzunehmen, und bezeugt zudem die besondere Rolle, die man der Falkengestalt in einem neuen Glauben beim Aufflug der königlichen Seele zuschrieb. In den Hymnen trägt Osiris als einziger Gott der Mythe die Bezeichnung „Gott" als Name. Er gilt so in vorzüglicher Weise als Gott, was schon im Ramesseum-Papyrus zum Ausdruck kommt, wenn Horus dem Vater die größere Göttlichkeit zugesteht (s. S. 98). Hierbei ist Osiris sicherlich nicht als Falke vorzustellen, sondern in Menschengestalt, in der er ja später immer wieder dargestellt wird und, nach dem Schriftzeichen des Gottes „Der von Busiris" — Menschengestalt mit Szepter, Geißel und Doppelfeder — zu urteilen, schon in seiner Heimat vorgestellt war. Doch findet Osiris und die Mythe von Memphis die vermenschlichte Gottesvorstellung im königlichen Totenkult schon vor. Denn die Gestalt, welche der Leichnam des vergotteten Königs in den Verklärungen annehmen soll, der Menschenleib mit dem Schakalskopf, ist die Gestalt des vermenschlichten „Ersten der Westlichen" (s. S. 93, 98), des Gottes der königlichen Nekropole der Thinitenzeit. Die Vermenschlichung muß schon eingesetzt haben, als die Könige noch in Abydos begraben wurden, und der Herr dieses Friedhofes dem königlichen Totenkult sein Gepräge gab. Daß der Leib des Königs unter dem Schakalskopf gelegentlich Atum genannt wird[5], und so der vergottete König das Schakals-

---
[1] zu dem Beinamen der Barke vgl. den Namen der Fähre Pyr. 1769 b.
[2] dem männlichen Wort „Südwind (rsw)" zuliebe ein männliches Wort ($3fw$).
[3] Pyr. 620 b/c, 1824 a/b, 1826 a/b.
[4] Borchardt, Sahurē, Bd. 2, Taf. 1, 29.
[5] s. S. 93, Pyr. 1298 b, 2098 a, 135.

gesicht nicht auf dem eigenen Leibe, sondern auf dem des Gottes Atum trägt, zeigt, daß in der Residenz die Menschengestalt ein mythischer Begriff geworden ist, den sie mit der Schöpfung aufkommen läßt. Schon wenn die Mythe den Göttern die Tierköpfe als Ersatz ihrer abgeschlagenen (Menschen)köpfe (s. S. 86) erklärt, setzt sie die Menschengestalt als ursprüngliche Gottesgestalt voraus. In der Mehrzahl der Verklärungen, welche die Gestalt des toten Königs vergotten, wird die Vergottung seines Gesichts — „Empfange Dir Dein Gesicht als Schakal!"[1], „Dein Gesicht ist ein Schakal(sgesicht), Dein Schwanz ist ein Löwe(nschwanz)!" (Pyr. 573) — betont. Der in der Gestalt des „Ersten der Westlichen" verklärte König trägt Kopf und Schwanz von Tiermächten anscheinend in gleicher Weise, wie die Trabanten des „Hirten von Hierakonpolis" beim Jubilaeumsfest als Kopfschmuck die Bälge von Schakalen tragen[2] und die „Herrin der Baumeister" beim Abstecken des Festplatzes das Pantherfell (s. S. 96), wobei — wie die Dramatischen Texte zeigen — das Gewand ebenso wie Kronen, Waffen und andere Kultsymbole die Gottheit verkörpern können. Zur Zeit der Tiermächte dürften diese Verkleidungen den Träger zauberhaft in die Rolle der Macht versetzt haben, auf welche die getragenen 'Kennzeichen' verweisen. Nachdem sich die Menschengestalt als göttliche Grundform durchgesetzt hat, scheinen die verbliebenen Reste von Tiermacht und Idol geradezu als Zeichen der Göttlichkeit ihrer Träger zu gelten. Mit dem Schakalskopf ausgestattet (Pyr. 2108) werden Osiris und der tote König zum „Herrn des Schreckens" — „Dein Ruhm herrscht am Tage, das Zittern vor Dir in der Nacht!" (Pyr. 2110). An dem Tierkopf als in Schrecken versetzender Maske erkennen die Geister den Gott und einen gewalttätigen Gott. Die gleiche Rolle fällt im Ritual Ornat, Schminke und Wohlgeruch zu (s. S. 80). So werden die beiden Zeugstreifen, die der König als „Horusauge in Buto und Horusauge in den Häusern der roten Krone" überreicht werden, angesprochen: „Du sitzt vor ihm — dem König — als sein Gott. Du öffnest ihm den Weg unter den Geistern, so daß er vor den Geistern dasteht wie Anubis, der Erste der Westlichen" (Pyr. 57). Hier ist es die Verkleidung, die „als Gott" dem König den Weg öffnet wie sonst die Standarte. „Gottesgewand" (Pyr. 964ff.) und „göttliches Kleid" (Pyr. 533) an Gott und König machen den in sie Gekleideten zum Gott. An ihnen haften Schrecken und Ruhm der alten Mächte. Verkleidung und Maske, Schminke und Wohlgeruch machen den König als Gott erkennbar. Mit solchen „Erkennungszeichen" ausgestattet (Pyr. 737) kann er sich von der großen Neunheit die Krone (Wrr.t) holen (Pyr. 845). So bilden gerade Reste der alten Mächte, welche die menschengestaltigen Götter als Masken und Attribute tragen, einen wesentlichen Teil, ja das Merkmal ihrer Göttlichkeit.

6. Vermenschlichung und Mythe

Die Mythe setzt die vollzogene Vermenschlichung voraus. In ihr tragen sämtliche Götter von Natur eine Menschengestalt. Sie muß so nicht den Wandel der Tiermacht zum menschengestaltigen Gott erklären, sondern das, was von der alten Form der Götter erhalten blieb, vor allem die alten Götteridole in den Allerheiligsten der Tempel. Sie tragen Formen, die zu der neuen Gottesvorstellung nicht passen. So barg die Sokarbarke unter einem Überwurf, aus dem der Kopf hervorragt, das altertümliche Falkenidol, die Barke des Gottes Amon unter einem Tuch vermutlich einen Thron, obwohl beide Götter auf Tempelbildern menschengestaltig dargestellt werden. In einem Abschnitt des Denkmals Memphitischer Theologie, der Ptah die „Schaf-

---

[1] Pyr. 896a, 2026, „in der Rolle einer Seele von Hierakonpolis" (Sethe, Kom. Bd. 3, S. 73f.). „Deine Schultern sind (die Schultern des) 'Richters' (der unterägyptische Wegöffner), Dein Gesicht ist (das Gesicht des oberägyptischen) Wegöffners" (Pyr. 769d). Auch die Formulierung „Dein Gesicht ist vor Dir" (Pyr. 753c, vgl. 790b) setzt eine Maske voraus. Kom. Bd. 1, S. 279 erinnert Sethe an die Sitte, den Toten „Reservekopfe" mitzugeben.

[2] Kees, Re-Heiligtum, Bd. 3, S. 34; vgl. auch ein ähnlich verkleideter Knabe Wreszinski, Schäfer, Atlas III, Taf. 27, S. 47.

Vergottung der Menschengestalt durch Reste der Tierform

fung der Lokalgottheiten und ihrer Kulte" zuschreibt (Dr. T. S. 68), wird die Form der Ortsgötter als Erfüllung ihrer Wünsche erklärt. „Er schuf die Götter, er errichtete die Städte, er gründete die Gaue, er setzte die Götter auf ihre Kultstätten, ... er machte ihren Leib so, daß ihre Herzen zufrieden waren. Und so traten die Götter ein in ihren Leib aus allerlei Holz, aus allerlei edlem Stoff, aus allerlei Ton und allerlei Dingen, die auf ihm" — Ptah als Erdgott — „wachsen, und nahmen darin Gestalt" (ibd.). Da die Götter der Städte und Gaue verschieden sind, wird dies als ihr Wunsch erklärt, den ihnen der Schöpfer erfüllt hat, indem er ihnen ihre verschiedenartigen Götterbilder gab. Daß die Mythe die Tierköpfe der alten Götter als Ersatz der abgeschlagenen eigenen deutet, wurde schon hervorgehoben (s. S. 94). Der königliche Totengott, dessen Namen „Erster der Westlichen" noch in einer Hymne mit dem Schakal determiniert wird (Pyr. 592), verliert als Osiris das Tiergesicht, womöglich weil „Der von Busiris" ein Menschengesicht trug, und wird so zum menschlichsten Gott der ägyptischen Götterwelt, in dem man das Menschenschicksal begriff. Warum haben die anderen Götter der Mythe, Horus, Seth und Thoth ihre Tierköpfe behalten? Innerhalb der Götterneunheit von Heliopolis wird, wie es die Trümmer des von Djoser gestifteten Schreines zeigen, auch Seth völlig vermenschlicht dargestellt. Warum setzt sich die völlige Vermenschlichung nicht durch? Hätten nicht wie bei Osiris die Namen und das eine oder andere Attribut genügt? Die Teilnehmer am Festspiel tragen keine Maske und übernehmen doch die Rolle auch dieser Götter. Die alten Mächte haben ihre Köpfe behalten und tragen sie als ihre Eigenart — die ägyptische Sprache nennt es ihre 'Farbe' (Dr. T. S. 69) —, die sie zugleich mit den Idolen ihrer Kultstätten, ihren Bildern auf den Standarten und ihren Schriftzeichen verband. Die Götter unterscheiden sich nicht wie die Menschen durch Gesichtszüge, sondern durch das, was sie sind. Dazu gehört bei den alten Göttern das, was sie aus der Vorzeit mitbringen. Zwar verschwinden an der Menschengestalt alte Attribute. Die Gefolgsgötter — die Seelen von Hierakonpolis und der Wegöffner[1] — verlieren ihre Waffen, Seth den Pfeil, den er in Tiergestalt anstelle eines Schwanzes trägt, und der zu ihm, wie zu Horus der Bogen, einmal in besonderer Weise gehörte, da beim Jubilaeumsfest vor den Kapellen der Götter Horus und Seth dem König Bogen und Pfeil gereicht werden, und noch im Neuen Reich Horus und Seth den König im Bogenschießen unterrichten[2]. Die Tierköpfe jedoch tragen sie als ihre Gesichter. Sie machen sie zwar nicht erst zu Göttern, stellen aber wie das „Gottesgewand" des Osiris Kennzeichen dar, an denen man sie als Horus, Seth und Thoth erkennt. Fraglos ist trotzdem der mythische Gottesbegriff nicht mehr dem Tier, sondern dem Menschen abgesehen. Tiergötter und Idole waren untereinander viel gründlicher verschieden, als wir uns dies heute mit unsern Ordnungsbegriffen vorstellen können. Raubtier, Vogel, Schlange, Pfeil, Stock, Kleid und Krone sind Wesen, die sich nur als „Mächte", die eine Eigenschaft in hervorragender Weise hervorkehren, vergleichen lassen. Als Staatssymbole geraten sie in die Hände von Menschen, die in einer uneinigen Welt ihre Verschiedenheit über alles Gemeinsame setzen. Zur Zeit der Reichseinigung beherrscht diese Verschiedenheit die Vorstellungswelt. Auf dem Schlachtfeld siegen Löwe, Stier, Geier und Falke. Als göttliche Kräfte lassen sie sich nur zauberhaft in der Person des Königs oder als seine Feldzeichen vereinigen. Zwischen ihnen kann keine Mythe spielen. Der Königstitel 'Horus', die Bezeichnung der Menschen als 'Kibitze' und 'Bögen', die Schakalsbälge der Trabanten des 'Hirten' von Hierakonpolis (s. S. 102) und andere Anzeichen zeigen, wie weitgehend sich damals die Menschen ihren Mächten anglichen. An die Stelle dieser Verzauberung, die dem Menschen Wut und Schrecken der Tiermacht verlieh, tritt mit der Vermenschlichung der Götterwelt ein neues Verhältnis zu den Göttern, die sich selbst in zwiefacher Weise zusammenschließen. Nun sieht man nicht mehr nur in Falkengöttern, in Schakalen, Widdern

---

[1] Schakalsstandarten, zu denen Waffen — Keule, Pfeil und Bogen unterschiedlich beigefügt — gehören (vgl. Pyr. 921a, 1245c). Noch auf Tempelbildern der 18. Dynastie trägt die Standarte des Wegöffners einen Pfeil (Legrain, Annales Service Bd. 4, 14).
[2] Lepsius, Denkmäler, 3. Abt. Taf. 33b.

und Stieren denselben Gott, sondern noch in so verschiedenartigen Göttern wie dem Falkengott von Memphis, dem Schakalsgott von Abydos, dem Wolfsgott von Assiut und dem Gott von Busiris, die Osiris sämtlich als „Namen" vereinen kann, weil sie sich nur noch durch ihre 'Masken' unterscheiden. Zweitens findet man nun zwischen den Göttern menschliche Beziehungen, da sie sich nicht mehr nur zu Paaren und Rudeln, zu Bündeln von Bögen und Pfeilen, zu „Mächten", „Herren" und „Herrinnen" zusammenschließen, sondern zu Familien und zu Generationen. Wie ein neues Volk am Himmel leben die Götter in ihrer Welt zusammen, denen die nicht mehr als „Schakale" und „Kibitze" geschiedenen Menschen nun ebenso geschlossen gegenüber treten.

Zwar hat man auch schon Tiermächte und Idole mit Menschenaugen gesehen und ihnen zauberhaft Fähigkeiten zugeschrieben, die sie als Tier und Ding nicht besaßen. So spricht man Krone und Messer eine Zunge, dem Opferstier Beine und Arme zu und vermißt sie bei der Schlange. Die Wurzeln der Vermenschlichung liegen in Bild und Sprache, die vom Menschen aus die Welt sehen und sie ansprechen. Was jedoch Tier und Ding als Macht erscheinen ließ, waren nicht diese Bilder, die man auf sie vom Menschen her übertrug, sondern das, was sie gegenüber dem Menschen auszeichnete, die Flügel gegenüber den Armen, Schnabel und Raubtiergebiß gegenüber dem Menschenmund, Klauen und Krallen gegenüber Fingern und Zehen, das Gift der Schlange, Hülle und Pracht von Fell und Kleid, der Duft der Salbe, die Kraft der Waffen, der „Flug" der Fähre und des Schiffes, die sämtlich als Götterwerk und Göttergabe gelten. Auf ihre Eignung im unberechenbaren Dasein wurden die Mächte angesehen und ein „Horn" als „spitz und stark, gleichsam ein die Kehle durchschneidendes Messer tragend" (Pyr. 270), die Spitzen eines Speeres zum Fischstechen als Blitze des Rê, seine Widerhaken als Krallen der Pantherkatze (Pyr. 1212) auch später noch gepriesen. Als spürende Hunde öffnen die Standarten den Weg des Königs. Als mit seinen Fängen schlagender Raubvogel, als Gift speiende Schlange umgeben die Kronen den König mit dem Schrecken ihrer Tiergestalt. Die Vermenschlichung kehrt die Welt um. Jetzt wird sie nicht nur mit Menschenaugen, sondern als Ganzes und in ihren Teilen menschengestaltig, als Mann oder Frau gesehen. Dem Menschen abgesehene Eigenschaften und Züge machen die Göttlichkeit aus. Auch in der Sphinx steckt die Menschengestalt. Tierköpfe, Flügel und Attribute passen sich ihr an. In den Verklärungen säugt die Kronengöttin den König und fragt ihn, wenn er mit seinem Tode zu ihr als seiner Mutter gelangt: „Warum ist Du denn nicht alle Deine Tage gekommen?" (Pyr. 1109), als hätte der König seinen Besuch bis zum letzten Tag seines Lebens aufgeschoben. Die Götter verkehren miteinander, wie es an einem großen Hofe Sitte ist. Boten und Pförtner melden Besucher an, der Gott erhebt sich und geleitet den Gast unter Zurufen seines Götterrates zum Ehrenplatz an seiner Seite. Hierbei werden die großen Götter als aufmerksame, zuvorkommende Herren und zärtliche Väter und Mütter geschildert. Die Töchter des Rê sitzen auf seinem Schoß. Sohn und Tochter reicht er die Hände[1]. In der Rolle des Himmelsherrn jauchzt Geb dem toten König entgegen, gibt ihm seine Hände, küßt und herzt ihn (Pyr. 656). Der Fährmann freilich, der den König übersetzen soll, ist mürrisch, mißtrauische Dämonen geben den Weg erst nach einem Verhör über Person, Woher und Wohin frei. Geister, die an der „herrlichsten Stätte" weilen, sind über die Störung, die der Neuankömmling bringt, ungehalten (Pyr. 930). Erst die Verklärungen haben die Welt so weitgehend vermenschlicht, daß nun anscheinend alle ihre Teile menschengestaltige Wesen bergen. Der „schöne Westen" kommt als Göttin mit schönen Locken dem Toten entgegen und begrüßt ihn als den von ihr geborenen, den sie nun umarmt (Pyr. 282 ff.). Ein Baum reicht ihm als Pförtnerin des Himmels die Arme (Pyr. 1440), so auch der Weg, auf dem er als Horus geht (Pyr. 607) und die Leiter (Pyr. 1253), auf deren Sprossen die Anubistochter und Thothgespielin steht (Pyr. 468). Das Meer — im Tempel des Sahurê als Gott abgebildet (s. S. 13) — soll seinen Kopf senken und seine Arme beugen vor den Winden, den Kindern der Nut, die mit Kränzen an ihren Häuptern geschmückt

---

[1] seinem „ältesten Sohn" Bn.tj (Pyr. 608 c, vgl. 1437 c), der „Tochter des großen Gottes" N/r.t („die Schöne") (Pyr. 1208).

auf es herabsteigen, um im Opferfeld für die große Isis Blumen zu ziehen (Pyr. 1213). Die Hand des Erdhügels im Ozean — eine der beiden ausgestreckten Hände des Erdgottes (s. S. 76) — können die Erdbewohner nicht greifen (Pyr. 1022). Erst die Verklärungen zeigen die Folgen der Vermenschlichung der Götterwelt in dieser Fülle von Erscheinungen, doch verkehren auch schon die Götter der memphitischen Mythe wie Menschen miteinander und nicht wie Tiere. Isis reicht ihre Brust (Pyr. 32). Seiner „Lippe" verdankt Thoth, der ibisköpfige Gott, eine Strafe (Dr. T. S. 109). Die Umsetzung der Kulthandlung über das Wortspiel in die Mythe versetzt den Zuschauer in die mythische vermenschlichte Welt. Aus dem Herausnehmen (šdj) der Keule wird das Aufziehen (šdj) des Horus (Dr. T. S. 129), aus dem Korn ('it) dreschenden Stieren ('iḥ.w) der Wehruf des Horus, der seinen Vater ('it) erschlagen (ḥw) sieht (Dr. T. S. 134). Auch das Horusauge macht keine Ausnahme und gilt entweder tanzend oder trunken als Mädchen[1] — die Pupille im Auge — oder als Gegenstand wie Halsschmuck und Kleid, den nur ein menschengestaltiger Gott trägt. Wenn es im Netz gefangen wird[2], könnte es sich auf der Flucht in eine Gazelle oder einen Fisch verwandelt haben. Doch dürfte es sich auch hier um die Krone handeln, die dem ertrunkenen Gott vom Haupt gefallen ist, „aus welcher Horus das Wasser schüttete" (Pyr. 88). Soll doch auch Seth weder das „weiße" noch das „grüne Horusauge anlegen", das heißt als Krone aufsetzen oder als Diadem umbinden (Pyr. 96, 108). In den Hymnen wird die Liebe der Götter zueinander betont, die Liebe des Horus zu seinem Vater, der ihn in seine Arme schließt, der Isis, die vor Liebe zu Osiris jauchzend zu ihm kommt (Pyr. 632, 1787), ihn „Liebling der Erde" (Pyr. 1886) nennt und ihm das mit dem Tode verlorene Herz wiederbringt[3]. Nut umarmt den Leichnam des ältesten ihrer Kinder. Alles dies sind Züge, die zwar aus einem älteren Totenkult stammen können, jedoch erst mit der Vermenschlichung zu natürlichen Regungen der Götter werden.

Was man von Tiermächten und Idolen erzählen kann, bleibt in einer Welt befangen, in, der man zu Schlangen in einer eindringlichen, kindlichen Sprache spricht, in der Messer beißen, Standarten greifen, in der sich Mächte in unberechenbarem Wechsel erbittert streiten oder — wie Löwe und Wüstenwild (s. S. 90) — märchenhaft miteinander spielen. Die Vermenschlichung macht die Götter zu vernünftigen Wesen. Sie behalten zwar ihre alte Natur als Verwandlungsmöglichkeit und tragen gerade als Kennzeichen ihrer Verschiedenheit das 'Beste' der früheren Gestalt als Maske, Kleid und Kennzeichen. Doch wird Verwandlung und Maske von einem Kern getragen, der den Menschen vertraut ist, seinem eigenen Leib. In ihm fließen die eigenen Gedanken und Gefühle natürlicher und vollkommener als in Fisch und Vogel, obwohl er sich immer noch auch in ihrem Leib mit seinem Leichnam oder seiner Seele versetzen kann. Vom Gott mit dem Menschenleib verlangt man Vernunft und Güte. Im Kampfe zwischen den vorgeschichtlichen Reichen wäre er vermutlich unterlegen. Jetzt aber, während der Schrecken abklingt, faßt der Mensch Zutrauen zu Gott, Göttin und Götterkind. Freilich ist mit der Verwandlung der Mächte zu Göttern nicht zwangsläufig eine Mythe gegeben. Auch eine Welt von Menschengöttern kann sich auf die einfachen Gegebenheiten von Tag und Nacht, Himmel und Erde, Recht und Macht ohne urzeitliche Mythe beschränken. Wenn die Götterlehren die Mythe in die Welt hinaustragen, hat dies andere Gründe. Die Mythe setzt den Vorgang der Vermenschlichung voraus, doch muß zur Mythenbildung noch etwas hinzukommen. Was die Mythe auslöst, wurde früher beim Versuch, die ihre Gestalten wählende Kraft zu finden, erkannt Es ist das königliche Dogma, welches nach der Reichsgründung eine neue Zielsetzung verlangt. Das Horusauge, die Krone, kann nicht mehr aus der irdischen Fremde geholt und einem ebenbürtigen Gegner abgenommen

---

[1] Dr. Texte S. 120 (20), 177 (70), vgl. Pyr. 93a, hier und Dr. Texte S. 177 (70) zum Überreichen von Wein aus Buto (im Ostdelta).
[2] Dr. Texte S. 173 (66) von den Horuskindern, Pyr. 105a von „ihm" gefangen. Pyr. 99c soll verhütet werden, daß „er" — Seth — es im Netz fängt.
[3] Pyr. 3c, e, 1892a, vgl. 1786b, 1640a, 828c.

werden. So wird es in eine neue Ferne hinausgetragen als „Wegöffner" aus der gegenwärtigen in die ewige Welt. Der es hinausträgt, ist Osiris, der Gott der Mythe, den sie vor die älteren Götter stellt und dem einen zum Bruder, dem anderen zum Vater gibt. Damit ist der Schwebezustand, der zwischen den beiden Herren herrschte, gestört. Ein neuer Kampf um Aegypten beginnt, der zunächst im Festspiel ausgetragen wird und dann in den Hymnen eine eigene, vom Kult abgelöste Wirklichkeit gewinnt, welche der tote König in den Verklärungen sich auf die Mythe berufend betritt. Im Festspiel trägt das Königtum noch selbst die beiden Hauptrollen der Mythe, der tote König die Rolle des Osiris, sein Nachfolger die Rolle des Horus, nachdem vormythisch, als Erbe der Tiermächte, der König in einer Person die Rollen des Horus und Seth getragen hat, die sich zueinander unberechenbar wie Tiermächte verhalten und an den einander viehisch beigebrachten Wunden sterben. Die Mythe nimmt aus dem König die Todesursache wieder heraus, die einmal in ihn geriet, als er neben der eigenen Macht noch die Macht des von ihm erschlagenen Feindes verkörperte. Die Vermenschlichung erschwert Vorstellungen von Mischwesen, die wie noch einzelne Schriftbilder zwei Köpfe tragen. Wenn jetzt Horus und Seth als königliche Götter auftreten, geht der König zwischen ihnen (Pyr. 390, 683). Der mythische Gott trägt ein einhelliges Schicksal. Dies Schicksal ist durch ein Dogma erhärtet. Seine Unabwendbarkeit bestimmt die Haltung des Königtums, dem sie die Rollen zuteilt. Osiris muß erschlagen werden, damit ihn sein Sohn rächen kann. Der Tod trifft ihn von der Hand des Bruders, der ihm die Krone entreißt, damit sie Horus — als sein Auge — zurückholen kann. Seth muß den Leichnam zerstückeln, und die Glieder verstreuen, damit ihn Horus im ganzen Lande suchen und den gefundenen in Ehren begraben kann. Mit der Thronbesteigung ist der Tod des Vaters „gerächt". Mit der Besitzergreifung der beiden Länder kann der gesuchte und gefundene Leichnam begraben werden. Die Mythe ist später ausgesponnen worden, wobei viele Einzelzüge das Schicksal, welches über ihren Gestalten hängt, hervorheben und erschweren. Osiris fällt als junger Mann, noch ehe ihm ein Sohn geboren ist. Seth tötet Osiris, Isis weckt den Leichnam zu neuem Leben und empfängt ihr Kind, Seth jedoch trifft den „Erschöpften" zum zweiten Male, zerstückelt ihn und wirft ihn diesmal in den Fluß, der die Glieder des Gottes auf die Gaue verteilt, so daß Horus, den Isis im Versteck aufzieht, Aegypten erobern muß, um Osiris begraben zu können — die Vereinigung der beiden Länder bedeutet das Begräbnis des Osiris. Nut selbst vollzieht die Rache an Seth, ihrem ungeratenen Sohn, obwohl so eine Mutter ihr Kind tötet[1]. Der Grundbestand der Mythe, soweit sie das Königtum betrifft, ist schon bei ihrer Erschaffung gegeben. Das unabänderlich Schicksalshafte, welches ein Ereignis aus dem anderen entwickelt, knüpft schon damals die Mythe, obwohl sie nicht als Ganzes erzählt wird. Es ist das Dogma des geschichtlichen Königtums, welches zur Mythe verklärt erzählt und später auf jeden Menschen übertragen wird. Die Vermenschlichung ermöglicht so den Göttern, ein Schicksal zu tragen. Dies Schicksal selbst jedoch kommt ihnen vom Königtum zu.

Im Festspiel über Kulthandlungen gesponnen, erscheint die Mythe. Was sie prägt, ist das Dogma des Königtums. Ihre Formung erfolgt über das Wortspiel zwischen Götterrede und Kultsymbol. Das, woraus Dogma und Wortspiel schöpfen, ist freilich ein drittes. Was die Mythe erzählt, ist nicht frei erfunden. Wie die alten königlichen Mächte vermenschlicht die Köpfe ihrer Tiergestalt als Maske weitertragen, nimmt die Mythe das, was man sich märchenhaft von diesen Mächten erzählte, auf und formt es im neuen Dogma über das Wortspiel um. Wenn sie den Göttern anstelle ihrer abgeschlagenen Köpfe Tierköpfe gibt, welche die Götter so, wie man sie sich vorstellt, schon tragen, setzt sie die Vermenschlichung voraus. Nacheinander kommt es in der Frühzeit zu den Neuerungen, welche die ägyptische Kultur geistig begründen. Durch Zusammenfall von Schrifterfindung und Staatsgründung wird das Königtum mit der Reichsgründung geschichtlich. Die Könige treten unter ihren Namen die Herrschaft über die beiden

---

[1] Urk. VI, 56, 6ff.

Länder an. Mit ihren Namen machen sie Geschichte, was die anonyme Tiermacht nicht vermag. Dieser mit der Schrift überlieferte Name verhütet, daß sie später zu mythischen Gestalten werden. Doch bekundet er als 'Horus'-Name zugleich die Götterrolle, die sie tragen, und die der Natur der Macht entspricht, die ihnen das andere Land als Beute zuführt. Gegenüber anderen Tiermächten der frühen Denkmäler zeigt der Falke mit Standarten älterer Bilder erste Spuren der Vermenschlichung, die noch umgekehrt wie später am Rande der Tiergestalt erfolgt zu dem Zweck, dem Vogel das Einbringen Unterägyptens zu ermöglichen. Mit dem Anfügen des Armes an den Tierleib beginnt der Vorgang der Vermenschlichung. Auf der Narmerplatte ermöglicht er der Tiermacht eine Handlung für das Königtum. Mit der Befriedung des Landes kommen andere Aufgaben hinzu, denen die Mächte in ihrer Tiergestalt nicht gewachsen sind. Abdrücke von Rollsiegeln mit Schriftbildern von Gottheiten entlegener Weinberge zeigen, daß sich die Vermenschlichung der Götter während der 2. Dynastie durchsetzt. Auch die Vermenschlichung der Tiermächte ist so ein Vorgang, den die Reichsgründung mit sich bringt. Neben der Menschengestalt des Namen und Schicksal tragenden Königs[1] ist in der befriedeten Welt die anonyme Tiermacht unterlegen. Selbst die nicht vermenschlichten Zeichen der Schrift und die Bilder erfahren eine 'Bändigung'. Der Löwe scheint nicht mehr zum Sprunge bereit zu brüllen, sondern ruht majestätisch, ein Ausdruck geballter, herrschender und nicht mehr kämpferischer Kraft[2]. Der Falke streckt nicht mehr seine Fänge aus zum Packen seiner Beute, sondern steht aufrecht, hochragend über dem Palast des Königsnamens, nicht anders als ein Wappentier. Die Büsche der Papyruspflanzen werden nicht mehr 'wild' in ihrem zufälligen Wachstum dargestellt, sondern so, daß der Busch von der Mitte aus spiegelbildartig nach beiden Seiten gestellt je eine aufrecht stehende und eine morsche umgebrochene zeigt. Wenn sich ein König der zweiten Dynastie „Gottessame" und König Djoser „Gottesleib"[3] nennen, dürfte dies sowohl die Rolle des Königtums bei der Vermenschlichung wie auch das Fortschreiten dieses Vorganges erweisen. Das geschichtliche Königtum hat eine Gottesgestalt gefunden, als deren Same und Leib sich der König allgemeiner und passender rühmen kann als später zurückgreifend mit „lebender Falke" und „starker Stier". Mit diesen Göttern in Menschengestalt wird die damalige Welt auch geistig geordnet und befriedigt. Als Götter lachen Himmel und Erde. In langer Reihe bringen Götter und Göttinnen die Gaben der Städte und Gaue. Der Erdgott nimmt den toten König bei der Hand, die Himmelsgöttin schließt ihn in die Arme. Die Mythenbildung setzt die Vermenschlichung fort. Nut gebiert nicht einen Wurf Nilpferdkälber, sondern fünf Götter, von denen jeder sein eigenes Schicksal trägt. Das Unheil, welches im Kampf der Mächte ihre Helden als Wunde und Verstümmelung befiel, den Sturz der Krone und der Sonne[4] läßt die Mythe einem Gott als Schicksal zukommen, der sterben muß, damit das ewige Königtum regiert. Die Wildheit des Raubtiers und der mörderischen Waffe, das was man einst an den Mächten rühmte[5], hat sie zusammengefaßt dem Götterfeind auferlegt und so die anderen Götter der Mythe von dem Schrecken ihrer Tiernatur befreit. Das wechselnde Kriegsglück, das früher bald das 'Auge' in die Fremde führte und bald es befreite, heftet sie an den Gott des lebenden Königtums. Die Mütterlichkeit der Vögel im Nest, die Schreie des Klagevogels gibt sie ihren beiden Frauen, die den 'Gott' der Mythe lieben und beweinen und seinen Sohn aufziehen. So hat die Mythenbildung auch das,

---

1 zur Rolle des „Herrscherbildes" beim Vorgang der Vermenschlichung vgl. Kees, Göttergläube S. 109ff.
2 H. Schäfer, Von ägyptischer Kunst S. 15.
3 wörtlich: „Göttlich als Same"; „Göttlich als Leib".
4 Pyr. 237a. Vgl. auch Pyr. 226a Var., worin auf den Sturz eines göttlichen Wesens in das Wasser (Var. in den Nil) angespielt wird. Pyr. 680a und 278b wird dieses Wesen mit „dem Großen" (nach 721a Var. Osiris) parallel gesetzt, so daß es damals mit Osiris verglichen oder gleichgesetzt worden zu sein scheint (s. Sethe, Kom. 226a).
5 und später in Kampfzeiten wieder rühmt (vgl. Spiegel, Die Erzählung vom Streite des Horus und Seth, S. 71ff.).

was man von den Mächten erzählte, vermenschlicht und zugleich aus Mär und Fabel Geschichte, die Mythe, gemacht.

7. Der 'große Gott' der Mythe

Jenseits der in den Annalen zusammenkommenden Geschichte des Königtums spannt die Mythe ihren Bogen. Die Mythe der neugegründeten Residenz Memphis legt im Festspiel über den regierenden König die Rolle der erneuerten Königsmacht, die im Osiriskult ihre Vergangenheit pflegt. Horus als Gott dieser Mythe läßt eines vermissen, was der universalen Falkenmacht angehörte. Ihm fehlen die Eigenschaften eines Weltgottes, die der Falke auf dem Kamme des Königs „Schlange" im Schiffe über den Himmelsflügeln (s. S. 5) besaß. Im Festspiel tritt ein anderer Falkengott neben ihm als Himmelsmacht auf. Die alte Falkenmacht ist in zwei Gestalten, einen Königs- und einen Weltgott, den jüngeren und den 'älteren' — „großen"[1] — Horus geteilt worden. In den Hymnen wird, während der Sonnengott über die Namensformel in die Mythe eindringt, versucht, die Rolle dieses Weltgottes den Weltgöttern der memphitischen Mythe Geb und Nut, ja Osiris selbst zu übertragen (s. S. 99). Die nach Heliopolis verpflanzte Lehre des Sonnenkultes nimmt beide Falkengötter in ihr Weltbild auf und beläßt dabei den königlichen Gott in ihrer erweiterten Götterfamilie an der Stelle, an der ihn die Mythe vom Memphis gestellt hat, räumt jedoch dem Weltgott als Harachte — Horus vom Lichtland — einen Platz unmittelbar neben Atum, dem heliopolitanischen Schöpfer ein, indem sie den Sonnengott als Verkörperung beider erklärt. Zwei Wege, die sich bei Beginn der Mythenbildung trennten, kommen wieder zusammen. Von diesen führte der eine von der Falkenmacht über die Rolle des Königs als Horus und Seth zur Mythe vom Königtum und dann diese Mythe umschließend zur Mythe von der Entstehung der Welt und gipfelt in Rê-Atum. Der anderen fehlt die Göttergeschichte. Unmittelbar aus seiner früheren Weltgeltung tritt der 'ältere' Horus als Rê-Harachte in die neue Lehre über. Die Lehre von Heliopolis besitzt so in ihrem Gott Rê einen Herrn der Welt, dessen Rolle das Königtum abgegeben oder nie getragen hat. Diesen Gott erschließt sich das Königtum nicht durch Versetzung in den Gottesbegriff, die einst — wie es der Horustitel bezeugt — gegenüber der Stammesmacht, ja in der Rollenzuteilung des Festspiels auch noch gegenüber Osiris möglich war, sondern durch das Sohnesverhältnis, das mit dem 'Sohn-des-Rê'-Titel kanonisiert wird. Erde und Himmel sind geschieden. Auch Osiris ist in die jenseitige Welt entrückt. In den Verklärungen trägt der König nicht mehr seine Rolle, sondern wird ihm angeglichen oder mit ihm verglichen. In Osiris hatte die Mythe von Memphis eine Gestalt gefunden, die in hervorragender Weise 'göttlich' die Gestalt des toten Königs mythisch umschloß und jeden regierenden König dem 'göttlicheren' Vater zuwendet. Die Lehre von Heliopolis übertrumpft den Gottesbegriff, den Osiris trägt, durch den Ausdruck 'großer Gott'. Sie hat die Mythe vom Königtum übernommen, sie jedoch in eine Weltlehre eingebaut und diese mit der vermenschlichten alten Himmelsmacht gekrönt. Sie hat so, wie die Verklärungen zeigen, den Menschengeist in die Welt hinausgetragen und noch alle die Götter in den Bereich der Mythe gestellt, die bisher abseits standen. Sie alle finden einen Platz in der Welt, die der König mit seinem Tode betritt, die beiden Kronengöttinnen als „Mütter" auf dem Reiherberg (Pyr. 1118), die Unterweltsgötter unter der Sykomore, deren Rinde verbrannt, deren Stamm verkohlt ist, vor der schon die unterägyptischen Könige zitterten (Pyr. 1485). Auch Nefertem, die Lotusblüte von Memphis, den die Mythe der Residenz nicht nannte, gerät so an die Nase des Rê. In dem Zwischenreich von Wüste und Wasser, welches Himmel und Erde trennt, tummeln sich die Mächte der Vorzeit als Vogel Strauß und als Stier des Rê mit vier Hörnern, der sein westliches Horn dem König beugen soll, damit er vorbeigehen kann (Pyr. 470). Dies Zwischenreich, das die Vögel überfliegen und der Stier durchschwimmt (Pyr. 1224), durchquert auch der König als alte Macht, als Falke, der zum

---

[1] Über die verschiedenen Formen, unter denen dieser Weltgott nachlebt, s. H. Junker, Die Götterlehre von Memphis, S. 25ff.

Himmel auffliegt, als „großer Wildstier"[1] und in manch anderer Weise. So haben die Verklärungen im Gegensatz zu der Mythe von Memphis in der Welt des Sonnengottes noch einen Raum gefunden, in dem die alten Mächte der Vorzeit, freilich ihrer politischen Rolle entkleidet, weiterleben, und in dem der Zauber ihrer Gestalt noch wirkt, ja die Fähigkeit sich zu verwandeln erforderlich ist, um in die Gefilde des Schilfs und des Opfers, ein zweites üppigeres Fruchtland und Vogelparadies am Himmel, zu kommen, zum fernen Palast, in dem die Götter wohnen. Mit dem Sonnengott geriet so das, was man sich gegen Ende des Alten Reiches von den alten Mächten erzählte, nun ohne die Auslese, welche das Wortspiel der dramatischen Form bei der früheren Wahl erzwang, in die Mythe. Seine Gestalt trägt geläutert das Erbe der letzten Macht der Vorzeit und krönt sowohl die Mythe wie das tägliche, irdische Leben.

---

1 Pyr. 486, 913, 1145.

V. KAPITEL

Spuren der Mythenbildung

1. Ergebnisse der Untersuchung

Die Untersuchungen der Mythenbildung am altägyptischen, bis zum Ende des Alten Reiches vorliegenden Textgut sind so weit gediehen, daß es geraten scheint, die Ergebnisse für eine abschließende Darstellung der Mythenbildung zusammenzufassen. Der Versuch einer solchen Darstellung muß berücksichtigen, daß die Mythe nicht als Ganzes erzählt wird, sondern sich nur aus Einzelstücken, Fragmenten und Zitaten, erschließt. Es gehört zur Eigenart der frühen Mythe, daß nur ihre Spuren erscheinen. sie selbst jedoch verborgen bleibt. Die vorläufige, an Hand formaler Merkmale gewonnene Gliederung des Textbestandes in (1) Dramatische Texte, (2) Hymnen mit der Namensformel, (3) Litaneien und Götterlehren und (4) Verklärungen hat sich bewährt. Die jüngeren Textgruppen übernehmen älteres Gut und betten das abgewandelte in neu entwickelte Formen und rasch wachsende Erweiterungen. Die mit dieser Gliederung erfaßte Entwicklung ergibt zugleich eine Ausweitung der mythisch belangvollen Götterwelt. Zu den wenigen Göttern der ersten Mythe der Residenz (1) kommen in Hymnen (2) die großen Naturmächte hinzu, die zu Systemen (3) zusammengefaßt schließlich nach Heliopolis verpflanzt und durch den Sonnengott gekrönt werden (4a), im Totenkult von Memphis jedoch auch ältere Bräuche weiterpflegen (4b). Das, was man sich von ihnen erzählt, die Mythe, wird hierbei im Wortspiel über die vorhandenen Form des Gottesdienstes, die Kulthandlungen der Festspiele gelegt (1), in den Hymnen gesichtet und einzelnen Gottheiten zum Preise erzählt (2), im Denkmal Memphitischer Theologie als Götterlehre und in Litaneien als Göttersystem vorgetragen (3) und in den Verklärungen für den toten König zitiert (4), wobei die königliche Seele in der Ichform über ihren Weg zu den Göttern berichtet (4a), die Verklärung des königlichen Leichnams jedoch durch Zuspruch aus dem Munde des 'Sohnes' — also in der 2. Person — erfolgt (4b). Dies ergab an Mythen in den Dramatischen Texten (1) die Osirismythe, welche die Mythe vom Horusauge, die Mythe vom Streit der beiden Herren und die Mythe vom Tode des Osiris, vom Triumph des Horus und der Bestrafung des Seth einschließt. Sie wird in den Osiris, Geb, Nut und andere Götter der großen Neunheit preisenden Hymnen (2) geordnet, aus dem Festspiel gelöst und zum ersten Male im Rahmen einer Götterlehre von der Schöpfung bis zur Errichtung des Königtums als eines der Mythensysteme geschlossen vorgetragen (3). In den Verklärungen (4) krönt schon der Sonnengott diese über alles irdische Geschehen erhabene Welt, in welche der König mit seinem Tode in zwiefacher Weise sich auf die Mythe berufend davongeht. Die königliche Seele wird durch ihre Zauberkraft oder in einer zweiten Geburt verwandelt und folgt in ihrer neuen Form als Stern dem Sonnengott auf seinem täglichen Wege, oder beruft sich auf die Mythe von der Schöpfung und die Mythe von der Trennung von Himmel und Erde, oder weist sich gegenüber Fährmann, Dämonen und Himmelspförtnern durch einen mythischen Auftrag aus (4a). Der königliche Leichnam wird weiterhin als Osiris vergottet, den die Schwestern beklagen, Horus aufsucht und Rê erweckt (4b), doch gilt er nicht mehr selbst als Osiris, der wie alle Götter in die neu gefundene mythische Welt entrückt ist, sondern wird ihm angeglichen und an seine

Stelle gesetzt. Der Schauplatz, der in den Dramatischen Texten durch Vermerke auf Kapellen des Festplatzes festgelegt (1), in den Hymnen durch die Namensformel auf Kultstätten der gepriesenen Götter bezogen (2) war, wird erst durch die erzählte (3) und zitierte (4) Mythe als mythischer Ort eingeschlossen. In den Verklärungen dringt die königliche Seele über ein Zwischenreich bis in das Schiff des Sonnengottes, zu seinem Palaste im Zenith und zum Schauplatz des Urbeginns der Schöpfung vor (4a), während für den Leichnam die heiligen Stätten der Osirismythe über ihrer kultischen eine mythische Bedeutung gewinnen (4b). So, in großen Zügen, schematisch gegliedert, läßt die bisherige Untersuchung die Mythenbildung erkennen. Vor diese Entwicklung führen ältere Denkmäler, welche noch keine Spuren der Mythenbildung zeigen. Auf einzelnen Stücken und in Bildreihen werden Kulthandlungen dargestellt und knapp beschriftet. In Zaubertexten wird die noch nicht vermenschlichte Macht des Königtums und seiner Feinde beschworen. Die Vermenschlichung hat sich hierbei als Vorgang erwiesen, der die alten Mächte umwertet, an die Stelle ihrer Rudel Götterfamilien setzt und damit, daß sie auch das, was man sich von ihnen erzählt, vermenschlicht, die Mythenbildung auslöst. Vom Kult aufsteigend verkündet die Mythe aus ihrer Welt ein Dogma, in welchem das Königtum sein vermenschlichtes Symbol unbegrenzter Macht nicht mehr als 'Horus' verkörpert, sondern sich ihn — wie in der Mythe der Residenz Horus Osiris, der lebende dem verstorbenen König — als Sohn unterstellt.

2. Vorformen der Mythe

Als Vorform der Mythe kann das religiöse Textgut, welches keine Spuren der Mythe zeigt, dem also mythische Erklärungen und mythische Zitate fehlen, gelten. Doch muß diese Bestimmung sowohl erweitert wie eingeschränkt werden. Erstens lassen sich auch zu Göttern der Mythe — wie zu Horus und Seth — vormythische Formen finden. Zweitens können sich noch nach der Mythenbildung Texte und Textteile lediglich mit dem Kult befassen, wie es in der Weiterbildung der ägyptischen Religion Ritualvermerke und Spruchtitel zeigen. Im ersten Falle läßt sich die Vorform mythischer Götter, im zweiten die Weiterentwicklung des Kultes erschließen. Vom frühen Textgut ist alles das, was die Mythe vorfindet und benützt, ihre Vorform. Hierzu gehören die Kulthandlungen, die sie erklärt und durch Götterreden und Vermerke umdeutet. Sie lassen sich aus ihrer mythischen Einbettung leicht herauslösen und liegen in der Bildreihe des Ramesseum-Papyrus (s. S. 7f.) anscheinend in ihrer ursprünglichen Form vor. Die Bilder des Jubilaeumsfestes haben ein Beispiel dieser Vorform erhalten, das nicht mythisch bearbeitet worden ist. Zu den Vorformen gehört auch ein Grundbestand der Verklärungen, der vereinzelt ohne mythische Zusätze auftritt. Neben diese im Kult bewahrten Vorformen, welche die Mythenbildung an ihnen ansetzend umschließt, treten die älteren Denkmäler, die das, was der Mythe thematisch vorausgeht, erkennen lassen. Hierzu gehören die Schminktafeln der Reichseinigungszeit und die Schlangenbeschwörungen. Sie atmen zusammen denselben Geist der im Zeichen von Tiermächten und Idolen stehenden Kampfzeit. Vorformen der Mythe haben auch Schrift und Götterbeinamen erhalten. In der Schrift bleibt Horus ein Falke, Seth das Fabeltier der Wüste, Thoth der Ibis, Chnum der Widder, Sobek das Krokodil, Isis der Thron, Neith das Pfeilpaar, Selkis der Skorpion und die Kronengöttinnen Geier und Schlange. Die Beinamen preisen den Falken weiter als den „Bekrallten"[1], als „den mit weiter Brust"[2], obwohl er diese Eigenschaften nur auf den Denkmälern der Reichseinigungszeit hervorkehrt. Sie sprechen von den „Zähnen des Sopdu", obwohl dieser Gott längst als Falkenidol verehrt wird[3]. Derartige Beinamen legen sich wie Ringe um einzelne Gottheiten und lassen sie so als rätselvolle Mischwesen erscheinen

---

1 Kees, Götterglaube S. 40f.
2 Pyr. 1048c. Mit kampfbereiten Krallen und vorgereckter Brust wird der Falke als Amulett und auf den Denkmälern der Frühzeit vor seiner Heraldisierung dargestellt (s. S. 107).
3 Sethe, Urgeschichte S. 9f.

wie die Beinamen der Kronengöttin, die in Verklärungen „mit langen Federn" als Geier, „mit strotzenden Brüsten" menschengestaltig und zudem als „große Wildkuh" gepriesen wird[1]. Die Zaubertexte zeigen, wie diese verschiedenen Beinamen vormythisch jederzeit zusammenkommen können. Scheint doch gerade die Übertragung von Eigenschaften eines Wesens auf ein anderes für die Beschwörungen eigentümlich zu sein, sei es, daß eine Krone die andere verschlingt, ohne daß man die Zunge sieht (s. S. 85), oder daß die Sonne am Himmel die Erde beißen soll, weil der „Erdsohn" den König gebissen hat (s. S. 83), wobei Kronen und Sonne in Tiergestalt oder sonstwie zauberhaft verwandelt vorgestellt werden. Mit den Beinamen bewahren so auch die Zaubertexte Spuren einer vormythischen Welt. In ihnen wird sogar über diese Welt erzählt. Die Erzählung wendet sich nicht an Zuhörer. Sie trägt zwar eine literarische Form, hat jedoch einen lebenswichtigen Zweck. Sie soll die 'Schlange' — oder den mit dem männlichen Wort 'Schlange' gemeinten Feind — verzaubern und stellt ihm ebenbürtige Mächte vor Augen, wobei Atum, später der vorzüglich menschengestaltige Gott (s. S. 93), noch als krallenbewehrtes Ichneumon (s. S. 86), Hand und Fuß des Königs als Glieder des Dämons des königlichen Blutgerichts gelten (s. S. 86). Auch die Verklärungen tragen derartige Reste in sich. Wenn zu dem König gesagt wird: „Dich grüßt der große Landepflock wie den 'Aufrechten', der nicht ermüden kann, der sich in Abydos befindet" (Pyr. 794 Var.), so finden sich hier nicht nur zwei alte Beinamen, die an Isis — der Landepflock — und Osiris — das 'der Aufrechte' genannte und als solches vom König getragene[2] Szepter — gefallen sind. „Landepflock" und „Haltetau" — unser „Ankertau" und „Anker" — grüßen märchenhaft den Toten bei den Begräbnisriten am Totenschiff. Erst über die Rollenzuteilung treten Isis und Nephthys an ihre Stelle, wie an die Stelle der beiden „Weihe" und „Klagevogel" genannten Klagefrauen, wobei nicht festzustellen ist, ob nicht auch schon diese Frauen als 'Anker' und 'Ankertau' galten, die mit ihrer Klage den Toten so lange wie möglich festhalten, oder ob diese Vorstellungen aus verschiedenen Ursprüngen erst auf Isis und Nephthys zusammengekommen sind. Gegenüber Reden der früheren Festdarstellungen, die in Rufen wie: „Komm und bring! Komm und bring!"[3] lediglich auf das Geschehen der Kulthandlungen hinweisen und nichts von ihrer Bedeutung erzählen, zeigt mit Zaubertexten und Beinamen auch ein Grundbestand der Verklärungen das märchenhafte Leben der alten Mächte. Aus dem Loch, welches der opfernde mit der Hacke schlägt, „brüllen die beiden Gottesgaue" — das heißt Ober- und Unterägypten[4], was erst in einer mythischen, nachgesetzten Götterrede als Öffnen der Lippen des Erdgottes Geb erklärt wird (Pyr. 1394/1395).

Sowohl die Zaubertexte wie die Verklärungen haben einen vormythischen Grundbestand gewahrt, die Zaubertexte wegen der ihrem Inhalt und ihrem Wortlaut zugeschriebenen Zauberkraft, die Verklärungen wegen der in diesem Grundbestand zur Sprache kommenden Kulthandlungen am Grabe, in denen freilich der Wortlaut nicht die Rolle spielt wie in den Zaubertexten. Varianten zeigen, in welch freier Weise die Verklärungen den alten Bestand benützen und ihn weitgehend mythisch deuten. Aus den „großen Riegeln" des Grabes, den Türen des Himmels (Pyr. 572) werden die „Türen der Nut" (Pyr. 1361). Willkommensrufe, ja das „Wassersprengen (*njnj*)", eine Grußhandlung und keine Rede, werden mit „sagt ('*i.t 'in*) Isis", „sagt Nephthys" den Göttinnen der Mythe in den Mund gelegt[5]. Die Verschiedenheit der mythischen Durchdringung läßt auf einen längeren Vorgang schließen, der von der Gleichsetzung bis zum Ver-

---

1 Schott, ÄZ 78 S. 9f..
2 Pyr. 1638 „Du trägst 'den, der nicht ermüden kann'!" — das im Wortzeichen *rmn* getragene Szepter.
3 Kees, Opfertanz S. 42, 90ff., 104. Daß *³ij* (neben *mj* „komm!") auch einen Imperativ *³ij* „komm!" bildet, zeigen die von H. Grapow, Wie die Alten Aegypter sich anredeten, wie sie sich grüßten und wie sie miteinander sprachen (Abh. d. Pr. Ak. d. Wiss. 1939, Phil. Hist. Kl. Nr. 11ff.), Teil I, S. 40, Teil 3, S. 106 angeführten Beispiele.
4 Pyr. 1120, 1394, 1561, vgl. Sethe, Dram. Texte S. 201.
5 Pyr. 1362 (Var. 2009, 1292), vgl. Kees, Opfertanz S. 225.

Mythische Durchdringung des Grundbestandes   113

gleich verschiedene, an den Wörtern „als (m)", „wie (mj)" und „vergleichbar ($'i\check{s}$)"[1] einzuschätzende Grade durchläuft. Heißt es in den Erklärungen der Dramatischen Texte „Das ist Horus" (s. S. 31) und in ihren Götterreden: „Ich bin Dein Sohn, ich bin Horus" (s. S. 48), in den Hymnen gelegentlich anstelle der Namensformel „als (m) Horus in der Sothis" (Pyr. 632), so finden sich erst in Verklärungen neben dem „Erhebe Dich als (m) Osiris!" (Pyr. 793) auch der Vergleich „Erhebe Dich wie (mj) Osiris!" (Pyr. 574) „wie Rē" (Pyr. 130) und „Erhebe Dich..., damit Du vor der Neunheit thronst Geb, dem Götterfürsten vergleichbar($'i\check{s}$), Osiris, vor den Mächten vergleichbar($'i\check{s}$), Horus, dem Herrn der Menschen($p'.t$)[2] und Götter, vergleichbar($'i\check{s}$)" (Pyr. 895). Varianten innerhalb der Verklärungen, die das „wie" (Pyr. 794, 1012) durch „denn Du bist... vergleichbar" (Pyr. 1261, 1711) zur gleichen Zeit ersetzen wie „Bögen" und „große Neunheit" durch „die beiden Neunheiten" (s. S. 23), bestätigen hierbei das 'vergleichbar' als letzte Frucht (s. S. 52) dieser Entwicklung, von der jedoch in den Verklärungen oft sämtliche Grade nebeneinander stehen. Die Mythe wird durch diese und ähnliche Mittel oft recht locker an den nicht mythischen Grundbestand angeschlossen, so, wenn die Klagefrau dem Toten zuruft: „Erhebe Dich! Ich wische Dir Deinen Staub ab! Ich tilge den Schmutz an Deinem Gesicht! Ich löse Dir Deine Fesseln!" und hinzusetzt: „Das sind ja keine Fesseln! Das sind die Haare der Nephthys!" (Pyr. 1363). In einem rein mythischen Text würde diese Rede „Das sind meine Haare" lauten. Gelegentlich wird auch durch die mythische Bearbeitung der ursprüngliche Sinn eines Spruches vollständig verändert wie die Aufforderung des Sohnes „Erhebe Dich, mein großer Vater und throne vor ihnen[3]!", die man in „Stehe auf für Deinen Vater, den Großen! Throne für Deine Mutter Nut!" (Pyr. 1702) nur noch vermuten kann. Diese Beispiele, die sich vervielfachen lassen, zeigen, daß die Mythe auch in den Grundbestand der Verklärungen erst eindringt. Sie finden sich vor allem in den Verklärungen des königlichen Leichnams, die ja die Bräuche des Totenkultes weiterpflegen (s. S. 47) und gegenüber den Verklärungen der königlichen Seele einen unvergleichlich größeren Reichtum an Varianten aufweisen. Der Grundbestand selbst wird dem mythischen Denken erst angepaßt und deshalb immer wieder überarbeitet. Zu diesen mythisch unergiebigen Sprüchen gehören auch zwei Spruchfolgen von Verklärungen, die bisher nur beiläufig benützt worden sind, da sie trotz mancher Altertümlichkeiten und Varianten zu Zaubertexten (Pyr. 278, 407) Formmerkmale enthalten[4], die zum mindesten eine Redaktion als Verklärung für die königliche Seele vermuten lassen, so daß nicht mit Sicherheit gesagt werden kann, was an diesen Sprüchen alt oder altertümlich und was jung ist, obwohl auch sie sicherlich

---

1 Die von C. E. Sander-Hansen, Über einige sprachliche Ausdrücke für den Vergleich in den Pyramidentexten (Acta Orientalia, Bd. 14, S. 286ff.) getroffene Unterscheidung, wonach mj „wie" determiniert (S. 302ff.), m „als" jedoch indeterminiert — „als ein Freund" (Pyr. 855, 856) — gebraucht wird, trifft nur sehr beschränkt zu. Wenn man „Erhebe Dich als Osiris!" (Pyr. 793b) noch dahin verstehen könnte, daß sich der Tote als „ein" Osiris erheben soll, macht dies der Zusatz „als Osiris, dieser N". (z. B. Pyr. 1551c)) unmöglich. Auch mit „als der „Bnbn-Stein im Bnw-Haus in Heliopolis" (Pyr. 1652b) „als Horus, der sich in der Sothis befindet" (Pyr. 632d) und in vielen anderen ähnlichen Beispielen ist an ganz bestimmte Götter gedacht, die ihre Beinamen determiniert sind.

2 Pyr. 895d. Die blütenreiche Sprache der Verklärungen (s. S. 24f.) hat hier aus dem Beinamen des Horus „Herr der Menschheit (nb p'.t) die altertümliche Bezeichnung der Menschen (p'.t) in den Ausdruck „Menschen und Götter (rmṯ nṯr.w)" hineingenommen.

3 Pyr. 1680, „vor ihnen" eine der anonymen Bezeichnungen, die in Dramatischen Texten durch Vermerke erklärt werden.

4 Die jüngere Namensformel „in jenem seinen Namen" (Pyr. 286), das ihr nachgebildete „in dieser seiner Würde" (Pyr. 412), „an jenem Tage des..." (Pyr. 286, 399) und jüngere Stilmerkmale wie das Viergliedschema zeigen, daß sie wie einige der Zaubertexte nur teilweise mit allen Vorbehalten als Beleg für mythische Vorformen benützt werden können. Auch ein Spruch, von dem Sethe meint, daß er „speziell für Menes verfaßt sein möchte" (Spr. 271, Kom. Bd. 2, S. 123), benützt zwar alte Beinamen (Pyr. 388a, b, 389a), erweist sich jedoch schon durch die Rolle des Sonnengottes und der königlichen Götter Horus und Seth als eine der jüngeren Verklärungen.

einen älteren Grundbestand bewahren. Die Sprüche dieser beiden Spruchfolgen[1] zeigen als Merkmal die Selbstherrlichkeit der königlichen Seele, die in den Himmel einbricht und dort unter Berufung auf den „Stier von Hierakonpolis" den „großen Gott, dessen Name unbekannt ist", den „Herrn des Lichtlandes" auffordert, ihr Platz zu machen (s. S. 81). Der König bemächtigt sich des Himmels und spaltet sein Erz (Pyr. 305). Im 'Kanibalenspruch' jagt er als einer, „der Menschen speist und von Göttern lebt" (Pyr. 400), mit seinen Trabanten die Götter als Wild, kocht sie in seinen „abendlichen Kesseln", verzehrt ihre Zauber und schluckt ihre Geister (Pyr. 403), Vorstellungen, die zu dem Geist der Zaubertexte, in denen Kronen und Messer ihre Feinde ebenfalls verschlingen, passen. In diesen Sprüchen erscheint der König auch selbst in Tiergestalt — und nicht nur mit dem Schakalsgesicht des Ersten der Westlichen — als „Der dessen Horn erglänzt, der geschminkte Pfeiler[2], der Stier des Himmels" (Pyr. 283). So ergibt der vormythische, in den Pyramidentexten mehr oder minder bearbeitet vorliegende Bestand einen anderen Himmel als den Himmel des Sonnengottes. Er liegt in den Jagdrevieren der Könige, in der Wüste, dem Paradies der Raubtiere und Tiermächte, oder im Feindesland, in das der König von seinem Lande, der Erde her einbricht und als 'Horus' sein Auge, die Krone holt (s. S. 75, 78 f.).

Was sich aus Namen und Beinamen, von Denkmälern, aus Zaubertexten und dem Grundbestand der Verklärungen an Vorformen der Mythe aufspüren läßt, ist ein mehr oder minder zufälliger Rest, der nur karge Einblicke in die Welt vormythischer Vorstellungen gestattet. Einige Beispiele wurden schon bei früherer Gelegenheit angeführt (s. S. 70f.). Daß Horus vormythisch die königliche Macht bedeutet, dürfte der Horusname als zunächst einziger und später erster königlicher Namenstitel erweisen. Der Falke' steht dabei auf dem 'Palast', der seinen Namen umschließt, wie früh auch Götter 'auf', statt 'in' ihren Kapellen stehen[3]. Horus ist demnach der eigentliche 'im Palast befindliche' Gott (s. S. 67), der zu 'Horus und Seth' erst verdoppelt wird. Die Erklärung des Falken 'auf' dem Palast (*srḫ*) hält sich an die Hieroglyphe und nicht an den ursprünglichen Sinn. Wenn der Falke um sein Auge kämpft, so ist wie bei den Hoden des 'Stiers' (s. S. 72), des anderen Herrn und seines Gegners, sein Bestes als gefährdeter Kampfpreis gewählt worden, so daß hier sicherlich an das Falkenauge gedacht ist, und die Vorform der Mythe vom Horusauge als Märchen vom Falken, der um sein Auge kämpft, erwachsen sein dürfte. Ein solcher Kampf hat auch märchenhaft nur dann einen Sinn, wenn das Auge einen wesentlichen Teil des Herrschertums verkörpert. In der Mythe bedeutet das Auge die Krone (s. S. 73f.) und — weiter übertragen wie in unserm Ausdruck 'Eigentum der Krone' — den Staat und Aegypten. Wie die Mythe auf eine solche Bedeutung von sich aus kommen kann, ist unersichtlich. Zwar überträgt sie Rollen auch auf Kultgegenstände und nicht nur auf Götter, Seth als Pfeiler trägt Osiris als Palmenzweig. Pfeiler und Palmenzweig sind nun Formen dieser menschengestaltigen Götter. Doch ist das Horusauge kein Kultgegenstand, sondern selbst eine mythische Götterrolle. Auf Pfeiler und Palmenzweig spielt die Götterrede lediglich im Wortspiel an, spricht jedoch über Osiris und Seth und meint dabei auch diese Götter. Mit „Horusauge" spricht die Mythe über Opfergaben und Teile des Ornats und meint dabei die Krone, so daß dem Horusauge diese Bedeutung nicht über die Kulthandlung zugekommen sein kann. Die Götterrolle der Krone entstammt nicht der Rollenzuweisung. Sie muß älter sein und geht vermutlich auf dieselbe Quelle zurück wie die Götterrolle des Königs. Die Vorform der Mythe vom fernen Gottesauge, das als Mädchen in die Fremde zieht und zurückgeholt werden muß, ist vormythisch. Nicht ein listenreicher Gott sucht eine launenhafte Göttin. Märchenhaft kämpft der Falke um sein Auge, die Krone, die ihm als Auge geraubt wurde und — in einem zauberhaften Vorgange — als Krone zu-

---

1 Spr. 254 bis 257, 273 und 274 (der vielbearbeitete 'Kanibalenspruch').
2 Stiere als „Pfeiler" auch Pyr. 280b (vgl. 121b), 792a; zum Schminken von Opfertieren vgl. Sethe, Kom. Pyr. 283a.
3 s. S. 92, so auch noch auf Torfriesen des MR. Sobek von Krokodilopolis über seinem Tempel (Berlin 1693, Aegyptische Inschriften aus den kgl. Museen zu Berlin ,Bd. 1 S. 212).

rückkehrt. Auch was man von Horus und Seth erzählt, die einander als Falke und Stier viehische Wunden schlagen, ist vormythisch und nicht in der Mythe menschengestaltiger Götter erwachsen. Nach dem Königinnentitel „Die, welche Horus und Seth schaut" zu urteilen, trägt das Königtum der Reichseinigungszeit schon seine Doppelrolle, wofür ferner spricht, daß dem König 'Skorpion' neben anderen Standarten auch Sethstandarten dienen. Für sich genommen führt die Vorstellung zweier ungleicher, einander im grimmigen Kampf tödliche Wunden schlagender und hiervon 'stürzender' Tiere in eine märchenhafte und nicht in eine mythische Welt. Sie kann in die Mythe als Episode des Kampfes zwischen dem jungen Horus und dem ränkevollen Bruder seines Vaters übernommen werden, erscheint jedoch im Textgut zunächst isoliert in Zaubertexten, wobei die Schlange auf das Königslos, durch die Wunden, die Horus und Seth einander schlagen, zu sterben, hingewiesen wird (s. S. 67). In einer Litanei erklärt dann der König offensichtlich seinen Tod als Folge dieser Verletzungen und bittet um Heilung (s. S. 125). In Verklärungen dient sie als Vorspruch zu einer Erzählung von der Flucht des Horusauges, welches sich vor Seth rettet: „'Wehe!' sagt Horus über sein Auge. 'Wehe!' sagt Seth über seine Hoden!" (Pyr. 594). Sie wird nun als mythisches Ereignis behandelt, auf welches man sich berufen kann[1]. Horus und Seth sind zu einem mythischen Götterpaar am Himmel geworden, die nun den toten König geleiten (s. S. 106), nachdem er sie vormythisch verkörperte. Der mythische Gott Osiris tritt in eine Reihe vormythischer Vorstellungen ein, in denen jedoch nirgends mit Sicherheit Osiris erkannt werden kann. Der „Diener des Pelikans" stürzt in das 'Wasser' oder den 'Nil'[2]. Wenn dies der Zauberer wie den Sturz der „Kronenschlange, die aus der Erde kam", und der „Flamme, die aus dem (Welt)meer (Nwnw) kam" (Pyr. 237), der Giftschlange, die auch stürzen soll, vorhält, wird, wie noch mit dem „Sturz" von Horus und Stier wegen Auge und Hoden an das Los zu 'fallen' erinnert, woran später die Mythe mit dem Satz „Es fällt dieser Große in Busiris (Ndj.t)" bewußt anknüpft[3]. Doch besteht für eine Deutung des „Dieners des Pelikans" als Vorform des Osiris — etwa als Geist des Nils — keine Gewähr. Mit dem Grundbestand der Verklärungen geraten alle Aussagen über den Toten und seinen Kult, den ihn betreuenden Sohn und die Klagefrauen in die Mythe, so daß sich hier auch zu Isis und Nephthys, die ihre Rolle als Gemahlinnen der Götter Osiris und Seth ihrer Gleichsetzung mit den Kronen (s. S. 76 A. 9) verdanken dürften, vormythische Formen finden lassen. In Verklärungen erscheint Isis vereinzelt auch als der „große Thron"[4], was an ihre vormythische Form des (Thron)kissens auf einer Standarte[5] erinnern kann. Die Hymnen knüpfen über die Namensformel Osiris an Kulte von Abydos, Memphis und Busiris, Nut an den Grabkult und Nephthys an den Kult der Göttin der Schrift und der Baumeister[6] an. Zaubertexte ergeben schließlich für die Kronengöttinnen und Dämonen der Verklärungen vormythische Formen.

3. Die Mythe der Dramatischen Texte

In den dramatischen Texten erhalten Kulthandlungen durch Erklärungen, Götterreden und Vermerke eine neue, mythische Bedeutung, die sich nur zum Teil aus vormythischen Formen erklären läßt. Einzig die Rollen des regierenden Königs als Horus und die des seiner Krone oder der beiden Kronen als Horusauge oder Horusaugen lassen sich glatt zurückverfolgen, führen jedoch auf eine Tiermacht, von der man sich märchenhafte Sagen erzählt. Der Gott Seth ist in Verruf geraten. Die Rolle des Götterfeindes, die er in der Vorform der Mythe neben Horus

---

[1] vgl. Sethe, Kom. Pyr. 946b; derselbe Zusammenhang auch Totenbuch Spr. 99 (Grapow, Urkunden V, 146ff., Jéquier, La Pyramide d'Aba, Zeile 587ff.).
[2] Pyr. 226, 435, 671, 680, vgl. Sethe, Kom. 226a (s. S. 107 Anm. 4).
[3] Pyr. 721, 819, 1500 (2018). [4] s. Sethe, Urgeschichte S. 85.
[5] Kees, Götterglaube S. 101.
[6] Pyr. 616b, s. Junker, Giza, Bd. 6, S: 179.

noch ohne Wertung als einer der beiden bald einander feindlichen, bald miteinander versöhnten 'Herren' trägt, ist nun sein Schicksal und Verhängnis. Mit der Verfehmung entfällt das Thema, der Versöhnung. An seine Stelle tritt ein Thema, das einmal den Landesfeind behandelt hat, und das in den Beschwörungen der — männlichen — Giftschlange nachklingt. In diesen Beschwörungen steht auch Ombos unter seinem Herrn und Bebon auf der Feindseite (s. S. 69). So könnte Seth vor seiner Befriedigung schon einmal der Götterfeind gewesen sein. Die Bilder zum Jubilaeumsfest, die — in ältester Schrift geschrieben — noch keine Spur der Mythe zeigen, geben Horus und Seth als oberägyptischen Landesgöttern mit Edfu und Ombos Stätten südlich und nördlich der oberägyptischen Residenz, was im Gegensatz zur späteren Zuweisung Unterägyptens an Horus und Oberägyptens an Seth dem altägyptischen nach Süden gerichteten Raumgefühl entspricht, das sich in den Ausdrücken von rechts und links für Westen und Osten dem Ausdruck 'nach vorn fahren' für 'nach Süden fahren' bekundet. Edfu und Ombos spielen jedoch mythisch keine Rolle, Edfu wird in den Pyramidentexten nicht einmal genannt. An seine Stelle tritt als Stadt des Horus — gegenüber Ombos als Stadt des Seth — in einem Pyramidenweihtext die alte unterägyptische Residenz Buto ($\underline{D}b^c.t$) (Pyr. 1668). Die Ausrichtung nach Norden dürfte schon zu Beginn der Mythenbildung erfolgt sein, die nach den Ortsvermerken der Dramatischen Texte zu urteilen, von der Residenz des Gesamtreiches Memphis ausging (s. S. 57) und mit Osiris, dem Herrn von Busiris, einen unterägyptischen Gott dem verstorbenen König zur Rolle, Horus zum Vater und Seth zum Opfer gab. Wann kann dies geschehen sein? Nach den einleitenden Untersuchungen wurde die geordnete Schriftzeile erst während der 2. Dynastie gefunden und erscheint zwischen Trennungslinien auf Trümmern eines von Djoser der Neunheit von Heliopolis geweihten Schreines (s. S. 11), nachdem die frühen Herkunftstäfelchen aus Abydos und noch Stelen der 2. Dynastie das Ende von Inschriften auf zufällig verbleibende Lücken verteilt hatten und die Zeichenfolge oft anscheinend willkürlich variiert worden war. Erst Zeile und Zeilentrennung gestatten, die Ausbildung des überlegten, Worte sparenden Schemas der Dramatischen Texte. Da zudem diese Texte eine Schreibweise aufweisen, die sich erst während der 2. Dynastie entwickelt, scheinen diese Merkmale als frühesten Zeitpunkt ihrer ersten Niederschrift das Ende der 2. Dynastie oder die 3. Dynastie zu ergeben. Dies würde den Beginn der Mythenbildung mit der Regierung des Königs Djoser und ihren vielen Neuerungen zusammenfallen lassen. Wenn auch als Residenz des geeinten Aegyptens vermutlich schon vor Djoser Memphis galt (s. S. 127), hat doch erst dieser König endgültig[1] durch die Wucht der Bauten um seine Stufenpyramide mit der Tradition von Abydos gebrochen, obwohl er sie selbst mit einem dort begonnenen Grabbau noch aufrecht erhielt. Die Verwurzelung im unterägyptischen Gebiet mußte die Wahl eines neuen Herren des königlichen Friedhofes mit sich bringen. Als Herr des gewählten Gebiets, in dem eine Reihe stattlicher Beamtengräber der Thinitenzeit ausgegraben wurde, gilt Sokaris, der falkengestaltige Gott in einer auf Schlitten stehenden Barke, deren Bug mit einem Antilopenkopf geschmückt ist. Von Sokaris von Giza wird er später durch einen besonderen Beinamen unterschieden (s. S. 65). Zwischen ihm und dem schakalsköpfigen Herrn von Abydos schlägt die Mythe eine Brücke, indem sie zum königlichen Totengott Osiris wählt und den alten Herren der königlichen Friedhöfe seine mythische Rolle überträgt. In den Hymnen mit der Namensformel wird er als — in Abydos — den Namen „Erster der Westlichen", — in Busiris — den Namen „Der von Busiris" und zugleich den Namen „Sokaris" tragend gepriesen (s. S. 40). Auch für diese Wahl eines unterägyptischen Gottes zum königlichen Totengott scheint sich erst unter König Djoser eine Veranlassung zu geben, solange nicht ältere Königsgräber in Sakkara gefunden werden. Gegen diese Ansetzung der Dramatischen Texte spricht vielleicht die Stiftung eines Schreines für die Neunheit von Heliopolis, die in den Dramatischen Texten noch fehlt.

---

[1] vgl. die von H. Ranke, The origin of the Egyptian Tomb Statue (Harvard Theological Review, Bd. 28, S. 50) geäußerte Vermutung, daß schon Könige der 2. Dynastie „in der Nähe von Memphis" begraben worden sind. Doch ist bisher dort aus der Zeit vor Djoser kein Königsgrab gefunden worden.

In der Mythe der Dramatischen Texte gilt Seth als Feind. Gegen Ende der 2. Dynastie finden sich zwei beispiellose königliche Namenstitel, die den Gott Seth noch als einen der beiden Herren zeigen. Zwar lassen sich auch jüngere Beispiele einer Gleichsetzung des Seth beibringen, sei es, daß er mit Horus dem König die Pflanzen Ober- und Unterägyptens um das Zeichen 'Vereinigung' knotet, sei es, daß die beiden Herren den König im Bogenschießen unterrichten (s. S. 96). Doch stehen diese Fälle mit den Feierlichkeiten des alten Jubilaeumsfestes in Zusammenhang. Wenn jedoch ein König anstelle des Horusnamens einen Sethnamen führt, oder — im Neuen Reich — seinen Namen dem des Seth angleicht, scheinen besondere Gründe vorzuliegen. Ein König der 2. Dynastie nennt sich nicht 'Horus' sondern, 'Seth' *Prj-'ib.śn*. Vermutlich sein Nachfolger 'Horus' *Ḥ'-śḫm* — „Es erscheint die Macht" — schlägt Unterägypten und stiftet, die Tradition der Reichsgründer wieder aufnehmend, Denkmäler, welche die Zahl der erschlagenen Opfer des Blutbades mit über 47000 angeben, in die oberägyptische Residenz. Vermutlich dieser König[1] nennt sich — nach dem Siege — *Ḥ'-śḫm.wj* — „Es erscheinen die beiden Mächte" — und erweitert den Seth-Namen des Königs *Prj-'ib.śn* zu einem 'Horus und Seth'-Namen. Wenn dieser Befund etwas besagt, ist das Reich vorübergehend auseinandergefallen, wobei sich ein König 'Horus' und ein König 'Seth' nannte. Da das Grab des 'Seth' *Prj-'ib.śn* in Abydos gefunden worden ist, entfällt auf den oberägyptischen König die Rolle des Seth. König *Ḥ'-śḫm*, der das „Jahr des Kampfes und des Schlagens Unterägyptens" auf Steingefäßen verewigt hat[2], führt wieder den Titel 'Horus', krönt hierbei den ‚Falken mit der oberägyptischen Krone und stellt ihm die oberägyptische Kronengöttin „Die in Elkab (*Ḥnt.t-Nḫb*)" gegenüber, die mit einer Klaue das Land Libyen (*Bš*, s. S. 5) 'umkreist' — mit dem 'Ring (*śn*)' geschrieben — und mit der anderen die Wappenpflanzen der beiden Länder 'vereinigt'. Zweifellos hat hier die auf der Narmer-Palette dargestellte erste Vereinigung als Vorbild gedient. Horus und nicht Seth schlägt Unterägypten. Trotzdem sich ein allein über Oberägypten regierender König Seth nennen kann, bleibt Horus der erste und vornehmste königliche Namenstitel. Doch scheint dieser König durch Annahme eines 'Horus- und Seth'-Titels die unter seinem Vorgänger begonnene Entwicklung weiterzuführen und abzuschließen, was er durch einen besonderen Beinamen „Der, mit dem die beiden Herren zufrieden sind"[3] noch unterstreicht. Auch die Stellung der Zeichen „Herren" — die beiden Falkenstandarten — und „Herrinnen" — die beiden Kronengöttinnen — zueinander, die ebenfalls einzigartig einander ansehen, dürfte die Befriedigung symbolhaft ausdrücken und auf den vorangegangenen, nun beseitigten Zwist anspielen. Die Dramatischen Texte des Ramesseum-Papyrus betreffen Feierlichkeiten der Thronbesteigung des Königs, die in Begräbnisriten für den verstorbenen König übergehen. In ihnen ist der Gott Seth im Gegensatz zu den Bildern des Jubilaeumsfestes verfehmt. Hat sich *Prj-'ib.śn* dieser Verfehmung zum Trotz 'Seth' genannt, wie später eine Verklärung die Lebenszeit des Gottes Seth erfleht, der im Gegensatz zu Osiris nicht sterben kann (Pyr. 1453 Var.), oder kommt es erst in der Folgezeit unter König Djoser zur Mythenbildung und zur Verfehmung des Gottes?[4] Auf Grund des vorliegenden Materials ist diese Frage nicht zu entscheiden. Doch scheint es möglich, daß Djoser, der Sohn des Königs *Ḥ'-śḫm.wj*, mit allen anderen Neuerungen, die er und der Baumeister seiner Pyramide, der Hohepriester von Heliopolis und später als Gott verehrte Imhotep gebracht haben, auch die Mythe bildeten. Wenn die Folgerungen Scharffs über die Einführung der Sothisjahres-

---

1 Die verschiedenen an die Königsnamen *Ḥ'-śḫm* und *Ḥ'-śḫm.wj* geknüpften Erwägungen besprochen bei É. Drioton, J. Vandier, L'Égypte in Les peuples de l'Orient méditerranéen S. 165f.
2 Quibell, Hierakonpolis, Bd. 1, Taf. 36/38; weitere Exemplare wurden in den Gefäßsammlungen der Stufenpyramide gefunden (Macramallah, Ann. Service des Antiquités, Bd. 36, S. 29ff. Taf. 2, 2).
3 zur Lesung vgl. Scharff, Archäologische Beiträge zur Frage der Entstehung der Hieroglyphenschrift, S. 59.
4 Als Anzeichen dafür könnte auch der Umstand genommen werden, daß unter Djoser der Königinnentitel in der Form „die welche Horus" — also nicht mehr „Horus und Seth" — „sieht" (Weill, Sphinx, Bd. 15, S. 16, koll. von Kees) erscheint.

rechnung stimmen[1], ist auch sie unter Djoser erfolgt. Die fünf Schalttage dieses 360 tägigen Jahres gelten als Geburtstage der Götter der Mythe. Bringt die Erfindung des Kalenders auch die Erfindung der Mythe? Daran, daß die Mythe der Dramatischen Texte eine kunstvolle, mehr oder minder willkürliche Schöpfung darstellt, kann kein Zweifel bestehen. Die Wahl der Götter beschränkt sich auf die für die mythische Handlung unumgänglich notwendigen. Nicht nur Atum und die beiden anderen Urgötter der heliopolitanischen Neunheit fehlen, sondern auch die Kronengöttinnen, die erst in den Verklärungen wieder erscheinen, und die Ortsgötter, von denen — aus den Kulthandlungen — allein „Der ohne Augen" von Letopolis, Sokaris und der unterägyptische Wegöffner aufgenommen werden, während alle übrigen Ortsgötter unter den einmal genannten Ortsgott (s. S. 66) fallen. Die Götterreden werden über ein literarisches Kunstmittel, das Wortspiel gewonnen. Als Frucht der Zeit des Königs Djoser könnte die Mythe ein neues Ethos erkennen lassen, welches auf die vorangegangene von Oberägypten ausgehende blutige Unterdrückung als Untat des Seth anspielt und sie unter dem Schleier der Mythe verdammt und als sinnlos hinstellt, denn nun herrscht wieder Horus in Memphis und wird dort in Zukunft sogar Osiris, seinen Vater, begraben.

Die Mythe erscheint am Festspiel und deutet es Szene für Szene um, wobei sie jedes der auftretenden Kultsymbole im Wortspiel mit einem mythischen Ereignis umspinnt. Sie wird so nicht sofort frei und fortlaufend erzählt, sondern setzt mit jeder Szene von neuem ein. An ehrwürdigen Kulthandlungen wird sie gleichsam demonstriert und damit als nicht erfunden erwiesen. Der Rollenzuteilung liegt hierbei dieselbe Kultpropaganda zugrunde, welche andere, meist ältere Götter als Formen und „Namen" der gepriesenen Götter erklärt. Doch wird im Dramatischen Festspiel noch gründlicher verfahren, da die Umwandlung an der Wurzel der Gottesbegriffe, an den Kultsymbolen ansetzt. Die Dramatischen Texte bilden so einen Übergang und lassen sowohl die Rolle der vorgefundenen Kultsymbole wie die neuartige Welt der Mythe erkennen. Die Kultsymbole — die beiden Könige, ihre Standarten, Beamte und Priester, Pfeiler, Schiff und Tempel, Ornat, Waffen und Speisen — sind die vielen Götter des Kultes, die bisher zauberhaft die königliche Macht verkörperten und nun einige wenige mythische Rollen erhalten. Vermutlich war zur Zeit der Mythenbildung die Bedeutung des Pfeilers (Dd) in Busiris (Ddw) bekannt, der dort nach Ausweis jüngerer Quellen als Pfeiler des Osiris verehrt wurde, im Festspiel jedoch die Rolle des Osirisfeindes Seth trägt. Wenn die Mythe hier den Pfeiler in uns überraschenden Weise wertet, dürfte sie diese Wertung vorgefunden haben, etwa so, daß in Memphis das Senken des Pfeilers zum Anbringen eines Palmenzweiges als Sturz einer Macht und ihre Wiederaufrichtung angesehen wurde, wozu nun die Mythe ihre Rollen verteilt. Hierbei blieb ihr, wenn sie sowohl Pfeiler wie Palmenzweig berücksichtigen will, kaum eine andere Wahl, da Horus das Aufrichten des Pfeilers veranlaßt (Dr. T. S. 156) und vermutlich selbst den Palmenzweig — Osiris — auf den Pfeiler — Seth — setzte. Das Spiel zwischen Kulthandlung und Mythe macht dies Denkmal rätselvoll. Mit seinen wechselnden Bezügen erschließt es sich nur allmählich der Deutung. Seine gedrängte Form, die altertümliche Schreibung des Textes, die durch das Wortspiel veranlaßte Wahl oft seltener Worte erschweren die Übersetzung. Vieles, was Sethe in seinen bewundernswerten Bemühungen vorsichtig tastend erschließt, sind Versuche, den Text sprechen zu lassen. Daß hierbei jüngere Quellen mit Vorbehalt herangezogen werden können, liegt auf der Hand. So dürfte man die „Gefolgsleute des Seth" kaum nach Plutarch seine „Mitverschworene" nennen (Dr. T. S. 225), da eine solche Benennung den Begriff des 'Gefolges' in sehr verschiedene Anschauungen überträgt. Auch scheint es fraglich, ob in einer Rede der Isis an Nephthys mit dem „Geruch von etwas ($'ih.t$)" wirklich auf den Duft des „Honigklees" (Dr. T. S. 145) anspielt. Eher dürfte nach anderen Stellen[2] an den Duft der gesalbten Krone ($'ih.t$) gedacht sein, deren Duft Osiris und den toten König auszeichnet. Wird doch auch das Horusauge

---
[1] A. Scharff, Grundzüge der ägyptischen Vorgeschichte S. 54ff.
[2] Pyr. 791a (1729b), Jéquier, Les Pyramides des reines Neit et Apouit, Neit Z. 661.

gerade an seinem Duft aufgespürt (s. S. 73). Die Mythe tritt dort, wo wir den Text verstehen — wenn man von der Kulthandlung, auf die sie anspielt, absieht — klar und anschaulich hervor. Als ihr oberster Gott gilt Geb, hinter dem sich der Ortsgott von Memphis Ptah, den sein Beinamen T'-ṯnn ,,erhabenes Land" zum Erdgott stempelt, verbirgt (s. S. 26).[1] Nut erscheint vereinzelt in unklarer Rolle als Mutter ihrer Kinder und Himmelsgöttin (Dr. T. S. 223). Die Osirismythe, welche hier die Mythe vom Horusauge einschließt, findet sich in der bekannten Form und wurde schon verschiedentlich behandelt (s. S. 64f.). Wenn Horus den ,,Gefolgsleuten des Seth" zuruft: ,,Schlagt meinen Vater nicht!" (Dr. T. S. 134) scheint hier Horus im Gegensatz zur späteren Mythe, welche die Tragik des Todes seines Vaters dadurch erhöht, daß sie ihn ohne Sohn sterben und Isis erst durch ein Wunder Horus empfangen läßt (s. S. 106), dem Erschlagen seines Vaters — als schwaches Kind — zuzuschen. Wie verschiedentlich festgestellt wurde, bilden sich über Wortspiel und Kulthandlung erst die Einzelheiten der Mythe, so daß es zu Doppelversionen, ja zu mehr, oft widerspruchsvollen Fassungen der Mythe kommt, woran man jedoch altägyptisch vermutlich schon deshalb keinen Anstoß fand, weil die Kulthandlung vor Augen stand, und die Mythe als deren tiefere Bedeutung lediglich für diese feierliche Gelegenheit aufklang. Sie wurde damals literarisch nicht zu einem Ganzen verbunden und dürfte auch in der Vorstellung etwas immer nur vorübergehend, momentan Begriffenes, der ungehobene, tragende Grund, verblieben sein. Die weitere Mythenbildung hat die ersten Götterreden, welche aus Kulthandlungen eine vorgestellte Götterwelt hervorzaubern, in den Preis der Hymnen an einzelne der Götter und in Einleitungen und Zitate der Verklärungen verstreut. Durch Aneinanderreihung gleichartiger Zitate und ihre Erweiterung kommen nun längere Stücke zusammen. Sie zeigen, daß neben den im Ramesseum-Papyrus, der Speisetafel und einigen Ritualen (s. S. 8) erhaltenen Festspielen weitere bestanden, zu denen auch die Totenklage gehörte[1]. Daß die dramatische Form weiter gepflegt und in andere literarische Formen übernommen wurde, zeigen Litaneien und Verklärungen, in denen der König Götterreden zitiert oder mit Göttern und Dämonen spricht und diese Gespräche erzählt (s. S. 38). Diese Götterreden tragen den Stempel ihrer Zeit. In den Litaneien geben sie zum Beispiel den König nicht Osiris anheim (s. S. 83) und künden so das neue Dogma. In den Verklärungen verfallen sie in die volkstümliche Sprache einer neuen Zeit, welche irdische Vorstellungen an den Himmel versetzt.

4. Die Mythe der Hymnen

Daran, daß die Hymnen mit der Namensformel als Gattung jünger sind als die Dramatischen Texte, kann kein Zweifel bestehen. Die beiden Textgruppen verbinden zahlreiche Varianten, in denen sich die nach festen Regeln veränderte Fassung der Hymnen als Weiterbildung der Fassung der Dramatischen Texte erweist. Die kurzen Götterreden der Dramatischen Texte werden Wort für Wort übernommen, jedoch nun der Gottheit, welche die Rede in den Dramatischen Texten betraf — worauf ein Vermerk verwies (s. S. 39) — als Preis erzählt. Die dramatische Form ist aufgegeben. Nicht mehr Götter sprechen zueinander. Der Sprecher, vermutlich der Vorlesepriester (s. S. 38), steht außerhalb der Mythe. Er spricht zwar noch zu einem Gott, jedoch nicht in der Rolle eines Gottes, sondern als Mensch, der das mythische Geschehen sieht und preisend vorträgt. Wie ein Zuschauer erzählt er der Gottheit das, was in den Dramatischen Texten mythisch geschah. Die Erhabenheit, die am geheiligten Geschehen auf geweihtem Schauplatz hing, ist mit der Gottheit in eine eigene Welt entrückt und wird nun am Preise literarisch greifbar. Was früher die Vermerke leisteten — die Rollenzuweisung und die Erläuterung der knappen Reden — muß nun in den Preis aufgenommen werden. Auch wir verfahren so, wenn

---

[1] Einzelne Reden davon Pyr. 1786/1790; eine nur wenig bearbeitete Szene als Einleitung einer Verklärung Pyr. 1280 (s. S. 52); andere Stücke Dram. Texte mehr oder minder redigiert im jüngeren Textgut verstreut (vgl. z. B. Sethe, Kom. Pyr. 481 a).

wir den Inhalt eines Schauspieles erzählen. Wo der Schauspieler aus seiner Rolle „Ich bin gekommen!" sagt, berichtet der Zuschauer mit: „Dann kam Horus." Die Hymnen ersetzen hierbei das 'Sprechen' der Rollenzuweisung — „Geb spricht zu Horus: „Sieh Deinen Vater!"[1] — durch das allgemeinere 'Veranlassen, daß' — „Geb veranlaßte, daß Horus in Dir seinen Vater erkennt" (Pyr. 640). Vermerke, die ein anonymes, im Schauspiel durch hinweisende Gesten zu verdeutlichendes „ihn" oder „sie" erklärten, werden in den Preis hineingenommen (s. S. 39). Anstelle des Namens der gepriesenen Gottheit tritt hierbei die Anrede. So läßt der Preis der Hymne „Horus hat veranlaßt, daß sich die Götter mit Dir vereinigen" (Pyr. 577) die ältere dramatische Fassung „Horus spricht zu den Göttern: „Vereinigt Euch mit ihm!" mit nachgestelltem „Osiris" erkennen, worin freilich statt „Götter" „Horuskinder" gestanden haben dürfte, da die Hymnen auch hier verallgemeinernd zunächst das „Sethgefolge" und bald auch die „Horuskinder" durch „Götter" ersetzen (s. S. 44f.). In den Hymnen entfallen die Beschreibungen der Kulthandlungen, die auf Bildtitel der Festdarstellungen zurückgehen. Damit ist literarisch die Verbindung zwischen Kult und Mythe aufgegeben. Der Gott wird mit seiner Mythe und nicht in seinem Kult gepriesen. Erst die Namensformel bringt hier eine neuartige Verbindung. Auch wenn die Hymnen von Kulthandlungen begleitet waren (s. S. 38), tritt dies nicht mehr in Szenentiteln und Vermerken in Erscheinung. Sollen die mythischen Erklärungen der Kulthandlungen wegen ihres Inhalts aus Dramatischen Texten in Hymnen übernommen werden, müssen sie in selbständige Aussagen umgewandelt werden und dürften dann kaum noch zu erkennen sein. Ein gelegentliches „das ist" kann als Rest der erklärenden Form gewertet werden. „Geb hat Dir Deine beiden Schwestern zu Dir gebracht. Das sind Isis und Nephthys" (Pyr. 577) läßt so die mythische Erklärung „Das sind Isis und Nephthys, welche Geb zu Osiris brachte" vermuten, die einst an die Beschreibung einer Kulthandlung — etwa: „Es geschah, daß man die Klagefrauen brachte" — anschloß. In der Namensformel, dem auffälligsten Stilmerkmal der Hymnen, haben diese Texte ein Mittel gefunden, in eigentümlicher Weise Dinge des Kultes in den Preis einzuschließen. Sie schließt zunächst mit „in Deinem Namen", später zu „in jenem Deinem Namen" erweitert und abgewandelt (s. S. 34), an den Preis — „indem Du verjüngt bist" — ein Kultsymbol als „Namen" des gepriesenen Gottes — „in Deinem Namen 'Frisches Wasser'" (Pyr. 25) — an. Im Wechsel mit der Namensformel tritt gelegentlich das Wörtchen „als (m)" auf, hinter dem auch aus Dramatischen Texten übernommene Vermerke erscheinen (s. S. 40), so daß hier die Wurzel der Namensformel in den Vermerken sichtbar wird. Aus den Namen geht hervor, daß die Hymnen nach wie vor mit „Osiris" den toten König — mit den Namen 'Der im Palast' und 'Horus, Oberhaupt der Menschheit' (s. S. 40) — und das Königtum — mit den Namen „Königsburg" und 'Reichskapellen' (ibd.) — verkörpern. Auch der Name 'Gott' dürfte Osiris zunächst als vergottetem König zukommen und gerade deshalb Osiris als Vorbild des mythischen Gottesbegriffes hinstellen, weil der verstorbene König das Schicksal der Mythe erfuhr und nun trotz Tod und Seth — „Deinem Feinde zum Trotz in Deinem Namen 'Gott'" (Pyr. 25 Var.) — in der Umarmung seiner Mutter Nut im Grabe liegt. Ebenso stehen die anderen Götter der Osirishymnen im königlichen Totenkult, Horus als regierender König (s. S. 42), Isis und Nephthys als Klagefrauen und Nut als Sarg und Grab oder als Stätte, an welcher das Natron zur Einbalsamierung gewonnen wird (Pyr. 580 Var.). Doch schließen sich die Namen „der von Busiris", 'Erster der Westlichen', Sokaris und andere Kultnamen schon über einem allgemeinen Totengott zusammen. Auch Hymnen an Geb und Nut zeigen, daß die Entrückung der Götterwelt aus dem Kult fortschreitet.

Wie die Dramatischen Texte gestatten die Hymnen, einen wesentlichen Schritt der Mythenbildung zu verfolgen. Während dort die Mythe am Kult erscheint und ihn erklärt, löst sie in den Hymnen schon wieder die sichtbare Verflechtung mit dem Kult. Sie schließt sich um einzelne Götter zusammen und läßt in der Namensformel von den Beziehungen zum Kult nur das be-

---

[1] Pyr. 1658d in einer Litanei durch den erklärenden Vermerk „Osiris" zu „sieh Deinen Vater Osiris!" erweitert.

stehen, was diesen Göttern zu Kultstätten verhilft. Stehen die Dramatischen Texte am Übergang vom Kult zur Mythe, so führen die Hymnen in einem weiteren Übergang von der Götterrolle zum mythischen Gott. Man hat vermutet, daß die Osirishymnen ursprünglich an den Gott gerichtet und erst nachträglich durch Einfügung der Königsnamen auf den König bezogen worden sind (s. S. 37). Wenn auch die Königsnamen selbst erst in einer Schlußredaktion eingefügt sein können, scheint doch der wirkliche Vorgang umgekehrt verlaufen zu sein und mit Osiris im königlichen Totenkult ursprünglich wie mit dem 'Horus' des Königsnamens den König erst später einen Gott bezeichnet zu haben. Über die Dramatischen Texte sind die Hymnen im königlichen Kult verwurzelt. Erst über die Namensformel gewinnen sie Anschluß an Ortskulte, in die sie die Königsrolle nun als Gott einnisten. Ein eigener Kult des Gottes Osiris fehlt in den Namen der Namensformel, die neben den Reichskapellen des Königtums einzig Stätten älterer Ortsgötter nennen. In diesen Ortskulten aber ist weder der Preis der Hymnen noch die Mythe erwachsen. Dies zeigt schon der Umstand, daß auch auf die Kultstätten als Namen mit Wortspielen angespielt wird. Im Wortspiel, dem Formmittel der Mythe, verankert sie sich jetzt in Kultstätten, wie früher die Götterreden an Kultsymbolen. In beiden Fällen geht Formung und Beziehung von der Mythenbildung und nicht von der Kultpflege aus. Wie später Rē zu Rē-Atum wird Osiris zum ,,Ersten der Westlichen". Während jedoch Atum selbst als Gott eine mythische Rolle trägt, die Rē nicht übernimmt, fehlt sie bei dem Ersten der Westlichen, einem vormythischen Gott. In den Hymnen steht so die Mythenbildung im Übergang vom königlichen Kult zum neuartigen Kult der Mythe. Im Denkmal Memphitischer Theologie und in den Litaneien ist dieser Übergang abgeschlossen. Osiris wird nun nicht mehr in der Pyramide als König begraben, sondern ist früher einmal bei der 'Königsburg' an Land geschwemmt und im Sokaristempel begraben worden[1]. Der König muß jetzt Osiris erst angeglichen werden. Nun wird betont: ,,O Horus! Osiris ist dieser N.! Osiris ist dies Bauwerk! Osiris ist diese Pyramide!" (Pyr. 1657), während die Gleichsetzung zwischen Gott und König in den Dramatischen Texten an der Rollenzuweisung, in den Hymnen an der Namensformel erkennbar, selbstverständliche Voraussetzung zu sein scheint. In der weiteren Entwicklung wird zudem der König ebenso als Geb (Pyr. 1645) wie als Horus (Pyr. 1596) erklärt, so daß er schon, — wie später in den Verklärungen — Götterrollen sammeln kann, die ihm durch Zauberkraft aus einer jenseitigen mythischen Welt zukommen, wo sie gleichsam bereit liegen, während in den Hymnen der König durch seinen Tod in die Rolle des Osiris hineingerät und damit diesen Gott so offenkundig darstellt, daß es keiner zauberhaften Gleichsetzung bedarf. Sethe war der Meinung, daß sich die Gleichsetzung des toten Königs mit Osiris erst allmählich durchsetzt[2] und führt in seinem Kommentar der Pyramidentexte Unterscheidung, Vergleich und Gleichsetzung von Gott und König als mögliches Altersmerkmal an. Diese Ansicht entspringt seiner Einschätzung der Litaneien. Er hält sie für eine Gruppe von alten ,,Königstexten", die ,,ganz augenscheinlich noch aus jener heliopolitanischen Periode selbst" — das heißt einer vorgeschichtlichen Blütezeit dieser Stadt — ,,entstammen" (ibd. S. 109). In diesen Litaneien wird der König von Osiris unterschieden (Spr. 215) oder als ,,eine Wiederholung des Falles Osiris" (Kom. I S. 79) oder zwar nicht als ,,Osiris, aber schon in der Gestalt des Schakalsgottes Ḥntj-'Imn.tjw" (Kom. I S. 55) angesehen. Sethe erhält so einen verwirrenden Befund als Vorgeschichte der ,,sich im Tode gewiß schon wie später mit Osiris" gleichsetzenden oder wenigstens vergleichenden thinitischen Könige[3]. Wenn jedoch die frühe Ansetzung der Litaneien aufgegeben wird, und sie hinter die Hymnen rücken, hinter die sie die abgewandelte Namensformel und andere Merkmale verweisen, kehrt sich das Bild um. In den Dramatischen Texten trägt der tote König die Rolle des Osiris selbst. Auch in den Hymnen gilt Osiris zunächst wie selbstverständlich als Rolle des toten Königs. Was die Texte über Osiris sagen, betrifft den toten König und braucht darum nicht — wie später in den Verklärungen —

---
1 Junker, Die politische Lehre S. 36ff., S.' 38.
2 Sethe, Urgeschichte S. 64, Anm. 2.   3 ibd. S. 84.

V. Spuren der Mythenbildung

für ihn wiederholt zu werden. Auch sonst lockert sich das Verhältnis zwischen Gott und Königtum. Horus verkörperte der lebende König, zu Rê setzt er sich in das Sohnesverhältnis. Die Hymnen stehen mit ihrer Entrückung der Götter im Preis am entscheidenden Übergang der Entwicklung, die aus der Nähe des Kultes in die Ferne der Mythe führt. Verkörperten in den Dramatischen Texten — neben dem toten König selbst — das Trauergewand, welches der lebende König trägt, der Palmenzweig auf dem Pfeiler, die weiße Farbe einer Kapelle (Dr. T. S. 99), alles im Kult gegenwärtige Dinge, Osiris, so tritt in den Namen der Hymnen zu den Kultbezeichnungen das 'Lichtland', aus dem sich Rê erhebt (s. S. 40) und Namen, die Osiris mit ,,Frisches Wasser" und ,,Der aus dem Katarakt gekommen ist" (Pyr. 24/25), als Nil und mit ,,Großer Grüner" und ,,Großer Schwarzer" (Pyr. 628), als Meer und See preisen. Osiris wird zum Naturgott der Mythe, den in den Verklärungen Rê der Weltgott am Himmel und nicht mehr Horus, der neue König im Ritual aus seinem Todesschlaf erweckt.

Die Mythe selbst hat sich gegenüber den Dramatischen Texten in den Hymnen an Osiris nicht geändert. Nach wie vor gilt Geb als Oberster der Götter (s. S. 26) — ,,Geb hat Deine Art gesehen und hat Dich an Deinen Platz gestellt" (Pyr. 576 Var.), ,,Gnädig ist Dir Geb, er hat Dich lieb gewonnen!" (Pyr. 639). Er bringt Horus, (Pyr. 590, 612, 634) und die Schwestern (Pyr. 577) zu Osiris und läßt Thoth ihn heilen (Pyr. 639). Als Erdgott gibt er dem Toten Kopf (Pyr. 639) und Augen (Pyr. 583) und reinigt ihm den (verstaubten) Mund (Pyr. 626). Von der Osirismythe erscheinen immer noch nur die früher an Kulthandlungen und jetzt für die Namensformel über das Wortspiel aufklingenden Teile. Osiris liegt schon im Todesschlaf, aus dem er erwachen und sich erheben soll (s. S. 38). Doch wird noch nicht, wie später in den Verklärungen, auf den Sturz in Busiris (Ndj.t) als mythisches Ereignis angespielt, weil der Sprecher den aufgebahrten König vor sich hat, zu dem der neue König als Horus kommt, während ihn die Klagefrauen als Isis und Nephthys betreuen. Horus hat ihn gesucht (Pyr. 575) und — wie auch die Schwestern (Pyr. 584, 1630) — gefunden (Pyr. 612). Was wir über die Eltern des Osiris, seine Geschwister und seine Geburt erfahren, wird beiläufig anläßlich anderer Ereignisse erzählt, so, wenn Nut ihren Sohn Osiris schützt und dieser gepriesen wird: ,,Du bist der Älteste unter ihren Kindern!" (Pyr. 638), oder auch wenn Osiris, unter dem sein Feind ausgestreckt daliegt, gesagt wird: ,,Du bist älter als er! Du bist vor ihm (zur Welt) gekommen!" (Pyr. 650). Seth gilt als sein ,,Feind",[1] vor dem Horus Osiris errettet (Pyr. 649), den Thoth holt (Pyr. 651) und mit seinem Anhang schlachtet, ohne einen von ihnen zu verschonen (Pyr. 635), dem zum Trotz Nut Osiris ,,Gott" sein läßt in seinem Namen 'Gott' (Pyr. 580 Var.), auf dessen Haupt Geb seinen Fuß stellt (Pyr. 578). Seth muß Osiris tragen (Pyr. 627, 581). Daß er hierbei unter ihm schwimmt (Pyr. 588), kann wie in Dramatischen Texten ein Schiff mit der Rolle des Seth erkennen lassen. Wenn Seth unter Osiris ,,als (m) Erdbeben" zittert, und Osiris über ihn erhaben (ḏśr) ist in seinem Namen ,,Abydos (T3-ḏśr)" (Pyr. 581), dürfte er als oberägyptische Erde gelten, welche Osiris tragen muß. Isis und Nephthys setzen Osiris die verstreuten Glieder zusammen, welche anscheinend der Anhang des Seth aus Oberägypten vom Ort, an dem Osiris ,,davongegangen" — das heißt 'verschieden' — ist, die Horuskinder als Unterägypten von dem Ort, an dem er ertrunken ist, zusammentragen (s. S. 44). Wenn hierbei Nephthys, die ,,alle Deine Glieder" sammelt, dies in ihrem Namen ,,Śśt.t, Herrin der Baumeister" (s. S. 57) vornimmt, dürfte es sich um eine Umschreibung des Grabbaues handeln, der im Folgenden mit dem Sarge — ,,und das, was Deine Mutter Nut Dir gab, hat sie (die Glieder) geheilt, in ihrem Namen 'Sarg'"[2] — als Namen der Nut

---

[1] In Varianten wechselt gelegentlich ,,Feind" und ,,Seth" (Pyr. 25b, 765c, 638b, 1607b/580b; 637a, 642a/581a; vgl. auch Pyr. 777b, wo Seth anstelle ,,alles Übels" (Pyr. 825b) getreten ist). Zeitgenössisch setzt P. Pyr. 587b ,,Feind" für Seth ein.

[2] Pyr. 616c, d, wo Sethe unter Annahme einer Ellipse von ,,sie" diesen Satz in zwei Sätze zerlegt. Zur Konstruktion mit doppeltem Objekt vgl. Pyr. 587c, 653b. Pyr. 616c/d ist ,,was Deine Mutter Nut gab" Subjekt.

gepriesen wird. Einige der Hymnen dürften gegenüber diesem aus Dramatischen Texten umgeschmiedeten Bestand jünger sein, so ein Spruch, in dem zum ersten Male die große Neunheit genannt ist, die Meere als Namen des Osiris vorkommen und Isis und Nephthys Osiris in Assiut grüßen, so daß sich hier im Wortspiel auf seinen Namen „Herr von Assiut" (Pyr. 630) eine Ortsangabe im mythischen Preis findet, wie sonst erst in Verklärungen (s. S. 61). Nach dieser Hymne hat Isis als Sothis (Pyr. 632) Horus erst nach dem Tode ihres Gemahls empfangen. Auch Hymnen an die Himmelsgöttin, den Erdgott, den Luftgott und einige weitere Osirishymnen dürften Erweiterungen des aus den Dramatischen Texten übernommenen Grundbestandes darstellen. Wenn Osiris gepriesen wird: „Du bist der mächtigste Gott. Es gibt keinen Gott gleich Dir!" (Pyr. 619), so erinnert dies an eine Hymne an Geb, zu dem in gleicher Weise gesagt wird: „Du bist der große Gott, Du allein!" (s. S. 46), woran hier die mythische Erzählung anschließt: „Dir hat Atum sein Erbe gegeben. Er hat Dir die Neunheit zusammen gegeben, Atum selbst unter ihnen" (Pyr. 1617). Wir sind in den Streit dogmatischer Meinungen versetzt, der in den älteren Hymnen fehlte. Wie die dramatische Form ist auch die Form der Hymne neben neu aufkommenden Formen weiter verwandt und gepflegt worden (s. S. 53). In diesen Hymnen treten zu den Göttern der memphitischen Mythe die bisher fehlenden Götter der Neunheit Atum, Schu und Tefnut hinzu. Die Verwandtschaft der jüngeren Hymnen untereinander geht daraus hervor, daß Schu, Geb und Osiris mit denselben Worten als „großer Sohn" ihres Vaters und sein „Ältester"[1] gepriesen werden. Die „Augen" treten in diesen Hymnen sowohl aus dem Haupt der Himmelsgöttin Nut (Pyr. 823) wie aus dem des Erdgottes (Pyr. 1624) und aus dem Haupt des Osiris[2] als Kronen hervor (s. S. 74) und machen gerade Götter, deren Augen erloschen sind, zu Königen von Ober- und Unterägypten, eine Vorstellung, die in den Dramatischen Texten noch an dem Gott „ohne Augen" von Letopolis hing (s. S. 73f.). Hierbei wird die Himmelsgöttin, die „im Leibe ihrer Mutter Macht hatte, ehe sie geboren war" (Pyr. 779, 781) als „König von Unterägypten" gekrönt (Pyr. 781, 824). Hat sie dem Erdgott Unterägypten in die Ehe gebracht? Als weitere Eigentümlichkeit dieser jüngeren Texte treten nun die eigenen Namen der Götter „Schu" (Pyr. 1871), „Geb" (Pyr. 1615), „Nut" (Pyr. 780) und „Osiris"[3] in die Namensformel — „Dich spie (*išš*) Atum aus mit seinem Munde in Deinem Namen Schu". Die Namensformel dient nicht mehr dazu, den mythischen Gott im ältesten Kult zu verankern.

5. Die Mythe der Litaneien und Götterlehren

Vorformen der Litanei finden sich in kurzen Rufen zu Kulthandlungen, wie das „Komm und bring! Komm und bring!" zum königlichen Opfertanz (s. S. 112) und das „Willkommen!" der Klagefrauen im vormythischen Textgut. In „Es kommt der Vater zu dem Sohne"…,„Es kommt der Sohn zu dem Vater!" (Dr. T. S. 114) ist eine solche Vorform in die Dramatischen Texte als Rede des Thoth an Osiris und Horus übernommen. Auch in den Verklärungen findet sich die literarische Form der Litanei vielfach verwandt in Morgenliedern an den Fährmann (s. S. 49), in Zurufen der Götter und der Neunheit an den König (s. S. 113), in Strophen über das Niederlegen der Schilfnachen für Rê, Harachte und den König, über das Öffnen der Himmelstore und das morgendliche Bad der Götter des Ostens. Die umfangreichsten, in ihrer Form sehr verschiedenartigen Litaneien finden sich in einer Spruchfolge, auf die schon eingegangen wurde, weil Sethe hier den ältesten Spruchbestand der Pyramidentexte vermutete (s. S. 19). Auch die Pyramidenweihetexte sind Litaneien. Auf Grund formaler Merkmale fallen alle diese Sprüche

---

[1] Schu, Sohn des Atum Pyr. 1870; Geb, Sohn des Schu Pyr. 1615; Osiris, Sohn des Geb Pyr. 1810, 1814.
[2] Pyr. 1816b, 1832b, 1820a, 1825b (vgl. Jéquier, Les Pyramides des reines Neit et Apouit, Neit, Zeile 370ff.).
[3] Jéquier, Les Pyramides des reines Neit et Apouit, Neit, Zeile 359.

zwischen die Hymnen und die Verklärungen. Zu der Namensformel finden sich schon Weiterbildungen, jedoch noch nicht regelmäßig wie in den Verklärungen. Das kunstvolle Schema der Dramatischen Texte dient nun — vor allem durch die Zeilenspaltung zwischen gleichbleibenden Sätzen[1] erweitert — als Mittel, den Strophenbau hervorzuheben. In den Pyramiden ist dies Schema aufgelöst und ausgeschrieben. Doch scheint es nach Auslassungen mehrfach zu lesender Glieder zu urteilen in den Vorlagen verwendet worden zu sein[2]. In feierlicher Rede wird mit immer wieder denselben Worten Osiris den Göttern von Heliopolis vorgestellt (Pyr. Spr. 219) oder der tote König Rê-Atum angemeldet (Spr. 217). Hierbei spricht der Vorlesepriester wie in den Hymnen und rezitiert in einer Rückwendung zur dramatischen Form auch Götterreden, doch ertönt auch schon wie später in den Verklärungen die Stimme des Königs aus seinem Munde[3]. Da nun nicht mehr im mythischen Gott von vornherein eine mythische Rolle für Könige, Priester und Kultsymbole steckt, muß der Bezug der Mythe auf den toten König erst besonders hergestellt werden, indem man ihn dem Gott gleichsetzt, oder auch für ihn das mythische Geschehen zitiert. Inhaltlich zeigen die großen, streng gegliederten Litaneien, daß die Götterfamilien gebildet sind. Sie werden nicht nur erwähnt, sondern auch in ihrer Zusammensetzung Gott für Gott aufgerufen (Pyr. 167 ff., 1655, 1660 ff.) oder als Formen des Schöpfers und Urgottes erklärt — so in der memphitischen Theologie vier Götterpaare, an ihrer Spitze 'Urwasser' und 'Feste' (Nun und Naunet) als Formen des Ptah, den Atum, den heliopolitanischen Schöpfer erschaffen haben, und in einer Litanei dasselbe Götterpaar mit dem Götterpaar 'Unsichtbar' (Amun und Amaunet), Atum und dem 'Löwenpaar', „deren Götter ihre Leiber selbst erschaffen haben, das sind Schu und Tefnut", welche (alle zusammen) die (übrigen) Götter schufen, die (übrigen) Götter zeugten und die (übrigen) Götter einsetzten, und die nun zu ihrem Vater (Atum) für den König, der ihnen Opferbrote gab, sprechen sollen (Pyr. 446 ff.). Auch wenn in diesem Rahmen die Götter Seth und Thoth besonders behandelt werden, und man ihnen droht, wo man die anderen Götter bittet (Pyr. 173, 175), bleibt man mit der Wiederholung auch dieser Rede in der Litanei. Daß in den Litaneien Dogmen vorgetragen werden, zeigen eingestreute 'Sentenzen' — „Jeder Gottesstern hat seinen Träger" (Pyr. 141). „Keinem Gott verdirbt sein Same" (Pyr. 145). Der tote König erscheint nicht mehr nur in der Rolle des Gottes Osiris, die ihm nun ausdrücklich übertragen werden muß (Pyr. 1657), sondern auch — wie schon in jüngeren Hymnen (Pyr. 1615) — als Geb: „N. ist Geb, der erhabene Mund, der Fürst der Götter, welchen Atum vor die Neunheit gesetzt hat, über dessen Rede die Götter glücklich sind[4]. Atum hat über ihn gesagt: 'Seht den erhabenen Mund unter uns! Er ruft uns, damit wir gehen und uns für ihn zusammentun!' 'O Ihr Götter alle! Vereinigt Euch, tut Euch zusammen, wie Ihr Euch vereinigt und zusammengetan habt für Atum in Heliopolis!'" (Pyr. 1645 ff.). Wie hier wird auch sonst die Mythe zitiert und dabei nun die Form des mit „als" oder „wie" eingeleiteten Nebensatzes verwandt (s. S. 50): „O Atum! Wache über N., über dieses Bauwerk, über diese Pyramide! Und verhüte, daß je etwas Übles gegen sie geschieht, wie Du über Schu und Tefnut gewacht hast!" (Pyr. 1654).

Schon der Umstand, daß mehrere 'Litaneien' gerade Pyramide und Totentempel der Könige weihen, läßt als Zeit ihrer Entstehung die 4. Dynastie mit ihren großen Pyramidenbauten vermuten. In diese Zeit würden auch bisherige Ansätzen auch Redaktion und Weiterbildung der Hymnen fallen. Hymnen und Litaneien zeigen schon durch die beiden gemeinsame Namens-

---

1 H. Grapow, Sprachliche und schriftliche Formung ägyptischer Texte S. 40ff.
2 s. Sethe, Kom. Pyr. 142a/b, 143a u. a. m.
3 so in dem „Gespräch" zwischen dem König und der Himmelsgöttin Nut Pyr. 250/251 (vgl. Sethe, Kom.). Auch Pyr. 150 dürfte im Gegensatz zu der jetzt in W. vorliegenden Fassung (vgl. Sethe, Kom.) der Sprecher für den König – und nicht zunächst (Pyr. 150a/c) für sich selbst und dann (Pyr. 150c) für den König gesprochen haben, da doch der König und nicht der Vorlesepriester zur Abendbarke kommt.
4 Hier folgt als Einschub: „Zufrieden sind alle Götter über alles, was N. sagt, so daß es ihm deshalb wohl ergeht in alle Ewigkeit" (Pyr. 1645c).

formel eine enge Verwandtschaft. Gemeinsam ist beiden auch der Götterkreis. Es sind im Wesentlichen die Götter der großen Neunheit, die in den jüngeren Hymnen vollzählig zusammengekommen sind und in den Litaneien als Körperschaft angerufen und gepriesen werden, wobei überall die Entwicklung von den Hymnen zu den Litaneien fortschreitet. Dies zeigen auch Einzelzüge, so die Bewertung des Seth (s. S. 19), die nun auch seine Geburt erfaßt, wenn er als von seiner Mutter während der Schwangerschaft vor Ekel ausgespieen erklärt wird (Pyr. 205 Kom.). Konnte man bei den Hymnen noch von einem Übergang, von der Entrückung der Götter aus ihren Rollen im königlichen Totenkult in eine rein mythische Welt sprechen, so ist diese Entrückung in den Litaneien vollzogen. In sie tritt der Tote als „unvergänglicher Geist" — das heißt als Stern — vor Rê-Atum, der seine Götter nach Süden, Norden, Westen und Osten aussendet, dies zu verkünden (Pyr. 152 ff.). Gegenüber der Welt im Kult der Dramatischen Texte und der Welt am Grabe der Hymnen ist in den Litaneien eine großräumige, wie die Pyramiden nach den Himmelsrichtungen ausgerichtete Welt gewonnen, welche nicht mehr wie Nut als Sarg und Grab auf ihren ältesten Sohn „herabfällt" und seinen Kult heiligt, sondern sich dem König „öffnet", sei es als Pyramidenbezirk mit allen Vogelteichen und Gärten (Pyr. 1590 ff.), sei es als Umarmung seines Vaters Atum (Pyr. 151 Var.), in deren Weite auch der König „wird ($ḥpr$)" und „hoch ($k3$)" ist wie sein Vater, den der Pyramidenweihetexte mit den Namen „Höhe ($k3$)" und „Skarabäus" ($Ḫprr$)" (Pyr. 1587 v. 1652) preisen. Über dieser Welt erscheint der Sonnengott im „Lichtland ($3ḫ.t$)", das in einem Pyramidenweihetext als seine Stätte gilt (Pyr. 1669) wie Buto ($Db^c.t$) als Stätte des Horus (Pyr. 1668) und Ombos als Stätte des Seth (1667). Es wird im Alten Reich mit der alten Hieroglyphe 'Land' determiniert, mit der auf den Schminkpaletten „Unterägypten" und „Libyen" geschrieben wurden. Dies „Lichtland", in dem das Himmelstor steht (Pyr. 496), wird von der 'Sternenwelt ($D3.t$)'[1] unter dem Himmel umschlossen, der selbst als Göttin vorgestellt wird. Diese Sternenwelt hat sich der Totenglaube während der Mythenbildung bis zum Ende der 4. Dynastie erobert. Wie Rê seinen Namen „über dem Lichtland" erhält Osiris neben Namen „in" verschiedenen Stätten auch einen Namen „in Orion"[2]. Er ist in zweiter Person abgefaßt — „(Der Du) Deine Zeit am Himmel und Deine Zeit an der Erde (hast)"[3] —, an ihn schließt wie den Namen „in der Stadt der Seen" (Pyr. 192) eine Rede, die als Götterrede in Dramatischen Texten auch als Preis in Hymnen stehen könnte: „Osiris wende Dein Gesicht und sieh auf diesen N., Deinen Samen, der aus Dir gekommen ist" (Pyr. 186). Das „Wende Dein Gesicht!" dürfte gerade auf Orion gehen, der ja sich umwendend dargestellt wird[4]. Der ihm folgende König ist nicht mehr in der Rolle des Osiris sondern als Stern, als erster der Sothis-Sirius folgenden Dekangestirne gesehen. Daß sich die neue Form des Totenglaubens gerade damals im Streit der Lehren herausbildet, zeigen einige der Litaneien in betonter Formulierung. Der „zum Stern gewordene" König[5], der von Herolden gemeldet zu seinem Vater Atum kommt, stellt sich ihm nicht als Osiris, sondern in Erneuerung der alten königlichen Rollen als „die beiden im Palast befindlichen, das sind Horus und Seth" vor, die an Gesicht

---

1 Sethe hat Kom. Bd. 1, S. 49 ff. versucht, die Lage der $D3.t$ zu bestimmen und sie dabei sowohl „sicher am Himmel", wie „im Osten des Himmels", wie als „Unterwelt" gefunden. $D3.tjw$, „die zur $D3.t$ gehörenden", ist eine Bezeichnung der Sterne, welche den toten König aus Westen geleiten (Pyr. 306) und ihn wie eine Standartengottheit tragen (Pyr. 953). Die $D3.t$ ist demnach das Reich der Sterne. Vgl. auch Kees, Götterglaube S. 223 ff., der dort von dem „Sternenkreis der Nacht" und in Totenglauben S. 91 von ihrer „nahen Beziehung zur Sternenwelt" spricht. Später wird eine besondere „untere $D3.t$" unterschieden (Kees, ibd. S. 92).
2 Pyr. 186a. Vgl. Sethe, Kom., der das „in" hier und in den anschließenden Namensformeln als zum Namen gehörend — „der im Orion" — übersetzt, während die grammatische Form verschiedene „in Heliopolis" und anderen Stätten „befindlich", d. h. dort geltenden Namen vermuten läßt.
3 Auch in Verklärungen finden sich in 2. Person abgefaßte Namen — „als sie seinen Namen machten" „Entferne Dich nicht von den Göttern" (Pyr. 1693c).
4 W. Gundel, Dekane und Dekansternbilder, Taf. 1.
5 Sethe, Kom. Pyr. 141a.

V. Spuren der Mythenbildung

(das „Oben") und Hoden (das „Unten") verletzt von Atum Heilung erbitten (Pyr. 141/142). Nach zauberhafter Wiederherstellung durch einen Segensspruch (Pyr. 143) werden beide Götter „beseelter und mächtiger" als Osiris und Geb, ihre Väter in der Mythe, neu erschaffen (Pyr. 144). In mehreren bei der Auflösung des Schemas der Litanei in durchlaufende Schrift unvollständig abgeschriebenen Sätzen, die Sethe in seiner Übersetzung in überzeugender Weise ergänzen konnte, wird betont, daß Rê-Atum — unter dessen Zeichen die neue Glaubensformel tritt — den toten König als Horus weder Geb noch Seth und als Seth weder Osiris noch Horus überläßt. Diese Götter haben keine Macht über den König, dessen Gestalt in einer abschließenden Litanei vergottet wird, so daß er nun sowohl mit seinen Armen — als Flügel — zum Himmel aufsteigen wie mit seinen Füßen in die Unterwelt hinabgehen kann (Pyr. 149). Noch schärfer formuliert eine weitere Litanei diesen Gegensatz. Sie ist als Gespräch zwischen dem als Falken aufflegenden Toten und der Himmelsgöttin gefaßt und steht so formal zwischen den Dramatischen Texten und den Verklärungen. In ihr sagt der König: „Ich bin zu Dir gekommen, Nut! Ich bin zu Dir gekommen, Nut! Ich habe meinen Vater begraben(?) und einen Horus zurückgelassen. Gewachsen sind meine Schwingen als die eines Falken, meine Flügel sind die eines Sperbers. Mich hat meine Seele gebracht, mich hat meine Zauberkraft ausgestattet!" (Pyr. 250), worauf die Himmelsgöttin antwortet: „Mögest Du Deinen Platz einnehmen im Himmel zusammen mit den Sternen des Himmels! Denn Du bist ja der einzelne Stern...und siehst herab auf Osiris. Er befiehlt den Geistern. Du aber bist fern von ihm. Du bist nicht unter ihnen und Du wirst nicht unter ihnen sein!" (s. S. 83). Dieser neue Totenglaube, dessen Gegensätzlichkeit zu einem älteren einst Kees herausstellte (s. S. 79), trägt den Geist der großen Pyramiden.

Mythisch sind die Litaneien wenig ergiebig. Sie wirken im Wesentlichen durch ihre kunstvolle Form und gleichen auch darin den Pyramidenbauten der 4. Dynastie, die nicht durch Bildschmuck, sondern durch Maß und Wucht ihrer Formen wirken. Auch der Gegensatz zwischen den eintönigen Litaneien und dem reichen Leben der Verklärungen entspricht dem Gegensatz zwischen den leeren Wandflächen der Pyramidentempel der 4. Dynastie und dem reichen Bildschmuck der jüngeren Tempel. Daß jedoch — wie es die in den Litaneien verkündeten Göttersysteme und Lehren vermuten lassen — damals eine Auseinandersetzung verschiedener Lehren im Gange war und sich auch der Mythe bediente, zeigt das Denkmal Memphitischer Theologie. In ihm erfüllt sich die in Memphis mit den Dramatischen Texten begonnene Entwicklung, die zunächst den Kulthandlungen eines Festspiels eine neue, mythische Bedeutung gab, dann in Hymnen nicht die Kulthandlungen, sondern die an sie herangebrachten Götterreden ordnete und durch Hereinnahme der unumgänglich notwendigen Vermerke in den Text zu einem fortlaufenden Ganzen verband, dies Ganze erweiterte und es einzelnen Göttern, sie preisend, erzählte. Das Denkmal gibt die Form der Anrede auf und berichtet nun das, was die Dramatischen Texte auf der Bühne des Kultes darstellten, und was die Hymnen den gepriesenen Göttern erzählten, in unpersönlicher und sachlicher Form als Denkmal der Größe ihres Gottes. Der Gegensatz zum Ausgangspunkt der Mythe in den Dramatischen Texten wird dabei durch eingestreute „dramatische" Stücke unterstrichen, die in bewußter Anlehnung und Nachahmung die alte Form benützen, jedoch nun nicht mehr Kulthandlungen, sondern dem Ablauf der Mythe folgen (s. S. 39). Über das Königtum und den einzelnen König tritt im Denkmal die Residenz und ihr Gott Ptah. Dies ist nur möglich, nachdem die Hymnen die Götter auch über den königlichen Totenkult entrückt haben. Es dürfte hier zugleich in bewußter Auseinandersetzung mit dem aufkommenden neuen Glauben geschehen, in dem abseits der Lehre der alten Residenz das Königtum ein neues Herrschaftssymbol findet, das in der 5. Dynastie siegt und in Heliopolis und den Sonnenheiligtümern offiziell verankert wird. Wie weit damals die Mythenbildung in Heliopolis selbst fortgeschritten war, lassen die Litaneien nicht erkennen. Sie ergeben im Wesentlichen — wie schon die Trümmer des von Djoser der Neunheit in Heliopolis gestifteten Schreins — die Neunheit in ihrer bekannten Zusammensetzung. Daß Atum als Weltschöpfer galt, läßt das Denkmal erkennen, welches als einzige offene Stellungnahme dem heliopolitanischen Schöpfungsakt den eigenen vergeistigten gegenüberstellt, der im Munde des Schöpfers durch Benennung aller Dinge erfolgt (s. S. 43) und offensichtlich auf die Namengebung über die Namensformel, die ja vom Kult von Memphis ausging (s. S. 57), anspielt. Eine versteckte Stellungnahme gegenüber dem aufkommenden Sonnengott kann man in den mit Ptah gebildeten Doppelnamen erkennen, die anscheinend dem in Litaneien erscheinenden Doppelnamen Rê-Atum nachgebildet, zusammengestellt sind. Vor dem Weltgott, der zwar der Erdgott Geb in seiner Neunheit zum Sprecher einsetzte, ihn aber doch in sein System einschloß, gibt Ptah sein mythisches Pseudonym „Geb" auf und erscheint nun selbst in einer Schöpfungsmythe, die den Stempel ihrer Künstlichkeit an sich trägt und von den anderen Teilen des Denkmals, welche die Mythe des Königtums zum Ruhme der Residenz Memphis erzählen, durch flüssigere Sprache auffällig absticht. Durch die Betonung der mythischen Tradition der Residenz und der Geschichte seiner 'Königsburg' wird — ohne daß auch dies zur Sprache kommt — Heliopolis als Neugründung gekennzeichnet. In Memphis kam Horus zur Regierung, erst als unterägyptischer König (Dr. T. S. 23), dann als König von Ober- und Unterägypten, der seinen Vater in der Königsburg begraben hat (Dr. T. S. 76). Memphis, die „Hälfte der beiden Länder" (s. S. 43), trägt das Königtum mit dieser Kultstätte, die in Hymne (Pyr. 640) und Litanei (Pyr. 1658) als „Name" des Osiris gilt und ihn anscheinend auch im Denkmal Memphitischer Theologie verkörpert, wenn dort Horus als König von Oberägypten und als König von Unterägypten „in der Umarmung seines Vaters Osiris" erscheint[1]. Junker vermutet, daß die Königsburg einmal „als Wahrzeichen der Einheit des Reiches" erbaut worden ist[2]. Daß demgegenüber Heliopolis dem Gott Geb in der großen Neunheit die führende Rolle beläßt und ihn zum „Sprecher" einsetzt (s. S. 26), zeigt kultpolitisches Geschick und läßt vermuten, daß in dieser Weise nicht zwei benachbarte Ortskulte miteinander streiten, sondern daß die neue Lehre schon den planenden Geist des Königtums umschließt. Wie weit sich die Mythenbildung hierbei von der Reichseinigungszeit entfernt hat, zeigt der Umstand, daß Oberägypten und seine Residenz überhaupt keine Rolle spielen, Buto findet sich in den Litaneien als eine der Städte des in den Vordergrund getretenen Deltas wieder. In der Mythe dieser Zeit lassen sich auch nicht mehr Anspielungen auf vorgeschichtliche Verhältnisse finden.

6. Die Mythe der Verklärungen

Eingangs dieses Kapitels wurde bei der Besprechung vormythischer Formen betont, daß sich auch in den Verklärungen ein vormythischer Grundbestand feststellen läßt. Dieser vormythische Grundbestand hat sich in einigen Sprüchen unversehrt erhalten. Meist erscheint er jedoch von der Mythe umsponnen und ausgedeutet, so daß es schwer fällt, ihn nicht mit den Augen der Mythe, den 'Vater' nicht als Osiris und den 'Sohn' und 'Erben' (Pyr. 1047, 1879) nicht als Horus zu sehen. Die Verklärungen scheiden sich, worauf verschiedentlich hingewiesen wurde, in zwei große Gruppen, von denen die eine den König in der zweiten Person anspricht und verklärt, während in der anderen Gruppe der König selbst spricht und über seinen Weg in die mythische Welt berichtet. Damit gewinnt man als rohe, freilich in dieser schematischen Form für die altägyptische Auffassung vermutlich überspitzte Scheidung: die in der Form der Anrede abgefaßten Verklärungen betreffen den königlichen Leichnam, die Verklärungen, in welchen der König selbst spricht, betreffen seine Seele. In den Dramatischen Texten steht Osiris als der erschlagene Gott überall in stummer Rolle (Dr. T. S. 99). Der verstorbene König der Kulthandlungen spricht nicht mehr. Die Mythe hält zunächst an dieser gegebenen Wirklichkeit fest und läßt auch ihren Gott nicht sprechen. In den Hymnen tritt an die Stelle des 'Sprechens' der die Götterrede einleitenden Vermerke das 'Veranlassen', auf welches nun wie früher auf die Aufforderung der

---
[1] Dr. Texte S. 76 (64), Junker, Politische Lehre S. 37.
[2] Junker, Pol. Lehre S. 43 ff.

Rede die erzählte Handlung folgt. Auch in diesem Veranlassen behält Osiris seine Untätigkeit bei. Er empfängt die Rede des Horus (Pyr. 611 Var.) und ist glücklich darüber, er hört auf ihn (ibd.) ohne zu antworten. In einer Litanei, in welcher der tote König als von Sothis eingeführter Priester zu Osiris kommt und ihn versorgt, wird einleitend ein Stück der Osirismythe erzählt, wobei schon Namen des Osiris als aus Aussprüchen entstanden erklärt werden (Pyr. 958/959), doch spricht noch Seth und nicht Osiris. In den Verklärungen spricht auch Osiris — ,,als Osiris sprach: ,,Du kommst gegen mich", als sein Name zu Sokaris ward" (Pyr. 1256). Die Mythe wird nicht mehr aufgeführt oder dem aufgebahrten Gott zum Preis erzählt, sondern zitiert. Sie deutet nicht mehr eine sich vollziehende Kulthandlung, in welcher der — tote — Darsteller der Rolle des Osiris nicht sprechen kann, sondern führt in das Einst des Göttergeschehens zurück, in dem der an das Ufer geschwemmte Gott noch die Schwalbennestlinge unter den Ufern zusammenrufen kann (Pyr. 1130) und Horus mit dem Rufe ,,Es kommt der Sohn, auf daß er seine Liebe bezeugt" begrüßt (ibd.). In dem Grundbestand der Verklärungen in der Anrede spricht allein der Sohn: ,,Schweigt gefälligst Ihr Menschen und hört dieses Wort, welches gesagt wird!" (Pyr. 1746, 868). Dies Wort ist die Verklärung, die den Toten vor den Geistern Geist sein, vor den Lebenden Macht haben und neben dem ,,Ersten der Westlichen", dem Herrn der Nekropole von Abydos, sitzen läßt (Pyr. 869). Es wird in die Mythe übertragen von Horus zu seinem Vater gesprochen: ,,Schweigt! Schweigt! Hört! Hört jenes Wort, welches Horus seinem Vater gesagt hat"[1], und welches nun dem Toten wiederholt wird, damit er darin Geist werde und groß sei. Zu den Anreden an den Vater gehört auch die Aufforderung, sich von der Linken zu erheben und auf die Rechte zu stützen, um ,,das 'frische' Wasser, welches ich" (der Sohn) ,,Dir gegeben habe" und ,,das 'warme Brot', welches ich Dir gebacken habe" (Pyr. 1002/1003) entgegenzunehmen, wozu Varianten noch anonym, ohne Horus zu nennen, hinzufügen: ,,Ich bin Dein Sohn, Dein Erbe!" (Pyr. 1047, 1879). Das 'frische Wasser' dient zum Hände waschen vor dem Festmahle. Zu dem Brot sagt der Sohn: ,,Ich habe Dir Körner gesät und Ähren geerntet, mit denen ich Deine Feste machen will, welche Dir der erste der Westlichen bestimmt hat" (Pyr. 1748). Die Feste werden als das Toten-($w3g$) und das Jahresfest erklärt (Pyr. 1880). Daß diese Sprüche den Kult des Leichnams betreffen, bestätigen ähnliche Zusammenhänge, in denen der Tote aufgefordert wird, sich zu Brot und Bier zu erheben (Pyr. 870). Bei diesem so oft als ,Erwachen' aus dem Todesschlaf geschilderten Erheben nimmt der Tote seinen Kopf, sammelt seine Knochen, vereint seine Glieder, schüttelt den Staub von seinem Leib (Pyr. 654) und nimmt auf seinem ehernen Thron zum Mahle mit den Göttern Platz (Pyr. 736). Zu diesem Grundbestand ergeben ähnliche Sprüche weitere Kulthandlungen am Grabe: den Auszug vom Hause (Pyr. 1539), das Öffnen der Grabtüren (Pyr. 572 Var.), das Waschen mit den vier Wasserkrügen, ,,die Horus von Hierakonpolis Dir gab" (Pyr. 1293 Var.), die Klage der Klagefrauen 'Landepflock' und 'Haltetau', der Totentanz der 'Götter von Buto' (Pyr. 1004 Var.) am Grabe und die Fahrt auf dem ,,See Deines Hauses" (Pyr. 1752), welche sämtlich die Verklärung des Leichnams betreffen. Das vielfache Auftreten des ,,Ersten der Westlichen" könnte vermuten lassen, daß dieser Grundbestand aus Abydos aus der Zeit stammt, als die Könige noch dort begraben und in der vermenschlichten Gestalt dieses Gottes, dem Menschenleib mit Schakalsgesicht, vergottet wurden (s. S. 101). Die Erwähnung des ,,Horus von Hierakonpolis" und seiner ,,Schakalsgeister" — das heißt der 'Seelen' dieser Stadt — kann sogar eine noch ältere Herkunft dieser Riten ergeben. Doch kommt man über Vermutungen nicht hinaus, da diese Stücke in vielfacher Form und Zusammensetzungen auftreten und so weitverzweigte Stammbäume ahnen lassen, die sich vermutlich noch während der Mythenbildung mehrfach gekreuzt haben.

Sämtliche Bestandteile dieses einfachen Totenkultes am Grabe, der zwischen ,,Sohn" und ,,Vater" spielt und nichts königliches an sich hat, treten auch mit der oft nur locker auf-

---

[1] Jéquier, Le monument funéraire de Pepi II, Zeile 1055 + 76.

gesetzten Deutung der Mythe auf. Die angeführte Aufforderung an den Vater, sich zu erheben (Pyr. 1002 1003), leitet einen Spruch ein, der die Kulthandlungen am Grabe mythisch deutet. In einer Variante fehlt die Einleitung (Pyr. 1972 ff.). Ist sie hier weggelassen oder dort — wie so vieles in den Verklärungen aus der altertümlichen, vielleicht nicht einmal königlichen Tradition übernommen? Die Götter von Buto kommen zu „Osiris" auf das „Weinen der Isis und die Klage der Nephthys" (Pyr. 1973/1004). „Es tanzen Deinetwegen die Seelen von Buto, sie schlagen Deinetwegen ihren Leib, sie schlagen Deinetwegen ihre Hände, sie reißen Deinetwegen ihre Locken und sagen" — das heißt „singen (ḏd)" — „zu Osiris[1]: „Du bist davongegangen und (wieder)gekommen. Du bist entschlafen und (wieder)erwacht. Du bist gestorben und lebst (trotzdem)!" (Pyr. 1975/1006). Der Sohn bezeichnet sich als „Horus": „Stehe auf und sieh, was Dir Dein Sohn getan hat! Erwache und höre, was Dir Horus getan hat! Er schlug (ḥw) Dir den, der Dich schlug als Stier (’iḥ). Er schlachtete (sm3) Dir den, der Dich schlachtete als Wildstier (sm3)" (Pyr. 1977 1007), Sätze, in denen das Ritual eines Dramatischen Textes und ein Schlachtritual aufklingen (s. S. 40). Die alten, auf das Opfer verweisenden Vermerke „Stier" und „Wildstier" fehlen in einer der beiden Varianten, in die andere sind sie hier nicht mit der Namensformel, sondern mit dem Wörtchen „als (m)" aufgenommen (s. S. 113). Isis, „Deine große Schwester" wird als „die, welche Dich gesucht und welche Dich hingestürzt" — „auf Deiner Seite" — auf dem Ufer von Busiris (Nḏj.t) gefunden hat (Pyr. 1008), gepriesen. Die Klage über den 'Königspalast (’itr.tj)' — das heißt Osiris — ist verstummt. Der Schluß dieser Verklärung führt den Toten als „Wegöffner" — das heißt schakalsköpfig vergottet — zum Himmel, auf dessen Wegen ihn sein Sohn Horus leitet (Pyr. 1009, 1010). In einer Reihe von Sprüchen scheint durch die mythische Deutung nun nicht mehr der Tote im Grabe oder auf dem Wege dorthin, sondern seine Seele auf ihrem Wege zum Himmel verklärt zu werden. So wird der Tod des Königs — „jenes Dein Gehen" (Pyr. 768, 1860) — mit dem „Auszug des Horus aus diesem Deinen Hause" (Pyr. 1539) verglichen, wobei „seine Boten eilen, und seine Herolde dahinstürmen", um ihn dem 'Der sich auf den Osten stützt' — das heißt den Sonnengott — zu melden (Pyr. 769). Der Zug des Toten zum Grabe wird mythisch als Auszug zum Sonnengott gedeutet[2]. Doch finden sich Anzeichen, daß ursprünglich auch hier der Kult am Grabe, die Betreuung des königlichen Leichnams, wesentlich war. Sein Gesicht ist zum „Wegöffner" vergottet (Pyr. 769), ihm wird das Herz gegeben (Pyr. 1869). In einem vom Sohn gesprochenen Preis dieses Scheidens: „Dies Dein Davongehen, mein Vater, ist wie Horus davonging zu seinem Vater Osiris!" (Pyr. 1730) folgt die Aufforderung an den Toten, seine Knochen zu sammeln, seine Glieder aufzunehmen und die Erde von seinem Leibe abzuschütteln. Wenn diese Reihenfolge einen Sinn hat, so handelt es sich hier nicht um einen Auszug des Toten, sondern um einen Auszug für den Toten. In dieser einfacheren mythischen Deutung kommt der Sohn zum Grabe wie Horus, der seinen Vater Osiris sucht, was erst der neue Glauben auf die Seele und ihren Weg zum Sonnengott im Osten überträgt. Dieser Spruch schließt als Anhang (ḏd-mdw ḏd) an einen anderen an, in dem der Sohn den „Riegel" öffnet an „dem Doppeltor, welches die Menschheit zurückhält" (Pyr. 1726). Der Tote soll Augen und Ohren öffnen. Hierbei wird der Beiname „Horus, der seinen Vater gerächt hat" auf den Toten übertragen, als hätte er als Seele seinen Leib — am Tode — gerächt (Pyr. 1728), und als würden sie nun beide im Überschwemmungswasser — der Libation — baden. Daß der neue Glauben der Verklärungen, den einige Litaneien dogmatisch kündeten (s. S. 42), auch den Leichnam verklärt, zeigt eine weitere, mehrfach variierte Verklärung. Ein mythisches Zitat — „Der Große"

---

[1] Var. Pyr. 1975 „zu Dir, Osiris N."; das Lied nach dieser Var., welche eine sinnvolle Gegenstellung zeigt.

[2] Hierbei wird der König in einer älteren Fassung vor „jenen östlichen Ländern" (Pyr. 1531), in einer jüngeren Fassung jedoch vor „jenen westlichen Bahnen" gewarnt. „Die dort gehen, sie kommen nicht (wieder)" (Pyr. 2175), worauf Kees, Totenglauben S. 90 als ein weiteres Beispiel der Umwertung im Totenglauben des Alten Reiches verweist.

(Osiris) ,,stürzt auf seine Seite, es bewegt sich 'Der in Busiris (*Ndj.t*)', sein Haupt wird von Rê erhoben!" (Pyr. 721 Var.) —' leitet die Vergottung des ,,Leibes ('*iwf*)" ein, der nicht verwesen und übel riechen soll. In dieser Verklärung wird der Tote wie Orion an den Himmel versetzt, wo ihm seine Seele wie Sothis folgen soll (Pyr. 723). Dies wurde dadurch erleichtert, daß schon die Hymnen das Grab mythisch als Himmelsgöttin Nut erklären (s. S. 122). Die Mythenbildung hat zwischen Kultsymbolen vielfache Bezüge geschaffen, die wirkliche Vorgänge verschleiern und sich meist nicht mehr sicher deuten lassen.

Gegenüber allen anderen Textgruppen öffnen die Verklärungen des Königs in der Ichform, die Selbstaussage des diese Welt verlassenden Königs, einen neuen Totenglauben, ja eine neue Welt, deren Widerschein schon verschiedentlich aufleuchtete. Die anderen Textgruppen hängen mehr oder weniger am Kult, dem die Dramatischen Texte folgen und Stichworte für die Götterreden entnehmen. Die Hymnen lösen zwar diese unmittelbare Beziehung und tragen den Inhalt der Götterreden einzelner Gottheiten zum Preise vor, suchen jedoch über die Namensformel ihre Götter in alten und neuen Kultstätten zu verwurzeln, was die Litaneien und das Memphitische Denkmal zu Göttersystemen ausbauen, die als Lehre und Mythe vorgetragen werden und nun auch den Naturgöttern irdische Kultstätten[1] geben. Auch die Verklärungen, welche den Toten am Grabe ansprechen, beziehen sich mit ihrem Grundbestand auf Vorgänge im Kult, die in einer fortschreitenden Entwicklung mythisch erfüllt werden, so daß auch das feierliche Begräbnis im Rahmen der Mythe verläuft, ob nun die Verklärungen dramatisch aufgeführt oder als verklärendes Einst zitiert werden. Hierbei wird vor allem die Osirismythe, die schon immer den toten König betraf, weiter entwickelt. Doch geht auch über ihrem Himmel der Sonnengott auf, der Osiris weckt und auf seinen Thron im Himmelspalast führt, in dem nun alle Götter ihre Stätten und Sitze haben. In den Verklärungen der Ichform tritt der tote König aus der Welt des Kultus heraus. Als Vogel und Stern schwingt er sich auf zu den Höhen der mythischen Welt, über welche der Sonnengott fährt, die keine räumlichen Grenzen und kein zeitliches Ende kennt. Mit dem Fährmann zwischen Erde und Himmel lebt er von ,,jenem Brot der Ewigkeit" und ,,jenem Bier der Unendlichkeit" (Pyr. 1177) und ,,sagt" — das heißt 'liest' — als ,,Schreiber des Gottesbuches das, was ist, und läßt werden" — das heißt 'schreibt' — ,,das, was nicht ist" (Pyr. 1146). Als Herr der Verwandlungen sinnt er auf eine Rolle, in der ihn der Fährmann zu den Göttern übersetzen muß. Stehen wir hier wirklich an der Wiege eines neuen Glaubens? Wann kommt er auf? Wie gerät er in die Mythenbildung? Hatte nicht die Mythe schon in den Dramatischen Texten die Kulthandlungen mit ihren Menschengestalten erfüllt und ihnen einen neuen Sinn gegeben? In diesen Kulthandlungen erscheint ein Priester mit dem Titel 'Geistsucher'[2], doch fehlt neben ihm jede Spur eines Kultes der königlichen Seele. Bringt erst die neue Glauben die Vorstellung der Seele (*b3*) auf und stellt sie neben die ältere des 'Geistes (*3ḫ*)', die später ein zauberhaftes Schattendasein des Leichnams bedeutet? Die wenigen älteren Spuren führen für die Seele zu den Göttergesellschaften der Frühzeit, von denen wir die ,,Seelen von Hierakonpolis" schon auf Schminkpaletten als 'Schakale', auf Bildern des Jubilaeumsfestes als Schakalsstandarte des Horusgeleits und die ,,Seelen von Buto" aus dem Titel eines an diesem Fest teilnehmenden Priesters kennen. Zu ihnen kommen während der Zeit des Alten Reiches die um Atum und seine ,,Töchter" Schu und Tefnut zu den beiden Neunheiten anwachsenden ,,Seelen von Heliopolis" (s. S. 12) hinzu. An dem Wort ,,Seelen" haftet so der alte Gottesbegriff der Tiermächte und ihrer Rudel, doch dürften auch sie — wie die Übertragung dieses Begriffes auf die Götter von Heliopolis zeigt — im allgemeinen Vorgang der Vermenschlichung verwandelt werden[3]. Die Verklärungen kennen das Wort 'Seele' auch als Machtbegriff, den wir mit ,,Ruhm" und ähnlichen Wendungen

---

1 Sethe, Urgeschichte, S. 104f.
2 Sethe, Dram. Texte S. 98, 193.
3 s. a. S. 96, Anm. 1, wonach gerade die vermenschlichten Götterformen als ,,Seelen" von Horus und Seth zu gelten scheinen.

Die Verklärung der königlichen Seele   131

übersetzen¹. Dieser Begriff wird, mit „Zauberkraft" parallel gebraucht, auf den zum Himmel unter die unvergänglichen Sterne aufsteigenden Toten angewandt (Pyr. 477 Var.) und wechselt in einer Variante (Pyr. 940) mit einem anderen Wort, dem 'Löwenhaupt (*3.t*)', welches Sethe-Sander-Hansen mit „Löwenhelm" übersetzen, das an anderen Stellen Geb (Pyr. 1032) und der verklärte Tote als Horus (Pyr. 297) tragen, wobei dies Wort auch mit der Kronenschlange auf dem Löwenhaupt oder mit der Kronenschlange allein determiniert wird und so vermutlich die Kronenschlange bedeutet². Horus trägt diesen Kopfschmuck als Ersatz des verletzten Auges (Pyr. 297). So könnte die 'Beseeltheit' an dem 'Ruhm' der Reste hängen, welche die Götter von früher her tragen, und die den toten König mit Schakalsgesicht und den als 'Horusauge' bezeichneten Stücken des Ornats verklären. Sie umgeben ihn mit Ruhm, Zauberkraft und Schrecken, die in den Verklärungen auch vor dem Horusauge aufkommen (s. S. 79f.). Man könnte so in dem Totenglauben, der den König mittels seiner Zauberkraft in die Welt hinausführt, einen Rückfall in den Schrecken der Vorzeit erkennen. In der Tat versetzen anscheinend frühe, in den beiden ältesten der beschrifteten Pyramiden erhaltene Verklärungen den Himmel durch das Erscheinen der Seele des Königs in Verwirrung und tragen dorthin einen Kampfgeist, der die Wut der Tiermächte zum Vorbild hat. Dem König der befriedigten Erde erschließt sich ein rätselhaftes Jenseits. In seinem Grenzgebiet, der Aegypten umgebenden Wüste, hausen die Mächte der Vorzeit, von denen ihm Stiere entgegentreten, während ihn Geier und Kronenschlange als Mütter begrüßen. Die Zaubermacht des Königs führt ihn durch diese Welt, in die sein neuer Vater, der Sonnengott, hinauszieht. Von dort gesehen scheint der Leichnam von Osiris und seinen Trabanten gefangen. Der Sonnengott „löst meine Fesseln und entfernt meine Binden. Er hat mich von Cherti³ befreit und überläßt mich nicht dem Osiris. Denn ich soll ja nicht des Todes sterben, sondern im Lichtland verklärt sein" (Pyr. 359/360).

Die Form, in der die Mythe in den Verklärungen erscheint, ist mannigfach wie die Form der Verklärungen selbst. Mit dem Tode tritt der König in die mythische Welt. Doch ist dieser Übergang nicht selbst ein mythisches Ereignis, auch wenn der König „nicht von selbst kommt", sondern „zu ihm jener Gottesbote gekommen ist", der ihn holt (Pyr. 333 N). Es entsteht keine Mythe vom Tode des Königs. Zwar kennt die mythische Welt so etwas wie eine Gegenwart, das mythische Geschehen, welches wie die Geburt des Sonnengottes täglich geschieht, und den mythischen Zustand, wie das Dasein und Wirken der Urgötter von Urbeginn an ewiglich dauert. Doch steht der König auch dieser Gegenwart zunächst fremd gegenüber und muß ihr erst durch die Verklärung ausdrücklich angeglichen werden. Die Selbstverständlichkeit, mit welcher der tote König in Festspiel und Mythe die Götterrolle trug, ist dahin. In den Verklärungen in der Ichform muß er seine Götterrolle betonen: „Ich bin Horus! Ich bin meinem Vater nach gekommen. Ich bin Osiris nach gekommen!" (Pyr. 493). „Ich bin Thoth, der Stärkste der Götter!" (Pyr. 1237). „Nicht ich bin es, der Dich sehen will, Osiris!...Dein Sohn ist es, der Dich sehen will!... Horus ist es, der Dich sehen will!..." (Pyr. 1128/1129). Mit derartigen Feststellungen schaltet sich der König in die Mythe ein — „Heil Dir Gottesleiter..., welche für Osiris gefertigt wurde, damit er auf ihr zum Himmel steige und Rê besuche! Du bist gekommen Deinen Bruder Osiris zu suchen, als ihn sein Bruder Seth niedergestoßen hatte auf jener Seite des 'Gazellenlandes (*Ghś.tj*)'. Es kommt Horus, sein 'Löwenhaupt' auf ihm...Ich bin Dein Sohn! Ich

---

1 Erman, Grapow, Wörterbuch, Bd. 1, S. 413.
2 In den S. 114 angeführten altertümlichen Verklärungen, in denen der Tote als Macht in den Himmel einbricht, werden unter den Geistesmächten des Toten auch „seine Götter" als „auf ihm" (Pyr. 396b) angeführt, in denen man hier die in ff. genannten „an seiner Stirn" befindlichen Kronenschlangen erkennen kann. Die Satzfolge schließt mit dem Passus „Die Macht (*wśr.wt*) des N. ist auf seinem (dafür bestimmten) Platze (*mk.t*)" (Pyr. 396d), wobei die Worte so gewählt sind, daß sie an die bekannte Wendung „sein Hals ist auf der richtigen Stelle" erinnern. Vgl. auch Pyr. 286d, wo die Tote an kopfabschneidenden Dämonen mit „festgeknotetem Kopf" (d. h. mit dem Ersatzkopf der Seele) vorübergeht.
3 mit Osiris die Macht, von der der neue Glaube den Toten befreit (s. Kees, Totenglauben S. 206).

bin Horus!" (Pyr. 971 ff.). Doch stellt sich der König auffällig selten in der Rolle eines der alten Götter vor. Meist sind es Gestalten, die wie der „göttliche Falke" (Pyr. 2034), der Himmelsstier (Pyr. 397), die Kronenschlange (Pyr. 1459, 2206) und Gestirne zwar gerade an den Himmel gehören, mythisch jedoch keine Rolle spielen. Im Verlauf der Mythenbildung ist die mythische Welt immer weiter entrückt. Besondere Einleitungen, 'Naturschilderungen' (s. S. 49) und mythische Zitate dienen dazu, diese Welt zu Beginn der Verklärungen feierlich zu beschwören. Sämtliche Formen, in denen bisher die Mythe auftrat, (redigierte) Dramatische Texte (s. S. 52), Hymnen und Litaneien, können hierbei als Vorspruch vor die Verklärung treten, gelegentlich — wie im Zitat vom Sturz des 'Großen von Busiris' (Pyr. 721 Var.) — ohne, daß die Beziehung auf den Toten hervorgehoben wird, meist jedoch — wie in dem oben gegebenen Beispiel — mit einer plötzlichen Wendung auf den Verklärten bezogen. Dieser Bezug auf den Toten wiederholt besonders in Litaneien, aber auch sonst, für ihn die mythische Handlung: „Sie" (Isis und Nephthys als Klagevögel) „sind gekommen auf der Suche nach ihrem Bruder Osiris, auf der Suche nach ihrem Bruder Osiris, meinem Vater" (dem König) (Pyr. 1280). „O Ihr Götter, die Ihr überfahrt auf dem 'Flügel des Thoth' zu jener Seite des 'Krummen Kanals', zur Ostseite des Himmels, um mit Seth zu reden wegen jenes Auges des Horus! Ich fahre mit Euch auf dem 'Flügel des Thoth' zu jener Seite des ‚'Krummen Kanals' zur Ostseite des Himmels. (Auch) ich werde mit Seth sprechen wegen jenes Auges des Horus!" (Pyr. 595). So tritt die Welt der Mythe noch hinter die Welt der Verklärungen zurück. Sie wird dem Toten zwar mit seinem Tode erreichbar, muß jedoch erst feierlich beschworen werden. Erst durch die Verklärung wird der König in sie hineinversetzt. Die Entlegenheit der Mythe wird durch einige einfache Mittel unterstrichen. Sie wird auch im Satzbau über Relativformen und Konjunktionen in die Vergangenheit und ewige Gültigkeit entrückt, wobei nun die schon in Litaneien (s. S. 124) gebrauchten Nebensätze des Vergleichs — „ich gebe Dich" — die Schminke — „meinem Vater, wie Dich Horus Osiris gegeben hat" (Pyr. 1682), oder der Zeit — „als der Himmel von der Erde geschieden wurde" (Pyr. 1208), „ehe der Himmel entstand, ehe die Erde entstand" (Pyr. 1040) — nun häufiger die längst geschehene Mythe zitieren oder allgemeine Wahrheiten künden — „Ich lebe, wie einer lebt, der in den Westen des Himmels eintritt und im Osten des Himmels hervorkommt" (Pyr. 1469). In dieser Weise ist die Mythe mit ihren Göttern in eine auch für den toten König jenseitige Ferne gerückt, die erst als mythisches Einst und ewige Gegenwart zitiert werden muß. Ferner als in der mythischen Erzählung des Denkmals Memphitischer Theologie ruht sie in einer über die Menschen erhabenen Welt. Zwar wird sie in den Verklärungen nicht mehr als Mythe lediglich erzählt, sondern für den Toten zitiert. Doch wird durch die Formen, in denen dies erfolgt, zu denen auch die Stufen des Vergleichs (s. S. 113) gehören, die Mythe in einem neuen Übergang der Mythenbildung auch über die Erzählung der Götterlehre hinausgehoben als Welt, die nicht mehr lapidar verkündet wird, sondern gilt.

Der tote König tritt in die Verklärungen nicht wie in Festspiel und Hymne mit einer mythischen Götterrolle ein, sondern muß erst vergottet werden. Dies geschieht durch die Zauberkraft der Seele, die darüber selbst berichtet, und durch Verklärung des Leichnams. In einen Falken verwandelt fliegt der König fort von den Menschen. Als Stern versetzt er sich in die im Westen die Sterne schluckende Himmelsgöttin — „Ich bin ja der Gottessame in Dir, o Nut! Du hast mich geschluckt, wie Du den Sohn des Gottes schlucktest!" (Pyr. 1417) —, um von der Göttin wiedergeboren zu werden. — „Meine Geburt ist dieser Tag" — der Todestag — „Ihr Götter! Nicht kenne ich meine Mutter mehr, die ich gekannt habe! Nut hat mich mit Osiris geboren!" (Pyr. 1428). Auch steigt er bis zu den Urgöttern hinab, um sich bei ihnen von der Urgöttin Naunet — der den Ozean umspannenden Weltfeste — empfangen und von Atum vor Himmel, Erde, Menschen, Göttern und dem Tod — in einer zurückdatierten Schöpfung — erschaffen zu lassen, so daß ihn der Tod nicht betrifft (Pyr. 1466). Hier werden Symbole ewigen Lebens gefunden, die sicherer scheinen als das Los des seinen Tod überwindenden Gottes Osiris. Denn von den vier

Die Form der Mythe in den Verklärungen

Urgöttern, denen sich der König zurechnet, wird betont, daß sie nicht faulen und nicht verwesen können, und daß sie „im Himmel nicht" — dies dürfte auf das Los des Osiris anspielen — „zur Erde stürzen" (Pyr. 2058), wie an anderer Stelle der König sich sogar Seth gleichsetzt, weil er „seinem Todestag entkommt" (Pyr. 1453, 1467). Auch sonst finden sich ja Umwertungen in den Verklärungen. Wenn Nun, der Urozean, den König auf seiner linken Hand (Pyr. 1701) erschafft, kommt hier die linke Hand wie die linke Brust, mit welcher Nephthys den Toten säugt (Pyr. 1354), deshalb zu Ehren, weil im Osten, das heißt links (s. S. 116) der Sonnengott aufgeht, während im älteren Totenglauben der Westen und seine schöne Göttin den guten Klang hatte[1]. Wenn man dieser reichen Fülle den Befund der Hymnen gegenüberhält, die als mythische Mutter des Königs nur die eine Göttin Nut kennen, so ist der Wandel auffällig. Eine reiche Vorstellungsgabe zaubert immer wieder neue Gesichte in den Weltraum, wobei noch gelegentlich die früher gefundene Litanei die Sprüche gliedert, meist jedoch der Strom der Rede anschaulich und bunt durch nie gesehene Gefilde gleitet und die Bewohner dieser mythischen Welt besucht, sie anruft und preist, mit ihnen Gespräche führt, in ihre Rolle einspringt und vordringt auf dem schönen Wege, auf dem der Sonnengott täglich selbst dahinfährt, wobei ebenso die Schöpfung wie die Sonnenbahn zur Sprache kommen kann, oder als ungewöhnliches Ereignis der Tanz des in einen Zwerg verwandelten Königs vor dem großen Thron des Gottes zu seiner Belustigung (Pyr. 1189). Man kann daran zweifeln, ob überall ursprünglich königliches Textgut vorliegt, so wenig königlich scheinen manche der Rollen, die der König übernimmt. Stellte man sich wirklich das Sonnenschiff von Königen gerudert vor, wie dies den Anschein hat, wenn der König sagt: „Ich habe mein Ruder genommen und nehme auf meiner Ruderbank Platz. Ich sitze in der Nase des Schiffes der beiden Neunheiten und rudere Rê zum Westen!" (Pyr. 906). Im Neuen Reich lassen sich die Vornehmen bei Erntearbeiten und beim Gänsehüten im Jenseits darstellen. Freilich, wenn der König sagte: „Ich habe den König nicht geschmäht...Ich habe als Großer der Sänfte" (als ihr Träger) „nicht getanzt!" (Pyr. 892), dürfte dies in keiner Weise als Aussage eines Königs zu erklären sein[2]. Wenn der König vor Rê, der aus dem Lichtland hervorkommt, den Wasserkrug trägt, mit dem das oberägyptische Land gereinigt wird (Pyr. 1179), wenn er Horus, der mit weißen Sandalen das Land durchfährt und davongeht, seinen Vater Osiris zu suchen, den Weg öffnet (Pyr. 1215), wenn er Osiris eine aus grünem und purpurnem Stoff als Horusauge gebundene Binde für seinen schlimmen Finger bringt (Pyr. 1202), übernimmt er Rollen, die ihn den Göttern dienen und helfen lassen, nachdem ihm selbst auf Erden die ganze Macht eines unumschränkten Herrschers zur Verfügung stand[3]. Liegt darin und in dem Umstand, daß er sich dem Fährmann gegenüber nicht auf sein Königtum berufen kann, sondern seinen mythischen Auftrag betont (s. S. 49), das Ethos ausgleichender Gerechtigkeit? Ist es schon das Glück, als Meßstrick der beiden Götterneunheiten (Pyr. 1196) oder als Neujahrsbote des Erdgottes Geb für seinen Sohn Osiris (Pyr. 1195) überhaupt in den Himmel zu kommen? Das Bild der Vorstellungen, mit denen der Aegypter seine Welt erfüllte, ist in den Verklärungen reicher als in allen anderen Spruchtarten der Pyramidentexte. Wenn auch in ihnen die Mythe nur stückweise zur Sprache kommt und wie in den Dramatischen Texten und Hymnen noch immer — jetzt am Wege der königlichen Seele — scheinbar sprunghaft das Thema wechselt, bewegt sich der König doch durch einen Raum, der nirgends frei von mythischen Gestalten ist. Von eigentümlicher Schönheit sind auch die einleitenden Naturschilderungen, nachdem sich Festspiel und Hymnen auf Ortsangaben in Vermerken und Namensformel beschränkten. „Geb lacht, Nut frohlockt vor mir, und ich steige hinauf zum Himmel. Vor mir jubelt der Himmel. Vor mir zittert die Erde. Ich habe die Wolken vertrieben und brülle als Seth!" (Pyr. 1149/1150). Derartige Vorstellungen finden sich auch in

---

[1] s. S. 104; über den Osten als „Inbegriff der Priesterlehre von Heliopolis" s. Kees, Totenglauben S. 89ff.
[2] Sethe vermutet verschiedentlich (z. B. Kom. Bd. 1, 263f.) „nicht spezielle Königstotentexte".
[3] Auch als „Bekannter des Rê", „Freund des Harachte" (Pyr. 855, 856) und, wenn sich Rê auf ihn stützt (Pyr. 730, 732), tritt der König gegenüber Rê in Rollen seiner eigenen Hofleute ein.

den Verklärungen des königlichen Leichnams: ,,Die Wärme in Deinem Munde ist der Wind, der aus den Nasenlöchern des Seth kommt, welcher für Himmelswinde sorgt, welcher für Wärme in Deinem Munde sorgt"[1]. Mit dem Tode des Königs, der seit der Reichseinigung als Auseinanderfallen der beiden Länder angesehen wurde, da jeder König seine Regierung mit der ,,Vereinigung der beiden Länder" beginnt (s. S. 5), erzittert die Erde, als ginge die Welt unter, eine Vorstellung, mit der gelegentlich auch Göttern gedroht wird (s. S. 47). So will der König, falls der Herr des Lichtlandes sich weigert, den Thron zu verlassen, die Arme des Luftgottes Schu unter der Himmelsgöttin Nut wegschlagen und seinen Arm gegen die Mauer legen, auf die sich der Gott stützt (Pyr. 299). Von der Weltschöpfung bis zum Weltuntergang werden in den Verklärungen immer wieder neue Bilder beschworen. Was die Verklärungen im Vorgang der Mythenbildung als Neues bringen, ist die jenseitige, mythische Welt, die nun schon in einer überreichen Fülle das irdische Leben umgibt und verklärt. Diese Welt, deren Götter in den Dramatischen Texten Kulthandlungen einen neuen Sinn gaben und in den Hymnen sich vom Kult lösten, wobei sie neben eigenen Kultstätten den Himmel, das 'Lichtland', die Meere, den Nil und Sterne zu Namen — Definitionen ihrer Natur — erhielten, war in den Litaneien schematisch geordnet neben anderen Lehrgebäuden erschienen. Sie lagen miteinander mehr oder minder offen im Streit, wobei jede Lehre zu beweisen suchte, daß sie als die umfassendere auch die bekämpfte umschloß. Die der Residenz setzte im Denkmal ihrer Theologie vor den heliopolitanischen Weltschöpfer noch ein Urgötterpaar und ließ den Schöpfungsvorgang selbst im Munde ihres Ortsgottes als Sprachvorgang geschehen. Die Lehre von Heliopolis macht zwar den Erdgott Geb, das mythische Pseudonym des Ptah von Memphis, zum ,,Sprecher" ihrer Neunheit, dem sich auch Atum freiwillig unterordnet, läßt ihn und die Himmelsgöttin jedoch in der Genealogie der Schöpfung Atum erst als Enkelpaar folgen. In dem Sonnengott hat die Mythe ihren größten Gott gefunden, der augenfällig den Streit schlichtet und die Welt grenzenlos weitet. Er nimmt die Götter zum Himmel[2], in ,,jenen fernen Palast", in welchem Götter und Könige der Vorzeit an den Horus- und Sethstätten Rê verehren (Py. 598 vgl. 948), wohin auch der tote König Rê zu besuchen aufsteigt. Der Begriff des ,,Grenzenlosen" (Pyr. 1434) dürfte der Rê als Erbe seines anderen Vorgängers Harachte, dem Nachfolger des 'Horus vom Himmel' der Thinitenzeit (s. S. 5) überkommen sein. Dessen Name ,,Entferne Dich nicht von den Göttern" (Pyr. 1693) zeigt, daß man fürchtete, er könne die Welt verlassen. Dabei dürfte der Sonnengott seine Stellung im Totenkult der einfachen Vorstellung seiner täglichen Wiedergeburt verdanken, die gegenüber der alljährlichen Erneuerung des Osiris als Nil (s. S. 65), als Orion (s. S. 62), oder als Korn (s. S. 59) täglich erfolgte und jeden Morgen beobachtet werden konnte. So legt gelegentlich der tote König Wert darauf, immer wieder geboren zu werden als Auge des Rê, welches in der Nacht empfangen und alle Tage neu geboren wird (Pyr. 698), oder er fährt zur Ostseite des Himmels, zu dem Ort, an dem die Götter geboren werden, um dort mit ihnen wie Harachte ,,neu" und ,,jung" geboren zu werden (Pyr. 344 Var.). Doch sind diese einfachen Vorstellungen und das geordnete Weltbild der Lehren in den Verklärungen von üppig blühenden Vorstellungen in gesuchten, blütenreichen Formulierungen (s. S. 24f.) überwuchert worden. So gelangt die Mythenbildung während der 5. Dynastie zu einer Blüte, die alles bisher entwickelte übersteigert. Die Weite ihres Rahmens führt zu einer 'Dehnung' der Verweise, so daß man jetzt von 'jenem' Namen, von 'jenem' Tag, von 'jenem' Ort, von 'jenen' Göttern und vielen anderen als etwas fernem spricht, das gegenüber älteren Varianten mit der Mythe aus dem Kult entrückt ist. Auch die Sprache hat sich verjüngt und zeigt in der Masse der Verklärungen gegenüber den Varianten Neubildungen, vermutlich die gesprochene

---

1 Jéquier, Les Pyramides des reines Neit et Apouit, Neit Zeile 653f.
2 Dies wird später im Buch von der Himmelskuh mythisch als Flucht vor den Menschen erklärt. Nach den Pyr. Texten sind die Götter zu ihren Kas am Himmel gegangen, ,,damit sie nicht dem irdischen Leid unterlägen" (Pyr. 829e (s. Sethe, Kom.)).

Sprache der 5. und 6. Dynastie. Altertümlichkeiten sind verschwunden. Wie Tempel und Gräber dieser Zeit plötzlich das vielgestaltige Leben eines reichen Landes zeigen, erlangt die mythische Welt sprunghaft eine aus älteren Quellen nicht ableitbare Bildhaftigkeit. Diesen Reichtum verdankt die Mythenbildung dem Sonnengott. Er rückt die Mythe in die wirkliche Weite, nimmt die Götter zum Himmel und schafft zwischen Erde und Lichtland ein Zwischenreich, in dem die alten Mächte nun wieder erscheinen. Freilich muß man hierbei fragen, ob diese Gestalten, die lediglich beim Gang des Toten zum Sonnengott in Erscheinung treten, eine mythische Rolle spielen. Auch der täglichen Sonnenfahrt fehlt im Grunde die Mythe, die sich mit der Vorstellung des Sonnengottes, der seine Tochter bei der Trennung von Himmel und Erde eben noch mitnahm (Pyr. 1208), sofort einstellt. Die Urgötter erschaffen nicht den Sonnengott, sondern machen ihm „jene ihre schönen und reinen Stätten" (Pyr. 1692). Auch das Sohnesverhältnis des Königtums zu Rê ist kein mythisches wie das Verhältnis des lebenden zum toten König als Horus und Osiris. Wenn schließlich die ‚beiden Neunheiten" als Inbegriff der Göttlichkeit an die Stelle anschaulicherer Begriffe treten (s. S. 23.f), zeigt dies, daß über die Mythe ein theologisches Weltbild tritt.

7. Schlußwort zur Mythenbildung

Zwei Umstände trennen die schließlich geformte, vollentwickelte Mythe von ihren möglichen Wurzeln. Erstens geht der Mythenbildung ein Vorgang voraus, der die alte Götterwelt so gründlich verändert, daß sie nur noch maskenhaft übernommen werden kann. Zweitens setzt die Mythenbildung an einer Stelle ein, die ihr einen großen Teil ihrer Daten und oft auch den Wortlaut ihrer Prägung gibt, so daß diese Daten nicht aus der Vorgeschichte stammen können. Der Vorgang, welcher der Mythenbildung vorausgeht, ist die Vermenschlichung. Ihre ersten Anzeichen erscheinen auf Denkmälern der Reichseinigungszeit, die vereinzelt Tieren und Standarten Hände zum Greifen der Fesseln Gefangener anzeichnet. Sonst tummeln sich auf diesen frühen Denkmälern noch die Mächte der Vorzeit in Tiergestalt, die erst vermenschlicht werden müssen, damit man von ihnen etwas anderes erzählen kann als das, was sich allenfalls märchenhaft oder als Fabel von Tieren und Dingen erzählen läßt. Erst nach Abschluß der Vermenschlichung beginnt die Mythenbildung, die einen dem mythischen Schicksal gemäßen Gottesbegriff voraussetzt. Die Vermenschlichung dessen, was man sich von den Mächten erzählte, bedeutete eine Veränderung der Erzählung, da sich vieles, was die Tiermacht auszeichnete, von dem vermenschlichten Gott nicht erzählen läßt, sondern einzig dem Frevler der Mythe zufällt, der die Ebenbürtigkeit, die an den Feindmächten der Vorzeit haftete, einbüßt und zum beispiellosen Unhold wird. So kann die Mythenbildung, weil sie dem Vorgang der Vermenschlichung folgt, die Machtverhältnisse der Vorzeit nur ungenügend berücksichtigen. Ihre Gestalten sind Götter, die sich gründlich gewandelt haben. An die Stelle der gepriesenen Macht und ihrer „Rudel" sind Götterfamilien getreten. Auch die Mythe vom einsamen Urgott beginnt die Schöpfung mit einer Spaltung des Schöpfers in Generationen von Götterpaaren, die neben ihn treten, wobei sie freilich wie Himmel und Erde in ewiger Trennung leben können. Nun werden die Götter nicht mehr gejagt, gefangen und gebändigt, nicht mehr gezimmert, geschlagen und gesponnen wie noch im Kult, sondern geboren, wobei sie freilich auch in wunderbarer Weise aus dem Scheitel und dem Bein hervorkommen oder als Unhold von ihrer Mutter mit Ekel ausgespien oder erbrochen werden können. An die Stelle ewiger Existenz, die der Tiermacht in ihrem Bilde oder in einem stets erneuerten Exemplar ihrer Art beschieden war, tritt die Unsterblichkeit, wenn auch die Mythe das Los des Todes einem Gotte auferlegt und ihn, da er auf natürliche Weise nicht sterben kann, erschlagen werden läßt. Die Stelle, an der die Mythenbildung einsetzt, von der sie ihre Daten gewinnt, ist der Kult. Sie erscheint im Festspiel und knüpft an Kulthandlungen an, in die sie sich einnistet, indem sie den dort auftretenden Personen und Kultsymbolen Götterrollen zuteilt und Kulthandlungen als mythische Ereignisse erklärt. Hierbei führt der Kult und nicht die Mythe. Er bestimmt Ablauf und Ort der Handlung. Über das Wortspiel helfen die Namen der Kultsymbole den Wortlaut der mythischen Götterreden formen. Erst in Hymnen an die einzelnen mythischen Götter wird das, was die Mythe erzählt, von den Kulthandlungen gelöst, wobei Symbole ihres Kultes in der Namensformel an die Stelle der alten Kultsymbole treten. Die neue, Kulte und Lehren überragende Welt der Mythe erscheint erst in der letzten Wedungn der Mythenbildung des Alten Reiches, in den Verklärungen, in denen der tote König jene Welt und nicht mehr Grab und Friedhof als neues Jenseits betritt. Trotzdem die Mythe im Kult auftritt, ist sie nicht in ihm erwachsen, sondern an ihn herangebracht. Sie deutet den Kult und kündet mit ihren Götterschicksalen das neue Dogma des geschichtlichen Königtums, das sich mit der Zeit wandelt und schließlich in Rê, dem Sonnengott seine Krönung findet. Die Mythe erfüllt so schon mit ihrem Erscheinen einen Zweck, der freilich als verborgene, im Königtum innewohnende Kraft gewirkt haben mag und lediglich während dem Streit der Lehren in Denkmal und Litaneien dogmatisch in Erscheinung trat. Noch in der verwirrenden Pracht ihrer Blüte dürfte sich ihr Ursprung auswirken, der sich im Kult nicht von der eigenen Stimme leiten ließ, sondern auf das vom Namen des Kultsymbols gegebene Wortspiel hörte, so daß immer nur Teile der Mythe aufleuchten, während sie als Ganzes in der Tiefe bleibt. Auch die Verklärungen erzählen die Mythe nicht als Ganzes, sondern künden mit „Zitaten" und „Fragmenten" die Spuren der ersten Schritte eines menschlichen, sich an der Deutung der Welt versuchenden Geistes.

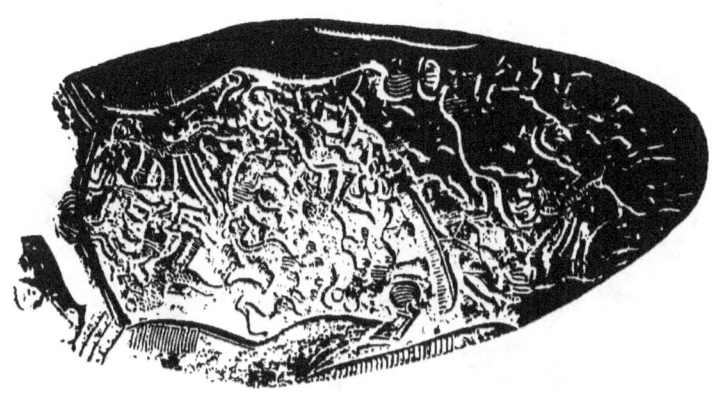

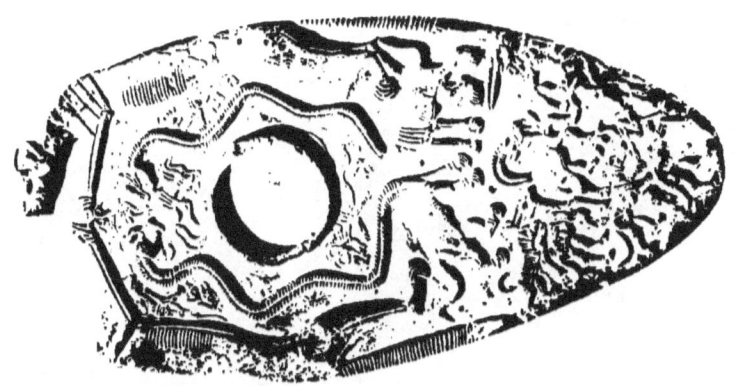

Tafel II

Tafel III

b

Der Erdgott Geb
in der Neunheit von Heliopolis
(Mitt. D. Inst. f. Aeg. Altertumskunde, Bd. 4, Taf. 2a)

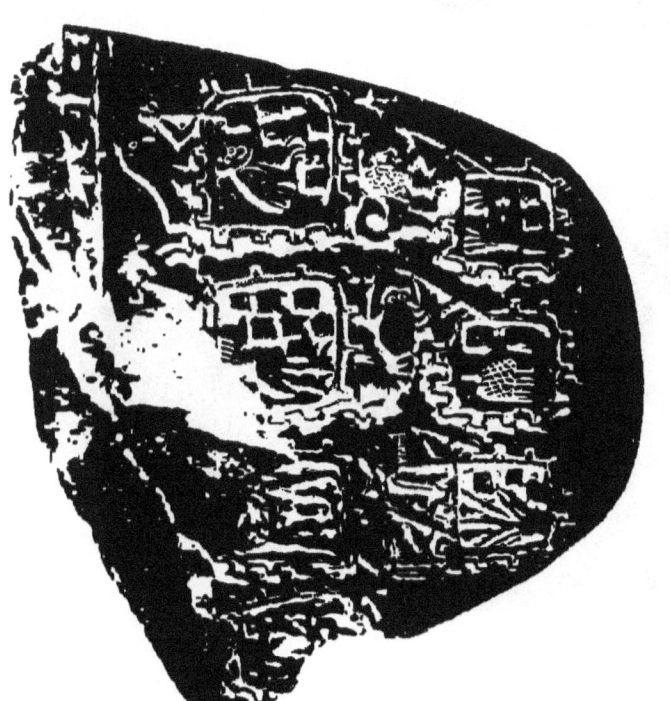

a

Die Schlachtfeldpalette, Vorderseite
(Nach G. Galassi, Tehenu, Abb. 2)

Tafel IV

b) Rückseite

a) Vorderseite

www.ingramcontent.com/pod-product-compliance
Lightning Source LLC
Chambersburg PA
CBHW030338170426
43202CB00010B/1162